KB067646

디지털 고객은 무엇에 열광하는가

디지털 고객은 무엇에 열광하는가

장정빈 지음

올림

결정적 순간은 디지털에 있다

한때 '명태 반 물 반'이라고 할 정도로 동해에서 많이 잡히던 명태가 이제 거의 사라졌다고 한다. 명태는 찬물에서 사는 물고기인데, 해수 온도가 급격하게 상승했기 때문이다. 대신 오징어가 위세를 떨치고 있다는 것이다. 그렇다면 어부는 이제 오징어잡이로 어종을 바꾸고, 어구도 새로 장만해야 한다. 명태는 그물로 잡았지만, 오징어는 밤에 전구를 켜고 낚시로 잡아야 하기 때문이다. 제4차 산업혁명과 디지털 트랜스포메이션DT, Digital Transformation으로 산업 지형과 소비자 가치관이 급격히 바뀌고 있다. 동해의 어종이 달라졌듯이, 새로운 디지털 환경으로 고객이 완전히 바뀌었다. 고객의 기대와 가치 기준, 구매 패턴 등이 크게 달라졌다.

지난 100여 년 동안 우리는 '제품경제 시대'에서 살아왔다. 이제는 누구도 부인할 수 없는 '고객의 시대'다. 더구나 코로나19로 인해 우리의 일상생활은 디지털을 기반으로 빠르게 비대면으로 바뀌었고, 이는 경제와 문화 등 모든 영역의 '뉴노멀New Normal'로 자리 잡고 있다. 디지털 비즈니스 모델에는 대부분 특별한 특허권이 없다. 따라서 성공한 기업들의 비즈니스 모델을 그대로 베껴서 새로운 시장에 적용하기만 하면 된다. 그래서 앞으로 디지털화의 확산 속도는 더 무섭게 빨라질 것이다. 또한, 한번 사용해 본 사람들은 바로 적응하고 편리함을 느끼게 될 것이다. 우리는 디지털 플랫폼에서 스마트폰으로 음악을 듣고, 방송을 보고, 밥을 사 먹고, 물건을 사고, 금융 거래를 하고, 심지어 교육과 업무에도 활용하고 있다.

그러나 이러한 환경 변화와 뉴노멀에 맞추어 우리의 사고방식과 서비스 전략을 혁신한다는 것은 말처럼 쉬운 일은 아니다. "모든 기업은 디지털 트랜스포메이션을 받아들여야 한다. 우리에겐 선택의 여지가 없다. 디지털 기술을 사용하여 효율성을 높이기 위해 고객과 직원에게 더 많이 투자해야 한다. 물론, 두렵고 어려운 일이다." 나이키 CEO 존 도나호John Donahoe의 말이다.

두렵고 어려운 일이라 해도 디지털 시대에 우리의 비즈니스와 소비자의 니즈가 어떻게 변화했는지를 반드시 알아야 한다. 하지만 어떻게 변했는지를 단순히 나열하는 데 그쳐서는 안 된다. 더 중요한 것은, 환경이 변화했음에도 고객이 왜 우리에게 돈을 낼지, 그 답을 찾아야 한다. 고객에게 선택받기 위한 서비스 대응 전략과 비즈니스 모델의 혁신으로 연결되어야 한다는 말이다. '성실하고 친절한 서비스'는 더는 고객에게 계속 선택받을 수 있는 핵심역량이 아니다. 고객의 경험을 향상시킴으로써 궁극적으로 회사가 원하는 '결과'를 얻어야 한다. 디지털 트랜스포메이션 시대에 어떻게 고객충성도를 확보하고 새로운 고객경험을 제공할 수 있을까?

시중에는 제4차 산업혁명과 디지털 트랜스포메이션에 관한 책과 정보가 차고 넘친다. 그러나 우리의 주 관심사는 인공지능AI, 빅데이터, 블록체인, 클라우드, 사물인터넷IoT, 증강현실AR, 메타버스와 같은 첨단기술 그 자체가 아니라, 어떻게 이들 '디지털dgital' 기술을 활용하여 고객의 불편을 해소하고 더 탁월한 고객경험으로 '변환tansformation'하느냐이다. '디지털 트랜스포메이션'에서 중요한 단어는 '디지털'이 아니라 '트랜스포메이션'이어야 한다는 점을 책의 구석구석에서 강조한 이유가 여기에 있다.

이 책은 크게 4부로 구성되어 있다.

제 I 부 '디지털로 생각하라'에는 기술보다 조직 구성원의 사고방식을 디지털 마인드로 바꾸는 일이 우선이어야 한다는 점을 강조했다.

똑같은 스마트폰이지만 어떤 사람은 통화하는 데만 사용하고, 어떤 사람은 영화, 게임, 은행 업무 등에 활용한다. 비싼 디지털 기기를 구매하는 것을 디지털화라고 하지 않듯이, 기업에서 디지털 장비를 갖추고 디지털

팀을 만들었다고 해서 디지털 트랜스포메이션이라고 부르지는 않는다. 결국 그것을 사용하는 사람들이 어떤 생각을 갖고 있느냐, 고객의 경험을 매끄럽게 끊김 없이 연결하느냐가 가장 중요하다.

제Ⅱ부 '디지털 고객은 무엇에 열광하는가'에서는 디지털 시대의 대표적인 신서비스를 추천, 공유, 구독, 맞춤, 경험, 감성으로 압축했다.

디지털에 성공한 플랫폼 기업들은 선별된 서비스를 '구독' 형태로 제공하거나 공유 서비스를 맞춤으로 제공하는 식으로 고객의 숨은 욕구를 해결해 고객경험의 품질을 향상시키면서 승승장구하고 있다. 모든 디지털 트랜스포메이션의 목적지는 '고객경험 중심'이어야 한다. 뛰어난 기술에 압도된 개발자들은 가끔 고객보다는 기술의 현란함에 매료된다. 그러나 현실 세계에서 고객이 요구하는 것은 현란한 기술이 아니라 제품과 서비스를 통한 욕구 해결이다.

제Ⅲ부 '결정적 순간은 디지털에 있다'에서는 디지털 시대의 구매여정과 탁월한 고객경험을 설계하기 위한 접점별 서비스 혁신 전략을 구체적으로 설명했다.

무엇보다도 그간 우리가 배운 결정적 순간MOT의 개념을 디지털화된 접점의 변화에 대응하도록 재설계하는 것이 급선무다. 스마트폰, 태블릿 PC 등 장소나 시간에 관계없이 인터넷에 접속할 수 있는 다양한 단말기가 보급되면서 사람들의 구매 과정이 전혀 다른 모습으로 변화하고 있다. 이는 새로운 접점의 탄생을 의미하며, 고객이 '구매를 결정하는 순간MOD, Moment Of Decision'이 이미 달라졌다는 점을 깨닫게 한다. 스마트폰을 쥐고 있는 디지털 시대의 현대인들이 구매를 결정하는 순간은 이제는 매장이 아니라 그 이전, 즉 '검색search' 단계에 있다는 사실이 분명해졌다. '결정의 순간 MOD'이 달라졌으니 '결정적 순간MOT, Moment Of Truth'의 개념과 서비스 전략을 '검색'으로 옮겨야 한다.

제Ⅳ부는 '디지털스럽게 커뮤니케이션하라'로, 디지털 소비자의 문화적 심리에 기반한 설득 기술과 상담 화법을 깊이 있게 다루었다.

디지털 세상을 살아가는 소비자들의 문화 심리를 정확하게 이해하는 사람이야말로 디지털 세상에서 자신만의 독특한 해답을 찾아내는 주인공이다. 디지털 세상의 소비자들은 기업이 특정한 방향으로 행동하기를 강요하는 듯한 느낌을 받으면 그 반대의 행동을 보이는 청개구리 심리가 있다. 이른바 반발 심리인 리액턴스 효과reactance effect이다.

기업의 서비스와 마케팅 사례를 제시할 때도 단순한 현상과 사례의 나열이 아니라 '왜 그런 현상이 나타났을까'에 관한 심리적 해석을 담으려고 노력했다.

이 책을 쓰면서 몇 가지 큰 방향을 잡고 서술하려고 노력했다.

첫째, '서비스와 고객경험'이라는 렌즈로 제4차 산업혁명과 디지털을 어떻게 서비스 전략에 활용하고 해석할 것이냐에 초점을 맞추었다. 탁월한 고객경험은 훌륭한 데이터에서 시작된다는 것은 두말할 필요가 없다. 그러나 다양한 채널에서 데이터가 얼마나 많이 발생하느냐와 그 많은 고객 데이터를 완전하고 정확하게 통합하여 이를 서비스에 활용하느냐는 전혀 다른 문제다.

둘째, 이 책의 주제는 디지털 서비스 전략이지만 아날로그와 디지털, 온라인과 오프라인을 막론하고 공통적인 서비스 전략과 고객경험의 원칙을 다루었다. 특히 온라인과 디지털에서는 어떻게 적용될 수 있을까를 항상 염두에 두고 전략과 사례를 제시했다. 예를 들어 장사가 잘되는 곳에 사람들이 많이 오고 간 느낌인 '사람의 기척'은 온라인에서는 어떻게 표현될까? 댓글과 리뷰로 표현된다. 따라서 댓글과 리뷰를 통해 '사람의 기척'을 어떻게 표현해야 하는지를 상세히 다루었다.

셋째, 기업 현장의 사례를 다양한 각도에서 분석하여 디지털 트랜스포메이션 기술이 그 자체가 목적이 아니라 고객경험을 창출하는 도구로 활용되는 점을 보여주고 싶었다. 예를 들어 영국 롤스로이스의 엔진 토탈케어TotalCare를 통해 서비스 트렌드의 변화, 서비타이제이션(서비스화)의 사례, 초연결을 통한 비즈니스 모델 혁신 등을 모두 다루어 다양한 관점에서 디지털을 더욱 쉽게 이해할 수 있도록 했다.

이 책이 탈고될 즈음에 모로코 경제기획원 공무원들을 대상으로 '디지털 서비스 전략'에 대해 몇 차례 온라인 강의를 했다. 강의와 질의응답 형식으로 진행되었는데, 그들의 질문과 관심사가 거의 우리와 똑같다는 점이 무척 신기했다. 그들은 디지털화를 통한 고객경험을 어떻게 접목해야 하는지, 디지털을 통해 공무원들이 국민 중심으로 일하게 할 수 있는 방법은 무엇인지, 디지털 가속화의 부작용은 무엇이며 어떤 준비가 필요한지, 왜 넛지가 디지털 시대에 더 화두가 되어야 하는지 등에 관해 궁금해했다. 이러한 질문에 대한 '더 좋은 해답'을 이 책에 담았다.

오늘날 디지털 트랜스포메이션 시대의 전문가는 소비자 경험 전문가여야 한다. '트랜스포메이션'은 말 그대로 기존의 어떤 것을 새로운 어떤 것으로 변환하는 것이다. 이를 완성하기 위해서는 기존의 전통적 서비스와 디지털 기술에 관한 전문지식을 모두 꿰뚫고 있어야 한다. 한 예로 콜센터의 현실에 대한 축적된 지식과 경험 없이 콜센터를 디지털화할 수는 없다. 콜센터는 디지털이 상담사를 보조하는 상호 보완적 관계에 놓여야 한다. 일차적으로 챗봇과 RPA Robotic Process Automation 같은 인공지능 기반의 가상 에이전트 virtual agent가 신속하고 정확하게 처리하고, 그들이 다루지 못하는 전문적이고 인간적인 영역에서 인간 상담사(live agent)에 의한 하이터치 상담을 제공하는 것이 콜센터의 고객 맞춤형 대응 전략이 되어야 한다. 이러한 점이 고객 서비스와 마케팅 그리고 소비자 행동경제학을 연구한 저자가 디지털 분야의 지식을 바탕으로 '디지털 시대의 서비스 전략'을 주제로 한 책을 집필하기로 마음먹은 결정적 이유이다. 서비스 전문가의 렌즈로 디지털을 재해석하고, 나의 축적된 경험과 전문성을 바탕으로 고객경험을 설계하는 방법론을 이 책의 독자들과 공유하고 싶다.

사람들은 대부분 자신의 삶을 바꾸고 싶어 하고, 기업은 자사의 서비스를 혁신하고 싶어하지만, 실패에 대한 두려움으로 몸과 마음을 사린다. 이 책이 '디지털 서비스 혁신'에 관한 유용한 관점을 제시하여, 디지털 고객의 눈높이에 맞는 차별화된 고객경험을 실행하려는 분들께 도움이 되는 인사이트를 제공함으로써 혁신을 이루어내는 데 도움이 되기를 소망한다.

책이 나오기까지 조언과 격려를 해 주신 최정일 교수님, 원고를 정성스럽게 정리하고 다듬어준 장선윤 선생님, 김경은 씨, 올림 이성수 대표께 감사 인사를 전한다.

2021년 11월
장정빈

차 례

Ⅲ. 결정적 순간은 디지털에 있다
디지털 시대의 고객접점 디자인

Ⅳ. 디지털스럽게 커뮤니케이션하라
디지털 소비자 심리와 언택트 커뮤니케이션

I

디지털로
생각하라

디지털 시대의
서비스 마인드

디지털 시대의
새로운 고객만족

| 디지털 시대의 고객중심경영

S 저축은행에 예치한 정기예금이 만기가 되었는데, 비대면으로도 재예치가 가능하다고 문자가 왔다. 콜센터에 전화했더니 '계좌인증'이라며 여러 단계의 본인 인증 절차를 요구했다. 그런데, 아뿔싸! 실제 재예치 업무는 다시 거래 지점과 통화해야 한단다. 엊그제는 앱에서 정기예금을 신규로 가입하는 데 무려 8단계를 거쳐야 했다. 마침 만기에 은행에 찾아가지 않고도 지정 계좌로 입금해 주는 제도가 있어서 등록하려 했더니 '타 기관 인증서 등록', '단말기 지정 서비스' 등 20여 단계의 절차가 나를 기다리고 있었다. 마치 스무고개를 하듯 30여 분 정도 헤맨 뒤에야 겨우 통과할 수 있었다.

S 저축은행에 전화를 걸어 '왜 이렇게 절차가 복잡하냐'고 투덜댔더니 '고객의 안전한 거래를 보장하기 위해 회사가 세심하게 신경 쓴 것'이란다.

그들은 오히려 나를 고객이 감수해야 할 당연한 절차에 대해 이러쿵저러 쿵하는 이상한 사람으로 여길지도 모른다. 디지털로 전환한 것까지는 좋은데, 고객경험은 '꽝' 수준이었다. "카카오뱅크가 어떻게 하는지도 좀 살펴보세요"라고 했더니 "미비점을 찾아 개선해 나간다면 앞으로는 훨씬 좋아질 것입니다"라는 대답이 돌아왔다. 참 한가한 소리다. 디지털 시대의 고객은 한번 실망하면 다시는 돌아오지 않는다.

전통적인 기업이 고객의 민원 처리나 친절 서비스에 초점을 맞추고 있을 때 디지털 기업들은 고객이 미처 인식하지도 못한 서비스로 고객의 '표면상 요구Needs'가 아닌 '숨어 있는 욕구Wants'를 찾아내 이를 충족시킴으로써 고객의 마음을 사로잡았다. 스타벅스, 도미노피자, 카카오뱅크, 아마존 등이 대표적 기업이다.

아마존은 자신들의 성공 비결을 '고객중심'과 '데이터 집착' 두 개의 단어로 설명한다. 아마존은 고작 이 두 개의 단어로 어떻게 놀라운 성과를 만들어냈을까? 아마존은 고객들이 자신의 플랫폼에 남긴 데이터들을 분석해 고객에게 먼저 서비스를 제안했다. 무엇을 원하는지 알지 못하는 고객에게 "이게 필요하지 않으세요?" 하고 옆구리를 찔러 "와우!" 하는 감탄사를 이끌어냈다. 고객이 부재중이면 차 안에 택배를 넣어주는 인카 딜리버리In-Car Delivery, 세계 최초의 무인매장 아마존 고Amazon Go나 집 안에 물건을 넣어주는 아마존 키Amazon Key 가 바로 그런 경우이다.

아마존의 고객중심은 바로 이런 것이다. 고객이 말하지 않아도 고객에게 필요한 서비스를 찾아내 이를 구현, '세상에 없던 서비스'로 아마존은 놀라운 성장을 이루어냈다.

구태의연한 전통적인 기업에서는 불편하고, 수고스럽고, 시간이 걸리고, 사람이 담당하고, 친숙하지 않고, 즐겁지 않은 것이 '당연한 것'이었다. 특히 금융에서는 까다롭고 복잡한 과정이 거래의 안전을 보장하는 것으로 여겨져 고객들은 '당연히' 불편을 감수해야 했다. 하지만 고객경험을 자유자재로 추구할 수 있는 테크놀로지 기업들은 그런 '당연한 것'을 확실하게 바꿔놓았다. 기존 시중은행의 모바일뱅킹 앱은 공인인증서를 발급받고, 저장해야 하며, 이체할 때마다 공인인증서 비밀번호 등을 요구하기 때문에 불편하기 짝이 없었다. 그러나 카카오뱅크는 공인인증서가 없어도, 상대방의 계좌번호를 몰라도 송금이 가능하다. 특유의 편의성으로 기존 금융거래의 상식을 완전히 뒤엎은 것이다.

유통 소매업계도 마찬가지다. 아마존은 이제까지 당연하지 않았던 것을 당연한 것으로 만든 선두주자다. 1994년에 창업한 아마존은 1997년에 원클릭을 발명했다. 아마존 원클릭 구매one-click buying라는 말 그대로 클릭한 번에 결제와 발송 절차가 완료되는 기능으로, 아마존을 폭발적으로 성장시킨 계기 중 하나다. 이후로도 아마존은 아마존 페이와 아마존 고, 음성 결제인 아마존 알렉사와 같은 혁신적인 결제 기능을 잇달아 투입했고, 이는 고객경험의 향상과 트래픽 증대로 이어졌다. 금융 사업에서도 원클릭 결제는 아마존 금융의 고객경험을 크게 향상시켰다. 쇼핑할 때마다 메일 주소, 신용카드 정보, 배송지 주소 등을 입력하는 번거로움 없이 원하는 물건을 바로 살 수 있는 원클릭 덕분에 전자상거래 사이트 아마존의 편의성이 비약적으로 향상되었다.

이제는 원클릭으로 쇼핑이 끝나지 않으면 고객은 스트레스를 느낄 정도다. 창업 이래로 지구상에서 가장 고객중심적인 회사를 추구하다 보니 '아마존드Amazonned'라는 말까지 생겨났다. '혁신을 무기로 아마존이 진출한

산업마다 기존 기업들이 경쟁력을 잃고 속수무책으로 시장을 뺏겨버린다'
라는 의미인데, 우리말로는 '아마존에 당하다' 정도로 해석할 수 있을 것이
다. 특히 과거에 안주하며 기존의 고객만족에 몰입했던 전통 오프라인 강
자들은 무수히 '아마존드' 되어왔다.

| 오프라인 기업의 고객만족

그러나 창립 60주년이 되는 미국의 대표 소매점 월마트는 아마존의 직접
적인 습격을 받았음에도 '아마존드' 되지 않고 있다. 전통적인 유통 대기업
임에도 비즈니스의 본질을 훼손하지 않으면서 신속하게 디지털 트랜스포
메이션을 단행했기 때문이다. 월마트는 전자상거래 부문과 배송 역량을
강화하기 위해 전자상거래 회사 제트닷컴과 플립카트를 인수하는 등 아마
존을 정면으로 겨냥해 과감하게 투자했다. 월마트는 '온라인 주문–오프라
인 픽업' 체계를 도입해 아직 오프라인 장보기를 선호하는 소비자들에게
온라인과 오프라인의 장점을 결합한 서비스를 제공한 것이다. 특히 온라
인으로 주문하고 드라이브 스루drive-through로 픽업하는 서비스는 코로나
19 고객들의 큰 호응을 얻었다.

고객은 이미 온라인과 오프라인의 구분 없이 시간과 장소에 구애받지
않고 쇼핑을 즐기고 있다. 오프라인 매장에서 상품을 구경하고, 결제는 모
바일로 하고, 상품은 집에서 배달받는다. 고객이 원하는 핵심 니즈가 '미
소'가 아니라는 점은 분명해 보인다.

특히 백화점, 대형마트, 편의점, 온라인 쇼핑몰 등 유통산업은 대전환

기에 접어들었다. 온라인과 오프라인의 경계가 완전히 허물어졌기 때문이다. 스마트폰을 통해 언제 어디서나 손쉽게 정보를 탐색하게 되었고, 여기에 가상현실, 간편결제, 물류 혁신까지 그 변화는 가속화되고 있다. 이탈리아 럭셔리 브랜드 구찌Gucci가 '구찌 앱Gucci App'을 통해 자사의 대표 제품 '에이스 스니커즈'를 증강현실AR 기술을 이용해 가상으로 착용해 볼 수 있게 하고 있다. 이들은 증강현실로만 신을 수 있는 스니커즈, 메타버스 플랫폼을 이용하여 제페토에서만 입을 수 있는 옷을 만든다. 제페토 안에서 내 캐릭터한테 입히고 AR로 신발을 신어보면서 고객들을 브랜드에 점점 몰입하게 한다. 특히 MZ세대는 메타버스 안에서 옷과 신발을 입어보고 신어보면서 시간을 보낸다. 이처럼 시간점유율을 높이다 보면 결국 팬덤이 형성되는 것이다.

고객접점MOT이 확실하게 변화하고 있다. 변화의 중심축에는 기술 Technology과 디지털화Digital Transformation가 자리 잡고 있다. 그러나 본질은 고객경험이다. 디지털화를 통해 한번 편리함을 경험한 사람들은 다시는 과거로 돌아가지 않는다. 서울에서 부산 갈 때 스마트폰으로 기차표를 발권해 본 사람은 기차표가 남아 있는지도 모른 채 무작정 서울역까지 가서 발권하는 세상으로 다시 돌아가려 하지 않는다. 은행 창구에서 기다렸다가 정기예금을 하는 것이 좋을까, 스마트폰으로 편하게(금리도 더 높다) 가입하는 것이 좋을까. 한두 번의 클릭으로 해결했던 고객이 스무고개를 넘어 30분이나 헤매게 하는 기업을 다시 선택할까? 기술은 소비자를 편리하게 해주고, 그 편리함에 한번 익숙해진 소비자들은 다시는 과거로 돌아가지 않는다.

그렇다면 오프라인 기업은 온라인에 뺏긴 경쟁력을 어떻게 되찾아야 할까? 한마디로 구찌처럼 고객경험의 품질을 한 단계 업그레이드하는 것에서 찾아야 한다. 은행도 마찬가지다. 디지털화 덕분에 지점을 찾는 고객은 과거보다 훨씬 줄어들었다. 미국의 움프쿠아 은행은 지점에 들르는 것을 귀찮은 일에서 하나의 경험으로 전환해 디지털 뱅크에 대응하고 있다.

| 시장을 움직이는 건 팬덤

현재뿐만 아니라 미래의 기업 성과를 가늠하는 가장 중요한 척도는 바로 기업이 '얼마나 많은 소비자에게 얼마나 강한 로열티를 쌓아두느냐'가 될 것이다. 이 점이 바로 고객만족의 궁극적 목표이기도 하다. 이 목표를 달성하기 위해 최근에 부각되고 있는 로열티 구축 방법이 바로 '고객 인게이지먼트customer engagement'라는 개념이다. 그 목표는 당연히 고객 로열티 구축인데, 단순히 제품을 구입하는 정도를 뛰어넘어 오랫동안 경험을 공유하고 함께 가치를 만들어가는, 감성적 관계에 기초한 '태도적 로열티'를 말한다. 달리 표현하자면 '팬덤fandom'이다.

고객충성도와 팬덤은 다른 의미로 받아들여져야 한다. 고객충성도, 즉 'customer loyalty'를 우리말로 번역하다 보니 '고객충성도'라고 했지만, 사실 고객에게 '충성도'란 말을 붙이는 것 자체가 시대착오적이다. 또한 충성도보다 더 중요한 것은 고객의 개입도가 높아서, 몰입감engagement을 갖게 함으로써 그 회사나 브랜드에 애착 감정을 느끼게 하는 '팬덤'이 중요하다. '팬덤fandom'이란 단어는 어떤 인물이나 분야를 '열성적으로 좋아하는 사람' 또는 광신도를 뜻하는 fanatic의 'fan'과 영토나 지위, 집단을 뜻하는 '-dom'이 합성된 단어이다. 흥미로운 사실은, 엔터테인먼트 업계에서 흔히 볼 수 있었던 이 현상이 기업의 영역으로 확장되면서, 기업의 성패를 좌우하는 요소로 성장해 왔다는 사실이다. '마케팅의 아버지'라 불리는 필립 코틀러Philip Kotler는 『마켓 4.0』에서 브랜드 옹호자Advocate, 즉 '팬덤'을 기업의 가장 중요한 전략적 자산으로 강조했다.

오늘날 팬덤이 확산되는 이유는 디지털 시대가 가속화되면서 오히려 고립감, 소외감을 느끼는 사람들이 네트워크로 연결된 사회에서 어딘가에 소속되는 것으로 사회성을 충족하려 하기 때문이다. 사람들의 소속 욕구가 소셜 커뮤니티 이용을 부추기고, 이에 따라 자연스럽게 디지털 팬덤이 확산되고 있다. 디지털 시대의 팬덤은 이전과는 달리 능동성과 비판성을 동시에 갖고 있다. 이들은 과거처럼 문화의 단순 소비자가 아니라 문화를 재창조하거나, 기존의 우세한 문화에 저항해 새로운 문화를 만들어내는 팬덤 문화의 창조자로 변신했다. 싸이의 '강남스타일'처럼 예고 없이 신드롬을 일으키며 히트 상품이 되기도 하고, 잘나가던 브랜드가 안티 팬덤에 의해 한순간에 시장에서 퇴출당하기도 한다.

따라서 팬덤 마케팅은 아이돌 스타 대상의 팬덤을 제품이나 브랜드로 확장하는 마케팅 기법을 의미한다. 즉, 단순한 소비자가 아니라 내 브랜드를 열성적으로 좋아하는 극강의 로열티 그룹을 형성하는 것이다. '스타'와 '팬'이란 용어에 '기업'과 '소비자'란 단어만 바꾸면 '팬덤 마케팅'이 쉽게 이해될 것이다. 소비자들이 유대 관계가 끈끈한 커뮤니티를 형성하게 된 데는 물론 다양한 디지털 미디어와 SNS라는 디지털 환경의 성숙이 결정적 역할을 했다.

전통적 마케팅은 주로 생산자가 주도하는 마케팅 활동이었다. 반면 디지털 마케팅에서는 제품 제작에 소비자의 직접 참여가 증가하고 있다. 경험과 지식수준이 높아진 고객들은 제품이나 서비스의 개선이나 혁신에 직접적으로 도움을 주기도 한다. 한때 '대륙의 실수'로 불렸던 중국의 샤오미가 성공을 거둘 수 있었던 가장 중요한 비결이 바로 고객 참여이다. 샤오미는 정보를 공개하여 사용자들이 제품 개발 과정에 직접 참여하게 한다. 고객들이 지속적으로 샤오미에 아이디어를 주는 이유는 샤오미가 고객의 의견을 제품 개발에 적극적으로 반영하기 때문이다.

오늘날과 같은 저성장 시대에는 비용이 많이 드는 마케팅을 하기가 쉽지 않다. 소비자의 지갑이 얇기 때문이다. 따라서 소비자의 부담을 줄이면서도 가치를 창출하는 혁신적인 제품, 서비스, 경험을 제공하는 것이 매우 중요해졌다. 불필요한 기능을 더해 제품의 가격을 올리는 혁신보다는 기존의 상품에 독특한 서비스와 경험을 추가함으로써 차별화를 도모하는 것이 더 효과적이다. 이를 한 줄로 요약하면, 기업은 '고객 인게이지먼트'를 확보하는 데 주력해야 한다. 고객 인게이지먼트란 구매한 상품에 만족해 재구매율이 높고, 다른 이들에게 상품을 추천하며, 현재 제품에 대해 건설적인 비판을 하고, 나아가 신제품 개발에도 자신의 의견을 개진해 적극적으로 참여하는 팬덤 소비자를 지칭한다.

고객만족도CSI를 통한 재구매율 확대는 고객을 '단순' 재생산하는 과정이다. 하지만 고객추천율의 확대는 고객을 '확대' 재생산하는 과정이다. 나아가 제품과 서비스에 대한 고객의 참여는 더 효율적으로 재구매율과 추천율을 높일 수 있는 중요한 연결고리가 된다. 널리 알려진 HOGHarley Owners Group라는 커뮤니티를 통한 할리데이비슨의 팬덤 마케팅은 저성장 시대에 더욱 빛을 발할 것이다.

| 디지털 시대의 소비자 가치

디지털 시대의 성공적 비즈니스는 흩어져 있는 고객들을 한곳에 모아서 그들을 대상으로 네트워크 효과를 창출하고, 그들의 활동을 통해 수익을 창출하는 것이다. 바로 '플랫폼 비즈니스'다. 네이버나 다음 등의 포털, 페이스북, 인스타그램, 카카오톡 등의 SNS, 게임 등 디지털 시대를 대표하는 기업들의 비즈니스 구조가 여기에 해당한다. 로열티 마케팅 역시 고객을 모이게 하고, 모인 고객을 대상으로 마케팅 활동을 전개하여 지속적인 성과를 창출하는 것이다. 프로그램이 매력적일수록 많은 고객이 모여 오랫동안 머무르고, 머문 고객이 많을수록 더 큰 수익을 창출할 수 있을 것이다. 그렇다면 어떤 콘텐츠나 유인 요인들이 고객을 모이게 하고 지속적으로 머무르게 하는 것일까? 그들이 제공하는 콘텐츠나 유인 요인들이 바로 '디지털 시대의 소비자들은 어떤 가치를 원할까?'라는 질문에 대한 대답이 될 것이다.

　온라인과 모바일 플랫폼에 사람들이 모이고 지속적으로 머무르는 이유는 크게 다섯 가지로 정리할 수 있다. 재미나 흥미Fun/Entertainment, 절약 Saving, 정보Information, 교류Networking 그리고 참여Participation다. 온라인과 모바일의 발달로 인해 사람들은 이러한 요소에 더 많은 가치를 부여하고 관심을 갖게 되었다. 미국 캘리포니아의 한 식당은 고객이 주문할 때 카드를 뒤집어 펼쳐놓고 고르게 하는데, 조커 카드를 뽑으면 음식값을 받지 않는다. 그런데 조커를 뽑지 못한 사람들도 이 식당을 SNS에 올리며 자랑한다. 하루 평균 고객 4명이 조커를 뽑으니 전체 주문량의 2% 정도를 무료로 제공하는 셈인데, 입소문 덕택에 결과적으로 훨씬 더 큰 이득을 얻는 셈이다. '재미와 절약'으로 입소문을 만들어내는 것이다.

여러분은 고객서비스가 무엇이라고 생각하는가? 백화점이나 항공사, 은행의 고객접점 직원들에게 '좋은 서비스가 무엇이냐'고 물으면 환한 미소와 상냥한 말씨, 단정한 옷차림, 친절이라고 대답한다. 경영자나 관리자 가운데도 고객서비스의 핵심은 친절이라고 생각하고 있는 사람이 많다. 아직도 이렇게 생각하는 기업이 있다면 그 기업은 천천히 데워지는 냄비 속의 개구리 신세가 될 것임이 분명하다. 변화하는 환경에 주의를 기울이지 않으면 냄비 속의 개구리처럼 위기에서 탈출할 기회를 놓치게 된다.

오늘날 디지털은 모든 곳을 서로 연결하고 있다. 가장 뚜렷한 변화는 고객접점의 변화다. 그중에서 온라인 평판은 오늘날 가장 중요한 사전접점이 되고 있다. 고객들은 블로그나 SNS에서 수많은 사람과 그 회사의 제품과 서비스에 관해 이야기한다. 고객은 그 회사의 제품 혹은 서비스가 자신의 요구에 적합한지를 확인하기 위해 온라인 커뮤니티를 통해 회사가 다른 고객을 어떻게 응대하고 있는지를 알고 싶어 한다. 그래서 블로그나 상품평, 댓글 등을 활용해서 구매 여부를 결정한다. 만약 고객이 이렇게 변화하고 있다는 사실을 알지 못한다면, 그 회사는 개구리처럼 물이 끓어감에 따라 서서히 죽게 될 것이다.

이제 고객은 예전처럼 브랜드만 보고 제품을 선택하지 않는다. 친절한 직원이나 감동 넘치는 이벤트가 없어도 자신이 원하는 시간에 원하는 상품을 값싸게 받는 것에 만족해한다. 고객들은 새벽 배송, 맞춤 서비스, 공유 서비스, 고급 음식도 배달해 집에서 먹을 수 있는 '새로운 서비스 경험'에 기꺼이 지갑을 연다. 항상 재미를 찾아다니는 MZ세대들은 '동물의 숲' 같은 게임 속 이야기에 빠져들어 시간을 보내며 몰입감을 느낀다. 이들을 가장 강하게 움직이게 하는 원동력은 그래서 상품과 서비스를 게임화하는 게이미피케이션이다. 비접촉과 디지털이 대세가 된 지금, 예전에 좋은 서비스라고 했던 것들이 점점 힘을 잃고 있다. 새로운 차원의 고객만족이 탄생해야 하는 이유다.

여러분의 디지털화는 고객 친화적인가

| "이거 정말 사용자 관점이야"

외국계 은행에서 5년간 근무한 적이 있다. CEO와 경영진이 외국인이고 유학파 직원이 많다 보니 영어가 공용어처럼 쓰였다. 업무상 소통은 주로 이메일로 이루어졌는데, 국내파 동료들끼리도 토씨 정도만 한글로 쓰고 영어나 전문 용어 위주인 경우가 많았다. 영어가 서투르기도 했지만, 나는 본보기라도 보여야 하는 사람처럼 쉽고 간결한 우리말로 다듬어 답장하곤 했다. 상사나 동료들은 그러한 내 글에 대해서조차 'JB(장정빈의 이니셜)의 메일은 정말 '커스토머 프렌들리customer friendly'하다'라고 '코멘트'하곤 했다.

'커스토머 프렌들리'를 IT나 디자인 업계에서 쓰는 말로 옮기면 '사용자 경험UX, User Experience'의 개념이 될 듯싶다. 사용자 경험UX은 '새로운 제품이나 화면을 설계할 때 여태껏 한 번도 이용해 본 적이 없는 사용자가 어려움 없이 바로 기능을 이해하고 이용할 수 있는가'를 뜻하는 용어다. 즉, 사용자의 관점에서 제품의 가치를 파악하는 것이 사용자 경험UX의 핵심이다. 사실 UX의 개념은 금융, 패션, 자동차, 건축 등 다양한 산업에서 이미 적용되어 왔다. 최근 디지털 기술의 발달로 IT가 제공하는 경험이 한층 풍부해지고 정보통신기술ICT의 융합이 보편화되자 과거와는 차원이 다른 다채로운 UX 제공이 모든 산업의 과제로 떠오르게 되었다. '가난하고 배고 팠던 시절에는 제품의 기능에 중점을 뒀다면 의식주가 해결된 지금은 사람들의 관심이 감성에 기울기 때문'이다. 그 결과 제품 자체의 기술이 아무리 뛰어나더라도 사용자 경험이 부족할 경우 시장에서 외면당하는 경우가 허다하다. 반면에 탁월한 UX 역량은 고객충성도를 높이는 것은 물론 '사랑받는 기업'으로 도약하는 열쇠가 되고 있다.

그런 트렌드를 반영하여 요즘 CX Customer Experience라는 용어와 함께 가장 핫한 단어 중 하나가 바로 UX이다.

얼마 전 오른쪽 엄지발가락에 사마귀가 생겨 사무실 인근에 있는 D 피부과에 들렀다. 인테리어가 고급스럽고 의사가 네 명이나 근무하는 꽤 규모가 있는 병원이었다. 접수하려 하자 카운터에 놓여 있는 태블릿PC를 가리키며 직접 입력하라는 것이었다. 이름, 생년월일, 주소를 직접 입력하고 우편번호를 검색하는데, 키보드 배열이 스마트폰이나 컴퓨터에서 쓰던 익숙한 자판이 아니었다. 독수리 타법으로 입력하느라 진땀을 흘렸다. 처음 내원한 환자에게 이러한 접수 절차가 편리한지를 그 병원은 한 번쯤 자문해 보았어야 할 것이다.

우리가 말하는 '유저 프렌들리'는 다음 두 가지 중 하나는 포함하고 있어야 한다. 하나는 말 그대로 사용자에게 쉬워야 하고easy, 또 다른 하나는 사용자에게 익숙한familiar 것이어야 한다. 정말 '유저 프렌들리'하게 설계된 제품이라면 누구나 제품의 성능을 바로 이해하고 쉽게 사용할 수 있어야 한다. 소프트웨어 관점에서 예를 들어보면 이렇다. 우리는 구글 크롬 브라우저가 처음 나왔을 때 '한 번도 사용해 본 적이 없어서…'라고 망설이지 않았다. 크롬은 인터넷 익스플로러 사용자에게는 곧 친숙하게 이용할 수 있는 형태의 인터페이스였기 때문이다. 만약에 한 번도 사용해 본 적이 없는 엑셀이라는 오피스 프로그램을 보여주고 사용해 보라고 한다면 이건 전혀 다른 이야기가 될 것이다. 사용자 대부분에게 오랜 학습이 필요한 인터페이스이기 때문이다. 그러나 엑셀 사용자에게 구글 스프레드시트를 사용해 보라고 한다면 별문제 없이 잘 이용할 것이다.

모바일 앱의 햄버거(🍔 > ☰) 버튼hamburger button도 좋은 사례가 될 수 있다. 이 표식을 클릭하면 숨겨진 메뉴의 전체 목록이 튀어나온다는 걸 대부분의 스마트폰 사용자는 알고 있다. 햄버거 버튼이 주는 상징적 형태가 훌륭해서가 아니다. 이전에 다른 앱을 통해 경험했기 때문에 익숙해진 것이다.

그렇다고 해서 제품 개발자나 디자이너들은 사용자가 이용하기에 아무 어려움이 없었으니 '내가 좋은 인터페이스를 만들었다'라고 생각해서는 곤란하다. 컴퓨터 마우스처럼 사용자가 이전의 경험을 통해 익숙해졌다고 해서 이를 '사용자 친화적'으로 설계한 것이라고 오해하지 말라는 뜻이다. 사용자들이 여러 번 클릭하지 않고도, 매뉴얼이 없어도 바로 사용할 수 있을 정도로 쉬운 인터페이스를 만들어야 한다. 아이폰이 바로 그런 경우다. 어떤 사람들은 아이폰 포장 용기를 처음 뜯었을 때 그 안에 '들어 있는 것들'이 아니라 '들어 있지 않은 것들'에 놀랐다고 한다. 상자 안에는 사용설명서가 없다. 제품이 직관적으로 쉽게 사용할 수 있게 디자인되어 있어서 별도의 매뉴얼이 필요 없다.

가장 훌륭한 사용자 경험은 어떤 것일까? 마우스나 키보드 없이도 음성, 몸짓, 표정 등을 사용해 마치 사람을 대하듯 기계와 소통하는 것이라고 할 수 있다. 이제 센서 등 하드웨어 기술과 음성인식, 동작인식 등 소프트웨어 기술의 발달로 기계는 인간의 표현을 점점 더 정확하게 이해하도록 발전하고 있다. 이렇게 되면 사용법을 익히는 부담이 줄어 새로운 기술과 신제품에 대한 거부감을 없애는 데 크게 도움이 된다. 일례로 미국 프리딕트 게이즈Predict Gaze는 손을 입술 위에 대고 '쉿' 하는 동작을 하면 오디오가 무음으로 전환하는 동작인식 기술을 개발했다. 페이스닷컴의 소프트웨어는 얼굴인식뿐만 아니라 나이 · 성별 · 기분까지 추론하며, 뇌파를 활용해 생각만으로 기기를 제어하는 기술을 개발하고 있다.

핀테크 업체 토스나 카카오톡의 디자인, 아마존의 원클릭도 고객 친화성의 모범 사례가 될 것이다. 탁월한 기업이 되려면 제품을 만들고 프로그램을 디자인하고 설계하는 기술의 전문성이 뛰어나야 한다. 하지만 그보다 더 중요한 건 사용할 고객에 대한 이해가 깊어야 한다. 그래서 토스 디자인팀에서 찾는 인재상은 이렇다. '사용자의 경험을 공감하고 이해할 수 있는 사용자 중심 사고 능력을 갖춘 분을 찾고 있습니다. 또한, 제품을 만들기 위해 협업이 필수이기 때문에 커뮤니케이션 스킬과 타 직군에 대한 이해도가 높으신 분이 좋습니다.' 토스 디자이너들 사이에서 가장 강력한 한마디는 "이거 사용자 중심이야?" "사용자 관점이야?"라는 질문이라고 한다.

내가 자주 출강하는 K 연수원에서 연말에 문자가 왔다. "앞으로 본 연수원이나 타 회사의 고용보험 적용 과정에 출강하는 강사들은 정부에서 지정하는 기관에서 의무적으로 '직업기초능력 교수자용 온라인 교육'을 이수해야 한다"라는 내용이었다. 책상 앞에 앉아 해당 사이트에 접속해 공부하다 보니 과정 분량이 무려 30차시로 구성되어 있었다. 내용도 상식적이고 단조롭기 짝이 없어 아예 학습전략(?)을 바꾸기로 했다. 출퇴근 시간이나 소파에 앉아서 짬짬이 스마트폰으로 듣기로 한 것이다. 그런데 스마트폰에서도 태블릿에서도 화면이 깨지고 영상의 일부만 겨우 보일 뿐이었다. 환경설정을 잘못했나 싶어 사이트 구석구석을 뒤졌더니 '강의 공지사항'이 눈에 띄었다. '스마트기기(모바일, 태블릿 등) 지원은 현재 준비 중이므로 PC로만 학습을 진행해 주시기 바랍니다'라고 되어 있었다.

'걸어 다니면서도 인터넷과 전화가 되는 휴대폰을 앞으로 만들 테니 지금은 모두 책상 앞에 앉아서만 전화(유선전화)를 받으시길 바랍니다'와 같은 안내 문구는 '독재정치' 시대의 서비스와 진배없다. 다른 업체를 선택할 수도, 학습 과정을 선택할 수도 없는 '붙잡아둔' 고객들이니 이래도 괜찮다는 회사(관료) 중심적인 사고방식이다. 그런데 고객 측면에서 보면 이건 2000년대 초 인터넷 강의로 통칭되는 온라인 강의 시대의 수준이다. 이들도 또한 '이거 사용자 중심이야?'라고 스스로 질문해 봤어야 한다.

| "이 기술은 누구나 쉽게 사용할 수 있나"

인류는 변했다. 더구나 코로나19로 완전히 변했다. 스마트폰은 이동성을 주무기로 단순히 편리함을 제공하는 수단을 넘어 우리의 생활필수품으로 자리 잡은 지 오래다. 그래서 요즘 세대를 '포노 사피엔스Phono sapiens'라고 지칭한다. 휴대폰을 지칭하는 'Phono'와 'Sapiens'의 합성어로, 스마트폰 없이 살 수 없는 새로운 인류가 탄생한 것이다. 산업혁명 200년, 컴퓨터 디지털 혁명 30년에 비하면 스마트폰 혁명은 10년도 채 안 걸렸다. 스마트폰은 인류의 진화를 가속화하고 있다.

앞의 이러닝 사례에서 기술 수준이 한참 떨어졌다고 비난하는 것만은 아니다. 서두에 언급했듯이 사용법이 쉽고 간단해야 한다. 우리는 '좋은 기술이 혁신과 수익을 창출한다'라고 생각한다. 그러나 이런 생각이 항상 적중하는 것은 아니다. 수천 명의 발명가가 계속 새로운 제품과 뛰어난 기술을 발명하고 있지만, 단 2%만이 성공한다고 한다. 기술 자체는 멋지더라도 그 기술을 활용해 만든 제품이 소비자가 사용하기 어렵거나 유용하지 않기 때문이다.

MISManagement Information System 분야를 공부한 사람이라면 프레드 데이비스Fred Davis 교수의 기술수용모델TAM:Technology Acceptance Model 이론을 한 번쯤은 들어보았을 것이다. 간단하게 설명하자면, 사람들이 정보기술IT을 수용할 때 기술의 유용성usefulness과 사용의 용이성ease of use이 중요하다는 이야기다.

기술수용모델의 예를 하나 들어보자. 요즘 코로나19의 여파로 화상회의 앱 '줌(ZOOM)' 사용자가 폭증하고 있다. 줌 서비스가 인기를 끄는 이유는 단연 '편리성'이라 할 수 있다. 간단하게 영상 채팅방을 만들 수 있고, 한 번에 50명 이상의 많은 인원을 수용할 수 있으며, PC와 모바일에서 쉽게 접속할 수 있을 뿐만 아니라 처음 접하는 사람도 손쉽게 사용할 수 있다. 어느 날 상사가 '더 좋은 기술의 화상회의 솔루션이 개발되었으니 그 것을 쓰자'라고 제안한다. 그런데 사용법도 매우 어렵고, 지금 하고 있는 업무와의 관련성이 줌보다 떨어진다. 여러분이라면 다른 화상회의 솔루션을 사용하겠는가? 당연히 "No"라고 할 것이다. 아무리 기술이 좋다고 하더라도 그것이 유용하지도 않고, 유용하다 치더라도 사용법이 어렵다면, 그런 기술을 받아들일 이유가 없는 것이다. 그런데 실제로 기업에서는 이런 상사의 개인적 주관에 의존한 UX 관련 의사 결정이 일어나기도 한다. 그래서 실무자들 사이에서는 이런 현상을 고객경험('User Experiences')가 아니라 상사경험('Boss Experience')이라고 꼬집기도 한다.

그러므로 제품이나 정보기술을 수용할 때는 그것이 사용자에게 얼마나 유용한지, 그것이 기존의 기술을 대체할 정도로 사용하기 쉬운지를 점검하는 것이 매우 중요하다.

| 우리의 디지털화는 과연 고객지향적인가

나는 국내은행의 콜센터장으로 근무한 적이 있다. 은행은 각 지점으로 걸려 오는 모든 전화를 콜센터로 연결되도록 해놓았고, 고객이 군이 거래 지점의 특정 직원과 통화하기를 원한다면 콜센터에서 연결해 주도록 설계되어 있었다. 창구 직원이 전화 때문에 고객을 기다리게 하지 않고, 업무처리에 집중하게 하려는 취지였다. 그런데 ARS 자동응답전화에 익숙하지 않은 노인들이나 기계에 서툰 고객들이 "전화할 때마다 콜센터는 통화 중이고, 상담원한테 물어보고 싶어도 어떻게 할지 모르겠다"라고 불평하는 일이 흔했다. 당시 고객은 전화가 연결되더라도 업무별로 끝없이 이어지는 안내 코드 번호를 끝까지 들어야 했고, 여러 단계를 거친 후에야 "상담원과 직접 통화하고 싶으신 분은 0번을 눌러주세요"라는 안내말을 들을 수 있었다. 누가 보아도 상담직원이 직접 받는 통화량을 줄이려는, 속이 뻔히 들여다보이는 설계였다.

이에 대한 해결책으로 나는 '상담원하고 통화하고 싶으신 분은 0번'이라는 안내 멘트를 맨 위로 올렸다. 많은 직원들이 콜센터 업무가 마비될 것이라고 걱정했지만, 나는 그렇게 생각하지 않았다. 상담원을 찾는 번호를 맨 뒤에 놓더라도 결국 고객을 딱 한 번 속이는 효과밖에 없다고 생각한 것이다. 자주 전화를 걸어 상담원과 직접 통화하고 싶은 고객은 두 번째 전화부터는 안내 코드를 순서대로 듣지 않고 그냥 상담원을 찾는 0번 코드를 외워서 바로 누르기 때문이다. 그런데 지금도 거의 모든 회사의 ARS 시스템이 최선을 다해서(?) 상담원과 연결되지 않도록 설계해 놓고 있다. 더욱 기가 막힌 것은 급해서 '0번'을 눌렀을 때 '잘못 눌렀습니다. 다시 눌러주십시오' 하고 함정을 만들어 놓기도 한다는 것이다.

오프라인이건 비대면 디지털 접점이건 간에 '우리는 과연 고객지향적인가'라는 화두는 최고의 고객경험을 만드는 핵심이라는 점은 두말할 필요가 없다. 몇 년 전 『아웃사이드 인 전략』이라는 책이 우리나라에도 번역되어 출간된 적이 있다. 아웃사이드 인Outside-in이란 기업의 모든 활동을 고객의 입장이 되어 바라보는 방식을 말한다. 고객을 먼저 생각하는 '바깥으로부터 안으로의 혁신'에 눈을 돌려야 한다는 의미다. 너무 뻔한 얘기지만 이것이 바로 '고객만족경영CSM'이다. 그러나 실제 고객만족경영을 기치로 내걸고 있는 많은 기업에서 정반대의 접근법인 '인사이드 아웃Inside out' 전략으로 회사를 경영하고 있다. 인사이드 아웃이란, 기업들이 공급자 중심 시각에서 기존 제품이나 서비스 및 역량을 중심으로 새로운 서비스나 제품을 만들어내는, '안으로부터 바깥으로의 혁신'에 주력함을 의미한다. 기업 자체의 역량을 어떻게 매출과 이익에 집중시켜 이를 극대화하느냐 하는 접근법이다. 두 전략의 핵심적인 차이는 바로 시작점의 차이에서 비롯된다.

그중 하나의 사례가 디지털 트랜스포메이션의 핵심 요소인 고객 식별과 인증에서 잘 드러난다. 고객을 식별하거나 인증할 수 있어야 디지털 프로세스의 효율을 높일 수 있다는 것은 맞는 말이다. 이 때문에 로그인 과정은 고객이 어쩔 수 없이 감수해야 하는 불편으로 여겨져 왔다. 기술자들은 로그인을 위해서는 복잡한 가입 절차를 통해 ID와 패스워드를 만들어야 한다고 주장한다. 주소와 전화번호를 입력해야 한다고 강조한다. ID로 고객을 식별하고, 패스워드로 신분을 증명해야 한다는 것이다. 하지만 이건 '아웃사이드 인'의 패러다임이 아니라 '인사이드 아웃'의 사고방식이다.

그렇다면 '아웃사이드 인'의 사고방식이라면 어떻게 해야 할까? 먼저 내가 '고객의 눈으로' 여러분에게 질문해 보겠다.

- 은행, 보험사, 카드사, 통신사, 렌트사 등 당신 회사의 고객은 이미 회사에 이름과 연락처가 등록된 고객이다. 고객이 왜 다시 ID와 패스워드를 만들어 번거롭게 인터넷 회원 가입을 해야 하는가?

- 콜센터에서 이름과 주소, 비밀번호 등으로 본인인증을 했다면 곧바로 디지털 서비스로 이를 전환해 줄 수 있지 않은가? 즉, 상담원의 질문에 의한 고객 인증을 살려서 별도의 로그인 없이 디지털 화면을 모두 사용할 수 있는 링크를 바로 보내줄 수는 없는가? (물론 이 링크는 해당 고객의 디바이스에서만 열리고, 복사해서 가져가도 다른 브라우저에서는 열리지 않도록 보안을 강화한 것이어야 한다) 링크를 클릭하면 다시 로그인하라고 한다든지,

주민등록번호 등을 입력하라는 화면이 뜬다면 당신 회사의 고객지향적 디지털화는 아직 갈 길이 멀다.

● 쇼핑몰에 '비회원 구매 기능'을 아예 만들어 놓지 않은 곳이 아직도 많다. 사용자는 회원 가입을 할지 말지에 대한 선택권이 있어야 하며, 로그인하지 않아도 비회원 자격으로 구매를 진행할 수 있도록 해야 한다.

| 또 다른 사용자 경험, UX 라이팅

최근 사용자경험의 디자인으로 UX 라이팅UX Writing 개념이 부상하고 있다. UX Writing은 사용자들이 서비스를 만나고 사용할 때 접하게 되는 단어나 문구를 설계하는 일을 말한다. 결국 사용할 사람은 내가 아닌 '사용자'라는 생각에 도달한다면, 모든 디자인은 사용자의 '인지적 부하cognitive load'를 최소화하는 것을 핵심으로 잡아야 한다. 인지적 부하는 사용자가 뇌를 가동해 자신의 목표를 이루는 것을 뜻하는데, '인지적 부하가 크다'는 것은 곧 사용자가 행동에 이르기까지 고민을 많이 하게 된다는 의미이다. 그렇다면 이는 결코 좋은 UX가 될 수 없다.

인지적 부하를 줄이기 위해서는 글의 내용, 위치, 모양도 최대한 쉽고 직관적이어야 한다. 그래야 사용자에게 인지적 부하 없이 빠르고 확실하게 전달되기 때문이다.

위 그림에서 "파일을 삭제할까요?"라는 질문에서 왼쪽은 헷갈려서 한참 고민해야 한다. 오른쪽에서는 생각의 회로가 훨씬 짧아지는 걸 느낄 것이다. 여러 번의 생각 없이 '아~' 하며 바로 행동할 수 있도록 하는 것이 UX

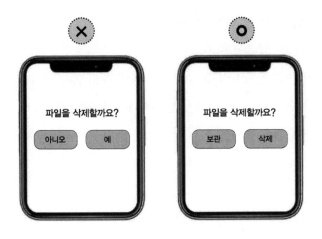

그림 | 좋은 UX Writing과 나쁜 UX Writing

Writing의 핵심이다. 토스는 대출금을 갚을 때마다 보내는 알림 문구를 '대출 잔액이 줄어들었으니 확인해 보세요.'에서 '갚느라 고생 많으셨어요! 신용점수가 달라졌는지 확인해 보세요.'라고 바꾼 후 고객만족도가 증가하고, 문구에 대한 긍정적 의견이 증가했다. 그뿐만 아니라 금융 업계의 전문용어를 쉽게 바꾸어 필요한 정보를 확실히 얻을 수 있게 노력하고 있다.

고객중심적인 기업은 혁신에 성공하고 회사중심적인 기업은 혁신에 실패한다. 이는 너무나 당연한 말이지만 안타깝게도 이를 망각한 기업이 우리 주변에 수두룩하다. 가격이 지나치게 비싸거나 고객보다는 오너의 자기만족을 추구하거나 직원의 편의를 우선시하는 기업도 많다.

탁월한 고객서비스와 고객경험을 실행하는 데 성공하고 실패한 기업 간의 근본적인 차이는 무엇일까? 나는 철학적 차이라고 본다. 모순 같지만, 회사의 내부적 이익을 강조할수록 회사의 진정한 이익(충성고객)에는 소홀할 수밖에 없다. 아마존은 지구상에서 가장 고객중심적인 기업World's most consumer-centric company이라는 미션을 지속적으로 추구하고 있다. CEO 제프 베이조스는 이제 고객중심Customer-Centric을 넘어 '고객집착Customer Obsession'을 지향해야 한다고 강조한다. 고객지향, 고객중심, 고객집착의 단계에서 디지털 트랜스포메이션Digital Transformation화의 포인트는 디지털Digital과 기술Technology이 아니라 사용자인 고객Customer과 경험Experience을 중심으로 한 재설계Transformation여야 한다는 점을 잊지 말길 바란다.

모나리자의 웃는
입꼬리를 겨냥하라

| 모든 제품에는 서비스가 들어 있다

"시멘트를 생산하는 일은 제조업입니까, 서비스업입니까?"

경영 대학원의 〈서비스 전략과 행동경제학〉 강의 때 필자가 학생들에게 던지는 첫 질문이다. 학생들은 어리둥절한 표정이다. 대개 "제조업이죠"라고 대답한다. (나는 이처럼 한 가지 질문으로 강의를 시작하곤 한다.)

세계 3대 시멘트 회사 중 하나인 멕시코의 세멕스CEMEX는 전통적으로 '계'를 선호하는 고객의 특성에 착안했다. 직원들이 빈민가 고객들과 1년 동안 생활하면서 소비 패턴을 연구한 결과, 마을 사람들끼리 계를 만들어 출산, 결혼식 등의 비용으로 사용한다는 사실을 알아냈다. 이 특성을 활용하여 세멕스는 지역별로 3명이 모여 매주 각자 13.5달러의 곗돈을 내서 차례로 집을 짓는 데 필요한 시멘트를 구매하는 일종의 '시멘트 계'를 조직했다. 그리고 곗돈을 탄 사람에게는 현금 대신 집을 증축하는 데 필요한 건자재를 받도록 하며, 공사 기간 동안 회사는 건설 관련 기술적 조언까지 해주고 재료비의 80%를 대출해 준 것이다. 그러고는 시멘트를 배달함으로써 전체 시장의 85%를 소매시장에서 창출, 급성장의 발판을 마련하게 된다. 이는 시멕스가 자신의 산업을 보는 관점을 '기능적 제품'에서 '감성적인 서비스'로 전환한 덕택이었다.

나처럼 서비스 전문가가 아니더라도 우리는 일상생활에서 '어! 이런 걸 서비스로 하네?'라는 놀라움을 경험한다. 이제는 모든 것이 서비스화되고 있다. 사람들이 더 많은 돈을 지불하는 근본적인 이유도 유형의 제품에서 무형의 서비스로 바뀌고 있다. 빌딩 관리도 그중 하나이다. 서울의 한 사무용 건물은 국내 최초로 특급 호텔을 위탁 운영자로 선정하여 특급 호텔에서나 이루어지던 영접과 컨시어지, 하우스키핑, VIP 의전, 보안, 조경, 주차 관리 등 서비스를 오피스 환경에 접목했다. 빌딩 관리를 호텔급 서비스로 바꾸자 비싼 임대료에도 불구하고 입주 대기자가 몰려들어 빌딩의 가치가 상승했다.

| 모든 제품은 중심기능과 주변기능이 있다

우리는 모든 제품과 서비스를 3가지 관점으로 분해해 보아야 한다. 하나의 제품을 핵심편익, 유형제품, 확장제품으로 세분화하여 바라보는 것이다.

핵심편익이란 소비자들이 구매하려는 제품으로부터 기대하는 혜택을 의미하는데, 이는 눈에 보이지 않는 개념적인 형태일 경우가 많다. 예를 들어 '핵심편익' 차원에서 자동차 구매를 생각해 본다면 소비자는 출퇴근 용으로 편리하고 안전한 수송 수단을 구매하는 것이다. 즉, 고객이 제품을 사용함으로써 느끼는 경험이라고 할 수 있다.

'유형제품'은 핵심편익을 포장, 브랜드, 품질, 스타일, 특징 등으로 구체화한 물리적 속성의 개념을 말한다. 즉, 소비자는 파워핸들, 강력한 엔진, 제동력이 높은 브레이크와 타이어, 다양한 선택사양을 부착한 계기판과 같은 물리적 속성들로 구성된 자동차를 구매하려고 하는 것이다.

'확장제품'은 더 넓은 관점에서 제품을 본 것으로, 배달, 보증, 애프터서비스 등과 같은 부가적 서비스를 의미하며, 구매를 더 편리하게 해 준다. 나는 실제 강의에서는 유형제품을 중심기능, 확장제품을 주변기능으로 설명하는데, 용어의 힘은 놀랍다. 학생들이 개념을 빠르게 이해한다.

앞서 제품을 세 가지 관점으로 설명한 것은 기업 간 경쟁이 치열해지면서 제조업체들은 확장제품이라는 관점을 통해 서비스 차별화를 추구하고 있음을 이야기하기 위해서다. 자동차업체들은 긴급출동과 순회정비 서비스, 고객 대상 정비교육, 서비스 매니저 제도, 정비실명제, 예약 정비 등 다양한 서비스를 도입함으로써 차별화하려고 한다. 눈에 보이는 유형제품의 품질로는 차별화가 어렵기 때문이다. 이처럼 기업은 제품을 바라보는 방식을 3차원적으로 분해해서 살펴봄으로써 '고객은 무엇을 사고자 하는가?'라는 본질적인 질문을 끊임없이 해야 한다. 이것은 업의 정의와 비즈니스 모델의 혁신으로 연결된다. 고객은 제품 그 자체가 아니라 그것을 소비하고 이용함으로써 얻어지는 효용, 즉 핵심편익을 추구하기 때문이다. 화장품을 사는 사람들은 아름다움을, 호텔을 예약하는 사람들은 편안한 휴식과 수면을 추구하는 것이다.

오늘날의 서비스는 제품과 연결되고 화학적으로 융합되면서 기업의 핵심 비즈니스가 되고 있다. 제품에 따라붙는 부수적인 서비스가 아니라, 제품은 공짜로 하고 모든 가치가 서비스로 재창출되고 있는 바, 이런 트렌드를 '만물의 서비스화Everything as a service'라고 한다.

| 제품의 성능과 고객만족도 전략

제주의 한 호텔에서 너무 복잡한 리모컨 때문에 짜증이 난 적이 있다. 한 유선방송사도 나와 비슷한 생각을 가진 고객으로부터 항의를 받았다는 글을 읽은 적이 있다. 고객이 본사를 찾아와 셋톱박스와 리모컨을 집어 던지며 "TV는 화면이 잘 나오고 채널과 볼륨 조정만 잘 되면 그만인데, 왜 이리 쓸데없는 기능과 버튼이 많단 말인가"라며 거칠게 항의했다는 것이다. 방송사에서 비싼 돈을 들여 개발한 첨단 제품이나 기능이 별다른 효용을 제공하지 못하고 오히려 고객들을 짜증스럽게 만든 것이다.

왜 이런 일이 생겼을까? 〈그림1〉의 제품기능과 고객만족도 사이의 관계를 살펴보면 그 원인이 드러난다. 모든 제품은 본질적 가치를 제공해 주는 유형제품(중심기능)과 부가적 가치를 제공해 주는 확장제품(주변기능)으로 구분할 수 있다. (이 글에서는 마케팅 용어가 아닌 '중심기능'과 '주변기능'으로 표현하겠다) 예를 들어 신용카드의 결제 기능은 중심기능이고, 포인트 적립은 주변기능이다. 토스터의 중심기능은 빵을 굽는 것이고 디자인은 주변기능이다. 여기서 우리가 짚어야 할 문제는 고객만족도에 미치는 중심기능과 주변기능의 영향이 완전히 다르다는 점이다.

중심기능은 일정한 수준에 미치지 못하면(그림1-A) 고객불만을 야기한다. 하지만 적정 수준 이상을 넘어서면(그림1-B) 고객만족도를 높이는 데 크게 기여하지 못한다. 예를 들어 초고속 인터넷의 속도가 너무 느리면 고객들의 항의가 빗발치지만, 속도가 100메가비피에스Mbps 수준을 넘어서면 고객만족도가 더는 늘어나지 않는다.

이 유선방송사는 원활한 TV 시청이라는 중심기능을 통해 고객을 완벽하게 만족시킬 생각을 했어야 하는데, 다양한 첨단기능이라는 확장제품을 통해서 중심기능의 부족함을 메우려다 실패한 셈이다.

이번에는 다른 상황에서 핵심기능과 주변기능의 역할이 다르게 발생할 수도 있다. 전자제품 매장에 토스터를 사러 간 적이 있다. 성능이 모두 좋아 보이고 가격도 엇비슷해서 큰 차이를 발견하지 못했다. 나는 결국 디자인이 눈에 확 띄는 것을 선택했다. 고객들이 토스터 제품에서 원하는 중심

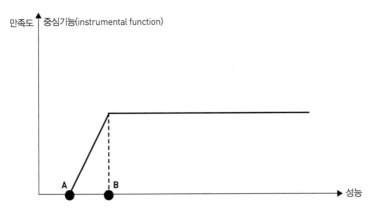

그림1 | 제품 성능과 고객만족도의 관계

기능은 식빵이 잘 구워지는 것이지만, 이 중심기능만으로는 차별화가 어려워 더 이상 고객만족도를 높이기가 쉽지 않다. 그렇다면 토스터 제조업체는 고객가치 창출의 원천을 디자인이라는 주변기능으로 전환해야 할 것이다. 이때 유의할 점은 제품 디자인을 경쟁자들과 비슷한 수준으로 미미하게 개선하면 안 된다.

| '스마일 커브'를 주목하라

기존의 항공기 엔진 제조사들은 대부분의 제조업과 마찬가지로 엔진을 제작해 판매하는 것이 주된 사업이었다. 즉, 엔진에 문제가 생겨 유지, 보수가 필요할 경우 항공사들은 건당, 부품당, 투입 인력당 비용을 항공기 엔진 업체에 지불했다. 제품 판매 후 발생하는 고객의 불편과 손실에 대해서 단지 애프터서비스를 통해 추가적 이익을 얻는 기회로만 활용한 것이다. 그러나 고객인 항공사로서는 엔진이 고장 나면 항공기 운항이 중단되어 막대한 피해가 발생할 뿐만 아니라 비싼 수리비까지 내야 하므로 만족도가 매우 낮을 수밖에 없었다.

그런데 롤스로이스Rolls-Royce는 업계 최초로 항공기 운항 시간에 비례해 보수를 받는 방식으로 바꾸었다. '사용 시간당 판매power by the hour'라는 구독 서비스 비즈니스 모델로 바꾼 것이다. 이를 위해 엔진 판매 후 항공기의 운항 기록을 상시 모니터링하고 이상 여부를 점검하는 등 사전에 예방적 조치를 취함으로써 고객만족도를 향상시키고 원원하는 관계를 구축하게 되었다.

이렇게 보면 롤스로이스는 단순히 비행기 엔진이라는 제품을 판매하는 회사가 아니다. 토탈케어라는 서비스 기반의 상품을 통해 각 엔진을 사용하는 시간을 판매하는 회사가 되었기 때문이다. 정기 유지보수부터 종합관리까지 엔진 운용과 성능을 보장하면서 고객에게 신뢰와 이익을 제공하는 회사가 되었다. 이러한 롤스로이스의 사례는 최근 제조업체에 나타나고 있는 변화를 여실히 보여준다. 산업설비, 가전제품 제조사인 GE 역시 지금은 전 세계가 인정하는 디지털 서비스 기업이다. 예전에는 비행기 제트 엔진을 팔기만 했지만, 이제는 비행기 엔진을 리스 형태로 제공하고 사물인터넷 센서를 통해 이상 징후를 감지하고 알려주는 서비스로 돈을 벌고 있다.

두 사례 모두 제조업을 서비스 영역으로 바꾼 비즈니스 모델이다. 기존 제품에 서비스를 추가하여 제공하는 경우와 서비스에서 사람의 컨텍스트를 기반으로 제품화하는 두 가지 경우를 통틀어 제조업의 서비스화, 즉 '서비타이제이션servitization'이라고 한다. 전자의 경우 제조사인 삼성전자가 삼성페이 서비스를 직접 제공하는 것이 그 사례가 될 수 있을 것이다. 서비타이제이션은 제품과 서비스의 융합을 통해 고객의 요구를 충족시키는 최근 트렌드로, 4차 산업혁명을 통해 제조업의 스마트화를 꿈꾸는 기업은 어떤 형식으로든 디지털 전환Digital Transformation과 서비타이제이션 Servitization의 추진을 고민해야 하는 상황이다. 이 두 가지가 제조업의 모든 가치사슬 과정에서 부가가치의 원동력이 되고 있기 때문이다.

디지털 트랜스포메이션Digital Transformation이란 한마디로 '디지털 기반이 아닌 업무를 디지털 기반으로 전환하는 것'을 의미한다. 예를 들어 예전에는 주민등록등본이 필요하면 주민센터를 직접 찾아가야 했지만, 지금은 정부민원포털(www.minwon.go.kr)에 접속하여 편리하게 발급받을 수 있다. 정부가 주민등록등본 발급 업무를 디지털로 전환한 덕택이다.

디지털 트랜스포메이션을 다른 말로 풀어보면 '정보통신기술ICT을 활용해 기존의 운영 방식과 비즈니스 모델, 제품, 서비스 등 기업의 모든 것을 디지털 관점으로 혁신하는 것'이다. 사물인터넷 기술을 활용한 스마트 커넥티드 제품Smart, Connected Products이 활성화되고 있는 현상이 대표적이다. '스마트 커넥티드' 제품이란 기계나 전기 부품 등에 센서나 소프트웨어 등을 탑재해 여러 기능을 '스마트'하게 수행하면서도 통신 기술을 통해 외부 시스템과 '연결'돼 있는 제품을 뜻한다. 이러한 변화의 핵심은 제품 가치가 '성능'에서 '소비자의 사용가치'를 높이는 것으로 이동했기 때문이다.

그런데 '스마트 커넥티드'는 고객만족CS 경영을 추진하는 데 주요한 도구가 되고 있다는 점에 주목할 필요가 있다. 과거에는 물건을 만들어 팔고 나면 어떤 기능을 고객이 주로 쓰는지, 불편한 기능은 무엇인지에 관한 정보를 고객 설문조사에 의존해야만 했다. 그러나 커넥티드 상품의 경우 상품의 편의성과 보완 사항을 사용 단계에서 파악하여 이를 상품 기획에 반영함으로써 고객만족도와 판매율을 높이는 데 크게 도움이 된다. 대표적인 예가 로레알의 스마트 헤어브러시이다. 이 브러시의 경우 내장된 마이크를 통해 빗질할 때 나는 소리를 들을 수 있다는 것이 특징이다. 로레알은 그 소리로 고객의 모발 상태를 진단하고 수치화해 모발 건강 상태에 관한 정보를 제공한다. 머리카락이 건조하고 손상되었는지 아니면 기름기가 있는지를 판단해 준다. 모발의 시작 부분이나 끝을 빗으면 머리카락 상태를 인식하여 와이파이와 블루투스로 데이터를 전송, 머리카락의 관리 여부, 지름, 갈라진 끝부분의 파손 정도를 측정하여 모발 건강 점수를 매겨 스마트폰의 전용 앱으로 전송한다.

로레알로서는 이 시스템을 통해 맞춤형 제품을 추천할 수 있고, 데이터를 활용해 사용 빈도가 높은 기능의 성능을 개선해 판매를 늘릴 수 있게 되는 것이다.

이 서비스에서 무엇보다 중요한 것은 제품 A/S를 통해 고객과 지속적으로 연결고리를 갖게 된다는 점이다. 사용자 정보가 제조사에 축적될수록 타 상품으로 전환하기 어려우므로 소비자 이탈을 방지하고 고객의 충성도를 높일 수 있게 된다. 이처럼 커넥티드화함으로써 기업은 지금껏 갖지 못한 정보와 통찰을 얻게 되고, 이를 통해 고객이 원하는 새로운 형태의 제품과 서비스를 발굴할 수 있게 된다.

여기서 가장 중요한 것은 기술 자체의 서비스화가 아니라 '고객이 필요로 하는 서비스의 상품화'라는 점이다. 소비자가 진정 원하는 것은 스마트 헤어브러시처럼 디지털화된 기술 자체가 아니라 그들의 불편함을 해소해주고 더 편리하고 가치 있고 흥미로운 경험이다. 눈부시게 발전한 IT 기술을 기업들이 앞다퉈 도입함에 따라 기술 평준화로 인해 제품 자체의 차별화가 어려워지자 기업들은 제품과 서비스의 통합을 통해 새로운 가치를 창출하고 이를 통해 경쟁력을 확보하고 있는 것이다. 이러한 제조기업들의 변화된 비즈니스 모델이 제조업의 서비스화, 즉 '서비타이제이션'으로 나타나고 있다. 제조업의 서비스화는 곧 제조업의 디지털화라고 일컬어도 무방하다. 제조업의 서비스화에 따른 제품과 서비스의 융합을 통해 기업은 제품과 서비스의 차별화, 수익 다변화, 고객 충성심 제고, 환경문제 해결 등을 도모하고 있다.

또한 제조업의 서비스화는 더 높은 부가가치를 창출한다. 과거 제조기업의 가치사슬을 살펴보면 제품의 제조와 조립 과정에서 많은 가치가 창출되었지만, 지식기반 경제사회인 21세기에는 연구개발, 유통, 서비스 등에서 더 많은 가치가 창출되고 있다. 상품 제조에서 서비스화의 중요도를 보여주는 그래프가 이른바 '스마일 커브smile curve'다. 스마일 커브는 제품의 기획-제조-판매·애프터서비스로 이어지는 일련의 과정에서 창출되는 부가가치의 크기를 과정별로 그린 곡선이다. 과거에는 중간 단계인 제조 단계에서 높은 부가가치가 만들어졌지만, 오늘날엔 부가가치가 높은 모나리자의 입가의 꼬리는 제조 전 단계(연구개발, 제품 기획, 디자인 등)와 제조 후 단계(판매·마케팅 등)에서 만들어진다는 점을 보여준다.

예를 들어 렌털경제에서는 제품의 렌털 그 자체보다는 서비스가 돈이 된다. 그 결과 제품의 서비타이제이션이 활성화된다. 마이스MICE 산업의 사례를 통해 전통 경제와 플랫폼 생태계의 비즈니스 수익성을 비교해 보자. 임대업체들은 영업이익률이 5% 미만에 불과한 데 비해 전시회를 기획

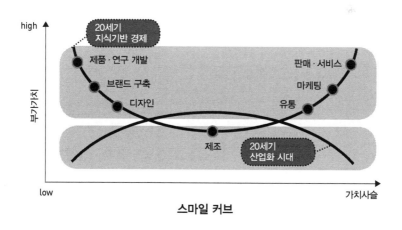

스마일 커브

하고 서비스하는 업체의 영업이익률은 20%를 상회한다. 왜 그럴까? '스마일 커브'로 알려진 이른바 '모나리자의 웃는 입꼬리' 효과 때문이다. 핵심 비즈니스 모델의 차이로 인해 스마일 커브의 양 끝에서 모나리자가 웃는 입꼬리가 올라가는 각도만큼이나 부가가치나 영업이익의 격차가 커진다.

따라서 스마일 커브 개념도는 기업의 비즈니스 모델이 서비스화로 이동해야 더 많은 가치를 창출할 수 있음을 잘 보여주고 있다. 그런데 우리나라는 중간 투입재 역할을 하는 서비스가 선진국에 견줘 상대적으로 취약해 제조과정 전, 후의 스마일 커브도 역동적으로 활짝 웃는 모양보다는 살짝 웃는 정도에 그치고 있다. 스마트폰 제조에서 콘텐츠 기업으로 변화에 성공한 애플이나 항공기 엔진을 '사용 시간당 판매'라는 일종의 구독 서비스 방식으로 판매하는 롤스로이스처럼 전통 제조 강국들은 수출용 상품에 서비스 요소를 투입해 부가가치를 크게 높이고 세계 시장에서 입지를 다지고 있다. 활짝 웃는 스마일 커브를 그리고 있는 것이다. 우리나라는 제조업의 서비스화가 큰 화두지만 여전히 자본, 노동, 토지 등 전통적 요소 투입에 의존하는 경향이 강하다는 의미이다.

| '구독 서비스'에는 '서비스'가 없다

글을 쓰고 강의하는 일에 종사하다 보니 여러 유료 사이트를 구독하고 있다. 얼마 전 D비즈니스 리뷰 사이트에서 고객 입장에서는 '상식적'이지 않은 서비스를 받았다. A형(9,900원), B형(18,900원), C형(29,900원) 등의 여러 구독상품이 있었는데, 나는 A형에 가입했다. 그런데 관련 기사가 열리지도 않고 인쇄가 되지도 않아 고객센터에 전화했더니, A형은 모바일(스마트폰)에서 읽을 수만 있고, 컴퓨터에서 열람하고 인쇄하기 위해서는 B형을 구매해야 한다는 것이었다. 여러 개의 서로 다른 기기에서 같은 콘텐츠를 자유롭게 이용하는 'N스크린' 시대에 이런 유형의 상품이 '상식적'인지 의아했다. 고객 입장에서는 사용하는 디바이스에 따라 요금을 차등 적용하는 가격정책을 이해하기 어려웠다. 서비스도 엉망이었다. 자료를 보관하고 인쇄해서 읽는 습관이 굳어진 터라 '그렇다면 구독을 해지하겠다'라고 했더니 '기사를 열람했기 때문에 오늘 이미 결제된 구독료는 반환되지 않는다'라는 것이었다. 몇 년 전엔 이 사이트에서 '첫 달 무료'란 말에 가입했다가 구독 신청을 했다는 사실도 잊은 채 사용하지도 않은 3개월 구독료를 자동이체로 납부한 적도 있다. 유튜브, 넷플릭스, 정수기, 신문, 우유 등 여러 가지 구독 서비스를 이용하고 있지만, 상당수의 '구독 서비스' 업체는 정작 제대로 된 '서비스'와는 거리가 있는 경우가 허다하다.

바야흐로 구독경제Subscription Economy의 시대이다. 전통적인 상품경제에서 소비자들은 '산 만큼' 기업에 물건값을 냈다. 그런데 공유경제가 등장하면서 자기가 '쓴 만큼만' 돈을 내는 방식으로 바뀌었다. 그런데 초기 공유경제가 소유 비용의 부담을 줄이는 데 초점을 맞췄다면, 오늘날 공유경제는 제품 사용의 효용가치를 높이려는 니즈에 주목하여 제품의 서비스화, 서비타이제이션을 통해 새로운 가치를 창출하고 있다. 렌털 사용자들은 제품 사용으로 최고의 성능과 효용을 얻을 수 있는 보관, 관리, 유지, 보수, 금융, 보험 등의 서비스를 기대한다. 렌털 경제의 범위가 확장되고 있다는 점도 긍정적이다. 초기의 서적, 음반 등 소형 제품에서 주택, 자동차, 항공기, 로봇으로 렌털 가능한 서비스 영역이 확장되고 있다.

시장조사업체인 닐슨 코리안 클릭에 따르면 한국의 20~40대 소비층의 구독 서비스 이용률은 70%를 넘어섰다. 30대 기준으로 보면 음악(76%), 영화(59%), 만화·도서(35%) 서비스를 이용하고 있으며, 1인당 2~3개의 서비스를 이용하고 있다고 한다. 다양한 상품과 서비스를 경험하면서도 복잡하고 번거로운 것을 싫어하는 젊은이들에게는 별도의 주문 절차 없이 알아서 배달해 주는 구독이라는 모델이 매력적일 수밖에 없다. 미국의 경제지 포브스는 "구독경제는 물건을 소비하는 방식을 소유Ownersip에서 가입Membership으로 바꾸고 있다"라고 평가했다.

기업 입장에서도 구독 서비스 영역은 블루오션이다. 일회성 판매보다 반복적이고 안정적인 수익을 확보할 수 있고, 수요를 예측해 계획에 반영할 수 있다. 소비자와의 긴밀한 관계를 바탕으로 상품도 유연하게 개발할 수 있다. 그러나 앞서 말한 대로 구독 서비스에 '고객중심'과 '서비스'가 자리 잡아야 한다. 구독경제 열풍의 부작용으로 '구독 피로'라는 표현까지 등장했다. 청구되는 이용료에 짜증을 느꼈거나 내가 무슨 서비스에 가입했는지 기억이 가물가물하다면 '구독 피로'다.

가장 소비자가 불편해하는 구독 서비스의 문제점은 신청은 쉽지만 해지는 복잡하다는 점이다. 전화 연결이 어렵고, 어렵사리 연결되더라도 다른 부서나 담당자에게 토스를 반복하는 등 고객을 지치게 만들어 포기하게끔 유도하는 일명 '통신사 꼼수'를 부리는 곳도 있다고 한다.

디지털 고객경험을 위한
7가지 서비스

| 오늘 오전의 일상

사례 1 "오늘은 어쩔 수 없어"

오늘은 수요일이지만 어린이날이라 공휴일이다. 아침 뉴스를 보니 어제 오후부터 제주지역에 강한 바람이 불면서 항공기가 무더기로 결항하여 제주도로 가려던 여행객들의 발이 묶였다고 한다. 다음 주 월요일 9시부터 제주에서 강의가 있는 터라 혹시나 싶어 일요일 오후에 내려가기로 마음먹었다. 일정을 변경하기 위해 A 항공사 홈페이지에 들어가 '일정변경' 메뉴를 아무리 찾아봐도 찾을 수가 없었다. 우선 일요일 제주행 비행기표를 새로 구매했다. 문제는, 예매했던 월요일 비행기표를 취소해야 하는데, 역시 관련 메뉴를 찾을 수가 없었다. 하는 수 없이 오전 10시쯤 전화를 걸었더니 '통화 대기자가 많아 22분을 기다려 달라'는 멘트가 나왔다. 2시간쯤

지나 다시 전화를 걸었더니 15분을 기다려야 한다라면서 '챗봇 서비스를 이용하면 신속하게 서비스를 받을 수 있다'라고 안내했다. "인터넷에서 항공권을 취소하려는데, 관련 메뉴가 안 보여요. 어떻게 메뉴에 들어가야 하나요?"라고 챗봇에 문의했더니 "국제선 환불 수수료는 운임 종류 및 환불 시점에 따라 차등 적용되고 있으니 항공권 구매처로 문의해 주시기 바랍니다."라는 뚱딴지같은 대답이 돌아왔다. 결국 오후 3시가 넘어서야 드디어 상담원과 연결되었는데, "'특가 운임'의 티켓은 일정변경이 되지 않으니 취소하고 재구매해야 합니다"라고 답변을 했다.(결국 환불수수료 8천 원을 부담했다)

나는 다행스럽게도(?) A 항공사에서 20분, 30분 정도를 기다리다 지쳐 통화를 못 한 적이 전에도 몇 번 있어서 '오늘도 그때처럼 먹통인가 보다'라고 대수롭지 않게 생각했다. 그때도 제주 여행이었으며, 오늘처럼 콜센터의 서비스를 포기해 버린 사례를 '오늘은 어쩔 수 없어'라는 제목으로 책에 쓴 적이 있다. (『리마커블 서비스』, 47페이지)

그로부터 10년이 흘렀는데도 여전한 A 항공사의 이러한 태도를 정말 이해할 수 없다. 이처럼 전화가 폭주하는 날은 '오늘은 어쩔 수 없어'라며 항공사 책임자들은 서비스를 지레 포기해 버린다. 그에 따르는 고통과 불편은 모두 고객이 감수하게 된다. 난 쌓아둔 마일리지 때문에 아직도 A 항공사 고객으로 붙어 있다. 그러나 여러 연구에 따르면, 고객의 30%는 단 한 번만이라도 불만족스러운 서비스를 경험하면 즉시 떠난다고 한다. 서비스가 탁월한 항공사라면 이런 비상사태에 대비하여 모든 자원을 동원하여 대안을 마련하고 비상계획을 세웠을 것이다. 특히 서비스 기업이 고객 경험을 망치는 생각 중 하나는 무엇일까? 그것은 '오늘은 어쩔 수 없어'라는 A 항공사 같은 사고방식이다. 자동차나 휴대폰처럼 눈에 보이는 제품은 파업 시기에도, 휴가철에도, 노동자들의 피로가 누적된 시간에도 불량품이 나오는 경우가 거의 없다. 제품은 시장에 나오기 전에 철저한 품질검사를 거치지만, 서비스에서는 '오늘만큼은 예외야'라는 생각이 여전히 지배하고 있다.

사례 2 ˩ "내일 근무시간에 전화주세요"

휴일에도 원고를 쓰는 나를 위로한다고 점심을 함께하자며 은행 후배가 사무실로 찾아왔다. 이런저런 이야기 중에 마침 자동차 보험을 갱신해야 한다기에 내가 해주겠다고 나섰다.

예년처럼 주행기록 사진, 번호판 사진, 블랙박스 사진을 준비하고 관련 보험사 사이트에서 가입 절차를 진행해 나갔는데, 몇 번을 다시 뒤돌아가서 뒤져봐도 할인 적용을 받기 위해 블랙박스를 등록하는 곳이 없었다. 결국 콜센터에 전화를 걸었더니 '평일 아침 9시부터 오후 6시까지만' 상담원과 통화할 수 있단다. 그러고 보니 오늘이 어린이날이었다. 하는 수 없이 검색해 보니 '12년 이상 된 개인용 차량에 대해서는 블랙박스 할인특약을 없앴다'라는 뉴스가 올라와 있었다. 그렇다면 이미 차량 연식이 등록되어 있으니 사이트에 팝업창으로 안내 메시지를 띄워주거나 챗봇 채팅 서비스라도 가능하게 했어야 할 것이다.

요즘 음식 주문이나 전자상거래에 익숙한 디지털 고객에게는 휴일과 업무시간의 구분이 따로 없다. 오픈마켓 11번가에 따르면, 하루 중 결제가 가장 많이 이루어진 시간대는 퇴근 이후인 오후 6시부터 밤 9시였다. 이제 기업은 고객이 원하는 경험에 부합하기 위해서는 무엇보다 먼저 '사고방식'부터 바꿔야 한다. 디지털 이니셔티브의 DNA를 '이커머스e-commerce기업처럼 생각하기 시작해야 한다. 또한 고객경험 전문가가 되어야 한다. 고객에게 더 좋은 경험을 제공하는 서비스는 '다음 날 영업시간'이 아니라 '바로 지금'인데도 이 회사는 근무시간에 맞추어 상담하는 것을 아주 당연하게 여기고 있다.

오늘 어린이날에 내가 경험한 두 사례처럼 우리는 날마다 크고 작은 사건과 문제에 부딪히며 온갖 서비스를 경험한다. 기업은 변화하는 고객의 새로운 기대에 어떻게 디지털을 입혀 업그레이드된 가치를 제공해야 하는가를 반드시 고민해야 한다.

그렇다면 디지털 시대에 만족스러운 고객경험을 위해 기업은 고객에게 어떤 솔루션을 제공해야 할까? 그 답은 다음의 7가지 서비스로 정리할 수 있다. 바로 '고객경험을 위한 7가지 성공법칙'이다.

1. 고객이 원하는 방식
2. 간편한 프로세스
3. 지금 서비스(Now Service)
4. 셀프서비스
5. 능동적 서비스
6. 차별적 서비스
7. 따뜻한 서비스

| 고객경험을 위한 7가지 성공법칙

1. 고객이 원하는 방식_ 더 많은 선택권

제주 여행을 준비하면서 K 콘도를 예약할 때의 일이다. 플래티넘카드는 주로 주유할 때 쓰는 신용카드라서 자동차에 두고 다니는데, 상담원이 카드 번호를 불러 달라고 했다. 주차장에 가서 카드를 가져와야 하는 것이다. 콘도 예약센터도 서너 번이나 전화해서 어렵게 직원과 연결된 터라 "10분 후 제게 전화를 해 주실 수 있습니까"라고 부탁했더니 "죄송하지만, 외부 전화가 많이 걸려와서 저희가 고객께 전화를 걸 수는 없습니다"라는 것이었다. "다른 채널을 알려주시면 카드 번호를 보내겠습니다"라는 제안도 소용없었다. 왜 카톡이나 문자로 카드 번호를 남겨 주는 방법이 없는지도 궁금하다. "죄송합니다. 그건 어렵습니다"라는 상냥하고 부드러운 사과는 서비스가 아니다. 최소한 2개 정도의 대안을 제시하여 고객이 선택하도록 하는 것이 더 좋은 서비스임이 틀림없다. 사람들은 선택의 기회를 매우 중요하게 생각한다. 그것은 자유를 의미하고, 만족스러운 삶의 핵심 요건이기 때문이다. 그래서 더 많은 선택권은 더 좋은 서비스로 인식된다.

만약 기업에서 지정한 선택의 범위가 너무 좁다면 이는 디지털 고객경험을 망칠 수 있다. 디지털 고객의 기대치는 빠르게 높아지는데, 기업은 다양한 채널을 제공하지 못하고 있다. 많은 기업이 '디지털'을 구상할 때 모바일이나 문자 메시지만 고려한다. 그러나 고객은 옴니채널을 원한다. 또한 다른 채널로 자유롭게 확장되고 이동할 수 있길 바란다. 다시 말해, 모든 채널에서 물 흐르는 듯 끊김 없는seamless경험을 기대한다. 커뮤니케이션도 그렇다. 이를테면 문자, 카톡, 전화, 채팅, 이메일을 모두 원한다는 것이다. 즉, 고객이 바로 전화를 걸 수도 있지만, 문자 서비스로 문의한 다음 전화를 연결하는 앱을 사용할 수도 있으며, 이들 경험은 서로 긴밀하게 연동돼야 한다. 고객은 계속해서 같은 말을 반복하길 원하지 않기 때문이다.

오늘 나는 A 항공사 챗봇을 통해 대여섯 번이나 '항공권 구매 취소 메뉴', '제주행 일정 변경', '환불수수료 8천 원' 등을 키워드로 엉뚱한 답을 하는 챗봇과 씨름했다. 내 ID와 패스워드로 입력한 글인데도 챗봇과 상담한 내용을 상담원은 까맣게 모르고 있었다. 나는 똑같은 내용을 상담원에게 반복해서 설명해야 했다. 내가 직원과 이메일을 했든 챗봇과 채팅을 했든 상담원과 전화를 했든 상담 내용은 모든 채널이 서로 연결되어 있어서 고객이 두 번, 세 번 반복하지 않도록 해야 더 좋은 고객경험이 될 것이다.

2. 간편한 프로세스_ 스크래핑

조직 생활을 해본 사람이라면 누구나 없애야 한다고 공감하는 게 하나 있다. 바로 부서 간 소통을 방해하는 장벽인 '사일로silo' 현상이다. 미국처럼 밀을 대량으로 수확하는 곳에서는 수확된 밀을 대형 원통형 구조물 속에 일정 기간 보관하는데, 이 구조물을 사일로라고 부른다. '사일로 현상 silo effect'이란 우리말로 '부서 이기주의 현상'이라고 해석할 수 있다. 이런 현상이 만연하면 부서끼리 서로 벽을 쌓고, 중요한 정보를 공유하지 않게 되고, 결국 소통과 통합에 문제가 발생하면서 조직 전체의 효율성이 떨어지고 비용이 증가한다. 사일로 현상의 최대 단점은 '연결 끊어짐 현상 disconnected'이다. 다른 부서, 다른 조직과 연결돼 있지 않거나 연결되기를 거부하기 때문에 부서 간 데이터가 호환성이 떨어지거나 일치하지 않는 현상이 속출한다.

  기업의 예를 들어보면 고객 지원과 영업 부서는 고객과의 상호작용을 위해 긴밀히 협력해야 한다. 이를 위해 제품이나 서비스에 대한 고객경험을 초기 판매 시점부터 판매 후 고객 지원까지 연결해 관리해야 하고, 이를 위해 두 부서가 서로 데이터와 업무를 공유할 수 있는 도구를 사용해야 한다. 하지만 실제 업무 현장에서는 부서 간 보이지 않는 장벽이 존재한다. 예를 들어 고객 관점에서 서비스에 큰 장애가 발생해 긴박한 상황에서 각 부서가 자신들에게는 문제가 없음을 증명하는 방어적 관점에서 접근한다. 이러다 보니 프로세스의 끝자락에 있는 접점에서는 고객불만과 비효율이 발생한다. 이러한 문제를 해결하기 위해서는 IT 자원과 디지털 프로세스에 대한 모니터링 정보가 부서별로 관리되는 것이 아니라 통합 관리돼야 하는데, 다양한 부서에서 제공하는 각종 디지털 경험을 통합하는 데 실패하는 경우가 드물지 않다.

  은행을 예로 들어보자. 이를테면 주택담보대출 담당 부서가 투자 및 소매금융과 통합되지 않은 디지털 기능을 가지고 있을 수 있다. 이는 고객 인게이지먼트를 사일로화할 수 있다. 잠깐 '인게이지먼트engagement'의 개념을 좀 설명하고 넘어가자. 잘 돌아가는 물건이나 서비스, 사람을 보면 일단 '만족스럽다be satisfied'라고 표현한다. 그런데 만족이란 말엔 수동성이 내포돼 있다. 이성적이고 표면적인 반응 수준이란 뜻이다. 이를 뛰어넘으려면 '인게이지먼트engagement'에 도달해야 한다. 인게이지먼트는 '뭔가에 몰입한다'라는 뜻이다. 기업 입장에서 인게이지먼트의 주체는 능동적으로 행동하는 소비자다. 거꾸로 말해 고객이 특정 기업의 제품이나 브랜드에 빠져들도록 해야 해당 제품은 오래갈 수 있다이에 대한 대책으로 최근 일부 기업들은 CXO^{Chief Experience Officer}라는 고객경험 관련 업무 전담 임원을 두고 있다. 회사가 각 부서 간의 사일로 현상을 없애고 전체 조직 차원에서 고객과 총체적인 방식으로 소통할 수 있도록 하기 위해서다. 고객경험이 비즈니스의 핵심 차별화 요인으로 간주됨에 따라 CXO는 고객과 회사 사이의 모든 디지털 인게이지먼트를 검토하고, IT 팀과 협력하면서 차세대 디지털 기능을 제공할 새로운 제품과 간편한 서비스를 모색하는 역할을 한다.

간편한 프로세스를 만드는 가장 획기적인 디지털 기술로는 '스크래핑'이 있다. '스크래핑Scraping'이란 인터넷 스크린에 보이는 개인의 금융정보 중 필요한 정보를 자동으로 추출해 가공할 수 있는 기술로, 최근 금융 시장의 핫한 트렌드가 되고 있다. 은행들이 아파트 담보대출의 절차를 간편화할수록 이용자가 몰린다는 걸 확인했기 때문이다. 대출을 받거나 보험금을 청구할 때 금융기관에서는 개인이 지출한 경비 내역과 신원을 증명할 수 있는 각종 증빙자료를 요구한다. 보통 은행 영업점을 방문해 아파트 담보대출을 신청할 땐 심사 과정에서 걸리는 시간을 고려해 매매계약 체결 최소 2주 전에 은행에 대출 가능 여부를 확인한다. 준비해야 할 서류는 최소 10종에 달한다. 우선 주택매매계약서, 등기권리증, 임대차계약서 등 계약 관련 서류가 필요하다. 실명확인증표(신분증), 주민등록등본(1개월 이내 발급분), 주민등록초본(주소변동 이력 전부), 전입 세대 열람 내역, 소득증빙 서류(근로소득 원천징수 영수증 등), 자격증명 서류(재직증명서 등) 등은 물론이거니와 인감증명서와 인감도장을 지참하고 영업점에 직접 방문해야 한다.

그러나 이제는 아파트 담보 대출을 받을 때 은행에 나와 번거로운 서류를 제출하는 절차가 생략되었다. 비대면 대출을 신청하면 스마트폰에 등록된 공동인증서를 활용해 정부가 보유한 개인정보가 자동으로 스크래핑되어 대출 가능 여부, 적용 금리와 한도를 파악하는 데까지 3~5분이면 충분하다. 스크래핑 기술 덕분이다. 개인이 제출해야 할 증빙 서류를 국가기관에서 연결한 데이터를 통해 대조하고 스크래핑 형태로 이중 확인할 수 있기 때문이다. 이와 같은 간편하고 신속한 프로세스를 제공하는 것이 훌륭한 고객 서비스의 핵심이다.

3. 지금(Now) 서비스_ 챗봇

앞서 이야기한 차량 화재보험 가입 시 언급한 사례처럼 고객은 휴일이건 퇴근 후건 궁금할 때 바로 서비스를 받고 싶어 한다. 오늘날의 디지털 고객들은 쇼핑몰에서도 궁금한 점이 있을 때 바로 해결되지 않으면 좌절을 느낀다. 고객은 더 이상 기다리려고 하지 않는다. 바로 이 점 때문에 실시간 라이브 채팅상담을 선호한다. 이것이 '챗봇'이 등장한 배경이다. 챗봇chatbot이란 채팅chatting과 로봇robot의 합성어로, 상담원을 대신해 고객 질문에 답하고 필요한 정보도 제공하는 메신저 프로그램이다. 메신저에 "오늘 날씨 어때?"하고 물으면 메신저가 즉시 오늘의 날씨를 검색해 정보를 제공한다. 한마디로 챗봇은 인간처럼 메시지를 읽고 쓸 수 있는 대화형 소프트웨어로, 인공지능 기술이 더 발달하고 자연어 처리 능력이 더해지면서 최근 가장 시선을 끄는 분야 중 하나다.

챗봇이 주목을 받는 이유는 상담이 중요한 서비스 산업에서 고객들이 기다릴 필요가 없어진다는 점이다. 잘 설계된 챗봇이 운영된다면 앞에서 예를 든 사례와 같은 고객불만은 상당히 해소할 수 있을 것이다. 또한 평일 오전 9시부터 오후 6시까지 운영되어 온 콜센터가 챗봇을 통해 365일

24시간 운영이 가능해지는 것이다. 카카오뱅크의 상담 챗봇은 고객이 가장 많이 물어보는 질문 데이터 분석을 통해 만들어진 인공지능 기반의 챗봇으로, 챗봇과 대화 중 '상담원으로 전환하기'를 누르면 직원과 바로 상담이 가능(매일 09시~22시)하도록 설계된 것이 특징이다.

챗봇의 또 다른 장점은 사용자가 번거롭게 정보 검색을 할 필요도 없고, 여러 단계를 거쳐야 겨우 상담원과 연결되는 불편 없이 바로 질문하고 바로 답을 들을 수 있다는 점이다. 예를 들어 여행을 떠나기 전 숙소를 예약한다면 원하는 날짜에 방은 있는지, 체크인이나 체크아웃 시간은 언제인지 등 정보를 직접 검색해야 한다. 하지만 챗봇을 사용하면 그저 묻기만 하면 된다. 실제로 세계 최대 여행사인 프라이스라인PRICELINE 그룹의 온라인 여행 예약시스템 부킹닷컴은 최근 고객들이 좀 더 편리하게 예약할 수 있도록 챗봇을 활용한 채팅앱을 개발했다. 부킹닷컴에서 호텔을 예약한 사람들은 "그 호텔 주차장 이용할 수 있나요?", "아기용 침대 요청 가능한가요?" 등 챗봇에게 간단한 질문을 하면 실시간으로 대답을 얻을 수 있다. 심지어 언어가 통하지 않으면 자동으로 변역도 해 주기 때문에 언어조차도 더는 장벽이 되지 않는다.

챗봇은 상담원을 대신하여 주문과 결제, 환불 서비스를 제공해 주기까지 한다. 비교 실험 연구에 따르면, 물건 구매 후 환불을 요청하는 경우, 챗봇을 이용하면 콜센터의 6분의 1 정도의 시간만 소요된다고 한다. 일본의 대표적인 이커머스 기업인 라쿠텐은 30개 이상의 챗봇을 운영 중이며, 고객 상담의 약 76%를 이미 챗봇이 처리하고 있을 정도여서 앞으로 콜센터 상담원, A/S 기사 등 기존의 많은 접점직원들이 향후 인공지능 챗봇으로 대체될 것이 분명하다.

4. 셀프서비스_ 무인 시스템

얼마 전 한 금융기관 직원들에게 "고객들이 비대면 계좌 개설 시 어디서 가장 어려움을 겪을까요?"라고 질문한 적이 있다. 그들은 "신분증이 인식되지 않아서요"라고 대답했다. 맞다. 실제로 비대면 계좌 개설 시 고객 5명 중 1명만 성공한다고 한다. "그렇다면 고객들은 어려움을 겪을 때 어떻게 행동할까요?"라고 내가 연이어 물었다. "저희 지점에 전화해서 물어보겠죠"라고 그들은 대답했다. 그러나 내 생각은 다르다. 상당수는 그냥 포기하고 사이트를 떠난다. 그들은 복잡한 가입 절차도 귀찮아하고 더구나 전화로 물어보는 것을 좋아하지도 않는다. 특히 MZ세대의 젊은 고객층은 비대면과 셀프서비스를 좋아한다. 그들은 오지랖 넓은 택시 기사가 싫어서 카카오 택시를 부른다. 기사가 나의 목적지를 이미 알고 있기에 서로 말을 섞을 필요가 없다는 것이 선택의 주된 이유다.

사실 비대면과 무인매장은 이미 예전부터 우리 곁에 있었다. 넓게 보면 사무실 한 켠에 있는 자판기도 무인매장의 일종이고, 셀프 키오스크도 결제 영역을 무인화한 셈이다. 하지만 무인매장은 코로나로 인한 비대면 트렌드와 맞물려 온라인과 오프라인의 교집합에 자리 잡으면서 새로운 비즈니스와 고객경험으로 진화하고 있다. 인공지능과 사물인터넷 기술을 근간으로 하는 무인 시스템이 매장에 적용되면서 물리적인 형태는 오프라인을 기반으로 하고 있지만, 소비자에게는 온라인 구매의 편리함을 제공하고, 판매자에게는 온라인에서만 가능했던 고객 데이터를 수집하고 활용할 기회가 생긴 것이다. 2016년 아마존이 딥러닝 등을 활용하여 저스트 워크 아웃Just Walk Out 기술을 적용한 아마존 고Amazon Go를 오픈하면서 막연하기만 했던 무인매장의 실체가 드러났다. 이후 무인매장은 전 세계의 시선을 끌면서 오프라인 유통의 미래로 받아들여지고 있다.

자동화와 무인 서비스가 새롭게 등장할 때 이를 맞이하는 고객들의 감정은 기쁘기도 하고 두렵기도 하다. 새로운 기술을 배우고 오래된 습관을 버려야 하기 때문이다. 기업들은 고객들이 새로운 기술을 받아들이는 것에 대해 불편해할 것으로 짐작하고 있다. 그러나 글로벌 시장조사기관 퓨처럼 리서치Futurum Research의 '2030년 고객경험의 미래Experience 2030: The Future of Customer Experience' 설문조사 보고서를 보면 기업과 소비자의 인식에 큰 차이가 있음을 알 수 있다. 응답 기업의 78%는 오늘날 소비자들이 매장에서 신기술을 경험하는 것을 불편하게 여긴다고 답변했으나, 불편하게 여긴다고 답한 소비자는 35%에 불과했다.

그러나 무인화나 셀프서비스를 불편해하는 고객도 있어서 ATM 도입 초기에 은행은 기기 사용에 서툰 고객을 위해 도우미를 배치해 문제를 해결해 주곤 했다. 고객은 서비스 이용의 불편함이나 잘못된 정보에 대해 매우 민감한 반응을 보인다. 조금 시간이 걸리더라도 셀프서비스 시스템이나 IT 기기의 성능 개선뿐만 아니라 도우미나 챗봇의 '상담원으로 전환하기'처럼 사람이 직접 나서서 성의껏 해결하고자 하는 '비효율적 노력'을 덧붙여야 함을 기억하기를 바란다.

5. 능동적 서비스_ 큐레이션

한 달 전 빗길에 미끄러져 동네 병원에 갔더니 갈비뼈가 부러졌다며 흉부외과가 있는 큰 병원에 가서 정밀진단을 받으라는 안내를 받았다. 다음 날 집 근처 대학병원을 찾아갔더니 1차 진료기관의 진료 의뢰서가 필요하다는 것이었다. 두 번 걸음을 하게 만든 동네 병원 의사가 얼마나 미웠는지 모른다. 의사나 간호사는 "상급 병원에 가려면 진료 의뢰서가 필요할 텐데 떼어드릴까요?"라고 먼저 제안했어야 했다. 고객이 묻는 말에만 대답해 주는 것에서 더 나아가 적극적이며 능동적으로 고객에게 필요한 정보나 혜택을 제안해야 하기 때문이다. 이런 고객경험을 제공하기 위해서는 회사나 관리자는 접점 직원들에게 "그렇게 하면 고객들에게 뭐가 좋아지죠?" "그러면 고객들이 불편해하거나 짜증을 내는 일이 무엇인가요?"라고 수시로 질문하고 직접 관찰해야 한다. 그래야 직원들은 '이번에 상품을 개발했는데 고객에게 어떤 혜택이 가고, 그 결과 이렇게 성과가 났다'라는 식으로 상사에게 보고하게 된다.

인공지능 시대의 적극적인 서비스는 이제 '큐레이션'이란 마케팅 용어로 대체되고 있다. 미술관이나 박물관의 큐레이터Curator가 작품이나 유물을 수집, 분류, 관리하는 것처럼 큐레이션 서비스는 고객들의 정보를 수집하고 취향을 분석하여 적극적으로 "이게 필요하지 않으세요?"라고 제안한다. 고객에게 맞춤형 프로모션이나 할인쿠폰을 제시하고, 고객에게 먼저 추천하는 것이다. 큐레이션 서비스를 가장 흔하게 접하는 분야는 쇼핑이다. 인터넷 쇼핑몰에 로그인했을 때 배너로 뜨는 '추천상품'이 대표적인 예다. 나중에 결제하기 위해 장바구니에 넣어두거나 전에 샀던, 심지어는 그냥 검색만 해봤던 상품을 추천받고 '어, 이거 바로 내가 원하던 건데?'라고 생각한 경험이 누구나 있을 것이다.

6. 차별적 서비스_ 고객관계관리

과거 많은 기업이 '고객이 왕'이라는 모토를 내세웠다. 그러나 모든 고객이 왕으로 대접받는 시대는 지났다. 기업의 이익에 크게 이바지한 고객은 더욱 극진한 대접을 받지만 크게 도움이 되지 못한 고객들은 평범한 대접을 받고 있다. 어떤 고객이 이익을 가져다주는지, 그 고객은 무엇을 원하는지, 또 어떤 고객은 우리 기업에 손해만 끼치는지, 어떻게 하면 그런 고객이 기분 나쁘지 않게 거래를 끊을 수 있는지 등으로 마케터들의 관심이 전환되고 있다. 왜 이런 일들이 벌어지고 있을까? 바로 고객에 대한 갖가지 정보들이 디지털화되면서 고객의 기여도가 계량화되어 차별화가 가능해졌기 때문이다.

수년 전만 해도 마케팅 관리자의 주요 관심사는 제품관리Product Management였다. '고객이 원하는 제품을 어떻게 만들어 어떻게 판매할 것인가?'에 모든 관심을 집중했다. 소비자는 거래의 대상이었다. 잘 만들면 모두 팔렸다. 그리고 팔고 나면 바로 잊었다. 그러나 이제 기업의 미래는 거래가 아닌 관계에 달려 있다. 고객을 선별해서 지속적으로 관계를 맺어야 한다. 디지털 시대의 고객이 바라는 경험과 서비스는 완전히 바뀌었다.

미국 맨해튼에 있는 '바크BarkShop Live'라는 애견용품점에서는 강아지가 제일 많이 가지고 놀며 가장 좋아했던 장난감을 주인에게 알려줌으로써 주인이 말 못 하는 반려견과 교감하도록 해 준다. 개가 입고 있는 첨단 조끼는 모든 장난감의 RFID 태그와 반려견의 스마트폰에 있는 모바일 앱과 통신하여 반려견이 어떤 장난감에 흥미를 보이며 무엇을 좋아하고 싫어하는지를 주인이 볼 수 있는 것이다. 그 자리에서 바로 주문도 할 수 있다. 반려견을 키우는 사람에게는 이만큼 차별적 고객경험을 제공하는 회사는 드물 것이다.

전체 시장에 동일한 제품과 서비스를 제공하는 매스 마케팅Mass Marketing의 시대는 지나갔다. 각 시장을 구체적으로 세그먼트하여 타게팅해야 했던 시대도 저물고 있다. 지금은 한 사람 한 사람에게 맞는 친근하고 차별화된 맞춤형 고객관리의 시대다. 아마존에서는 고객이 전에 산 걸 모르고 같은 제목의 책을 다시 주문했을 경우, 고객에게 그 사실을 알려준다. 한 권의 책을 더 팔지 못하는 대신에 만족도를 높이고 고객과 장기적인 관계를 맺는 기회로 삼는 것이다. 따라서 아마존과 거래하는 고객은 중복구매의 부담을 전혀 가질 필요가 없다. 아마존이 대신 기억하고 있다가 바로 확인해 주니까. 이것이 바로 맞춤형 마케팅인 CRM이다.

아마존이나 리츠칼튼 호텔처럼 고객 한 사람 한 사람을 세심하게 배려하여 돈독한 관계를 만들어가는 맞춤형 서비스가 바로 고객관계관리CRM이다. 한 조사 결과에서는 이러한 맞춤형 서비스를 제공함으로써 '기업 매출이 42%까지 늘어날 수 있고, 판매 비용은 35%까지 절감되며, 고객만족도가 20%까지 향상될 수 있다'라고 밝혔다. 차별화된 고객관리를 위해서는 고객 데이터 활용이 필수적이다. 75% 이상의 고객이 자신에 대한 통찰력을 바탕으로 기업이 개인화된 맞춤형 서비스를 제공하기를 원한다. 분석 결과에 따르면 많은 양의 고객 데이터를 활용하는 기업은 고객 문의를 4배 더 많이 해결하고, 36% 더 빨리 처리하고, 대기시간이 79% 더 짧은 것으로 드러났다. (젠데스크Zendesk '고객경험CX 트렌드 보고서 2020')

따라서 고객관계관리CRM 마케팅 기법이 떠오르고 빅데이터가 등장하면서 VIP 고객을 위한 맞춤형 일대일 대응 서비스를 위해 디지털이 적극적으로 활용되고 있다. 신한은행은 오프라인으로만 제공하던 VIP 고객 대상 서비스를 디지털 시대에 맞게 앱으로 제공하고 있다. 신한 PWM센터를 거래하는 고자산 고객 전용 서비스인 '쏠SOL PB'를 출시한 것이다. 쏠 PB는 PWM센터를 통해서만 가능하던 PB 서비스를 별도의 앱 설치 없이 신한 쏠에서 제공한다. PB 고객이 쏠에 접속하면 바로 쏠 PB로 연결돼 신한은행과 신한금융투자에서 운용되고 있는 자산의 종합 현황과 수익률 추이를 손쉽게 확인할 수 있다. 고객의 위험성향에 맞춰 신한은행이 추천하는 모델 포트폴리오와 실제 운용되고 있는 자산 포트폴리오의 차이를 비교해 최적의 포트폴리오를 구성하는 제안도 받아볼 수 있다.

7. 따뜻한 서비스_ 휴먼터치(human touch)

사람들은 '기능적으로 완벽한 기계well-functioned machine'보다 '인간적인 것', 즉 '나와 다르지 않은 느낌을 주는 존재'에 더 끌린다. 실제로 주변을 둘러보면 기능적으로 우수한 기계는 무수히 많다. IT 기술이 발달할수록 성능 차이는 줄어들게 마련이므로 대부분의 제품과 서비스는 기능적으로 큰 문제가 없다. 하지만 일정 성능을 갖춘 동시에 인간적인 걸 찾기란 그리 쉽지 않다. 오늘날과 같은 디지털 시대에 오히려 그리운 것은 따뜻한 감성이다. 사람의 감성을 건드리기에 가장 좋은 방법 중 하나는 '인간미humanity'로 접근하는 것이다. 상대 역시 완벽한 기계가 아니며 소비자 자신과 같은 일개 인간일 뿐이란 느낌을 주는 게 중요하다. 우리가 누군가에게 빠져 있다면 그 원인은 그 사람의 '완벽한 능력' 때문이라기보다는 '따뜻한 인간미' 때문일 가능성이 더 크다. 완벽함은 호감의 원인이 될 수 있지만 몰입, 즉 인게이지먼트의 대상이 될 수는 없다.

'따뜻한 인간미'를 연상하면 얼른 '친절'이란 말이 떠오른다. 미국의 마케팅 컨설팅 기업 피델룸 파트너스Fidelum Partners와 프린스턴대 심리학 교수 수잔 피스크Susan Fiske는 대형 유통업체 6곳을 대상으로 고객충성도를 조사한 적이 있다. 대상 기업은 온라인 종합 쇼핑몰인 아마존과 자포스,

대형 할인점·슈퍼마켓 체인 월마트, 백화점 메이시스와 시어스, 전자제품 전문점 베스트바이였다. 소비자가 온라인 쇼핑을 하면서 어떤 생각에서 해당 기업을 택했는지, 그리고 인간적인 따뜻함을 느끼고 있는지 알아보기 위해서였다. 조사 결과 대부분의 기업이 낮은 점수를 받았다. 온라인 쇼핑몰에서의 소비 목적은 오직 편의성에 있었다. 조금 더 저렴한 가격으로, 조금 더 빨리 구매하는 것을 제외하고는 온라인 쇼핑몰에서 요구하는 가치는 별로 없었기 때문이다.

그런데 한 기업만은 예외였다. '자포스ZAPPOS'였다. 자포스는 신발 전문 쇼핑몰로 시작해 현재는 의류와 잡화 등 다양한 제품을 판매하는 유통업체다. 소비자들은 이 회사에 인간적인 따뜻함을 느낀다고 평가했다. 이를 뒷받침하는 사례가 하나 있다. 어느 여성 고객이 몸이 편찮은 어머니를 위해 신발을 구입했다. 자포스에서는 이메일로 그녀에게 신발이 마음에 들었는지 물었다. 그러나 그녀는 이메일을 확인하지 못했다. 그녀의 어머니가 신발을 신기도 전에 세상을 떠났기 때문이었다. 경황이 없던 그녀는 상을 치르고 난 뒤 이메일을 확인했고, "어머니가 죽어서 신발을 드리지 못했다"라는 메시지와 함께 환불을 요청했다. 이를 확인한 자포스 고객팀은 환불을 해 주는 것은 물론이고, 직원을 직접 그녀의 집으로 보내 꽃과 카드를 전달하고 위로해 주었다. 놀라운 사실은 이 모든 상황이 회사의 서비스 매뉴얼대로 진행된 것이 아니었다는 점이다. 고객팀의 직원이 인간적인 교감을 통한 고객과의 연결고리를 만들기 위해 스스로 판단하고 움직인 것이었다. "세상에 행복을 배달한다"라는 철학을 강조하는 자포스는 사례처럼 '극도의 고객 서비스'를 제공한다.

이와 같은 인간미가 넘치는 서비스가 마케팅보다 강력한 이유는 '체험

된 친절'만이 비로소 진정성을 갖기 때문이다. 기업의 홍보용 마케팅 문구는 아무 힘이 없다. 미담과 체험으로 입증된 진정성만이 마케팅 효과를 낼 수 있다.

기술만으로 대체할 수 없는 인간의 능력은 인간미와 감성을 핵심으로 성공한 기업들이 증명해 주고 있다. 넷플릭스는 인공지능을 활용한 고도의 추천 알고리즘으로 발 빠르게 성장했지만, 이는 '태거'라고 불리는 영상 콘텐츠 전문가들이 있기에 가능했다. 약 50명의 전문가가 신규 콘텐츠를 일일이 감상하고 분석해서 태그와 메타 데이터를 생성, 무려 7만 6,000여 가지의 마이크로 장르로 쪼개내는 것인데 이 작업은 콘텐츠에 대한 높은 이해와 미묘한 뉘앙스까지 구별할 수 있는 능력이 필요하다. 그런데 이것은 인공지능이 아닌, 경험이 풍부한 인간만이 할 수 있는 분류 작업인 것이다.

기업은 소비자가 공감할 수 있는 '인간적인' 서비스와 디지털 기술을 활용한 실시간 서비스 사이에서 섬세한 균형을 유지해야 한다. 이 과정에서 사람과 기계를 연결하는 디지털 기술의 역할이 매우 중요하다. 빅데이터, 사물인터넷, 머신러닝, 인공지능을 통해, 기업은 고객의 요구사항을 충족하고 업무 효율성을 향상시키고, 또한 '인간미를 느끼게 하는' 방식의 균형점을 찾아가야 한다는 점을 늘 기억해야 한다.

고객의 불편에 주목하라

| Pain Point를 Happy Point로

손녀와 외손녀가 함께 커가는 걸 지켜보다 보니 딸과 며느리가 장난감을 사 나르는 모습을 자주 보게 된다. 요즘에는 두 엄마가 요령이 생겼는지 장난감을 직접 구매하기보다는 대여점을 이용하거나 중고 장난감을 사주는 모양이다. 하긴 새것을 사줘봤자 잠깐 갖고 놀다 금세 싫증이 나서 처박아두고 다시 쳐다보지도 않는 것이 아이들의 장난감 이용 습성이다. 딸은 중고 장난감을 구매할 때 가끔 상대방과 전화로 협상을 하기도 하고 실물이 사진과 다르다며 불평을 하기도 한다. 나도 인터넷을 통해 두세 번 정도 중고상품을 거래한 적이 있는데 신경 쓰이는 일이 한두 가지가 아니었다. 사진을 찍고 가격을 협상한 뒤 포장해서 배송까지 번거로운 과정을 모두 직접 해야 하기 때문이다. 그나마 구매자 마음에 들면 다행이지만 그렇지 않으면 크고 작은 실랑이도 각오해야 한다.

중고거래 플랫폼 '땡큐마켓' 운영사 어픽스Affix는 이처럼 중고거래를 원하는 사람들의 불편함을 알아채고 이를 자신들의 서비스로 만들었다. 땡큐마켓과 기존 중고거래 업체와의 가장 큰 차이점은 '직접 매입'이다. 판매자와 구매자가 직접 일대일로 거래하는 기존의 방식에서 벗어나, 직접 매입을 통해 '원스톱 중고거래'를 가능하게 한 것이다. 판매자가 땡큐마켓에 중고물품을 올리면 어픽스의 땡큐요원이 직접 가정을 방문한다. 물건의 상태에 따라 적정 가격을 제시하여 매입한다. 이것으로 판매자의 입장에서 모든 불편함이 해소되는 것이다. 또한 구매 후 세척과 수리 등을 통해 품질을 한 단계 업그레이드한다. 구매자 입장에서는 개인이 아닌 전문 기업과 거래하므로 상품을 신뢰할 수 있게 되었다. 어픽스의 한창우 대표는 "모르는 사람들끼리 대면하는 일대일 중고거래를 기피하는 경우가 적지 않다"라며 "제품 하자 등 문제가 발생하기도 한다"라고 말한다. "땡큐마켓은 이런 모든 불편함을 없앤 중고물품 플랫폼"으로 회사의 존재 이유를 확실하게 설명하고 있다.

땡큐마켓이나 당근마켓처럼 성공한 스타트업들은 소비자들이 불편함을 느끼는 지점을 찾아 자신만의 확고한 관점을 갖고 해결하고 있다. 당근마켓은 거래 자체가 아닌 '동네 안 이웃 교류'라는 그들만의 관점으로 중고거래를 정의한다.

국내 1위 원어민 회화 앱 튜터링을 개발한 김민희 대표는 "페인 포인트 pain point를 찾아야 한다"라고 말한다. 사실 튜터링의 시작은 김 대표 자신의 아픈 곳이었다. 영어회화는 학창 시절과 직장인 시절 김 대표에게 풀지 못한 숙제와 같았다. 영어학원을 다니기에 바빴고 1대1 과외는 너무 비쌌다. 전화영어는 콘텐츠가 한정적이었고, 온라인 영어는 상호작용이 부족했다. 이런 문제를 해결하기 위해 시간과 장소에 상관없이 튜터와 회원을 이어주는 튜터링이 탄생했다.

작은 스타트업들이 고객의 불편을 어떻게 자사의 리마커블 서비스로 만들었는지를 보여주는 좋은 사례들이다. 모두 기존의 상식과 관행에 속박되지 않고 상자 밖의 사고로 고객의 불편, 즉 페인 포인트를 독특한 관점으로 해소함으로써 성공한 비즈니스 모델이 되었다.

창업이나 스타트업 업계에서 귀가 아프도록 듣게 되는 용어 중 하나가 페인 포인트다. 단어 그대로는 '아파하는 부분', '짜증 나는 순간'이지만, '충족되지 못한 소비자의 욕구', '소비자의 불만', '불편한 것' 등으로 해석하면 무방할 것이다. 아무튼 스타트업에서 페인 포인트는 세상에 존재하는 문제점이자 회사가 존재하는 이유가 된다. 즉, 회사가 해결하고자 하는 고객의 불편 사항이라는 말이다.

만약 우리 모두가 모든 것이 완벽하게 충족된 세상에서 살아간다면 짜증이 나거나 아플 이유가 전혀 없다. 그런데 그런 사람은 거의 없을 것이다. 정도 차이는 있겠지만 누구나 다 어딘가는 불편하고 아픈 데가 있다. 이때 어느 회사나 누군가가 통증을 어루만져서 낫게 해주거나 불편을 해소해 준다면 그것만큼 고마운 것이 없을 것이다. 그런데 아프고 불편한 것을 표현하는 데에는 두 부류가 있다. 소비자 스스로 그 아픔을 자각하고 대놓고 아프다고 말하며 드러내는 경우다. 다른 하나는 본인이 아픈 줄도 모르고 그냥 살아가는 경우다. 전자의 경우는 마케터가 페인 포인트를 찾아내기 쉽지만, 후자의 경우는 쉽지 않다. 이럴 때는 소비자들의 말을 듣기보다 행동을 관찰해야 한다. 무엇을 원하는지 자신도 모르는 경우가 많기 때문이다. 대부분은 자신의 불만 사항이나 욕구를 말로 표현하지도 않는다.

스타벅스는 전 세계 스타벅스 매장 중 우리나라에서 처음으로 사이렌 오더를 도입했다. 사이렌 오더 역시 '관찰'을 통한 페인 포인트에 주목한 서비스다. 고객으로 붐비는 아침과 점심시간의 긴 대기 줄에 대한 불편을 어떻게 해결할까 고민하던 차에 나온 아이디어였다. 그런데 실제 나는 줄을 서지 않기 위해 반경 2km 이내에서 사이렌 오더를 사용하지 않는다. 자주 들르는 디큐브 스타벅스 매장은 항상 손님이 많아 앉을 자리가 없다. 그래서 스타벅스에서는 먼저 빈자리를 찾은 후 자리에 앉아서 사이렌 오더로 주문한다. 많은 고객에게 매장에서 줄 서기보다 더 큰 불편 사항Pain Point 은 늘 손님이 많은 스타벅스에서 자리를 확보하는 것이라고 할 수 있다.

탁월한 고객경험을 제공하는 것도 얼마나 페인 포인트를 멋지게 해결하느냐와 동의어이다. 예를 들어 놀이공원의 가장 큰 페인 포인트는 관람객을 지치게 만드는 긴 대기시간이다. 아이들이 어렸을 때 나와 아내는 놀이공원에 가면 줄 서주는 사람이었다. 인기 있는 놀이기구 앞에는 어김없이 '여기서부터 50분'이란 안내 표지가 있었다. 물론 놀이공원 측에서도 관람객의 지루함을 줄이려고 계속 여러 가지 방법을 시도한다. 세계에서 가장 유명한 놀이공원의 하나인 디즈니랜드도 그렇다. 그렇다면 디즈니랜드는 이러한 불편함을 어떻게 해소했을까? 그들은 입장객에게 매직밴드라는 팔찌를 하나씩 나눠준다. 이용하고 싶은 놀이기구를 미리 지정하면 줄을 서서 기다릴 필요도 없다. 매직밴드를 통해 사전 예약하고 동선을 짜면 된다. 매직밴드를 손목에 찬 방문객은 디즈니랜드에서 다른 절차 없이 무엇이든 할 수 있다. 음식을 먹거나 기념품을 살 때 신용카드나 현금을 내밀 필요가 없다. 매직밴드만 보여주면 된다. 디즈니 호텔의 키도 따로 챙길 필요가 없다. 월트디즈니는 매직밴드를 통해 방문객들의 이동 행태, 소비 패턴, 취향 등 다양한 정보를 쌓고, 빅데이터에 기반한 맞춤형 서비스를 제공한다. 매직밴드를 운용한 결과, 방문객 수가 평소보다 40% 가까이 늘었고 놀이공원 입장 시간도 25% 정도 줄었다. 입장객들의 불편은 더 재미있는 시간으로 바뀌었고, 회사는 더 큰 이익을 얻은 것이다.

'불편함'을 그대로 해석하면 '편하지 않은 것'이다. 불편하면 아프고 귀찮고 고생스럽다. 스타트업을 설립하는 이유인 페인 포인트의 핵심에는 얼마나 많은 사람이, 얼마나 심각하게 그 문제에 공감하고 불편함을 느끼고 있느냐를 알아채야 한다. 결국 디즈니랜드처럼 소비자의 페인 포인트를 찾아내 편하고 즐거운 해피 포인트Happy Point로 만들어주는 것이 모든 서비스와 비즈니스의 성공 열쇠이다.

| 고객의 '문제'는 새로운 기회

대학생들을 대상으로 '창업 시크릿'이란 제목으로 강의한 적이 있다. 창업의 시작은 '누구를 대상으로 어떤 사업을 할 것이냐'이다. 학생들에게 이런 질문으로 강의를 시작했다. "희로애락喜怒哀樂이라는 인간의 여러 가지 감정 중에서 굳이 하나를 고른다면 어떤 것을 골라서 사업 아이템으로 선정하겠느냐?" 물론 정답은 없지만 내가 원하는 답은 '노怒'였다. 페인 포인트에서 출발하는 것이 좋은 비즈니스 모델이 될 가능성이 크다. 특히 벤처 창업의 시작은 누군가의 고통과 아픔, 문제를 발견해서 그걸 해결하기 위해 자신들이 할 수 있는 것을 파악한 뒤 비즈니스를 디자인하라는 점을 강조하기 위해서였다.

비즈니스 모델은 무엇을 팔아서 어떻게 돈을 벌 것인지, 즉 수익 구조를 만드는 작업을 말한다. 하지만 좋은 비즈니스 모델은 그보다 훨씬 더 광범위한 개념으로 자신의 비즈니스가 고객에게 정말 제대로 된 가치를 제공하는지, 다른 사업자에 비해 얼마나 경쟁력이 있는지, 사업 인프라는 잘 구축되어 있는지, 수익은 어떻게 창출할 것인지 등 비즈니스의 전체 구조와 흐름이 그려져야 한다. 이것을 '비즈니스 모델 캔버스'라고 한다. 마치 건축가들이 설계도를 통해 전체 건물구조를 이해하듯, 창업할 때는 비즈니스 모델 캔버스Business Model Canvas'라는 툴tool을 이용해서 자신의 비즈니스를 차별화하여야 한다.

비즈니스 모델 캔버스를 작성할 때 무엇보다도 가장 중요한 부분은 가치제안에 대한 부분이다. 가치제안value proposition은 '고객에게 가치를 제공할 수 있는 나만의 방안을 제안하는 것'이라고 정의될 수 있다. 그렇다면 어떻게 나는 경쟁자와 다르다는 점을 강조할 수 있을까? 그 첫걸음은 '가치제안서'를 작성하는 것이다. '가치제안서'는 고객들에게 '나는 경쟁자와 이렇게 다릅니다'를 설명하는 간단한 문서다. 그 예로 미국의 승차 공유 서비스인 우버Uber는 '가치제안서'를 통해 전통적인 택시 비즈니스가 갖고 있던 페인 포인트, 즉 문제점들을 정조준해서 이를 차별화했다. 전화로 예약하지 않아도 한 번의 클릭으로 택시가 도착하며, 기사에게 어디로 어떻게 갈지 말하지 않아도 알아서 운전한다. 카드로 결제하고 싶은데 카드 결제 단말기가 고장이 나서 현금을 줘야 하는 문제도 없다. 예약도 필요 없다. 이 짧은 우버의 가치제안서는 강력한 메시지로 고객들의 공감과 호응을 얻었다.

그래서 성공한 스타트업 CEO들은 자신들이 제공하는 궁극적 서비스를 확실한 메시지로 정의한다. 따라서 메시지를 작성하기 위해서는 먼저 고객이 우리 제품을 구매하거나 서비스를 이용하는 이유를 가치제안서를 통해 확실한 문장으로 서술할 필요가 있다.

- "호텔 서비스 같은 가사도우미 서비스를 제공하겠다." (빅터 칭 미소 대표)
- "오늘 배워서 내일 써먹을 수 있는 강의를 제공한다." (이창민 러닝스푼즈 대표)

제품의 핵심 가치를 전달하기 위해 마케팅 메시지를 작성하는 효과적인 도구로는 '가치제안 캔버스'가 많이 활용되고 있다. 가치제안 캔버스는 왼쪽에 제품이 창조하는 가치(고객가치 맵)를, 오른쪽에는 고객을 관찰하여 얻은 통찰(고객 프로파일)을 정리한 후 양쪽을 연결 지어 상품과 서비스의 적합성을 만들어내는 도구이다. 이를 좀 더 구체적으로 설명해 보겠다. 창업의 시작은 누군가의 고통, 문제를 발견해서 해결해 주는 것에 있다고 했다. 여기에서 '고객 세분화'는 '누구'를 의미하며, '가치'는 고객이 처한 문제를 어떻게 해결해 주고 있느냐를 의미한다. 앞서 '고객이 가지고 있는 Pain(고통, 문제)에 대한 해결 없이는 좋은 비즈니스 모델을 가진 창업이라고 할 수 없다'라고 강조한 바 있는데, 이 두 칸은 창업 아이템이 무엇인지를 나타내는 칸으로 이해할 수 있다. 비즈니스 모델 캔버스에서도 이 두 칸은 핵심축을 담당하고 있으며, 제일 먼저 채워 넣어야 하는 부분이다.

| 가치제안 캔버스

제품 가치를 나타내는 네모 벤다이어그램(왼쪽 그림)은 제품과 서비스가 제공하는 가치의 특징을 더욱 체계적이고 상세히 설명하는 기능을 하며, 제품 & 서비스products & services, 이익 창출gain creators, 불편 해소pain relievers 로 나뉜다. 제품 & 서비스에는 가치제안에서 다루는 제품과 서비스가 무언인지를 적는다. 이익창출란에는 이 제품 및 서비스로 고객이 얻는 이익이 무엇이며 어떤 방법으로 얻을 수 있는지를 서술한다. 불편해소 칸은 고객이 가진 여러 불만 사항이 어떤 식으로 제거되거나 경감되는지를 담는다.

고객 프로파일을 표현하는 동그라미 벤다이어그램(오른쪽 원)은 고객 세그먼트를 보다 자세히 표현한다. 고객 활동customer jobs, 이익gains, 불편pains으로 세분된다.

여기서 유의할 점은 우리의 제품과 서비스의 특성이 고객의 이익gain의 추가인지 불편pain의 제거인지를 구별해야 한다. gain이라는 말과 pain이

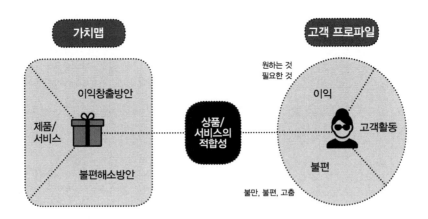

라는 말은 미국의 경영심리학자 프레데릭 허즈버그Frederick Herzberg가 말하는 동기유발 요인(만족요인)과 위생요인(불만족요인)으로 구분될 수 있는 개념이다. 만족과 불만족은 서로 반대되는 내용이 아닌 다른 요인이라는 의미다. 또한 카노 모델Kano model에서 대입해 보면 Gain은 매력적 품질 attractive 요소에, Pain은 당연적 품질must-be 요소에 가깝다. 좀 더 부연해 설명하자면, 없어도 되지만 있으면 더 좋은 것이 gain이고, 있어도 딱히 티는 안 나지만 없으면 완전히 망치는 것이 pain 요소가 된다. 또한 gain과 pain은 제품에서도 나타나는데, 제품 측면에서 나타나는 것은 특성feature 이고, 고객 측면에서 나타나는 것은 그 특성으로 얻을 수 있는 편익benefit 이라 할 수 있다. 이러한 개념을 이해함으로써 복잡하고 쓸데없는 여러 기능만 덕지덕지 붙이는 '피처 크리프Feature Creep'를 막을 수 있다. 피처 크리프란 개발 중 이런저런 이유로 원래 계획과 상관없이 덕지덕지 붙게 되는 기능들을 말한다.

이처럼 가치제안 캔버스를 작성해 보면 비교적 쉽게 고객을 설득할 수 있는 마케팅 메시지를 찾아낼 수 있다. 제품 및 서비스를 위한 마케팅 메시지는 고객 프로파일의 과업, 이익, 불편에 대해 한 가지 이상의 불만 해결책과 혜택을 제시하는 것이기 때문이다.

참 서두에 언급한 대학생의 창업 강의에서 한 학생이 이런 질문을 했다. "가치제안 캔버스를 보면 gain을 제공하든 pain을 해소하든 모두 고객 가치가 되는데, 어느 쪽이 더 비즈니스 모델에 좋겠습니까?" 내 대답은 이랬다. "중견기업이나 대기업은 gain이나 매력요인exciters의 서비스에, 스타트업이나 소규모 창업의 경우에는 pain이나 기본적 요인must-be의 서비스에 더 주목해야 하지 않을까?"

| 흥분요인에도 주목하라

진정한 서비스란 우리 기업이 잘할 수 있는 서비스를 제공하는 것이 아니다. 고객이 원하는 서비스를 제공하는 것이다. 따라서 우리 서비스의 접점별로 고객들을 행복하게 해 주는 해피 포인트와 고통과 문제점, 불편함, 불안감인 페인 포인트가 무엇인지를 알아내야 한다. 이를 알아내는 대표적인 것이 고객의 소리VOC 시스템이다. 전통적으로 고객의 페인 포인트는 고객센터에 접수된 전화 등으로 수집되었지만, 최근에는 인터넷 환경과 디지털 기술의 발달로 수집 채널이 매우 다양해졌다. 사람들은 페이스북, 인스타그램 등 각종 소셜 미디어뿐만 아니라 카페나 블로그를 통해서도 제품이나 서비스에 대한 의견을 드러낸다. 또한 각종 언론매체에도 기업의 제품이나 서비스에 관한 다양한 내용이 언급되고 있다. 오프라인 채널에서도 다양한 고객 페인 포인트를 수집할 수 있다. 대리점이나 매장 등에서 제품이나 서비스를 구매하는 고객들의 페인 포인트를 수집할 수 있다. 아울러 제품의 구매, 배송, 설치, 애프터서비스 등 다양한 고객접점에서 나온 의견도 수집되어야 한다.

　이러한 관점에서 서비스 차별화를 도모하기 위한 이론적 토대로 일본 도쿄대의 카노 노리아키狩野紀昭 교수가 만든 '카노 모델Kano Model'을 이해할 필요가 있다. 고객 니즈의 진화와 기대 수준을 체계화한 유명한 모델로, 고객의 니즈를 기본요인must-be, 만족요인satisfiers, 감동요인exciters, 흥분요인이라고도 함 등 크게 세 가지로 구분하고 있다. 기본요인은 고객이 서비스나 제품에 대해 기대하는 최소한의 요구 조건으로, 특별한 고객만족을 유발하지는 않지만 이를 제대로 충족시키지 않으면 큰 불만을 야기한다. 예를 들어 스마트폰을 사용할 때 통화 품질이 좋으면 당연한 것으로 여기지만, 통화연결이 안 되면 큰 불만을 품게 된다.

만족요인은 더 신속하고 더 저렴하며 더 잘 갖춰질수록 고객만족도가 상승한다. 스마트폰의 배터리 용량이 클수록, 통화요금이 저렴할수록, 은행의 대기시간이 짧을수록, 자동차의 연비가 높을수록 만족도가 올라가는 것이 그 예라고 할 수 있다. 그러나 만족요인에는 한계효용의 법칙이 작용하는 경우가 많다. 무조건 성능이 개선된다고 고객가치가 선형적으로 증가하지는 않는다. 예를 들어 자동차 최고 속도가 50km에서 100km로 높아졌을 때 고객만족도는 크게 올라간다. 하지만 250km에서 300km로 높아졌다고 해서 만족도가 같은 비율로 높아지지는 않는다.

감동요인은 고객이 크게 만족하는 것으로서, 그렇다고 그간 큰 불만족을 야기하지도 않았던 항목이다. 예를 들어 자동차 안전벨트가 내 심장박동수를 체크해서 건강 이상 유무를 알려준다면 고객은 감탄스러워할 것이다. 그러나 안전벨트가 자주 꼬여 정비소에 찾아가야 한다면 이것은 기본요인의 문제다. 최근 포드자동차는 뒷좌석 탑승객의 안전벨트 착용 여부를 모니터링해 주는 '벨트 모니터belt monitor'를 탑재했다. 안전벨트를 착용하지 않으면 경고음이 송출되는 앞자리의 보조석과 달리, 뒷좌석의 경우 운전자가 안전벨트 착용 여부를 직관적으로 알 수 없다는 점에 착안한 것이다. 이것은 만족요인에 해당한다. '자동차는 운반 수단이다'가 아니라 '자동차는 병원이다'라는 디지털 시대의 콘셉트로 고객이 자동차에 앉으면 시트가 체중을 재고 안전벨트가 심박을 체크해서 병원과 바로 연결해 주는 서비스는 조만간 실현되리라 생각한다. 정말 이렇게 실현된다면 이것은 감동요인에 해당한다.

고객은 감동요인과 관련한 제품과 서비스가 있는지도 모를 때가 많으며 이를 명시적으로 요구하지도 않는다. 그러나 충족시켜 주면 만족감이 급격히 상승하여 감동 수준에 다다르게 된다. 우리는 날마다 갖가지 서비스를 경험한다. 그런데 탁월한 고객경험을 제공하는 기업은 공통적으로 고객의 불편함에 착안하여 남보다 먼저 서비스를 시작한다. 카카오뱅크가 오픈한 첫날, 나는 앱을 내려받아 회원가입을 하고, 계좌개설을 신청했다. 그런데 모든 절차가 순조롭게 진행되다가 그만 타행계좌 인증에서 걸리고 말았다. 타행계좌 인증의 경우 이전에 보유하고 있는 계좌에 1원을 보낸 뒤 그 계좌를 보낸 사람 네 글자를 카카오뱅크 앱에 입력하면 인증이 완료된다. 나는 이걸 모르고 보낸 사람 이름에 계속 내 이름인 '장정빈'을 입력했다. 결국 계좌를 개설하지 못하고 이튿날 다시 계좌개설을 신청하려고 보니 '계좌개설을 진행 중입니다'라는 문구가 확 눈에 띄었다. 다행히 다른 은행들처럼 주민등록번호로 시작해서 모든 정보를 처음부터 다시 입력해야 하는 불편을 겪지 않았다. '이어서 하기'를 누르니 이전에 입력했던 정보가 고스란히 저장되어 있었기 때문이다.

　　나는 강의를 겸해 부산을 찾을 때면 꼭 부산역 근처에 있는 호텔만 고집했었다. 부산의 정취를 느낄 수 있는 해운대쯤에서 해수온천도 즐기고 맛집도 찾아다니며 다음날 송도나 오륙도 등 관광지도 돌아보고 싶었지만 무거운 가방 때문에 그럴 수가 없어서였다. 호텔 측에서는 안전하게 짐을 보관해 주겠다고 하겠지만, 관광을 마치고 다시 해운대까지 짐을 찾으러 와야 하므로 별로 도움이 되지 않는다. 파라다이스호텔 부산은 이러한 고객의 페인 포인트를 파악하고 특급호텔 최초로 KTX 부산역에 '레일 데스크'를 운영, 고객의 수화물 위탁 서비스를 제공하고 있다. 오전 11시까지 해운대에 있는 호텔에 맡긴 짐은 투숙객이 관광을 즐긴 후 부산역에서 찾으면 된다. 반대로 고객이 KTX 부산역 2층에서 짐을 맡기고 관광을 하다가 오후에 해운대에 있는 호텔로 가면 그곳에서 짐을 찾아 체크인을 할 수도 있다. 이들은 호텔의 멋진 전망과 쾌적한 시설이 아니라 고객이 불편해하는 것을 찾아내 서비스 차별화의 포인트로 만들었다. 말 그대로 감동요인이다.

회사의 모든 불편 사항을 듣는 고객의 소리VOC 시스템을 마련하고 이를 서비스 경영에 반영하는 것은 당연하다. 그러나 스타벅스 사례처럼 고객이 말하지 않는, 기저에 깔린 다른 불편 사항과 그 이유를 찾아낼 수 있어야 한다. 표면에 드러난 이유와 실제 고객의 숨은 마음속의 니즈는 전혀 다를 수 있다. 고객에게 단순히 물어보는 서비스나 VOC 시스템에 그치지 않고 현장에서 고객의 내면을 들여다보고 고객을 관찰해야 하는 이유가 여기에 있다.

고객 습관을 디자인하라

| CS는 CH다

셔츠는 슈트의 속옷이라서 셔츠 안에 러닝셔츠는 입지 않는 것이 에티켓이라는 말을 몇 번 들은 기억이 있었다. 일 년 전쯤 반소매 티셔츠에 러닝셔츠가 삐죽이 나온 '동네 아저씨' 꼴의 내 모습을 보고 직원이 "요즘 젊은이들은 러닝셔츠 안 입어요" 하기에 스스로도 민망한 생각이 들어 그다음 날부터 바로 러닝셔츠를 벗었다. 몇십 년 동안의 해묵은 습관이었는데, 겨울에는 좀 춥기도 하고 허전하기도 했지만, 이제는 입으면 되레 불편하다. 내 러닝셔츠처럼 우리들의 일상생활은 대부분 해묵은 습관으로 구성되어 있다. 한 달을 어떻게 보냈는가 생각해 보면 매우 비슷한 행동의 반복이었음을 깨닫게 된다. 항상 같은 식당, 늘 가는 술집, 밥 먹고 나면 어느 커피숍…. 미용실도 처음 새로운 곳을 찾는 과정이 힘들지 마음에 들면 계속한 곳만 다니게 된다. 자동차를 운전하더라도 늘 같은 길로 다닌다. 우리 뇌는 자신도 모르게 익숙해진 편안한 방식을 자동적으로 선택하는 것이다. 이처럼 우리는 무엇이든 한번 마음에 들고 편해지면 그것을 습관화하고, 웬만해선 바꾸지 않는다. 이때부터 다양한 대안을 생각하는 사고가 크게 제한되면서 과거의 결정을 '무의식적으로' 되풀이하게 된다. 습관의 위력이다.

그런데 습관은 심리학적으로 보면 대뇌의 피로를 막기 위한 아주 효과적인 방법이다. 우리 두뇌는 행동의 많은 부분을 자동화라는 선택적 반응을 통해 무의식적인 행동으로 습관화함으로써 효율을 높이려는 성향을 갖고 있다. 미국 프린스턴 대학교 심리학과 교수 수잔 피스크Susan Fiske는 이것을 '인지적 구두쇠Cognitive Miser'라고 표현했다. 사람들은 제품을 구매할 때도 처음 한두 번쯤은 의식적으로 의사결정을 하겠지만, 그다음부터는 그 제품을 새로 평가하는 것이 아니라 늘 하던 대로, 즉 습관에 따라 자동화라는 선택적 반응으로 구매한다. 나는 서비스 경영을 주창하는 전문가이지만 고객의 선택이 고객충성도보다는 습관이나 구매 편의성과 더 밀접하게 관련돼 있다는 생각에 대체로 찬성한다.

인간은 인지적 구두쇠라는 특성 때문에 의사결정 과정을 단순화하여 직관적으로 결정하는 경향(휴리스틱)이 있다. 구매할 때마다 의사결정하는 것보다 습관적 결정이 더욱 편하다. 쇼핑이 그렇다.

따라서 기업들은 고객에게 새로운 습관을 형성시키고 이를 유지시킬 장치들을 마련하기 위해 노력한다. 수많은 산업 영역에서 구독 모델이 엄청난 인기를 끈 데도 이런 이유가 한몫하고 있다. 고객은 일상적인 구매를 할 때 의식적으로 결정을 내릴 필요가 없게 되고 기업은 손쉽게 반복적으로 수익을 창출할 수 있는 비즈니스 모델로 생각하기 때문이다. K 은행 마케팅팀 근무 시절, 연초가 되면 연례행사처럼 했던 업무 중 하나는 전국 각 지점에서 거래 대학의 발전기금을 얼마나 내야 하느냐를 협의하는 일이었다. 대학의 주거래은행이 되면 학생들의 등록금, 교직원 월급, 재단 자금 등 큰돈을 관리할 수 있고, 학생증이 연결된 체크카드를 발급함으로써 학생이 취업한 뒤에도 주거래은행으로 거래하게 유도하여 평생 고객으로 붙잡을 수 있다는 계산 때문이었다. 바로 습관화 전략이었다. (요즘은 스마트뱅킹, 인터넷뱅킹 등이 발달하면서 굳이 은행에 갈 필요가 없어진 데다, 금융상품에 대한 선택권이 매우 다양해지면서 '회사의 주거래은행=내 주거래은행'이라는 공식이 많이 깨지고 있다.)

습관을 만들기 위한 대표적인 방법 가운데 하나는 마일리지 적립과 같은 리워드 프로그램reward program이다. 계속 같은 주유소를 가고, 한 가지 신용카드를 쓰게 되는 것도 마일리지 적립 등의 장치로 유도된 습관 때문이다. 스티커 마일리지 프로그램도 똑같은 원리다. 구매 횟수와 금액에 따라 일정 목표를 채우면 무료 사은품을 제공한다. 스타벅스가 대표적이다. 스타벅스는 초창기부터 지금까지 상시 '별' 모으기 프로그램인 '마이 스타벅스 리워드'를 운영하고 있다. 커피 한 잔당 1개씩 주는 별을 12개 모으면 무료 음료 쿠폰을 한 잔 준다. 매년 연말이면 스타벅스 다이어리를 주는 또 다른 프로그램으로 20개가 넘는 스티커를 모으게 하기도 한다. 모두 리워드 프로그램으로 재방문을 유도함으로써 스타벅스에 들르는 일이 고객의 습관이 되게 하려는 영리한 전략이다. 쇼핑은 습관이기 때문에 고객은 본능적으로 익숙하고 편안한 브랜드를 찾게 되어 있다. 어떤 맛, 어떤 환경, 특정 장소 그리고 제품 사용법에 익숙해지면 이걸 바꾸기가 쉽지 않다. 그렇다면 '단골고객'의 정의도 달라져야 한다. 음식이나 서비스에 대한 만족도 때문에 단골이 되기도 하지만 습관이 되어버린 탓에 우리 가게에 드나드는 '습관적 단골'도 있음을 간과할 수 없다.

| 진짜 로열티는 태도적 충성도다

소비자 행동과 고객만족 분야의 전문가인 닐 마틴Neale Martin에 따르면, 만족한다고 대답한 고객 중 기껏해야 8% 정도가 실제로 재구매한다고 한다. "브랜드에 만족했다"라고 응답한 고객들에게 "그렇다면 미래에 이 브랜드를 다시 구매할 의향이 있느냐"고 물으면, 대부분이 말로는 "그렇다"라고 답을 한다. 그러나 구매할 의향이 있다고 말한다고 해서 실제로 구매하는 것은 아니라는 이야기다. 역으로, 만족하지 않는다고 말한 고객이 그 브랜드의 재구매를 반드시 기피하는 것도 아니다. 자기가 이용하는 항공사에 불만이 생겼더라도 마일리지가 누적되어 있으면 다른 항공사로 쉽게 옮겨가지 않는 것과 마찬가지다.

이런 맥락에서 보면 고객의 반복 구매 요인은 CSCustomer Satisfaction가 아니라 CHCustomer Habituation, 고객습관화라는 견해가 오래전부터 대두되어 왔다. 고객만족도가 기업의 성장과 성과에 중요한 참고지표는 될지언정 모든 것을 걸어야 할 만큼은 아니라고 보는 것이다. 그래서 설문 문항이나 분석 기법 대신 습관을 만들고 강화하는 것이 더 중요하다는 주장이다. 닐 마틴도 "습관은 모든 해결책의 답은 아니지만, 모든 해결책의 일부는 된다.", "고객의 선택이 아닌 습관을 만드세요."라고 강조하고 있다. 그러나 이 견해는 고객만족과 더불어 고객의 습관을 형성하는 노력을 함께 기울이라는 의미로 받아들여야지, 고객만족은 중요하지 않다는 의미로 해석해서는 곤란하다. 습관에 의한 구매는 '타성적 충성'으로, 경쟁사에서 경품을 주거나 특별 할인 등의 조건만 좋다면 언제든지 그만둘 수 있기 때문이다.

고객충성도는 크게 세 가지로 구분할 수 있다. 첫째가 타성적 충성도다. 상당수의 소비자는 이전에 구매하던 브랜드를 타성적으로 구입한다. 이를 타성적 로열티Inertia Loyalty라고 한다. 타성적 로열티라 하더라도, 소비자가 특성 브랜드를 반복적으로 구매한다면 그 브랜드에 대해 어떤 면에서는 애정이 전혀 없다고 볼 수는 없다. 그러나 이것은 진정한 의미의 로열티는 아니다. 마케터들은 오랫동안 여러 가지 방법으로 충성고객을 확보하기 위한 노력을 계속해 왔다. 잘 알려진 것처럼 새로운 고객을 유치하는 것보다 충성고객을 확보해 이들에게 제품이나 서비스를 지속적으로 판매하는 것이 훨씬 효율적이라는 것을 알고 있었기 때문이다.

로열티loyalty의 개념도 다양하게 정의되어 왔다. 어떤 소비자들은 시간이 지나도 일관되게 특정 브랜드를 구매하는 패턴을 보이는데, 이처럼 행동으로 정의되는 로열티를 '행동적 충성도Behavioral Loyalty'라고 한다. 고객의 구매행동 중심으로 드러나는 충성도로 고객이 '얼마나 우리 제품을 구매했는가'에 초점을 맞추는 것이다. 행동적 충성도는 제품이나 서비스의 특정 속성에 대한 만족의 결과와 반복적 구매 습관에 의해 만들어진다. 따라서 브랜드의 반복적 재구매가 우량 고객의 선정 기준인 최근성Recency, 구매 빈도Frequency, 구매 금액Monetary 측면에서 상위에 있게 된다. 즉, 구매 행동에서 우수한 매출을 보이는 고객은 '행동적 충성고객'이라고 부를 수 있다. 하지만 행동적 충성도가 반드시 브랜드에 대한 깊은 애정에 기반한다고 단정할 수는 없다. 다른 대체 브랜드를 찾지 못했거나 아니면 다른 브랜드를 찾으려고 노력하기가 불편하거나 귀찮아서 습관처럼 이용하는 것일 수도 있다는 말이다.

나머지 하나는 브랜드에 대한 깊은 애정과 만족도에 기반을 둔 충성도로, '얼마나 고객의 마음을 사로잡았는가'를 보는 것이다. 감정, 태도 혹은 성향으로 정의되는 로열티를 '태도적 로열티Attitudinal Loyalty'라 한다. 다르게 말하면 두터운 팬덤을 형성하는 것으로, 태도적 로열티야 말로 고객의 쇼핑 행동에 가장 큰 영향을 미치는 진정한 의미의 충성이라 할 수 있다. 이런 충성을 갖춘 고객은 브랜드를 신뢰하고 그 브랜드가 그들의 삶에 가치를 더해 주어 자신과 뭔가 관련성이 있다고 느낀다. 예를 들어 아이폰이라는 브랜드는 고객들의 삶의 방식을 완전히 바꾸어 놓았고 새로운 가치를 제공하였으며 고객들과 떼려야 뗄 수 없는 감성적 관계를 구축하고 있다. 아이폰 이용자들은 아이폰을 쓰는 분명한 이유가 있으며, 다른 사람들

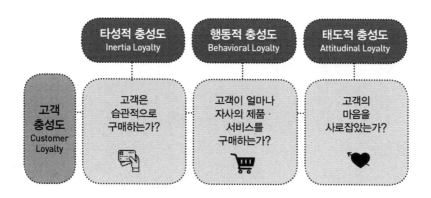

에게 아이폰을 호의적으로 이야기한다. 심지어 다른 사람들의 불만에 대해 방어까지 하려고 한다. 이것이 바로 브랜드에 대한 고객의 태도적 로열티다.

갤럽 조사에 의하면 한 유통회사에 강한 감성적 연결고리를 가진 고객은 그렇지 않은 고객에 비해 32% 더 자주 방문하고, 46% 더 소비한다고 한다. 즉, '행동적 충성도'를 가진 고객이 감성적 충성도를 가졌다'라고 볼 수는 없지만, 감성적 충성도를 가진 고객은 행동적 충성도를 함께 가지고 있다.

행동적 로열티는 주로 제품의 품질이나 성능, 기능 등 기능적 혜택의 가치나 가격에 의해 형성된다. 제품의 기능적 혜택의 가치가 다른 브랜드보다 뛰어나면 가장 우수한 브랜드로 인정받는다. 하지만 경쟁 브랜드가 더 우수한 품질과 기능적 가치를 제공하면 고객은 바로 이탈할 가능성이 있다. 그렇다고 행동적 로열티가 중요하지 않다는 것은 아니다. 하지만 로열티 프로그램이나 감성적 로열티가 강력하다 하더라도 이성적 가치는 여전히 중요하다. 태도적 로열티가 고객을 지속적으로 유지하게 하는 역할을 한다면 행동적 로열티는 고객을 유인하는 역할을 한다고 볼 수 있다.

| 델타 모멘트를 설계하라

우리 인생에서도 성공하는 사람은 스스로 자각해서 하는 행동과 무의식적인 선택을 하는 자기 자신을 스스로 수시로 체크해 보고, 지금 하는 행동이 어떤 결과를 가져올지 자문하고, 기존 방식에서 벗어나 새로운 시도를 하는 사람이다.

　세계적인 마케팅 조사기관 AC닐슨은 소비자들이 습관에 따라 구매 결정하는 것을 '오메가 룰Omega Rule'이라고 하고, 습관에 도전하여 의식적인 평가를 하는 순간을 '델타 모멘트Delta Moments'라고 부른다. 모든 기업은 '오메가 룰'에 따라서 고객이 내리는 일상적인 선택을 더 쉽고, 빠르며, 편리하게 만듦으로써 크게 이익을 얻으려는 노력을 기울이고 있다. 기업도 고객의 오랜 습관을 파괴하고 새로운 습관을 창출할 필요성이 있는 것은 마찬가지다. 선도적 기업이나 1위 브랜드는 보이지 않는 자동조종 장치인 습관에 따라 행동하는 고객들을 그냥 내버려두는 편이 더 좋을 것이다. 그러나 후발 기업이나 벤처기업들은 고객의 습관을 깨는 델타 모멘트를 만들어내야 한다. 고객의 습관을 어떻게 바꿀 수 있을지를 파악하여 습관을 바꿀 유인을 창출해야 한다는 말이다.

　소비자의 반복적 구매 행동 속에 숨어 있는 습관과 규칙들의 집합인 오메가 룰은 소비자들이 마음속에 갖고 있는 체크리스트라고 할 수 있다. 고객은 반복 학습을 통해 경험적 지식을 갖게 되지만, 습관이 형성된 후에는 그간의 반복된 학습 과정을 잊어버리곤 한다. 언젠가 한 번은 의식적 의사결정을 하지만 그다음부터는 무의식적으로 습관에 따라 구매하는 더 편리한 행동 방식을 따른다는 것이다. 스타벅스의 성공 요인은 좋은 원두나 탁월한 고객경험 때문이다. 하나 더 보태자면 편의성을 통한 습관의 형성이라 볼 수 있다. 일반적으로 프랜차이즈 매장들은 서로 가까이 두지 않는 것이 통념이다. 그런데 스타벅스는 시내 중심가에는 거의 빌딩마다 매장이 들어서 있다. 고객이 횡단보도를 건너는 게 불편하다고 판단되면 기존 점포 바로 건너편에도 새로운 매장을 여는 전략 때문이다. 그 결과 찾기 쉽고 접근하기 쉬운 스타벅스 매장에 길들여진 사람들은 아침 출근길이나 점심시간에 습관적으로 스타벅스를 찾게 된다.

인터넷 사업에 있어서 '무료 혜택'은 고객의 습관을 형성시키기 위한 핵심적 전략이다. 구글, 트위터, 인스타그램 등 인터넷 비즈니스 분야에서 성공한 기업들은 서비스를 무료로 제공해 이용자들이 익숙해지게 만든다. 일단 고객이 방문 습관을 들이게 되면 광고를 유치해 수익을 확보한다. 그러나 신생 기업이라면 소비자가 오메가 룰을 쓸 수 없는 상황을 만들어내야 한다. "소비자들이 습관에 따라 구매를 결정하는 '오메가 룰'에 도전하여 의식적인 평가를 하게 되는 순간인 '델타 모멘트'를 만드는 것이 중요하다"라는 이야기다.

시장 선도 기업은 당연히 소비자가 제품이나 브랜드를 의식적으로 평가하는 델타 모멘트가 일어나지 않도록 하는 것이 중요하다. 만약 그들이 무의식적인 습관에서 벗어나 의식적이고 합리적인 선택으로 재구매 여부를 고려하면 불리하기 때문이다. 그러나 후발 주자로 새롭게 시장에 진입하려는 기업이라면 소비자의 습관을 깨뜨리기 위해 경쟁 제품을 의식적으로 평가하도록 델타 모멘트를 잘 설계해야 한다.

고객에게 의도적으로 상품이나 서비스를 평가하도록 만드는 것이 델타 모멘트의 첫 번째 전략이다. 사람들이 습관적으로 같은 우유를 사는 것을 저지하기 위해 저온살균 방식을 상기시킨 파스퇴르 우유나, 침대를 가구처럼 구매하는 소비자들의 습성을 깨뜨리기 위해 '침대는 가구가 아닙니다'라고 주장한 에이스 침대는 고객에게 의식적으로 선택하도록 모멘트를 제공하여 경쟁자의 시장을 빼앗은 대표적 사례에 속한다.

K 은행 지점장 시절 거래처에 섭외하러 다녀온 팀장은 꼭 이런 '긍정적

인' 기대를 담아 내게 보고를 시작했다. "방문한 회사에서 우리 지점으로 거래처 변경을 적극적으로 검토하겠다고 했습니다." 그때마다 난 팀장에게 이렇게 '부정적인' 어투로 반문했다. "그렇다면 고객사 입장에서 거래 은행을 변경하는 귀찮음을 무릅쓰고 굳이 우리 지점으로 바꿔야 하는 이익은 뭐라고 생각합니까?" 이 질문에 대한 팀장의 대답이 은행 입장에서는 섭외의 포인트가 되어야 한다. 영업의 핵심은 고객이 받는 혜택이, 귀찮은 걸 무릅쓰고라도 새 은행으로 바꿀 결심을 정당화할 정도로 크다는 걸 입증해야 한다. 나는 고객사 입장에서 현상유지를 깰 만큼 큰 요인이 무엇이냐를 팀장과 늘 토론하곤 했다.

사람들은 대부분 현재를 기준점으로 생각하고 그 기준점으로부터의 어떠한 변화도 손실로 간주하는 성향이 있다. 이른바 행동경제학에서 말하는 "현상유지 편향"이다. 사람들은 다른 은행에 더 좋은 상품이 있는데도 계속 거래해 온 은행을 선호하는 것이다. 인간의 보편적 현상인 '심각하게 고민하고 결심하는 것은 귀찮아' '난 이대로가 좋아'라는 현상유지 편향을 잘 이해한다면 영업하는 직원이 착각하지 말아야 할 것들이 있다. 사람들은 이익추구보다 손실회피 경향이 아주 강해서 웬만해서는 바꾸려고 하지 않는다. 잠재적 이익이 잠재적 손실의 2~3배 정도는 되어야 '그러면 바꿔볼까'라고 행동에 옮긴다는 것을 알아채야 한다. 그래서 기업은 고객이 습관을 바꾸거나 다른 브랜드를 선택하면 큰일 날 것처럼 겁을 주기도 한다. 어느 엔진오일의 광고처럼 '찻값이 얼만데…'라는 메시지를 통해 다른 값싼 엔진오일로 바꿨다간 큰일 날 것처럼 협박하는 것이다. 마치 '바람피우다가 들키면 살아남지 못할 거다'라고 겁을 줌으로써 바람피울 엄두를 못 내게 하는 것과 같다.

이것을 이론적으로 정리한 것이 고객가치 지렛대pain- gain ratio이다. 구체적으로 설명하면 이렇다. 고객의 머릿속에는 이득gain과 손실pain의 지렛대가 놓여 있다. "gain(이득)"은 정량화 가능한 것으로 고객이 효용을 정확히 파악할 수 있어야 한다. '이로 인해 얼마나 수익revenue이 향상되는가? 이로 인해 얼마나 비용cost이 절감되는가? 이로 인해 얼마나 시간time을 절약할 수 있는가? 이로 인해 확보 가능한 경쟁우위의 요소는 무엇인가? 이로 인해 획득 가능한 명성과 평판의 수준은?' 등이 기준이다. 'pain(손실)'은 고객이 현재 '대안'들을 모두 버리고 새로운 제품에 '적응'하려 할 때 투입되는 시간, 노력, 비용 등의 총합이다. 고객이 새로운 사업자의 제품과 서비스에 적응하기 위해 들어가는 총비용total cost: 시간, 노력, 실질 비용과 고통의 총합을 말한다. 이것을 가치제안이라 하는데, 측정 가능한 지표를 이용해 목표고객이 얻는 혜택과 효용을 이해하기 쉽게 표현하는 작업으로, 바로 고객의 pain에 대한 관성inertia을 깨뜨릴 만큼 gain이 큰 것임을 이해시키는 작업이라 할 수 있다. 이것이 델타 모멘트를 만드는 두 번째 전략이다.

습관을 창출하는 것이 마케팅 장치이든 델타 모멘트이든, 브랜드 선택의 95% 이상이 습관에 의한 구매다. 시장에 변화를 주고 싶은 기업은 '습관은 습관에 의해 정복된다'라는 독일의 수도사 토마스 아 켐피스Thomas A Kempis의 말을 곱씹어보아야 할 것이다.

새로운 습관을 만드는 과정은 디지털 트랜스포메이션의 진화 과정 속에서도 발견할 수 있다. 몇 달 전에 김치냉장고를 구매한 적이 있다. 나뿐만아니라 여러분들이 냉장고를 사고 싶을 때 가장 먼저 하는 일이 있다. 먼저 어떤 김치 냉장고를 사는 게 좋을지 검색해서 가격이나 리뷰를 보고 가장 좋아 보이는 것을 선택한다. 컴퓨터나 스마트폰에서 검색을 제공하는 네이버나 구글이 첫 접점의 시작이라는 이야기다. 이것이 김치 냉장고를 구매하는 고객의 습관이다. 그렇다면 주도권이 전자상거래 업체나 전자제품 회사에 있는 것이 아니라 네이버나 구글에 있다고 봐야 한다. 사람들의 구매 습관이 여간해서는 바뀌지 않는다. 하지만 인공지능 스피커 같은 새로운 디바이스, 새로운 채널에서는 고객의 습관을 바꿀 수 있다. 아마존에는 에코라고 하는 원통형 스피커가 있다. 고객이 질문을 하면 뭐든 대답을 해 준다. 에코라는 디바이스에 음성으로 무엇인가를 주문할 때는 검색과는 다른 방식의 습관이 필요하다. 이것이 아마존이 컴퓨터와 스마트폰 검색을 대체하기 위하여 에코라는 디바이스를 만든 이유다. 에코라는 새로운 채널을 통해 고객과 최접점에서 만나기 위해서다. 새로운 접점을 만드는 것이 델타 모멘트를 만드는 세 번째 전략이다.

| 습관을 만드는 데 3번이 필요하다

습관을 바꾸기 위해선 얼마나 노력해야 할지 생각해 본 적이 있는가? 최근의 연구에 의하면 기상 시간이나 식사할 때 반대쪽 손을 사용하는 등의 일상적인 습관들을 바꾸는 데 필요한 횟수는 30회라고 알려져 있다. 하루에 한 번씩 30일만 지나면 나의 습관을 바꿀 수 있다는 논리이다. 그런데 이 30회 중 가장 힘든 부분이 처음 3회라고 한다. 이 3회는 모든 사람에게 힘들지만, 일단 세 번만 참아낸다면 30까지는 훨씬 쉬워진다.

그런 이유로 사우스웨스트 항공에는 '3회 탑승 전략'이 있다. 사우스웨스트 항공은 저비용 항공사의 원조다. 신뢰성 있는 서비스, 비교적 짧은 항로를 자주 출항하는 서비스, 저렴한 요금에 친절한 종업원들이 제공하는 서비스로 유명하다. 고객들은 이 항공사가 제공하지 않고 있는 지정 좌석제, 기내 식사, 수하물 연결, 다른 항공사와 연계 서비스보다 사우스웨스트의 서비스를 더 가치 있다고 생각하고 있다. 이 사실은 출장이 잦은 비즈니스 승객들이 세 번만 이 항공사를 이용하면 저절로 깨닫게 된다고 믿고 있다. 그래서 "고객들이 우리 항공사를 세 번만 이용하면 떠나지 못할 것이다"라고 자신 있게 말하고 있는 것이다.

홈플러스가 신규 점포의 핵심 성과지표KPI, Key Performance Index로 삼는 것은 매출 외에 세 가지가 있다고 한다. 첫 번째는 멤버십 카드인 패밀리 카드 신규 가입 회원 수, 두 번째는 해당 지역 가구 수 대비 패밀리 카드 가입 가구 비율, 세 번째는 점포에 처음 방문한 고객들이 짧은 기간 안에 해당 점포에 세 번 방문하게 하는 것이다. 첫 거래를 하고 나서 1~2개월 내에 세 번 이상의 반복 구매를 통해 고객의 쇼핑 습관을 바꾸려는 델타 모멘트 전략으로 볼 수 있다. 대형마트라는 특성상 고객들은 이미 이용하는 경쟁 점포가 있을 가능성이 크다. 신규 점포는 기존 점포보다 고객들에게 익숙하지 않기 때문에 오픈 기간에 방문하더라도 곧 전에 다니던 다른 점포로 되돌아갈 가능성이 크다. 따라서 재방문 유도를 통해 두 달 안에 세 번 이상 방문하게 해 새 매장에 익숙해지도록 만드는 전략이다. 그러면 해당 점포를 계속 방문할 확률이 50% 이상 높아진다. 신용카드 회사는 지금도 자사 카드로 결제하는 조건으로 3천 원이나 5천 원 주유권을 보내오기도 한다. 나도 주유권을 보내올 때마다 그 회사 신용카드로 결제하느라 지갑 속에 그 회사 카드를 아예 갖고 다닌다. 내가 짐작하기로는 역시 3회 사용 전략이다.

그런데 사우스웨스트 항공이나 홈플러스는 왜 하필 3회 구매를 기준으로 잡았을까? 물론 열 번의 구매경험을 가진 고객들은 세 번이나 다섯 번의 구매 경험을 가진 고객들보다 좀 더 높은 재구매율을 보일 것이다. 일반적으로 고객들이 3회 구매할 때까지는 재구매율이 거의 동일한 비율로 늘어난다. 즉 첫 번째 구매를 일으킨 고객이 그 제품의 구매 주기 안에 재구매할 확률이 평균적으로 20%라면, 두 번째의 구매를 일으킨 고객은 세 번째 구매를 일으킬 확률이 40%로 늘어난다. 세 번째까지 구매를 일으킨 고객은 네 번째 구매를 일으킬 확률이 50~60%로 증가한다. 그러다가 재구매율에 한계효용 체감의 법칙이 작동하게 된다. 즉, 횟수가 늘어날수록 증가하는 재구매율 증가 폭은 그만큼 줄어들고 어느 시점에는 큰 차이가 없어진다. 그 시점은 바로 3회 정도로서, 고객이 주차장 진입로나 매장의 진열대 등 해당 매장의 쇼핑 환경에 익숙해지고 편안해졌으며 이미 해당 브랜드의 구매가 습관처럼 이루어지고 기업 입장에서 우수고객이 될 가능성이 큰 시점이다.

그렇다면 제품과 서비스는 습관 형성을 목표로 디자인되어야 한다. 습관은 익숙한 선택을 반복할 때 형성된다. 일단 어떤 대상에 익숙해지면 그 겉모습이 투박하더라도 우리는 별로 개의치 않게 된다. 사람도 자주 만나다 보면 예뻐지기 마련이다. 세계적 인지심리학자인 미국의 아트 마크먼Art Markman은 습관 형성을 목표로 디자인할 때 지켜야 할 원칙으로 디자인에 일관성이 있어야 한다고 제언한다. 디자인에 일관성이 있으면 소비자의 눈에 익숙해져서 멀리서 봐도 어떤 제품이나 서비스인지 단번에 알아볼 수 있다. 미국의 세제 브랜드 타이드Tide의 밝은 주황색 용기, 페이스북의 파란색 로고는 이 원칙에 대단히 충실한 편이다. 마크먼 교수가 제시하는 또 다른 원칙은 소비자들이 제품을 일상에서 자주 사용할 수 있도록 디자인하라는 것이다. 페브리즈도 처음에는 유리창 클리너를 닮은 용기 모양 때문에 싱크대 밑에 처박혀 있는 경우가 많았다. 당연히 소비자들의 손이 자주 가지 않았다. 그래서 자주 찾는 수납장과 어울리도록 용기 디자인을 바꿨더니 사용 빈도가 높아졌다고 한다.

쇼핑은 습관이다. 브랜드는 고객이 습관처럼 방문하도록 유도해야 한다. 그러기 위해 브랜드가 초점을 맞추어야 하는 것은 각각의 방문에서 만족하게 함으로써 세 번 정도의 재구매가 반복되어 습관이 되도록 만드는 것이다. 매장이나 브랜드를 재방문한다는 것은 브랜드에 친숙해지고 쇼핑 환경에 익숙해지고 주차장 등 장소나 교통에도 편안해진다는 뜻이다. 또한 포인트 프로그램이 있다면 그 포인트와 마일리지 혜택에도 관심을 기울이기 시작한다는 것이다. 나를 돈 벌게 해 주려고 우리 매장에 찾아오는 고객은 없다. 굳이 다른 데 가지 않고 우리 매장에만 오게 하는 무엇인가를 제공해야 한다. 고객을 만족시키기 위하여 끊임없이 노력하여 감동적인 서비스로 고객의 뇌리에 깊은 인상을 심어주되, 한 달에 서너 번 우리 매장에 오지 않고는 못 배기는 습관이 생기도록 해야 한다.

당신의 회사는
무엇을 하는 회사인가

| 맥도날드는 무엇을 파는 곳일까

가끔 해인이를 데리고 맥도날드에 가는데, 애 엄마는 상당히 못마땅해한다.(해인이는 직장 다니는 엄마를 대신해 우리 집에서 키우는 다섯 살짜리 외손녀 이름이다) 겉으로는 코로나 때문에 위험해서 그런다고 하는데, 내가 보기에는 아이가 햄버거와 감자튀김에 길들어 밥을 잘 먹지 않을까 봐 신경이 쓰이는 것이다. 엄마가 싫어하는 것을 뻔히 알고 있는 해인이는 내 귀에 대고 "할아버지, 우리 맥도날드 갈까?" 하고 속삭인다. 하지만 막상 맥도날드에 들어가서 해인이가 눈독을 들이는 건 감자튀김이 아니라 해피밀 세트 메뉴와 함께 선택하는 장난감이다. 얼마 전에는 캐릭터 인형을 골랐다. 나도 햄버거에는 별 관심이 없다. 맥도날드를 찾는 것은 사실 해인이와 데이트를 즐기기 위해서다.

예전에 맥도날드 햄버거는 미국의 노동자들이 급히 한 끼를 때우느라 먹는 음식이었다. 맛보다는 빨리 나오는 게 더 중요했다. 얼른 먹고 일해야 했기 때문이다. 그래서 빨리, 대량으로 만들었기 때문에 맥도날드는 다른 햄버거 가게들을 물리치고 세계적인 기업으로 성장한 것이다. 그러자 경쟁자들도 모두 빨리 만들기 시작했다. 속도 경쟁 시대가 끝난 것이다. 이때 맥도날드가 생각해 낸 아이디어 중 하나가 바로 어린이 해피밀 세트다. 아이들은 해피밀 세트를 주문하면 메뉴와 함께 월별로 제공되는 다양한 장난감들을 덤으로 받는다. 어른들은 아이와 함께 햄버거를 먹고, 아이는 지루하면 장난감을 가지고 놀면 되는 것이다.

아이가 혼자 조용히 장난감을 가지고 노는 동안 어른들이 부담 없이 햄버거를 먹을 수 있는 '장난감 가게'를 경험하도록 한 것이 맥도날드의 새로운 경쟁력이 된 것이다. 심지어 한 유명 컨설팅회사는 맥도날드에 이제부터 햄버거를 팔 생각 하지 말고 아예 장난감을 팔라고 조언을 하기도 했다니, 이 사소한 콘셉트의 변화가 대단히 큰 효과를 거둔 것만은 분명하다. 나와 해인이에게도 맥도날드는 장난감 가게다.

만약 여러분에게 '당신의 회사는 무엇을 하는 회사냐'고 누가 물으면 여러분은 무엇이라고 대답하게 될까. 만약 스타벅스 직원에게 묻는다면 그들은 "스타벅스는 집이나 직장이 아닌 '제3의 공간'을 팔고 있다"라고 대답할 것이다.

세계적인 베스트셀러 『나는 왜 이 일을 하는가?Start with Why』의 저자인 사이먼 사이넥Simon Sinek은 이렇게 말한다. 우리는 제품과 서비스, 즉 what을 사지만 그 제품과 서비스를 사는 데는 이유, 즉 why가 있다는 것이다. 우리는 제품이나 서비스를 팔지만, 그것들을 통해 고객에게 파는 것은 고객이 그것들을 사는 이유를 파는 것이다. 스타벅스 역시 커피가 주 상품인 카페임에도 불구하고 상식을 깨는 발상인 '경험을 판다'라는 전략으로 다른 카페와 차별화된 전략을 세웠다.

"우리는 커피 장사를 하면서 커피의 무한한 가능성을 발견했다. 커피는 사람과 사람, 사람과 사회를 연결해 주는 매개체이며, 가정이나 직장에서 느끼지 못하는 평온한 공간을 제공해 준다. 그것을 나는 '스타벅스 경험Starbucks experience'이라고 부른다. 우리 제품은 바로 스타벅스 경험이다. 스타벅스는 고객에게 제3의 공간으로 인식되도록 했다." '제3의 공간'은 스타벅스 설립자 하워드 슐츠가 만들고자 했던 공간으로, 집이나 학교보다 더 자유롭고 편안한 공간을 말한다. 스타벅스의 BGM(백그라운드 뮤직), 고급스러움과 아늑함을 추구하는 실내장식 그리고 통유리 건물은 매장 밖 사람들이 안으로 들어가고 싶은 충동을 느끼게 만든다.

세계적 특송업체 페덱스FedEx는 고객에게 '배달'과 함께 '안심'을 팔겠다고 자신들의 비즈니스를 재정의했다. 배달을 잘하는 것은 기본이고, 고객이 배달 중에 안심할 수 있는 모든 것을 주력 상품화하겠다는 것이다. 페덱스는 배달 과정에서 고객들이 불안해한다는 것을 잘 알고 있었다. 딱히 분실이나 파손, 지연 같은 배달 사고가 그리 많은 편은 아니었지만, 여전히 고객들로부터 우려 섞인 피드백을 많이 받아왔던 것이다. 오랜 고심 끝에 페덱스는 그런 우려를 불식시켜 주는 것이 고객들이 제일 원하는 서비스라고 판단했다.

도대체 택배업에서 안심할 수 있는 대책이라는 게 무엇이 있을까? 내가 보낸 택배가 지금 어디에 있는지, 그곳에서 왜 오래 지체되는지, 예정대로 배달되고 있는지를 언제든 인터넷을 통해 조회할 수 있게 하는 것이 그 방법 중 하나였다. 상황을 알고 기다리는 것과 마냥 기다리는 것과는 '안심' 관점에서는 큰 차이일 수밖에 없다. 다른 회사에 택배를 맡기면 불안한 고객들이 이 회사의 서비스를 살 수밖에 없는 차별적인 이유를 만든 것이다. 이를 위해 페덱스는 일찍이 바코드를 이용해 물품의 위치를 추적할 수 있는 시스템을 개발하고, 더 나아가 화물 위치추적 정보시스템을 도입해 수하물의 위치, 선적상황, 기타 배송 관련 정보를 고객들이 언제라도 조회할 수 있게 하였던 것이다. 우리가 알고 있는 기본적인 업에 고객이 우리 회사를 선택해야 하는 '안심'이라는 업의 개념을 추가한 것이다.

우리가 실제 '어떤 상품이나 서비스를 팔겠다'라고 결정하기에 앞서 페덱스나 스타벅스처럼 그 제품과 서비스를 통해 고객에게 무엇을 팔 것인지를 함께 고민해야 한다. 브랜드 콘셉트와 업의 정의가 분명해져야 고객을 감동하게 할 차별화된 경쟁력을 찾아낼 수 있기 때문이다.

세계적 화장품 회사 레블론Revlon 창업주인 찰스 레브슨Charles Revson은 '우리는 공장에서 화장품을 만들지만, 매장에서는 희망을 판다In the factory we make cosmetics; in the store we sell hope.'라고 말한다. 희망을 판다는 말은 아름다워질 것이라는 기대를 준다는 말이다. '아름다움을 판다'는 말과 같다. 레블론은 업의 정의business definition를 찾기 위해 고민한 끝에 비로소 찾아낸 답이 바로 '희망'이었을 것이다.

내 마케팅 과목을 수강한 한 학생과 취업에 관해 잠시 대화할 기회가 있었다. 그녀는 꼭 뷰티 컨설턴트가 되고 싶다고 했다. 아르바이트로 그 분야를 경험해 보았고 나름대로 공부도 많이 했다고 한다. 그래서 물었다. "어떤 공부를 했나요?"

"메이크업 국가 자격증을 땄습니다." 다시 내가 물었다.

"뷰티 컨설턴트는 고객에게 무엇을 파는 일이죠?"

그녀는 망설이지 않고 "화장품을 파는 일입니다."라고 대답했다.

"아, 그렇군요. 그렇다면 사람들은 왜 화장품을 사죠?"

"좋은 피부를 갖고, 남에게 호감을 얻고 싶고…, 한마디로 예뻐지고 싶어서 삽니다."

"그렇군요. 그렇다면 인터넷 쇼핑몰 같은 곳에서 훨씬 더 싸게 살 수 있을 텐데, 왜 꼭 뷰티 컨설턴트한테 사야 하나요?"라고 다시 질문했다.

내 연이은 질문에 그녀는 매우 당황스러워했다. 아무튼 나와의 대화를 통해 그녀는 고객에게 진정 무엇을 팔아야 하는지에 관해 더 많은 생각을 하게 되길 바란다. 만약 그녀의 말대로 뷰티 컨설턴트가 화장품을 파는 일이라면 바로 인터넷 쇼핑몰과 경쟁하게 될 것이다. 그런데 가격으로만 따지자면 절대로 쇼핑몰이나 지하철 역사의 로드 숍을 이기기 어렵다. 그러나 전문가로서 상담을 통해 고객에게 깊이 있는 조언을 해줄 수 있다면 화장품은 보조 상품일 컨설팅이 주 상품이 될 것이다.

나도 업의 개념을 재정의해 봤던 기억이 있다. 1970년대 젊은 교사 시절에 구로동 허름한 술집에서 동료 교사들과 술을 마시는 날이 많았다. 그런데 누구랑 가더라도 항상 외상이었다. 예전의 동네 술장사는 이른바 외상 장사였다. 신용카드가 보급되지 않은 시대이기도 했지만, 심지어 지갑에 현금이 있어도 외상으로 술을 마시고 봉급날에 갹출하여 한꺼번에 계산하곤 했다. 그렇게 하는 이유 중 하나는 외상을 해야 술집 주인이 서비스에 신경을 더 써주기 때문이었다. 외상값을 잘 받기 위해 특별 대우를 해준다는 점을 영리하게 노린 것이다. 지금 생각해 보니 당시 술장사의 성패는 어떻게 외상을 받아내느냐였다. 즉, 업을 재정의한다면 술장사가 아니고 채권추심업이었던 것이다.

사실 호텔을 단순한 숙박업으로 정의하면 그다지 할 일이 없다. 하지만 고객들이 호텔에서 무엇을 원하는지 생각해 보면 다양한 사업과 서비스 혁신의 아이디어를 떠올릴 수 있다. 따라서 일할 때 가장 먼저 해야 할 것은 일의 정의를 내리는 것이다. 나름대로 업의 정의를 내리지 않은 채 일한다는 것은 자신의 비즈니스를 어떻게 혁신해야 하는지를 확실히 알지 못하는 것과 마찬가지이다.

같은 물건을 계속 예전과 똑같은 방법으로 만들어 팔면서 앞으로 더 나아지길 바라는 것만큼 어리석은 행위는 없다. '자동차는 병원이다'라는 업의 정의로부터 자동차에 앉으면 체중이 측정되고 안전벨트가 심박수를 체크하는 디지털 혁신이 실현되는 것이다.

1930년대 GM의 캐딜락 사업부는 차가 팔리지 않아 부도 위기에 처했다. 경영진은 분위기 쇄신을 위해 사업부장을 교체했다. 그는 직원들에게 이렇게 질문했다. "우리의 고객은 무엇을 구입하는가? 우리의 경쟁자는 누구인가?" GM의 경쟁자는 벤츠나 BMW, 아니면 포드일까? 그의 생각은 달랐다. GM의 고객이 구입하는 것은 차가 아니라 '품위'이므로 GM의 경쟁자는 자동차 회사가 아니라, 밍크코트나 다이아몬드 반지 같은 사치품이라는 생각이었다. 단순히 차를 구입하는 것이 아니라 '품위'를 위해 구입하는 캐딜락은 사치품이라는 그의 발상은 획기적이었다. 이후 사업전략은 완전히 달라졌다. 당시 자동차 회사의 핫이슈는 어떻게 연비를 올릴 것이냐, 기계적인 성능을 좋게 할 것이냐였다. 하지만 고객의 관심이 품위며 경쟁 상대가 다이아몬드라고 생각을 바꾸자 어떻게 하면 디자인을 고급스럽게 할 것이냐, 내장interior을 우아하게 할 것이냐는 쪽으로 방향을 선회

하게 되었고, 캐딜락 사업부는 부도 위기를 넘기게 되었다.

"신용카드업은 외상 관리가 핵심이다. 한마디로 외상값을 잘 받아야 한다. 아무리 영업을 잘해도 돈을 제때 받지 못하면 망한다. 결국 채권 관리가 생명이다."

고 삼성 이건희 회장이 1994년 금융계열사 사장단 회의에서 '신용카드업의 개념'에 대해 한 말이다. 이 얘기는 당시 실적 올리기에 급급해 마구잡이로 회원을 늘리고 있었던 카드사에 경종을 울렸다. 회원이 늘어나면 매출도 늘어나고 단기적으로는 경쟁사에 앞서면서 외형적으로는 성장할 수 있다. 그러나 채권 회수가 부실해지면 커진 외형만큼 피해도 눈덩이처럼 불어나게 된다. 결국 영업보다 더 중요한 것이 채권 관리라는 것이다.

이건희 회장은 "업의 정의부터 내려봐라."라는 말을 자주 하곤 했다. 지금 하는 일을 정확히 정의해 그에 맞는 사업의 방향과 전략을 세울 것을 주문한 것이다. 사업의 특성과 핵심 성공 요인에 대해 어려운 경영 용어 대신 '업의 개념'이라는 짧고 쉬운 말로 소통한 셈이다. 실제로 그는 자신만의 재정의를 토대로 비즈니스의 핵심을 현실적이고 명확하게 끄집어내는 데 여러 차례 성공한 적이 있다.

| 디지털의 물결, 업의 개념을 바꾸다

2021년 도쿄 올림픽 육상 남자 높이뛰기 결선에서 한국의 우상혁은 멋진 자세로 2m 35의 바를 넘고 기뻐했다. 4위를 기록, 비록 메달은 따지 못했지만 이를 지켜보는 국민들의 환호도 열광적이었다.

높이뛰기의 역사는 1968년 이전과 그 이후로 나뉜다고 한다. 그 이전에는 가위뛰기와 엎드려뛰기였는데, 1968년 멕시코 올림픽에서 미국의 딕 포스베리Dick Fosbury 선수가 배면뛰기를 처음으로 선보여 낯선 동작을 처음 보는 관중들이 깜짝 놀랐다고 한다. 더욱이 포스베리는 배면뛰기를 통해 당시로서는 경이로운 높이인 2.24m의 올림픽 신기록을 세우면서 금메달을 땄다. (배면뛰기는 도약하면서 공중에서 180도 회전해 바를 넘은 뒤 머리로 착지하는 기술) 포스베리는 높이뛰기에 관해 그간 자기가 배웠던 모든 지식과 기술을 버리고 거의 독학으로 새로운 기술을 연마했다. 사실 배면뛰기는 머리로 착지하기 때문에 매우 위험한 동작이다. 그는 어떻게 해서 남들은 상상조차 하지 못한 배면뛰기를 시작하게 되었을까? 그는 변화된 기술과 환경이 최대한 자신에게 유리하게 작용할 수 있다는 점을 알았다. 높이뛰기에서 선수들이 바를 넘은 뒤 착지하는 곳에는 부상을 막기 위해 모래나 톱밥을 깔아놓았다. 그 당시까지 높이뛰기 선수들이 사용한 방법은 가위뛰기처럼 발로 착지하거나 엎드려뛰기처럼 손발로 착지하는 것이었다.

그런데 1960년대 중반에 모래나 톱밥 대신에 고무 발포 매트가 사용되기 시작했다. 이 매트는 부드러울 뿐만 아니라 모래나 톱밥보다 높게 만들 수 있어서 착지할 때 선수들이 받는 충격이 거의 없었다. 포스베리는 다른 선수들이 관성대로 옛 방법을 답습할 때 이런 환경 변화에 맞춰 과감하게 배면뛰기 기술을 시도했고, 그의 시도는 높이뛰기 역사를 바꾼 성공으로 이어졌다. 높이뛰기에 대한 포스베리의 혁신 사례가 우리에게 시사하는 바는 명확하다. 이미 우리 곁에 와 있는 모바일, 사물인터넷, 클라우드, 빅데이터 등 디지털 기술과 빅데이터를 서비스 혁신 도구로 활용해야 한다는 점이다.

과거에는 산업간 경계가 뚜렷하고 업무 범위가 정해져 있어서 경쟁자도, 시장도, 고객군도 정해져 있었다. 그러나 새로운 기술의 등장으로 규제 완화, 정책 변화 등이 빈번해지면서 이제는 기존 비즈니스 모델의 한계에 봉착한 기업들이 수두룩하다. 기업의 비즈니스 모델에도 유통기한이 존재한다. 따라서 기존 가치사슬 분석, 디지털 기술의 변화, 혁신기업의 등장 등 비즈니스 모델에 영향을 줄 수 있는 내외부의 다양한 변화 요인을 분석해 자신의 업을 재정의하고, 비즈니스 모델을 혁신해야 한다. 채널, 고객관계, 파트너십, 수익모델 등 현재 우리 조직의 비즈니스 모델의 구성요소를 나열해 보고, 이중 유통기한이 지난 구성요소는 디지털 패러다임에 맞게 새것으로 바꾸는 작업이 반드시 필요하다.

혹시 디지털이라는 변화의 파도에 맞서서 그냥 '현재로도 괜찮다'라고 생각하는 사람도 있을지 모른다. 그러나 이제 절대 그럴 수는 없다. 우리가 쇼핑하는 곳은 재래시장에서 대형마트로 바뀌었고, 지금은 온라인 시장이 더 커졌다. 짜장면도 택시도 디지털 플랫폼에 올라타야 한다. 택시가 플랫폼의 도움 없이 '길에서 만나는 승객만 태우겠다'라고 고집한다면 곧 도태될 것이다. 2019년 3월 카카오택시 등장 후 택시 기사 평균 수입이 37% 증가했다는 뉴스를 본 적이 있다. 택시 기사와 자영업자부터 대기업에 이르기까지 디지털 트랜스포메이션이라는 거대한 파도에 어느 누구도 맞설 수 없다. 디지털 트랜스포메이션은 효율성의 문제가 아니라 살아남느냐 사라지느냐를 결정짓는 생존의 문제이기 때문이다.

우리의 소비자가 이미 디지털 원주민Digital Native이거나 디지털 이주민Digital Immigrant인 것이다. 소비자가 변화했으니, 당연히 기업들도 확실하게 변화해야 한다. 과거의 아날로그식 서비스와 제품 공급에서 벗어나 디지털 기반의 서비스를 확대해야 한다. 대면에서 비대면으로 서비스 방식을 전환해야 한다. 오프라인 채널에서 온라인 채널로 제품의 공급 방식을 전환해야 한다. 이러한 기업들의 움직임은 포스베리의 배면뛰기처럼 디지털이란 새로운 기술과 환경을 자신의 비즈니스 모델을 바꾸고 서비스 경쟁력을 갖기 위한 전략이다.

이러한 디지털 트랜스포메이션이 우리 비즈니스에 미치는 변화는 크게 두 가지로 나타난다.

첫 번째는 디지털화가 가속화되면서 산업 간 경계가 무너지고 있다는 점이다. 이른바 '빅블러Big Blur' 현상이다. 원래 블러Blur 효과는 사진이나 글씨 등의 경계가 흐릿해지는 현상을 의미한다. '빅블러Big Blur'는 인공지능·빅데이터 등 첨단 정보통신기술ICT의 발달로 기존 산업들의 경계가 모호해지는 현상을 말한다. 빅블러가 확산되면서 제조업 기반의 자동차산업은 모빌리티 서비스로 영역이 넓어졌고, 대다수 유통업체는 이제 온라인 기업인지 오프라인 기업인지 구분이 어려워졌다. 대표적인 사례로 플랫폼 기업들이 유통과 금융 등 전통 산업 영역으로 빠르게 침투하고 있다. 반대로 기존 산업 영역에서는 온라인을 통한 영역 확장이 활발히 이루어지고 있다. 이는 기존 산업들이 디지털과 만나는 과정에서 자연스럽게 나타나는 현상이라고 볼 수 있다. 나이키는 스포츠용품 제조업체일 뿐만 아니라 운동화 깔창을 이용해 헬스케어 빅데이터를 분석하기 시작한다. 헬스케어 산업의 중요한 플레이어로 새롭게 부상하는 것이다. 통신사는 자율주행 서비스를 제공하는 운송업으로, 편의점은 인터넷 전문은행과 만나 금융서비스업으로 진출하고 있다. 구글, 아마존, 마이크로소프트, 알리바바, 텐센트, 바이두 등과 같은 빅 테크 기업들은 IT 서비스에만 머물지 않고, 끊임없이 금융서비스를 제공해 오고 있다. 전통적 금융기관들의 전유물이었던 금융서비스가 IT 기업들에 의해 더 쉽고 편리하게 제공되기 시작하면서 산업 간의 경계가 더욱 허물어지고 있는 것이다.

나는 특히 자동차의 자율주행이 항공산업 분야의 혁신을 가져올 대표적인 기술이 될 것으로 생각한다. 비행기를 타는 일은 정말 복잡하고 불편하다. 시내부터 공항까지의 이동 시간, 복잡한 보안 절차, 비좁은 좌석, 빈번한 연착 등은 물론이려니와 항공료 산정 방식도 예약처마다 가격이 다르고 시시각각 변하기도 한다. 한두 시간 거리의 비행일 경우에는 불편하고 복잡한 절차를 거쳐야 하는 비행기보다 목적지까지 가는 동안 편히 잠을 잘 수 있는 자가용을 사람들은 선호하게 될 것이다. 설령 자율주행차를 소유하지 않더라도 렌트나 공유 플랫폼이 등장한다면 편리하게 이용할 수 있을 것이다. 그렇게 되면 국내선 항공 수요는 급감할 것이 뻔하다.

두 번째는 고객의 라이프 스타일이 바뀌면서 업의 본질이 변화하고 있다는 점이다. 패션업의 본질은 아름다움, 멋짐, 세련됨이라고 할 수 있다. 그런데 최근의 패션은 파격적인 형태로 변화하고 있다. 과거처럼 아름답고 멋있는 제품보다 파격적이면서도 재미있는 옷들이 더 잘 팔리고 있다고 한다. 과거의 방식을 고수하는 업체들이 고전하고 있는 반면에 구찌, 버버리, 루이뷔통 같은 업체들이 승승장구하고 있다. 이 기업들이 고객, 시장, 트렌드의 변화에 따라 패션업의 본질을 고객의 라이프 스타일로 재정의한 덕택이다. 이들 업체는 브랜드 로고와 디자인까지도 스마트폰 위주로 과감히 바꾸고 있다. 루이뷔통은 LV를 겹쳐 놓은 형태의 로고를 분리시키고, 자간 간격을 떼어 놓았다. 자간 간격을 떼어 놓은 이유는 스마트폰에 대응하기 위해서다. 붙어 있는 브랜드 로고가 스마트폰에서는 뭉개져 잘 보이지 않기 때문에 자간 간격을 벌리고, 필기체를 볼드체의 정자체로 바꾸어 잘 보이도록 한 것이다. 버버리도 스마트폰에서 기존 로고의 말탄 기사 문양이 애매해 보여서 아예 없애 버리고 볼드체의 정자체 로고로 바꿨다. 확실하게 브랜드를 인지할 수 있도록 로고, 스펠링, 디자인, 심볼 등의 모든 디자인 요소를 스마트폰 위주의 디지털 체계로 변경한 것이다.

| 디지털 연관 효과

안장, 고삐, 부츠 등 마구馬具를 잘 만드는 한 회사가 있었다. 한동안 번성했으나 19세기 후반 자동차의 등장으로 사양길을 걸었다. 절체절명의 위기에 사장이 말했다. "아무리 품질을 높이고 값을 낮춰 봐야 안장 생산엔 미래가 없다. 그러나 우리는 가죽 일에 있어서는 최고다. 이 기술을 다른 데 응용해 보자." 그가 만든 것은 마구용 박음질인 새들 스티칭Saddle stitching을 이용한 여행 가방이었다. 핸드백, 허리띠, 장갑을 만드는 프랑스의 장신구 브랜드 에르메스는 이렇게 다시 태어났다. 이처럼 일단 비즈니스 환경에 한 가지 변화가 일어나면 크든 작든 파장이 연쇄적으로 일어나기 마련이다. 대부분은 '자동차가 생겼구나' 하는 식으로 그 현상 자체만 바라본다. 무릇 서비스나 마케팅 등 비즈니스에 종사하는 사람이라면 변화를 파악하고 그 여파가 어떤 연쇄적인 영향을 가져올지를 간파하는 통찰력을 갖추어야 한다.

그렇다면 디지털이라는 기술의 변화는 서비스를 어떻게 변화시킬

까? 디지털 혁신은 크게 두 가지 방식으로 나뉜다. '존속적 혁신Sustaining Innovation'과 '파괴적 혁신Disruptive Innovation'이다. 존속적 혁신은 제품과 서비스를 점진적으로 개선해 높은 가격에 제공하는 전략이고, 파괴적 혁신은 단순하고 저렴한 제품 또는 서비스로 시장 밑바닥을 공략해 기존 시장을 파괴하고 장악하는 전략이다. 선도 기업은 존속적 혁신을 부지런히 실행하면서 주류 고객의 요구에 호응하고 경쟁에서 앞서 나간다. 그런데 이런 과정을 반복하다 보면 해당 제품이나 서비스의 기술·가격은 소비자가 필요로 하는 수준을 넘어서게 된다.

나는 개인적으로 코레일의 경영 정책 자문 위원으로 활동하면서 사안별로 고객서비스에 관해 조언해 주고 있다. 내가 코레일 서비스 부서나 감사 관련 부서 담당자에게 늘 강조하는 것 중 하나는 디지털을 통해서 접점 서비스가 혁신되는 작은 성공 사례를 끊임없이 만들어내라는 것이다. 이전까지 서비스업의 디지털 활동은 주로 후선 부서에서 운영 효율성 중심으로 사용되었지만, 최근에는 IT 도입과 디지털 기술의 활용 무대가 고객이 있는 현장으로 확장되고 있기 때문이다. 그 한 예가 '타임 세이빙 서비스 Time Saving Service'다. 고객이 구입한 승차권의 출발 시간보다 일찍 역에 도착했을 경우에 그 승차권과 동일한 조건으로 더 빨리 출발하는 열차가 있다면 푸시 알림을 통해 안내해 주어 그 열차를 이용할 수 있도록 하는 제도이다.

파괴적 기술에 기초한 제품은 일반적으로 더 싸고, 더 단순하고, 더 작고, 더 사용하기 편하다. 파괴적 혁신은 이런 제품 또는 서비스로 선도 기업들이 간과한 시장 밑바닥을 공략한다. 과거와는 완전히 다른 방식으로 모든 것들을 탈바꿈Transformation시킨다. 현재의 경쟁에서 살아남기 위해서 고객의 라이프 스타일의 변화에 따라 근본적으로 기업의 업을 재정의 하는 작업은 파괴적 혁신에 가깝다. '도미노피자는 피자 전문 기업이 아니라 IT 기업이다'라는 도미노의 디지털 혁신도 여기에 해당된다. 파괴적 혁신의 제품과 서비스가 급격히 늘어난 것은 4차 산업혁명 시대를 연 정보기술(IT)의 덕택이다. 데스크톱과 노트북을 어디서나 손쉽게 사용할 수 있게 만든 스마트폰, 은행원의 판단과 계산을 없앤 신용점수 기반의 자동 대출 심사, 대형마트를 개점휴업 상태로 만든 온라인 마켓, 자기공명영상MRI 장비에 들어가지 않고도 질병 여부를 알 수 있는 휴대용 의료기기, 운전자의 조작 없이 운행하는 자율주행차가 파괴적 혁신 상품이 될 것이다.

서비스업의 대표적인 파괴적 혁신 사례로는 1937년 설립된 미국의 자동차 보험회사 프로그레시브Progressive를 꼽아도 될 것이다. 프로그레시브는 걸핏하면 사고를 내는 불량 고객 때문에 골머리를 앓다가 묘안을 짜냈다. 일명 '블랙박스'라 불리는 주행자료 자동기록장치 도입이었다. 이 시스템은 고객들이 한 달간 차량을 운행한 기록을 보험사에 자동 송신해 주는 기능을 갖고 있었다. 이를 통해 보험사는 어떤 고객이 어느 시간에 어느 지역을 어떤 방식으로 다녔는지 모두 파악할 수 있었다. 가령 A 고객은 주말 이외에는 거의 차량을 운행하지 않지만, B 고객은 매일 밤 유흥가로 다니면서 과속·난폭 운전을 했다고 하면 프로그레시브는 이듬해 계약을 갱신할 때 A 고객에 대해서는 보험료를 대폭 낮춰주지만, B 고객에 대해서는 보험료를 크게 올렸다. 그들은 보험료 비교 서비스를 만들어 자사와 경쟁사의 보험료를 모두 공개했다. 그 결과 A 고객은 당연히 보험 계약을 갱신했고, B 고객은 크게 화를 낸 뒤에 다른 보험사로 빠져나갔다.

그 결과, 프로그레시브에 맞지 않는 고객들은 자발적으로 다른 보험사로 옮겨갔고, 경쟁사가 보험료를 과잉 청구하는 고객층은 프로그레시브로 넘어왔다. 덕분에 프로그레시브는 막대한 보상금을 줄여 수익률이 크게 높아지면서 미국 600개 보험사 중 수익률 2위로 뛰어올랐다. 나도 매년 자동차보험을 갱신할 때마다 보험료 견적을 위해 보험사마다 일일이 가입정보를 다시 입력해야 하는 불편을 겪었다. 한 손해 보험사 직원들과 이야기하다가 "우리는 왜 이렇게 보험료를 한 사이트에서 모두 공개하지 못하나요?" 하고 물으니 법적 규제 때문에 불가능하다는 대답이 돌아왔다.

때로는 정부의 과잉규제나 법이 혁신을 저해하기도 한다. 한 은행의 대출 담당 직원들과 이야기하다가 '그 많은 대출 서류를 꼭 고객이 모두 준비해야 하느냐'고 물었더니 또 규제나 법 때문에 안 된다고 한다. 고객이 일일이 대출 관련 서류를 발급받아 제출하는 절차를 생략할 수 있도록 은행이 한 번에 모든 관련 정보를 가져올 수 있다면 얼마나 편리할까. 이른바 '스크래핑Scraping' 기술이다. 스크래핑이란 금융기관이나 국세청 등의 공공기관에서 이용자 정보를 수집, 개인 금융 정보 중 필요한 정보를 자동으로 추출할 수 있는 기술이다. 무엇보다 스크래핑 기술은 복잡한 보험 시장에 적격이다. 흩어져 있는 보험 상품을 모아서 다양한 서비스를 제공할 수 있기 때문이다. 인슈어테크 스타트업 '보맵'은 스마트폰 인증만으로 그동안 사용자가 가입한 보험 상품 내용과 보험료 정보를 한눈에 확인할 수 있게 했다. 중복 가입 특약이나 과보장 여부도 쉽게 확인할 수 있다. 최근 정부가 추진한 '숨은 보험금 찾기 서비스'에도 스크래핑 기술이 숨겨져 있다.

글로벌 송금 서비스 기업인 트랜스퍼와이즈TransferWise의 공동 창업자이며 CEO인 크리스토 카르만Kristo Kaarmanne은 영국 신문 가디언과의 인터뷰에서 "은행의 가장 큰 적은 은행 자체이다. 은행의 문화, 사고 모델,

인센티브, 구조가 혁신을 할 수 있는 그들의 능력을 제약한다"라고 지적한 적이 있다. 은행은 수많은 거래 정보를 보관하기 위해 IT시스템에 많은 투자를 해왔다. 하지만 해마다 많은 자금을 시스템의 유지, 보수, 확장에 활용하다 보니 잘 돌아가고 있는 기존 시스템을 버리고 새로운 시스템을 활용하기는 쉽지 않았다. 금융사들이 투자비 회수에 매달리는 동안 고객들은 불편함을 겪어야만 했다. 카카오뱅크 등 핀테크의 서비스가 더 단순하고 빠른 이유가 여기에 있다.

서비스의 파괴적 혁신을 위해서는 기존의 상품과 서비스, 프로세스, 정책 등에 대해 면밀히 검토하고 다음과 같은 질문을 던져봐야 한다. '고객을 귀찮게 하지 않고 디지털 기술을 통해 확인할 수 있는 방법은 없을까?' 또는 '우리가 새롭게 이 분야에 진출한다면 지금과 같은 방식으로 서비스할 것인가?'

우선 자신의 역량을 기반으로 새로운 변화를 통해 시장에서 무엇을 할 것인가를 고민해야 한다. 디지털카메라와 스마트폰의 부상으로 필름 시장이 다 망가졌지만, 후지필름은 살아남았다. 후지는 필름 사업을 버렸지만, 필름 제조에서 확보한 기술을 활용해 제약과 화장품 시장을 개척한 것이다.

하늘 아래 새로운 것은 없다. 우리가 할 일은 그저 예전부터 이용되어 온 아이디어를 응용하고 변형시키는 것뿐이다. 변화하지 않는 자는 변화에 끌려다닐 수밖에 없다. 이를 피하기 위해서는 스스로 변화를 주도해야 한다.

참새 세 마리가 전깃줄에 앉아 즐겁게 이야기하고 있는데, 포수가 나타나 총을 겨눈다. 그러자 두 마리 참새가 날아갈 결심을 한다. 전깃줄에 남아 있는 참새는 몇 마리일까? 한 마리? 두 마리? 모두 틀렸다. 세 마리가 모두 남아 있다. 날아갈 결심만 했지, 실제로는 그냥 앉아 있었던 것이다. 결국은 세 마리 모두 포수의 총에 맞아 죽게 되었다. 로버트 기요사키의 『부자 아빠의 비즈니스 스쿨』에 나오는 얘기다. 기업은 모두 자신의 비즈니스와 서비스를 바꾸고 싶어 한다. 그러나 실제로는 그러지 못하다. 사람들은 실패에 대한 두려움으로 몸을 사린다. 그러나 하고자 결심했다면 실행해야 한다. 결국 성공은 실행하는 사람의 몫이다.

디지털 시대의 고객중심경영

| 고객중심의 회로설계

읽은 지 꽤 오랜 세월이 흘렀지만, 신영복의 책『담론』에서 이런 대목이 지금도 기억난다.

아버지와 아들이 산책을 하고 있었다. 걷다가 아들이 길가에 예쁘게 피어난 버섯을 보고 "아버지, 버섯이 참 예뻐요"라고 말했다. 그러자 아버지는 지팡이로 버섯을 가리키며 "만지지 마, 독버섯이야"라고 소리쳤다. 그러자 여러 버섯 중에 지팡이로 지목당한 버섯이 충격을 받고 쓰러진다.

쓰러진 버섯에게 옆에 있던 친구들이 달래주며 이런 말을 한다. "넌 독버섯이 아니야, 독버섯이라고 말하는 건 인간들 식탁의 논리일 뿐이야." 다른 독버섯 친구는 "너는 쟤네 먹으라고 태어난 게 아니라 나랑 친구하라고 태어난 거니까 상처받지 마"라고 한다. 버섯 친구의 말이 옳다. 버섯의 존재 이유는 버섯의 시각에서 판단해야 한다.

이 글의 아버지처럼 우리는 자신의 경험과 관점을 통해 세상과 타인을 바라보는 것에 매우 익숙해져 있다. 우리 사무실에 가끔 오는 은행 후배 신 차장은 창구에 스마트폰을 내밀며 "우리 아이 증권계좌 만들어주세요"라는 고객 때문에 정말 미치겠다고 하소연한다. 나도 겪어봤지만 아이 통장을 만들어주려면 제출 서류도 복잡하고 계좌개설 후에 인증서를 따로 만드는 것도 보통 번거로운 일이 아니다. 고객들은 당연히 은행 직원에게 "다 알아서 해 주세요"라고 부탁하고 싶은데, 직원들은 "그건 제가 해드릴 수 있는 일이 아닙니다"라고 거절한다.

이러한 관점과 시각의 차이를 해결하려면 어떻게 해야 할까? 가장 좋은 해결 방법은 '정글로 가라'는 것이다. 이는 마케팅을 가장 잘하는 회사로 알려진 P&G의 모토이기도 하다. 사자가 어떻게 사냥하는지 알고 싶으면 동물원이 아니라 정글로 가야 한다는 것이다. 그래서 P&G는 직원들에게 직위 고하를 막론하고 단순한 감이나 고정관념이 아닌, 고객들의 생생한 목소리를 듣고 그들과 친밀하게 개인적으로 접촉하라고 요구한다. 즉, 기업 구성원 스스로가 고객이 되어보라는 것이다. 직원들이 제품을 직접 사용해 봄으로써 고객이 자사 제품을 사용하는 진짜 이유가 무엇이고, 부족한 점은 무엇인지를 고객 관점에서 느껴보아야 한다.

모든 분야의 서비스가 그렇지만 '정글로 가라'라는 말은 의료 분야에서 더 귀담아들었으면 한다. 환자와 의사는 속성상 서로 간에 대화가 가장 겉돌기 쉬운 상대이다.

미국 의료 커뮤니케이션 학회의 조사에 따르면, 의사 10명 중 9명은 환자에게 잘 설명했다고 생각하지만, 환자의 절반은 의사의 설명을 이해하지 못했다고 한다. 의사가 쓰는 용어에 대한 환자의 이해도가 다르고, 서로 관심사가 다른 탓이다. 환자들은 치료 과정을 궁금해하지만, 의사들은 치료 결과에 집중하는 경향이 있다. 환자는 겉으로 보이는 것에 민감하고, 의사는 몸 안의 것에 더 예민하다. 환자는 감성에 치우치고, 의사는 이성에 의존한다.

외국계 은행에 근무할 때 「역지사지易地思之 세션」이라는 세미나를 기획한 적이 있다. 말 그대로 우리 부서가 아닌 다른 부서의 입장에서, 본부가 아닌 지점 직원의 입장에서, 그리고 회사가 아닌 고객의 관점에서 내가 어떻게 생각하고 실천해야 하는지를 '체험'을 통해 느끼게 하려는 것으로, P&G의 모토처럼 '정글로 가라'는 의도였다. 예를 들어 '마케팅팀에 바란다'는 지점 직원들의 목소리를 직접 들려주고 마케팅팀 직원들이 이를 어떻게 반영할 것인지를 논의하는 세미나였다. 그런데 이를 은행장께 보고하는 과정에서 '역지사지'를 'take off your shoes, put on other's shoes'라고 번역되어 있는 걸 보았다. 참 적절한 번역이었다. '다른 사람의 신발'을 신고 내가 직접 걸어 보아야 상대방의 심정을 제대로 헤아릴 수 있다. 다른 사람의 신발을 신어보려면 먼저 자신의 신발부터 벗어야 한다. 내 신발을 벗고 다른 사람의 신발을 신어봐야 어디가 이상하고 불편한지를 깨닫게 된다. 그래야 나의 함정을 깨닫고 고객의 생각이 흐르는 회로를 설계할 수 있다.

디지털 고객경험을 설계하는 과정에서 아마존의 고객집착은 정말 감탄스럽다. 그중 하나가 인터넷으로 주문한 제품이 고객도 모르는 사이에 고객의 차 트렁크에 실어주는 인카딜리버리In-Car Delivery다. 아마존의 핵심가치인 고객 '집착'의 결과다. 고객이 불편하다고 생각한다면 '생각의 회로'를 바꿔 과거에 없던 서비스일지라도 어떻게든 만들어낸다. 사이코-사이버

네틱스psycho-cybernetics라는 심리학 용어가 있다. 사이코-사이버네틱스는 정신적 자동유도장치라는 의미로, 미국의 성형외과 의사였던 맥스웰 몰츠 Maxwell Maltz 박사가 만든 단어이다. 인간의 뇌는 마치 미사일의 자동유도 장치와 같아서 자신이 목표를 정해 주면 그 목표를 향해 자동으로 자신의 행동을 유도해 나간다는 것이 사이코-사이버네틱스의 개념이다. 인간의 잠재의식은 농담과 진담을 구별하지 못하며, 상상적 결과와 실제 결과를 구별하지 못하기 때문에, 하나의 주장을 뇌에 계속 주입하면 그것이 실제 인 줄 알고 행동한다. 말 그대로 세뇌하는 것이다. 그래서 "나는 멋지다"라 고 하면 정말 멋지게 되고, "나는 못생겼다"라고 하면 정말 못생겼다고 행 동하고 반응하게 된다고 한다. 영업사원들이 아침마다 "나는 할 수 있다" 라고 세 번씩 외치는 것도 그런 훈련의 일환이다.

몰츠 박사는 인간은 자신만의 생각의 회로를 가지고 있는데, 이 생각의 회로대로 같은 행동을 반복하기 때문에 습관을 만들게 된다고 말한다. 그 렇다면 습관을 바꾸는 것은 생각의 회로부터 바꾸는 일이고, 생각의 회로 를 바꾸기 위해서는 먼저 고객에게 물어보아야 한다. 예를 들어 모바일을 설계할 때 특히 그렇다.

| 이 앱 저 앱은 피곤하다. '슈퍼앱'을 달라

요즘 스마트폰에 깔려 있는 모바일 앱은 매일매일 고객의 주머니와 함께 함으로써 기업 입장에서 보면 고객과의 새로운 접점을 만드는 매우 강력 한 수단이다. 하지만 고객관점이나 서비스 마인드적 감각이 전혀 없는 앱이 숱한 것이 현실이다. 많은 기업이 앱 다운로드에만 신경을 쓰는 경우가 많다. 기업의 모바일 앱이 성장하는 데 중요한 것은 다운로드 횟수보다 유지이다. 하지만 앱 사용자의 90%가 6개월 이내에 앱을 방치 또는 삭제한다. 이를 해결하기 위해선 결국 사용자에게 앱을 정기적으로 사용할 수 있도록 혜택을 주고 동기부여하는 일에 골몰해야 하는데, 흔히 이를 등한시한다.

또한 모바일을 단지 데스크톱의 축소 버전으로 생각하고 데스크톱에서 제공하는 모든 기능을 작은 화면 안에 제공하려고 하는 점도 문제다. 모바일 앱은 분명 웹과는 다른 플랫폼이고, 사용자 역시 앱에서 기대하는 경험은 웹과 다르다. 사용자에게 최적화된 큰 버튼과 핵심 기능만을 메인에 배치함으로써 사용자의 앱 사용 패턴을 단순화해야 한다.

이러한 앱을 설계하기 위해서는 첫째, 사용자가 모바일 앱으로부터 원하는 것이 무엇인지 직접 물어야 한다. 왜 앱을 사용할까, 어떻게 앱을 사용할까, 언제 앱을 사용할까 하는 질문을 던져야 한다.

둘째, 고객의 재사용을 위한 인게이지먼트 시스템을 만들어 쿠폰 등 앱을 사용하는 고객만을 위한 혜택을 제공해야 한다.

셋째, 사용자를 위해 꾸준히 개선하고 있음을 알릴 필요가 있다. 즉, 정기적인 업데이트를 제공해야 한다. 이를 통해 사용자에게 앱을 재인식시키고, 업데이트한 후에는 기능 또는 메뉴 등 개선된 부분을 인지시킬 필요가 있다.

나는 마트나 빵집, 서점을 가더라도 내가 필요한 것보다 먼저 혹시 외손녀 해인이에게 선물해 줄 만한 것이 없나 하면서 두리번거린다. 재작년 크리스마스 무렵에는 P 제과점에서 빵을 사면서 '스노우볼'을 함께 구매했다.

P 회사의 앱에서 스노우볼과 스마트폰의 블루투스를 연결하면 나오는 캐럴과 노래를 해인이가 무척 좋아했다. 다음 해 크리스마스 시즌이 되어 그 앱을 찾아봤는데, 아무리 뒤져도 스노우볼을 작동시키는 버튼을 발견할 수가 없었다. 제과점에 찾아가 물어봐도 '신입직원이라서' 모르겠다고 한다. 어렵사리 전화번호를 알아내 콜센터에 전화했더니 "스노우볼앱 개발 회사가 망해서 더 이상 작동시킬 수 없다"라는 대답을 들었다. 우리나라에서 가장 큰 프랜차이즈 제과점인데 '이 정도로 무성의하냐'라는 생각이 들어 무척 실망스러웠다.

코로나19를 겪으면서 언택트Un+Contact는 우리 사회의 일상용어가 되었다. 식당에서 "이모, 여기요~"라고 종업원을 찾을 필요가 없다. 스마트폰 앱으로 QR코드를 찍어 주문하고 결제하니 식당 직원과 신용카드를 주고받지 않아서 좋고, 카운터 앞에 줄 서면서 다른 손님과 부대끼지 않아도 된다. 이런 변화가 생겨난 것은 디지털 기술 덕택이다. 이전 단계의 언택트가 매장의 자판기나 키오스크에서 이루어졌다면, 요즘에는 스마트폰 앱 하나로 웬만한 일들은 쉽게 처리할 수 있게 된 것이다. 그래서 앱을 활용해 서비스를 A부터 Z까지 누리는 '앱택트App+Contact'라는 용어가 생겼다. 그러다 보니 무수히 많은 앱을 깔게 된다.

차를 몰고 다니는 사람은 주유할인에 특화된 신용카드를 찾을 수밖에 없다. 고객 입장에서 불편한 사항은 세 가지다. 첫째, 주유소마다 할인 혜택이 되는 신용카드를 따로 만들어야 한다. 둘째, 정말 주유할인만 제공되는 신용카드가 있고, 그것도 매달 30만 원 정도를 써야 할인 혜택이 유지된다. 셋째, 연회비도 3만 원 정도 내야 한다. 나는 다행히도 K 은행의 전직 직원 자격으로 'W멤버스카드'를 갖고 있다. 어느 주유소나 할인 혜택이 되는 슈퍼카드인 셈이다. 특정 주유소나 쇼핑이 필요할 때마다 스마트폰에 앱을 설치하다 보니 어느덧 스마트폰 화면에는 각종 앱이 빼곡하게 들어차 있다. 내려받은 앱이 워낙 많다 보니 나중에는 나도 뭐가 깔렸는지 기억조차 나지 않고 쇼핑 결제나 멤버십 적립, 주유할인 때문에 정작 필요할 때는 앱을 찾느라 허둥대기도 한다. 각종 앱이 모두 독립적으로 존재하는 것이다. 그런데 스마트폰이 출시된 지도 10년이 넘었기 때문에 이제는 본인이 자주 사용하는 앱이 무엇인지를 우리는 정확하게 알고 있다.

시청자 행동 분석 서비스를 제공하는 '닐슨 디지털Nielsen Digital'의 조사에 따르면, 우리가 거의 매일 사용하는 스마트폰 앱은 평균 8개 정도라고 한다. 그런데 새로운 앱을 추가할 때마다 아이디와 비밀번호를 따로 만들고, 때로는 결제카드를 따로 등록해야 하는 절차가 사용자 입장에서는 아주 번거롭다. 하나의 앱으로 모든 기능을 완결성 있게 처리할 수 있어서 여러 앱을 열었다 닫았다 하는 번거로움을 피할 수 있다면 얼마나 편리할까. 이것은 디지털 시대의 고객만족이 될 것이다. 사용자 경험을 크게 개선할 수 있는 슈퍼 앱의 존재성이 부각되는 이유이다. '슈퍼 앱Super App'은 음식 배달, 차량호출, 결제와 송금, 소액대출, 건강 상담, 비행기나 호텔 예약, 물건 구매 등 일상생활에 필요한 서비스를 몽땅 하나로 묶어서 수많은 서비스를 이용할 수 있도록 하는 스마트폰 앱을 말한다. 슈퍼 앱에 들어 있는 서비스 하나하나만 놓고 보면 그다지 관련성이 없어 보이지만 일관된 고객경험을 중심축으로 서비스가 통합되어 있다는 점이 고객에게는 가장 큰 장점이 될 것이다.

중국 알리바바의 알리페이와 텐센트의 위챗은 중국의 모바일 에코 시스템에서 빠뜨릴 수 없는 슈퍼 앱으로, 음식 배달과 차량호출부터 결제, 보험, 투자 등 금융서비스 전반에 걸쳐 완벽한 라인업을 갖추고 있다. 슈퍼 앱 등장은 이제 필연적이다. 디지털 고객은 모바일 환경에서 수많은 앱이 범람하면서 피로감을 느낀다. 이제 하나의 앱에서 한꺼번에 모두 하고 싶은 것이다. 요즘 주식 광풍으로 주린이(주식+어린이)가 부쩍 늘었다. 나는 주식에는 어둡지만, 추천을 받아 모 회사의 앱을 내려받았다. 무슨 종목을 사야 할지 고민이 많았지만, 관심 카테고리를 누르다 보니 이거다 싶은 주식이 나왔다. 주식 거래를 끝내고 나니 바로 예금 상품 알림이 떴다. 목돈은 곧바로 예금에 넣었다. 주식 거래와 예금 가입까지 한꺼번에 해치운 것이다. 송금은 물론 주식과 은행 업무까지 가능한 '금융 슈퍼 앱'을 등장시킨 '토스' 이야기다.

요즘은 카카오톡에서 채팅만 이용하는 사용자는 많지 않다. 카카오톡으로 돈을 보내고, 펀드에 투자하며, 공연 티켓을 예매하는 것이 일상화되었다. 각종 고지서도 카카오톡으로 확인하고 납부한다. 카카오는 아예 카카오톡으로 생활의 모든 영역을 연결하겠다는 구상을 갖고 적용 영역을 확대하고 있다. 카카오톡에 탑재되는 '지갑'은 각종 자격증, 증명서, 신분증까지 대체한다. 대학에서 출석 체크를 할 때, 편의점에서 술을 살 때도 카카오톡만 내밀면 된다. 김치냉장고나 안마기, 가구 렌털부터 정기배송 상품 구독까지 모두 카카오톡으로 처리할 수 있게 된다. 카카오톡 앱 하나로 할 수 있는 일은 앞으로도 더 늘어날 것이다. 생활의 다양한 영역으로 '슈퍼 앱'으로의 전환이 가속화되고 있는 것이다. 디지털 시대의 고객만족은 고객 주머니 속의 채널인 앱에서부터 고객의 목소리가 제대로 담겨야 한다.

| 디지털 시대의 CS경영 사이클

"고객 없는 사업은 없다"라는 피터 드러커Peter Drucker의 말을 굳이 인용하지 않더라도, 모든 비즈니스의 핵심은 고객이다. 성공한 브랜드들의 공통적 기업문화는 고객만족을 한 부서의 업무로 한정하지 않는 것이다. 그들은 경영진부터 일선 직원에 이르기까지 고객의 삶에 깊이 빠져들어 그들과 교감하고, 토크 트리거를 만들어내며 고객지향적인 문화를 구축한다. 아마존은 '세계에서 가장 고객중심적인 기업'이라는 미션을 설정하고 그들만의 문화를 만들어가고 있다. CEO 제프 베이조스는 '고객중심'을 넘어 '고객집착'을 지향해야 한다고 강조한다. 회의 시간에 항상 빈 의자를 하나 남겨두는데, 이 상징적인 고객의 자리는 '항상 고객 가까이 있으며 늘 고객의 소리를 듣는다'라는 아마존의 기업문화를 상징적으로 나타낸다. 이들 고객지향적 기업들은 단순히 리서치 등을 통해서만 고객을 이해하지 않는다. 그들은 고객의 삶 속에 들어가 고객들이 어떻게 느끼고 어떻게 생각하는지를 이해하려고 노력한다.

그렇다고 CS경영이 단순한 핵심 가치나 정신적인 이념만은 아니다. 자사의 상품이나 서비스에 대한 고객만족도를 신뢰성 높은 측정법을 통해 정기적으로 파악하고, 향상 목표를 세워 개선 활동을 하는 순환 사이클이다. 즉, 고객이 만족하는 상품, 서비스, 기업 이미지를 계획하는 Plan 단계, 계획에 따라 실시하는 Do 단계, 실시 결과에 대해 정기적, 지속적으로 확인하는 Check 단계가 있어야 하며, 고객만족도 조사에서 발굴된 문제점을 개선하는 Action 단계가 뒤따라야 한다. 이는 다시 계획 단계로 이어지는 PDCA순환 사이클을 거치게 된다.

그렇다면 디지털 시대의 CS경영전략은 예전과 어떻게 달라져야 할까?

첫째, 고객중심의 PDCA 사이클을 실시간으로 반복하는 서비스 경영이어야 한다. '고객중심의 사고'라는 당연한 말에 식상할지 모르겠다. 그러나 디지털 기반의 사업이나 서비스도 예외가 아니다. 고객이 우리가 만든 상품과 서비스를 계속 사용함으로써 우리는 돈을 벌기 때문이다. 디지털 트랜스포메이션의 비즈니스 유형을 살펴보면 고객은 하드웨어를 사용함에도 불구하고 소프트웨어를 사용하게 되고, 고객이 사용하는 그 소프트웨어를 통해서 데이터가 서버에 축적된다. 디지털 시대에는 기업은 고객과 끊임없이 커뮤니케이션하고 있다는 뜻이다. 예전의 기업은 하드웨어적인 물건만 만들어서 판매한 후 그 상품이 고객들에게 어떻게 느껴지는지를 주기적인 고객만족도나 특별한 리서치를 통해서 확인해야만 했다.

그러나 디지털 시대에는 고객들의 반응을 평점과 리뷰, 댓글, SNS 등을 통해 실시간으로 확인할 수 있다. 즉, 전략을 세우고 상품을 만들어 판매한 다음에 바로 체크할 수 있는 것이다. 제조업이나 유통업은 데이터를 기반으로 바로 제품의 품질이나 고객 반응을 체크하고 이를 경영에 반영한다. 다른 말로 하면, 우리의 상품이나 서비스를 시시때때로 사용자의 반응을 살펴보면서 개선해 나갈 수 있는 것이다. 예전의 아날로그 방식과 오늘날의 디지털 방식의 CS경영전략이 달라져야 하는 이유다. PDCA 조사 주기가 짧아지고 예전보다 훨씬 정교하게 소비자를 추적하여 실시간으로 개선 조치가 이루어져야 한다.

둘째, 모든 디지털 트랜스포메이션은 기술이 아니라 '고객경험'을 최종 목표로 삼아야 한다.

기업의 디지털 트랜스포메이션은 목적이 아닌 도구가 되어야 한다는 이야기다. 2015년부터 면도기 시장에 등장한 스타트업 달러 셰이브 클럽Dollar Shave Club은 '고객경험'이라는 기본에 충실함으로써 소비자를 사로잡았다. 즉, 고객경험 중심의 사고로 다음과 같은 질문을 자신에게 던진 것이다. "왜 매번 귀찮게 면도날을 사야만 하지?", "대체 비싼 5중, 6중 면도날이 왜 필요한 거야?" 이러한 질문은 고객에게 꼭 필요한 적정 가격과 품질을 갖춘 정기배송 서비스라는 구독 서비스로 설계되어 시장에 진입한 지 단 3년 만에 시장 점유율을 1%에서 8.5%까지 끌어올리는 놀라운 성과를 낳게 된다.

반면에 120년 역사를 자랑하는 질레트는 자신들의 기술력을 남용한 나머지 2중 면도날에서 6중 면도날까지 개발하여 시장에 출시했다. 그들의 생각은 이러했다. '면도날 수를 늘리는 우리만의 기술을 이용해 수염이 더 잘 깎이게 하면 매출이 몇 배는 늘어날 거야.' 하지만 결과는 그 반대였다. 질레트의 미국 시장 점유율은 2010년 71%에서 2018년 47%로 곤두박질쳤다. 기술에 심취하다 보니 정작 소비자들이 원하는 것이 무엇인지를 잊었던 것이다. 판매하고자 하는 상품이 무엇인지, 사람들이 그것을 사려고 하는 이유가 무엇인지 기억하는 것. 이것이 달러 셰이브 클럽의 성공 비결이다. 이를 두고 올리비아 투비아Olivia Toubia 미국 컬럼비아대 경영대학원 교수는 이렇게 말했다. "질레트는 기술자경험을 추구했고 달러 셰이브 클럽은 고객경험을 추구했다. 고객은 간편하고 간소한 제품을 원하는데, 질레트는 자신의 기술에 심취해 있었다." 이 사례가 주는 교훈은 DT의 전제 조건 첫 번째가 바로 기술과 시스템이 아닌, 고객경험 중심의 사고여야 한다는 사실을 말해 준다.

셋째, 애프터서비스AS가 중요한 것이 아니라 고객에게 고장이 발생하기 전에 미리 조치해 주는 비포서비스BS로 바뀌어간다는 점이다.

이것이 예측 정비predictive maintenance의 개념이다. 과거에는 센서 데이터를 통해서 사람이 이상 징후를 발견하고 조치했다면, 스마트 공장에서는 소프트웨어가 학습을 통해 사람 대신 이상을 발견해 낸다. 기계가 정상일 때의 온도와 유량, 압력 등을 학습한 상태에서 변화하는 데이터 중 이상 징후를 발견하고 바로 조치하여 예측 정비가 가능해진다. 세계 최대 중장비 회사인 캐터필러Caterpillar는 중장비에 센서를 부착해 부품의 실시간 마모 정도나 교체 시기를 알려주고, 위성이나 인터넷과 결합해 장비 추적, 예방 보수 일정을 제공하는 서비스를 하고 있다. 예전에는 중장비를 만들어서 돈을 벌었다면, 지금은 각 부품에다가 센서를 촘촘하게 집어넣어서 이 부품이 어떻게 동작하는지를 계속 실시간으로 감지하여 수리하는 비즈니스로 바꾼 것이다.

엔진 제조업체 중 하나인 영국 롤스로이스의 엔진 토탈케어 프로그램도 예측 정비를 기본으로 한 서비스 회사이다. 이 회사는 전통적인 비행기 엔진 제작사이지만 고객에게 제트엔진을 판매하는 대신에 가스 요금이나 수도 요금처럼 사용한 출력량과 시간에 따라 요금을 부과한다. 비행기 엔진이 제대로 작동하는지를 원격 감시하여 고장이 나기 전에 부품을 수리하거나 교체함으로써 엔진이 최고의 성능을 발휘할 수 있는 시간을 늘려주는 새로운 비즈니스를 하고 있다. 이런 일들이 가능해진 것은 센서와 위성 회선을 사용하여 제트엔진의 가동 데이터를 세세하게 파악할 수 있게 되었기 때문이다. 센서는 엔진을 가동하는 부품과 압력, 온도, 진동, 속도 정보 등 시스템의 데이터를 수집해 실시간으로 본사에 전송한다. 데이터 분석을 통해 하늘을 비행 중인 엔진에도 실시간으로 원격 개선 조치가 취해진다. 안전성을 보장하고 수리 시간을 단축해 운행 지연 시간을 최소화할 수 있는 것이다. 이 엔진 서비스 패키지는 회사 전체 수익의 50%를 점유하고 있다.

예전에는 고장이 난 다음에 회사에 연락하면 수리해 주고 애프터서비스 비용을 받았다면, 이제는 비포서비스를 제공함으로써 새로운 부가가치를 만들고 있는 것이다. 이것이 디지털 트랜스포메이션이 만들어내고 있는 새로운 고객만족이다.

넷째, 제품과 서비스에 대한 기존의 성공 공식과 고정관념을 버려야 한다.

"버튼만 누르세요. 나머지는 우리가 알아서 해결해 드립니다." 이 문장은 '코닥 모멘트Kodak Moment'를 한마디로 나타내는 말로서, 한때 사진으로 간직하고 싶은 소중한 순간을 의미하는 유행어였다. 그러나 영원히 간직하고 싶은 순간을 의미하는 '코닥 모멘트'는 2012년 코닥이 파산하면서 지금은 전혀 다른 뜻을 갖게 되었다. 지금의 '코닥 모멘트'는 변화된 세상의 흐름에 적응하지 못하고 옛 습관을 유지하다가 도태의 길로 들어서는 순간을 말한다. 1881년 창업, 130년 동안 사진 시장을 쥐락펴락했던 코닥은 결국 2012년 문을 닫았다. 파산의 결정적 이유는 디지털카메라였다. 그런데 아이러니한 것은 코닥이 이미 30여 년 전인 1975년에 세계 최초로 디지털카메라를 만들었다는 점이다. 기술 혁신을 하고도 그동안 따뜻하게 배를 불려준 필름에 대한 미련을 차마 버리지 못했던 것이다. 물론 당시 디지털로 찍은 사진은 겨우 1만 화소의 해상도여서 2백만 화소의 사진에 비해 해상도가 열등했다. 그러나 더 큰 이유는 디지털카메라가 확산되면 필름이 안 팔릴 것을 우려해서 상품화하지 않았던 것이다.

디지털 트랜스포메이션에서 우리가 중요하게 봐야 할 인사이트는 디지털로 변화하는 과정 속에서 과거 우리 기업이 가지고 있던 서비스와 상품에 대한 성공 공식과 고정관념이 그대로 통용될 것이라는 믿음을 버려야 한다는 것이다.

마지막으로 디지털 트랜스포메이션은 전통적인 제품 중심의 사고방식에서 고객이 정말로 원하고 필요로 하는 '문제해결 중심'의 사고방식으로 변화하는 그 자체를 의미한다. 고객의 문제를 해결할 해결책을 기획하고, 개발하기 위해서는 다양한 고객의 데이터를 수집, 분석하는 체제로의 전환이 필연적일 수밖에 없다. 그러려면 기존 조직이 '변혁'되어야 하고, 새로운 디지털 기술을 적극적으로 도입해야 하는 것은 당연하다.

그러나 성공적인 디지털 트랜스포메이션을 추진하기 위해서는 디지털 기술보다 고객과 접점 직원의 목소리를 듣는 데서 시작해야 한다. 예를 하나 들어보자. 고객만족팀에서 고객의 소리VOC를 관리하는 직원은 홈페이지에 올라온 고객의 불만이나 회사 SNS 계정의 댓글을 모니터링하고 고객의 불만 제기에 회신하거나 문제가 되는 악성 댓글에 즉각 대응 조치를 취해야 한다. 이 업무를 담당하는 직원의 고충은 언제 악성 댓글이나 클레임이 올라올지 몰라서 한시라도 자리를 비울 수가 없다는 것이었다. 그 직원에게 어떻게 이 문제가 개선되면 좋겠는지를 물었더니 "부재중이나 휴일에도 악성 댓글이나 클레임을 바로 인지할 수 있으면 좋겠다"라는 대답이 돌아왔다. 이러한 질문 자체가 바로 디지털 트랜스포메이션의 첫걸음이어야 한다. 해결책은 바로 악성 댓글을 실시간 감시하는 모니터링 시스템을 도입하는 것이다.

이처럼 고객과 접점 직원들이 호소하는 문제에서 시작하지 않는다면 디지털 트랜스포메이션은 결코 성공할 수 없다. 물론 디지털 트랜스포메이션의 이러한 프로세스도 보통의 문제해결과 다를 것이 없다. 디지털 트랜스포메이션 이전의 프로세스도 이와 똑같았기 때문이다. 문제해결을 위한 기존의 프로세스와 다를 것이 없다면 왜 하필 오늘날 디지털 트랜스포메이션을 강조할까? 오늘날 디지털 트랜스포메이션이 주목받는 이유는 과거 그 어느 때보다도 디지털 기술이 더 많은 문제해결의 해답을 주고 있기 때문이다.

새로운 디지털 기술로 기존의 멀티채널, 크로스채널이 하나의 옴니채널로 통합되면서 오프라인과 온라인 채널을 통해 수집된 광범위한 데이터에 기반하여 고객에게 필요한 해결책을 제시하고, 이를 실행하는 과정이 거듭되면서 완전히 새로운 비즈니스 모델이 태동한다. 이것이 전통적 기업에 '디지털 트랜스포메이션'이 중요한 이유이다. 전통적 기업이 디지털 트랜스포메이션의 목표를 단순히 비용 절감이나 업무 생산성 향상에 맞추는 것은 진정한 디지털 트랜스포메이션이라고 할 수 없다.

진정한 의미의 디지털 트랜스포메이션은 데이터 기반의 고객 관련 문제해결을 통해 기존 비즈니스 모델을 혁신하고, 이러한 혁신의 결과가 반드시 직원들의 역량 향상과 재무적 성과로 나타나야 한다. 따라서 디지털 트랜스포메이션은 디지털 기술에 대한 투자보다는 디지털 기술과 데이터 기반의 '비즈니스 모델 혁신' 또는 '새로운 고객경험 제공'에 집중하는 것이 올바른 방향이라 할 수 있다.

많은 기업이 디지털과 빅데이터를 제대로 활용하지 못하는 근본적인 이유는 고객의 불편 해소와 고객경험의 향상에서 출발하는 것이 아니라 데이터를 처리하는 기술에 집착하기 때문이다. 비유하자면, 디지털과 빅데이터는 원유와 같다. 원유는 정제 작업을 통해 사용 가능한 기름이 된다.

그리고 그 기름은 항공기나 배, 자동차 또는 모든 공장을 움직이는 동력원이 된다. 최종 목적은 무엇인가를 움직이게 하는 것이다. 그 자체로 존재해 최종 가치를 내는 것이 아니다. 최종 가치는 'Digital'이라는 원유가 아니라 'Transformation'이라는 고객경험이다.

II

디지털 고객은 무엇에 열광하는가

추천/공유/
구독/맞춤/
경험/감성

팔지 말고, 추천하라

| 선택의 역설

격식 있는 레스토랑에서 식사할 때 메뉴 선택에 어려움을 느끼는 편이다. 경험이 많지 않을 뿐만 아니라 메뉴판의 음식 설명을 제대로 이해하지 못해서이다. 엊그제 모 호텔에서도 무식이 탄로가 날까 봐 "김 사장님과 같은 것으로 할게요"라고 주문하고 말았다. 메뉴를 알아보는 데는 서툴러도 레스토랑에서 비싼 메뉴를 선택하게 만드는 강력한 심리학적 트릭은 몇 가지 파악하고 있는 편이다. 표지가 가죽으로 된 두툼한 메뉴판은 고객에게 '고급 레스토랑'임을 암시하는 것으로 보인다. 메뉴의 이탤릭 글씨체는 고품질의 음식을 제공할 것이라는 느낌을 주기에 충분하다. 또한 메뉴 가장 꼭대기에 눈이 휘둥그래질 정도로 고가의 음식을 하나 올려놓는 것도 식당의 유용한 속임수라는 걸 안다. 이로 인해 그 밑에 있는 다른 모든 메뉴가 소비자에게 합리적인 가격으로 바뀌기 때문이다.

이처럼 메뉴판은 손님이 어떤 음식을 고를지에 직접적인 영향을 미칠뿐더러, 수익이나 고객의 만족도에도 상당한 영향을 미친다. 레스토랑의 메뉴판은 단순히 음식 종류를 나열한 것이 아니라 수많은 전문가가 심리학을 바탕으로 설계한 결과물이라 할 수 있다. 그런데 메뉴판을 설계할 때 잊지 말아야 할 것은 선택사항을 제한해야 한다는 점이다. 음식 종류가 많으면 많을수록 고객은 불안감을 느낀다. 일반적인 '최소 노력의 법칙'은 육체적 노력뿐만 아니라 인지적 노력에도 그대로 적용된다. 인간은 '인지적 구두쇠'라서 생각을 많이 하는 것을 싫어하는데, 대안이 지나치게 많으면 생각의 양이 기하급수적으로 늘어날 뿐 아니라 그 속에서 잘못된 선택을 할 가능성이 더 커진다. 그래서 아예 선택을 하지 않는 경우까지 생긴다.

심리학에서 이른바 말하는 '선택의 역설paradox of choice'이다. 선택권이 많아질수록 "내가 고른 음식보다 다른 음식이 더 맛있는 것이라면 어쩌지?"라는 불안감이 증가하는 것이다. 메뉴 개발 전문가들은 한 카테고리 당 음식이 7가지를 넘기지 말아야 한다고 강조한다. 애피타이저, 메인 메뉴 등 큰 범주에 속하는 음식들이 7가지를 넘어선 안 된다는 것이다. 메뉴를 복잡하게 만드는 것은 고객을 고통스럽게 하기 때문이다. 7가지가 넘는 선택지 앞에서 불안해진 사람들은 결국 예전에 익히 먹어본 알고 있는 음식을 그냥 선택하게 된다고 한다. 맥도날드는 처음에는 메뉴 수가 적었지만, 지금은 140개 이상의 메뉴가 있다. 이로 인해 2015년도 1분기의 매출이 11% 감소했다. 고객들이 식당을 떠날 때 만족감을 느끼지 못했다면 음식 맛이 없었기 때문이라기보다는 그들 스스로의 선택에 대해 만족하지 못했기 때문인 탓이 더 크다는 것이다.

컬럼비아대 경영대학원 심리학과 교수인 시나 아이엔가Sheena Iyenga는 강연 때 청중들에게 이렇게 물었다. "마트의 시식 코너에 6개의 잼을 놓았을 때와 24개의 잼을 놓았을 때 사람들은 어느 때 더 많이 구입할까요?" 정답은 6개의 잼만 놓았을 때가 24개를 놓았을 때보다 6~7배 더 많이 팔렸다. 선택의 폭이 '너무' 넓으면 구매할 확률은 오히려 줄어드는 것이다. 실제로 24개의 잼을 놓아둔 코너에서 발걸음을 돌리는 사람들의 반응이 그랬다. "어휴, 머리 아파. 나중에 사자." 선택이 쉬워질 때까지 기다리겠다는 뜻이다.

| 더 많은 선택 vs 더 좋은 선택

대학원 제자이기도 한 전 선생님은 내가 '늘상 똑같은 옷'을 입고 와서 강의한다며 어느 날부터 내 패션 코디네이터를 자처했다. 특히 최근에 동영상 강의나 언론 인터뷰를 할 때 시계, 와이셔츠, 안경 등을 세세하게 코치해 주더니 내가 잘 따르지 않자 이제는 포기해 버린 것 같다. 내겐 백화점이나 의류전문점에 들러 옷을 고르는 것이 고역 중의 고역이다. 옷에 대해서 무지할 뿐만 아니라 어떤 스타일이 내게 어울리는지를 모른다. 나처럼 자신만의 취향이 없는 사람은 옷을 고를 때 항상 결정장애에 빠진다. 매장 직원이 이런 결정장애를 해결해 준다면 내게는 가장 훌륭한 서비스가 될 것이다.

우리는 살아가는 데 필요한 의식주를 선택하는 데 많은 시간과 노력을 들인다. 페이스북 CEO 마크 주커버그Mark Zuckerberg는 '왜 매번 같은 옷을 입느냐는 질문에 "옷 고르는 데 시간을 뺏기기 싫다!"라고 말했다. '햄릿증후군'이라는 말이 있다. '사느냐 죽느냐, 그것이 문제로다'라며 갈등한 햄릿처럼 여러 선택의 갈림길에서 결정을 내리지 못하는 선택장애 상황을 의미한다. 오늘날 선택 대안이 폭발적으로 증가한 정보과잉 시대의 소비자를 위해 필요한 서비스가 바로 '큐레이션curation'이다. 미술관이나 박물관에서 작품을 전시 기획하고 설명해 주는 큐레이터curator에서 파생된 신조어다. 큐레이션을 이용하는 소비자의 심리가 여기에 있을 것이다. 최근 정보 과부하라고 할 정도로 사람들은 과다한 정보에 시달리고 있다. 소비자의 만족도 중요하지만 '최적'이 더 중요하게 대두되고 있다. 따라서 최적의 조합을 찾아주는 큐레이션 서비스는 정보 과부하 상태와 햄릿증후군 소비자에게 좋은 대안이 될 수 있다. 큐레이션이란 여러 정보를 주제별로, 혹은 연계성, 연관성을 지닌 것끼리 모아서 정돈하고 정리해서 알기 쉽게 보여주는 것을 말한다. 미술관이나 박물관의 큐레이터들이 미술관(또는 박물관)이 보유한 모든 그림이나 유물을 보여주지 않고 주제에 맞게 선별해서 관람객에게 공개하듯, 콘텐츠도 큐레이터들이 정보를 선별해서 보여준다는 개념이다.

큐레이터는 여러 작품을 하나의 주제로 엮는다. 주제를 잘 전달하기 위해 작품 배치며 조명에 신경 쓰고, 해설을 곁들이기도 한다. 이런 활동이 모두 큐레이션이다. 이렇게 보면 '디지털 큐레이션'도 쉽게 이해될 수 있다. 모바일에서 콘텐츠에 조명을 쏘이고 해설을 해 주는 네이버는 단순한 검색 엔진 회사를 넘어 모바일 시대의 대표적 '디지털 큐레이터'로 변신하고 있는 셈이다. 디지털 큐레이션이 빠르게 성장하는 이유는 사실 아주 명백하다. 누구나 접근할 수 있는 엄청난 양의 다양한 정보가 쉴 새 없이 온라인에서 생산되고 있기 때문이다. 따라서 소비자들은 자신이 인터넷에서 특정 정보를 찾는 시간을 줄이기 위해서 큐레이터를 찾게 되며, 시간이 많이 소요되는 분야일수록 큐레이션에 대한 니즈는 점점 더 중요해진다.

| 큐레이션 서비스

난 운동화를 사러 갈 때 매장 직원에게 항상 이렇게 부탁하는 습관이 있다. 내 운동화 치수(265mm)보다 한 치수 큰 것(270mm)과 한 치수 작은 것(260mm)을 함께 가져오라고 부탁한다. 회사마다 조금씩 차이가 있을 수 있으므로 세 가지 치수를 모두 신어보고 제일 편한 것을 고르는 나만의 노하우인 셈이다. 그렇다면 오프라인 매장이 아니고 온라인에서 신발이나 안경을 구매한다면 나는 어떤 서비스를 원할까? 온라인에서 자신에게 꼭 맞는 안경을 구매하는 일이 쉽지 않을 것이다. 얼굴에 안경을 맞추려면 안경점에 가는 방법 외에 다른 뾰족한 수가 없기 때문이다. 현재 많은 인터넷 쇼핑몰들이 안경을 판매하고 있다. 하지만 직접 착용해 볼 수 없기 때문에 선뜻 구매하기가 어렵고 구매해도 반품하는 경우가 상당히 많을 것이다. 그렇다면 안경점은 이러한 온라인 쇼핑몰의 한계를 극복할 수는 없는 걸까? 미국의 신생 벤처기업인 '와비파커Warby Parker'는 이른바 '집에서 써보기Home Try-on' 시스템으로 이런 한계를 슬기롭게 극복하고 있다. '와비파커'는 다른 인터넷 쇼핑몰과 달리 5가지 맞춤 안경을 5일간 소비자가 직접 착용해 볼 수 있도록 집으로 배송해 준다. 소비자는 집에서 자신에게 가장 잘 맞는 안경을 선택하고 다시 제품들을 반송한다.

제품을 다시 받은 회사는 고객이 선택한 안경에 고객의 시력과 눈동자 사이의 거리 정보를 적용하여 최종 맞춤 안경을 만들어 2주 안에 다시 배송해 준다. 총 3번의 택배에 드는 비용은 모두 회사가 부담하고, 고객이 안경 하나를 맞추는 데 드는 비용은 총 95달러(한화 약 10만 원)로 상당히 저렴한 편이다. 소비자가 직접 집에서 착용해 보고 구매할 수 있는 혁신적인 유통시스템 덕택에 '와비파커'는 대성공을 거두었다. 소비자에게 먼저 판매하는 것이 아니라 '소비자에게 먼저 선택하는 경험을 제공하는 전략'이 더 많은 소비자에게 사랑받고 있음을 '와비파커'가 증명하고 있다.

　　미국의 와비파커와 스티치픽스Stitch Fix는 안경과 패션이라는 서로 다른 상품을 판매하지만 유사한 툴을 적용하여 성공한 경우다. 스티치픽스는 옷을 고르는 데 시간을 쓰는 것이 아깝고 직접 입어보고 선택하기를 원하는 소비자를 대상으로 큐레이션 서비스를 제공하는 O2O Online to Offline 기업이다. 스티치픽스라는 회사를 한마디로 표현하면 '전담 코디가 있는 인터넷 쇼핑몰'이라고 할 수 있다. 물론 고객의 마음에 쏙 드는 옷을 골라서 추천한다. 창업자 겸 CEO 카트리나 레이크Katrina Lake는 '내 취향을 잘 아는 누군가 알아서 옷을 골라주고 집까지 배달해 주면 어떨까?'라는 생각에 2011년 회사를 설립했다. 하버드 경영대학원 학생 레이크에게 쇼핑은 즐거운 경험이 아니었다. 공부하는 시간을 쪼개야 했고, 옷을 고르기도 어려웠다. 그녀는 '옷을 고르고 사는 경험을 더 편리하게 만들 수 없을까?'라는 생각으로 창업했고, 주로 친구인 29명의 고객으로 출발한 서비스가 지금은 연간 320만 명이 이용하는 서비스로 발전했다. 회사는 2017년 나스닥에 상장돼 기업 가치가 2조 6,000억 원에 이르고, 당시 34세였던 레이크는 미국에서 기업을 공개한 최연소 여성이 되었다.

스티치픽스의 주요 타깃은 평소 패션에 관심이 많지만 시간이 없거나 귀찮은 소비자들이다. 스티치픽스의 인공지능 알고리즘을 이용하면 고객은 옷을 고르는 시간을 줄일 수 있다. 인공지능을 활용한 스티치픽스는 정교한 스타일링 제안을 하지만 실제 배송하는 옷은 최소한의 선택지 5벌로 제한된다. 고객들에게 너무 많은 선택지가 부담으로 작용할 수 있으므로 그야말로 큐레이션의 영역으로 접근한다. 스티치픽스가 이러한 큐레이션 서비스를 제공할 수 있는 것은 인공지능 덕택이다. 고객들은 회원가입을 할 때 자신의 스타일에 관한 다양한 정보를 입력한다. 그리고 배송돼 온 옷에 대해서도 구매를 할지 말지에 대한 피드백을 제공한다. 인공지능은 이런 고객들이 제공하는 방대한 데이터를 보유하고 있다.

외국계 은행 근무 시절, 한 방송사에서 찾아왔다. 서비스 전문가로서, 또 콜센터 담당 임원으로서 인터뷰를 요청한 것이다. 은행 이곳저곳을 배경으로 반나절 정도를 촬영했다. 그런데 실제 방송을 보니 내가 출연한 장면은 겨우 5분 정도에 불과했다. 우리가 방송에서는 '편집을 당했다'라는 말을 한다. 4시간 정도 촬영한 그대로 4시간 동안 방송되는 게 아니다. 4시간 촬영한 것을 편집해서 5분, 10분 방송 분량으로 줄이는 것이다. 큐레이션도 마찬가지로 수많은 대안 중에서 필요 없는 것들을 줄이고 줄인 것을 다시 편집한다.

정보와 상품이 범람하는 시대에는 고객에게 더 많은 선택지를 주는 게 능사가 아니다. 이제는 더 좋은 선택을 하도록 도와주는 서비스가 필요하다. 즉 전문가가 편집 과정을 통해 고객에게 꼭 필요한 최적의 선택이 되도록 추천해 주는 것이 진정한 서비스이며 이것이 바로 큐레이션이다. 큐레이션은 결국 '전문가'와 '선별' '추천'이라는 키워드로 이루어진다. 특정 분야의 전문가가 특유의 안목을 통해 선택지를 추려 최적의 옵션을 추천해 주는 것이다.

『큐레이션』의 저자인 영국 옥스퍼드대 연구원 마이클 바스카Michael Bhaskar는 "더 많은 선택을 제공하는 전략은 무용지물이 되었다. 앞으로는 더 적지만 더 좋은 선택을 할 수 있도록 전략을 바꿔야 한다."라며 큐레이션이 '선택의 과잉' 문제를 해결할 것이라고 예견했다. 지금까지 큐레이션의 주체는 해당 분야의 '전문가'였다. 이제는 빅데이터 기술로 무장한 인공지능이 사람의 라이프스타일과 구매 패턴을 엄청난 양의 데이터 분석을 통해 최적의 대안을 추천해 주는 시대로 바뀌었다. 데이터를 기반으로 한 큐레이션 서비스는 더 적은, 그러나 더 좋은 선택을 제안한다. 고객 입장에서는 자신에게 가장 적합한 답을 준다고 할 수 있다. 대중이 아니라 개인화를 지향하는 접근법으로, 가히 혁명적인 서비스라고 할 수 있다.

| 큐레이션은 맞춤 서비스다

일반적으로 비즈니스에서 말하는 '개인화Personalization'란 성별, 나이, 취향과 같은 개인의 특성에 집중해 사용자 개개인에게 수용력이 높은 맞춤형 콘텐츠를 제공하는 일련의 과정을 의미한다. 여기서 말하는 '개인화'는 큐레이션이라는 말로 대체해도 된다. 탁월한 고객경험이 되기 위해서는 고객 개개인에 대한 모든 것이 맞춤형으로 제공되어야 한다. 고객경험에서의 개인화란 첫째, 각 고객 개인의 니즈와 요구에 맞추어 제품, 서비스, 커뮤니케이션 등을 다르게 디자인하는 것을 말한다. 일반적인 경험이 아닌 개인화된 경험을 제공해야 소비자의 선택을 받을 수 있다.

개인별로 다른 제품과 서비스를 만들어내는 것이 아니라 기업이 이미 가지고 있는 상품과 콘텐츠 중에서 고객의 취향에 맞게 골라서 보여주어야 한다. 아마존, 넷플릭스, 유튜브 등이 큐레이션에 집중하는 이유는, 온라인은 오프라인과 다르게 무한대의 진열대와 수십만에서 수백만 개의 상품과 콘텐츠를 보유하고 있기 때문이다. 아무리 좋은 상품이 많더라도 원하는 상품을 찾기 어렵다면 소용이 없다. 큐레이션을 통해 수십만에서 수백만 개의 상품 안에서 고객들이 원하는 카테고리와 상품을 쉽게 찾을 수 있게 만드는 것이 상품 수보다 더 중요한 경쟁력이 된 것이다.

최근에 우리 주변에서 가장 쉽게 개인화를 만날 수 있는 것은 유튜브, 아마존, 넷플릭스 등의 모바일 앱 또는 웹 페이지의 큐레이션 서비스다. 모든 고객이 동일한 페이지를 열어도 각자의 취향과 사용 이력에 따라 다른 콘텐츠를 보는 것이다. 같은 디자인 프레임design frame 내에서 개인별 데이터에 근거해 각 개인에게 최적화된 구매경험을 만들어준다. 최적의 큐레이션 서비스를 제공하려면 축적된 빅데이터를 바탕으로 사용자의 상황을 분석해 최적의 추천 값을 얻어내는 고도화된 알고리즘이 필요하다. 만약 큐레이션 서비스가 불만스럽다면 나에 관한 데이터가 충분히 축적되지 않은 탓이다.

빅데이터의 특성상 이용 패턴에 대한 데이터가 계속 축적될수록 좀 더 세밀하고 정확하게 개인별 추천을 할 수 있게 된다. 넷플릭스의 개인화 추천 서비스는 동영상 콘텐츠 '큐레이션'의 대표 격이라 할 수 있을 것이다. 가입자의 약 75%가 추천 메뉴대로 콘텐츠를 소비하는 것으로 알려져 있다. 아마존의 추천 시스템도 빼놓을 수 없다. 아마존은 특정 책을 클릭했을 때 그 책을 구매한 사람들이 선택한 다른 책들을 추천해 주는 시스템을 통해 매출을 30% 이상 증가시켰다. 이렇듯 해외 선진 기업의 진화된 큐레이션 서비스는 기업 가치를 높이거나 매출을 증가시키는 데 큰 몫을 해내고 있다.

두 번째 '개인화'는 개개인의 특성뿐만 아니라 그 사람이 처한 상황과 맥락을 고려한 소비자 경험을 제공해야 한다. 이는 '초개인화hyper-persinalizatiorn'의 개념으로, 소비자 개인의 특성뿐만 아니라 그가 처한 상황과 맥락까지 고려하는 개인화 단계이다. 온라인 데이터뿐만 아니라 실제 생활 방식과 취향 정보를 바탕으로 적절한 상황과 타이밍에 맞춰 사용자 소비 경험을 가이드하는 것이다.

요즘은 텔레비전만 켜면 너도나도 '부캐, 부캐' 한다. 온라인에서 게임 좀 해 본 사람이라면 익숙한 단어일 텐데, 부캐는 쉽게 말해 '부副캐릭터'의 줄임말이다. 게임에서 원래 캐릭터인 본本캐 외에 새롭게 만들거나 키우는 캐릭터를 지칭하던 것이 어느 순간 방송가를 장악하더니, 급기야 하나의 사회적 현상으로까지 번졌다. 요즘은 연예인뿐 아니라 개인에게도 시시각각 캐릭터를 바꾸는 능력이 기본 사항이 되었다. 회사에서의 나와 혼자 있을 때의 나, 친목 모임에서의 나는 같지 않다. 상황에 따라 정체성을 바꾸고 때로는 숨기는 게 오히려 자연스럽다. 이처럼 다층적인 자아를 '멀티 페르소나multi-persona'라고 부른다. 페르소나는 그리스어로 가면이란 뜻이다. 따라서 멀티 페르소나는 여러 개의 가면 정도로 번역된다. 부캐의 흥행 뒤에는 이 같은 대중의 멀티 페르소나 이슈가 함께한다. 현대인들은 굉장히 많은 가면을 갖고 살아간다.

요즘 센스 있는 부장님들은 출근길에 무선 이어폰을 끼고 있는 부하직원을 만나도 절대 먼저 인사하거나 아는 척하지 않는다고 한다. 이어폰을 꽂고 있을 땐 아직 회사원 정체성이 발현되기 전인 일반인 정체성이기 때문이다. SNS를 이용할 때도 그것이 카카오톡이냐, 유튜브냐, 인스타그램이냐에 따라 다른 정체성으로 소통하고, 심지어는 하나의 SNS에서도 한 사람이 부계정, 가계정 등 여러 개의 계정에 다른 자신이 되어 사진을 올린다.

평소에는 단정한 스타일을 추구하는 사람이 해외여행에서는 과감한 패션을 추구하는 등의 디테일한 상황까지도 모두 파악해 더 정교한 맞춤 서비스를 제공해야 한다. 그래서 개인화 시대에는 1명의 소비자를 1개의 시장으로 바라보았다면, 초개인화 사회에서는 1명의 소비자를 그 사람이 처한 상황별로, 페르소나별로 0.1명으로 타게팅하는 것이 중요하다.

멀티 페르소나를 보유한 소비자는 더 이상 일관된 구매자가 아니라 상황과 맥락에 따라 취향과 선호를 바꾸는 다면적인 존재다. 앞으로 기업들은 한 명의 소비자를 하나의 정체성을 가진 대상으로 타게팅하는 것이 아니라 소비자가 처한 상황과 페르소나에 맞춰 전략을 세워야 한다.

| 온라인 접객 서비스, 디지털 컨시어지

세 번째 개인화는 '컨시어지 서비스'다.

컨시어지concierge의 사전적 의미는 '관리인', '안내인'이지만 요즈음은 '고객의 요구에 맞춰 모든 것을 일괄적으로 처리해 주는 가이드'라는 의미로 쓰이고 있다. 중세시대 성에 딸린 집사를 뜻하는 컨시어지는 프랑스에서 유래된 말로, 중세의 영주를 모시듯 관광, 교통, 식당, 쇼핑 등 고객이 원하는 모든 것을 밀착 제공하는 서비스를 뜻한다. 현대에서는 보통 호텔에서 고객을 맞이하며 객실 서비스를 총괄하는 서비스나 그 사람을 의미하는 말로 사용되고 있으나, 최근에는 개인비서처럼 고객에게 필요한 정보 및 모든 서비스를 총괄적으로 제공하는 관리인으로 그 의미가 확대되고 있다.

이렇게 영주처럼 VIP 고객만을 위해 운영되는 컨시어지 서비스의 대상이 디지털 서비스의 확산과 기술적 진보를 통해 일반인으로까지 점점 넓어져 가고 있다. 지금까지 컨시어지 서비스가 일부 VIP들에 국한되었던 이유는 인건비 때문이다. 컨시어지 서비스를 제공하기 위해서는 사람이 필요하다 보니 이를 다수 고객에게 확대할 수 없었다. 그러나 로봇 기술의 발전이 이 문제의 해결책을 제시해 주고 있다. 예를 들어 챗봇은 인공지능 로봇 프로그램을 통한 가상 대화 시스템이다. 사람이 아닌 인공지능 로봇이 개개인과 채팅을 하며 각자의 물음에 응답해 주는 것이다. 챗봇이 대화형으로 고객의 개별적 요청을 취합하고, 그에 대해 적절한 응답을 해 주기 때문에 사용자들이 직접 앱을 내려받거나 사이트에 접속해서 문제를 해결하는 것보다 훨씬 더 편리하다. 기업 입장에서는 챗봇 서비스는 고객을 1 대 1로 만날 수 있는 맞춤형 마케팅 채널이며, 컨시어지 서비스를 제공할 수 있는 매우 효율적인 CS 채널 중 하나다

과거에는 내가 직접 정보를 찾고 적합한 상품을 고르기 위해 검색하고 비교하는 데 많은 시간을 들였지만, 이제 디지털 쇼핑 컨시어지가 대신 해결해 주고 있는 것이다. 날씨 확인, 교통 안내, 뉴스 검색. 쇼핑 행사 정보 등의 일반적인 정보를 제공하는 잔심부름부터 내 취향에 맞는 여행지, 데이트나 회식을 위한 식사 장소 등 TPO에 맞는 추천 서비스, 그리고 베이

비시터, 가사도우미 등 사람을 구하는 일까지 쇼핑 컨시어지 서비스가 대신하게 된 것이다.

컨시어지 쇼핑의 핵심은 개인별로 다른 요구와 취향에 따라 다르게 응대하는 맞춤형 서비스를 제공하는 것이다. 그러나 고객이 요구한 대로 맞춤형 서비스를 제공하는 것도 컨시어지 쇼핑의 한 부분이지만, 더 나아가 고객과 대화를 통해 추가적인 요구를 파악하고 적합한 상품이나 서비스를 추천해 주는 것이 더 중요해지고 있다. 고객의 단순한 요청을 대행해 주는 것을 넘어서 고객의 총체적 요구에 대한 처리를 종합적으로 진행하기 때문에 전문적인 상담을 제공하거나 다양한 요구를 한 번에 해결해 준다. 이것이 '온라인 접객 서비스'로 나타나고 있다.

온라인 접객 서비스로 고객이 온라인상에서 판매원을 만나 화상으로 약 30분~1시간 정도 상품에 대한 설명을 들으면서 1 대 1로 접객을 받고 상품을 구입하는 문화가 생겨나고 있다. 일본 백화점 중 가장 적극적으로 온라인 접객을 시행하는 대표적인 곳은 바로 미쓰코시 이세탄백화점이다. 미쓰코시 이세탄은 신주쿠점의 모든 제품에 대해 온라인 접객 서비스를 제공하고 있다.

서비스를 이용하려는 고객은 우선 점원과 채팅을 통해 쇼핑의 목적, 취향, 예산 등을 알려주고 상담을 예약한다. 그러면 이세탄에서 오랜 기간 판매를 담당한 직원들이 직접 사전 채팅을 바탕으로 상담을 준비한다. 어떤 질문이 나오더라도 기대 이상의 답변이 가능하도록 사전에 3시간 이상 공들여 준비하는 것으로 알려져 있다. 이런 서비스는 오프라인 점포에서 오래 근무한 판매원의 접객 기술을 온라인으로 이전할 수 있다는 점에서 기존 매장들에 새로운 기회가 될 수 있다. 이세탄백화점 역시 대형 온라인 쇼핑몰과 차별화할 수 있는 경쟁력이 '판매원의 역량'에 있다고 판단하고 있다. 판매원이 단지 상품을 전달해 주는 데 그치지 않고 현장 경험을 토대로 고객 니즈에 맞는 상품을 제안하기 때문에 구매로 연결될 확률이 그만큼 높아진다.

이제 접객 서비스뿐만 아니라 영업사원의 역할이 '컨시어지' 서비스로 탈바꿈해야 한다. 자동차 딜러의 경우 역할 자체가 점차 티핑포인트Tipping Point에 가까워지고 있다. 과거에는 고객을 설득하고 가격을 협상하는 것이 영업사원들의 주된 업무였다. 지금은 사정이 달라졌다. 자동차를 사려는 고객은 제조사의 웹사이트에 접속해 인근에서 자동차를 판매하는 딜러들을 통해 가격을 확인한다. 설득하고 협상할 여지 자체가 아예 없어진 셈이다. 정보통신기술의 발달로 인해 고객이 지식을 습득하는 과정 역시 달라졌다. 자동차를 구매하는 고객은 매장에 발을 들여놓기도 전에 검색을 통해 제품에 대해 엄청나게 많은 정보를 스스로 습득한다. 고객은 인터넷에서 사양과 가격 정보를 찾고 동영상으로 자동차를 꼼꼼하게 살펴보며 먼저 구매한 사람들의 반응을 리뷰로 확인할 수 있다. 이런 변화로 인해 영업사원들은 이제 새로운 역할을 찾을 수밖에 없는 입장이 되었다.

고객 관점에서 보자면 문제 해결자problem solver와 컨시어지의 역할을 해주는 영업사원이 최고다. 요즘 우리가 구입하는 자동차 내부에는 멀티미디어 장치, 내비게이션 기기, 스마트폰을 지원하는 장치 등 첨단 디지털 전자장치가 수두룩하다. 따라서 마치 애플Apple의 고객들이 애플의 기술지원센터 지니어스 바Genius Bar에서 직원들로부터 도움을 받듯 자동차 구매자들 역시 영업사원들의 도움을 받아 각종 장치가 어떻게 작동하는지 파악하고 자신의 필요에 맞게 수정해야 한다. 여러분이라도 이런 자동차 딜러를 원할 것이다.

네 번째, 빅데이터 기법의 개인화 마케팅으로 '리타게팅retargeting'을 활용할 수 있다. 리타게팅은 온라인 사용자 데이터 분석을 기반으로 소비자가 관심을 두고 있는 상품과 서비스를 지속적으로 노출하는 빅데이터 기반의 광고 기법을 말한다. 그 상품에 관심이 있는 사람들에게만 노출되기 때문에 광고 효과가 높으며, 구매 욕구를 자극해서 구매 전환율을 한층 높일 수 있다. 예를 하나 들어보자. 어떤 소비자가 노트북으로 웹사이트를 방문해서 특정 브랜드의 상품들을 둘러본다. 여러 가지 상품을 둘러보지만, 장바구니에 아무것도 담지 않은 상태로 그냥 떠난다. 며칠 후, 이 소비자는 스마트폰을 보다가 전에 봤던 상품과 유사한 관련 상품의 광고를 보게 된다. 이처럼 고객이 어떤 디바이스를 이용하든지 일관된 광고를 노출하는 것을 '크로스 디바이스 타게팅Cross-Device Targeting'이라고 한다. PC나 스마트폰, 태블릿 PC, 어디서든지 타게팅한 고객을 동일한 사용자로 인식해서 일관된 광고를 송출하는 방법이다. 그는 이 광고를 본 후 구매를 위해 웹사이트를 방문하게 된다. 맞춤형 리타게팅이다. 리타게팅은 이미 관심을 가진 고객들이 구매하게 하는 데 효과적이며, 여러 번 광고를 노출해 상품을 고객의 마음에 각인시킨다.

미국의 한 대형 슈퍼마켓에서 한 여고생에게 임신용품 광고 이메일을 보냈다. 그 이메일을 본 여고생의 아버지는 크게 분노했고, 슈퍼마켓을 찾아가 거세게 항의했다. 미성년자인 딸을 임신부로 오해한 슈퍼마켓에 화가 났던 것이다. 당황한 슈퍼마켓 담당자는 쿠폰이 잘못 발송된 것으로 판단하고 해당 아버지에게 정중히 사과했다. 그러나 그로부터 몇 주 뒤, 그 여학생은 정말로 임신했던 것으로 밝혀졌다. 가족도 몰랐던 여고생의 임신 사실을 슈퍼마켓이 정확하게 예측했던 것이다. 도대체 어떻게 이런 일이 발생할 수 있었을까. 여고생에게 임신용품 할인쿠폰을 발급했던 대형마트는 고객들의 구매 패턴 데이터를 수집해서 분석한 후 남성, 여성 그리고 연령 별로 다양한 집단의 구매 패턴을 분석했다. 그리고 그 여고생이 임산부가 보이는 구매 패턴을 보이자, 임산부로 예측하고 쿠폰 메일을 발송했던 것이다.

'네스프레소 클럽'은 고객의 커피 소비 패턴에 대한 정보를 활용해 새로운 커피를 제안한다든지, 주문할 시기가 지났는데도 주문이 없을 경우에는 기계에 문제가 생겨서 그런 건 아닌지 전화로 확인하고, 기계에 문제가 생겼을 경우에는 픽업 서비스를 통해 수리도 해 준다. 이처럼 고객에 대한 개별적인 서비스를 지속적으로 제공함으로써 고객이 네스프레소 시스템 안에 머무르도록 한다. 예를 들어 제품만 팔되 고객의 데이터베이스가 축적되지 않는 '일회성 거래'는 해당 기업에 한 차례의 수익만 남겨 주는 일차적 판매로 끝날 뿐 더 이상의 연속적인 판매는 쉽지 않으며, 고객과 관계는 한 차례로 끝나고 만다. 그래서 기업은 기업과 고객과의 관계인 CRM에 지대한 관심을 갖고 투자하고 있다. 앞으로 기업의 가치는 그 기업이 가지고 있는 고객의 정보, 즉 CRM의 가치로 결정된다고 말해도 과언이 아니다. 이것이 오늘날 디지털 트랜스포메이션으로, 빅데이터 마케팅으로 발전한 것이다.

다다익선, 지금껏 기업들은 고객에게 더 많은 선택지를 제공할수록 좋은 거라 생각했다. 그러나 이제는 빼고, 줄이고, 제거하고, 추려줘야 한다. 큐레이션은 결국 '편집'을 통해 덜어내는 것이다. 고객이 싫어하는 것을 안 보이게 제거해줌으로써 고객의 현명한 선택을 도와주는 것이다. 그렇지 않아도 상품과 정보가 넘쳐나고 생각할 것 많은 복잡한 세상에서 나를 위한 맞춤형 서비스를 외면할 고객은 없다. 시간과 비용을 절약하니 조약돌 하나로 두 마리 새를 잡는 격이다. '적을수록 좋다'라는 의미의 'Less is more'라는 표현은 오늘의 서비스와 마케팅 현장에서도 여전히 유효하다. 이런 큐레이션을 통한 구매의 과정이 단순하게 일회성으로 끝나지 않고 지속적으로 이어지면 그것이 '정기구독' 서비스가 된다.

큐레이션에서 정기구독으로 이어지는 비즈니스의 성패는 결국 '맞춤형 추천'에 달려 있다. 전문가의 안목을 통해서건, 챗봇의 상담이나 인공지능의 분석을 통해서건 고객의 욕망과 취향을 제대로 저격해야 한다. 우리 제품을 고객에게 푸시Push하는 것이 아니라, 어떤 기준으로, 어떤 편집을 통해, 어떤 선택지를 추천해 줄 것인지를 고민해야 하는 까닭이 바로 여기에 있다. 큐레이션을 통한 고객 끌어당기기Pull가 서비스의 기업들의 새로운 생존전략이 되고 있다.

이젠 '커넥티드' 싸움이다

| 힘센 자와 한 편이 되어라

한 회사의 CS 강사팀과 두세 달에 한 번쯤 점심을 먹으면서 '서비스 전략'을 주제로 코칭을 해오고 있다. 몇 달 전 미팅에서 진 선생님으로부터 '수영장에서도 방수가 되는 손목시계'라며 샤오미의 스마트워치를 선물 받았다. 사용해 보니 예전 다른 제품과 달리 무게도 가볍고 한 번 충전으로 일주일 이상 사용 가능했다. 물론 심박수와 걸음 수도 측정되고 수영장에서 방수도 되고 스마트폰의 수신전화를 놓치는 경우가 없어서 좋았다. 진동으로 전화가 오는 것을 알려주기 때문이다.

이 시계는 길거리 노점에서 2~3만 원 정도 하는 그만저만한 전자시계를 단순히 스마트폰과 연결함으로써 14만 원 정도의 부가가치를 만들어내고 있는 셈이다. 그런데 이번 달 모임에서 다른 강사분이 또 선물을 갖고 나왔다. 그날그날 기분과 코디에 따라 바꿔가면서 차라며 갖가지 컬러의 손목시계용 시곗줄을 내미는 것이었다. 다른 회사가 만든 스마트폰에 연결하여 가성비 높은 스마트워치를 만들어 파는 샤오미에 감탄했는데, 이제는 '인기 많은 샤오미 스마트워치에 빌붙어 또다시 돈을 버는 기업이 있구나'라는 생각이 들었다. 더구나 시계는 한 사람당 하나만 있으면 되는 데 비해 컬러 시곗줄은 한 사람당 네댓 개씩 팔아먹을 수 있으니 진짜 '대박'을 칠 수밖에 없을 것이다. '재주는 곰이 부리고 돈은 왕서방이 번다'라는 속언 그대로인 것이다. '기술력이 떨어지고 자본이 부족한 소기업이 인공지능을 도입하고 어려운 스마트폰을 직접 만들기는 어려울 것이다. 그러나 자사 제품과 서비스를 블루투스나 IoT 기술을 통해 스마트폰이라는 강력한 제품과 연결할 수 있다면 얼마든지 왕서방 노릇을 할 수 있게 될 것이다.

최근 사물인터넷 등 디지털 기술이 선물한 가장 큰 변화 중 하나는 스마트 커넥티드 제품Smart, Connected Products이 활성화되고 있다는 점이다. '커넥티드Connected'란 우리말로 '연결된'이라는 뜻으로, 정보통신업계에서는 각종 단말기나 기기가 네트워크로 연결돼 정보를 주고받거나 호환되는 상태를 의미한다. 그렇다면 '커넥티드 제품'이란 무엇을 말하는지 쉽게 이해될 것이다. 커넥티드 카, 커넥티드 TV, 커넥티드 오븐처럼 다른 제품, 기계나 전기 부품 등에 센서나 소프트웨어 등을 탑재해 여러 기능을 '스마트'하게 수행하면서도 통신 기술을 통해 외부 시스템과 '연결'돼 있는 제품을 뜻한다. 예전에 각각 따로 떨어져 존재했던 PC, TV, 스마트폰, 시계, 가전 뿐 아니라 자동차, 조명기구, 가구, 의료기기까지 이제는 커넥티드 기기로 변화하고 있다. 기존 하드웨어에 사이버 영역의 지능과 서비스가 서로 결합함으로써 제품의 성능과 활용도가 크게 향상된 것이다.

최근 디지털화로 인한 변화의 핵심은 제품 가치가 '성능'에서 소비자의 '사용가치'를 높이는 것으로 이동했다. 그 대표적인 사례가 앞서 소개했던 로레알L'Oréal의 스마트 헤어브러시다. 스마트 브러시는 모발의 건강 상태를 점수로 매겨 와이파이 또는 블루투스를 통해 스마트폰의 전용 앱으로 곧바로 전송된다.

아마존과 같은 플랫폼 기업들의 전략도 마찬가지이다. 2019년에 아마존의 유명한 음성인식 비서 '알렉사'의 판매량이 1억 대를 돌파했다. 여러 종류의 아마존 에코Echo 스마트 스피커들은 그 자체로도 아주 강력한 장치이다. 음악 스트리밍, 피자 주문 등 쇼핑 목록 유지나 관리 등 다양한 용도로 사용할 수 있다. 그런데 영리한 아마존은 알렉사Alexa 디지털 비서에 기반을 둔 스마트 스피커 에코Echo가 히트상품으로 자리 잡은 즉시, 에코 도트Echo Dot를 출시했다. 에코 도트는 음악을 재생할 수 없지만 음성인식 비서인 알렉사를 '호출'할 수 있다. 그런데 에코가 집에 하나 정도 두고 쓰는 인공지능 스피커라면 에코 도트는 집이 아닌 방마다 하나씩 두고 쓰는 음성명령 감지 센서이다. 이제 아마존은 마트에서 파는 라면처럼 에코와 에코 도트를 하나씩 덤으로 묶어서 팔 수도 있게 된 것이다.

아마존의 알렉사는 스마트홈Smart Home 제어에도 아주 유용하다. 두 손에 짐을 가득 들고 집 안으로 들어가려 할 때, 침대에 누워 있는 채로 전등을 켜고 싶을 때, 또는 밤에 갑작스러운 '꽝' 소리에 잠이 깰 때, 편하고 쉽게 전등을 켜고 끄는 방법은 뭘까? 스마트폰이나 자신의 음성을 이용해 조명을 조절한다면 어떨까? '알렉사, 거실 불 켜!'Alexa, Turn on the living room lights'라는 음성명령으로 이것이 가능해졌다. 필립스Philips가 알렉사와 연결하여 스마트 전구를 가장 먼저 시장화함으로써 조명을 어둡게, 또는 백색

색온도를 따뜻한 색에서 차가운 색으로 바꿔 달라고 명령할 수 있게 만들었다. 앞으로도 필립스의 스마트 전구는 알렉사의 판매량이 증가하는 속도대로 고속 성장을 누리게 될 것이다. 만약 게임 전문 스타트업이라면 직접 게임기 생산하기보다는 새로운 모바일 게임을 개발하여 아이폰이나 안드로이드폰과의 연결을 통해 수익을 창출하는 비즈니스 모델을 고민해야 한다.

이것이 '란체스터 법칙Lanchester's law'이다. 적은 자본과 기술을 집중해 남보다 빠르게 움직여 강자를 이길 수 있는 방법으로, 강자가 약자와 동일한 장소에서 동일한 무기를 가지고 동일한 방법으로 정면 대결해서는 강자를 이길 수 없다는 것이 란체스터 법칙의 요지다.

란체스터 법칙은 기업의 경쟁 원리나 마케팅에도 큰 영향을 끼쳤다. 시장점유율 1위인 선두 기업을 상대로 후발 기업이 동일한 시장에서 동일한 무기와 동일한 방법으로 싸워서는 강자인 1위 기업을 절대 이길 수 없다는 것이 비즈니스 세계의 란체스터 법칙이다. 작은 기업이나 후발 주자는 틈새시장을 개척하거나 디지털이라는 연결의 무기로 싸움의 방법을 달리하지 않고서는 기존 시장에서 대기업과 승산이 없다. 4차 산업혁명이 가져오는 급격한 변화는 모든 것이 연결되며 상호작용하는 '초연결'의 시대다. 디지털과 사물인터넷으로 연결된 서비스와 제품을 약자가 강자를 이기는 방법으로 활용하는 것이다.

| 가성비 제품을 연결하면 가심비가 된다

손녀 율리에게 선물할 도서대를 사러 핫트랙스에 갔다. 플라스틱으로 만든 것과 원목으로 만든 것이 있었는데, 원목 쪽의 가격이 두 배 정도 비쌌다. 내가 어느 것을 선택했을까? 어렸을 때 목수셨던 큰아버지의 조수 역할을 했던 덕택에 원목은 습도나 온도에 따라 쉽게 변형될 수 있음을 잘 알고 있었지만, '원목 도서대'를 선택했다. 며느리가 '원목'을 더 고급스러운 선물로 여길 것이라고 생각했기 때문이다. 이러한 선택의 배경이 이른바 '가심비'이다. 가심비價心比란 가격 대비 성능을 뜻하는 가성비價性比에 빗댄 용어로, '심리적 만족감'을 더 중시하는 소비 행태를 일컫는다. 가성비의 경우 가격이 싼 것을 고르는 경우가 많지만, 가심비의 경우 가격이 조금 비싸더라도 자신이 스스로 만족할 수 있는 것, 또는 남에게 꿀리지 않는 것을 구매한다.

가심비에서 말하는 '심리적 만족감'이란 크게 두 가지로 구분하여 생각할 수 있다. 한 가지는 제품이 제공하는 기능에 대한 만족감이며, 다른 하나는 제품을 통해 얻을 수 있는 부차적 만족감이다. 후자는 제품과 다른 서비스가 결합하여 사용가치가 커야 한다. 디지털 시대의 소비자는 가성비와 가심비를 만족시킬 수 있는 가치에 대해 기꺼이 비용을 지불하겠다는 생각을 하고 있다. 따라서 고객이 생각하고 있는 가치는 제품의 성능과 제품과 연결된 서비스가 결합한 것이라고 설명할 수 있다. 이러한 고객의 욕구를 해결하기 위한 비즈니스 혁신이 진정한 디지털 트랜스포메이션이라 할 수 있다.

체중계를 예로 들어보자. 과거 소비자가 생각하는 체중계란 단순히 몸무게를 측정하는 기계였다. 그런데 요즘 체중계의 진짜 사용가치는 단순한 몸무게 측정이 아니라 건강관리 기능에 있다. 따라서 체중계는 체중계와 관련 있는 여러 기능, 즉 체지방 등을 함께 측정할 수 있는 기능들이 포함되고 일정 기간 측정한 체중의 변동추이 등 건강과 관련된 다양한 분석 자료를 확인할 수 있는 기능을 포함해야 한다. 즉, 체중계는 사용자의 다양한 정보를 축적하고, 측정된 체중 값이나 체지방 값을 제조사와 제휴를 맺은 의료 기관에 전송하고, 데이터를 전송받은 기관은 그 데이터를 바탕으로 사용자에게 맞춤형 건강 정보를 정기적으로 알려주는 서비스를 제공해야 한다. 이제 체중계 제조기업은 몸무게 측정기를 만드는 것으로는 성공할 수 없다. IoT나 앱을 통해 사용자의 건강관리를 지원하는 서비스 회사로 변신해야 한다.

이것이 바로 제품에 연결된 디지털 서비스다. 디지털 체중계 자체가 가지고 있는 성능에 대한 만족감과 디지털 체중계를 통해 제공되는 서비스에 대한 만족감이 결합이 되어야 소비자의 만족도를 향상시키고 지갑을 열게 만들 수 있다. '나이키 플러스'도 이런 비즈니스다. 운동화라는 제품의 깔창에 러닝 기록을 저장해 주는 나이키 플러스 센서를 구입해 부착한 후 아이팟과 동기화 과정을 거치면 달리기를 마친 후 나이키 웹사이트에서 수치화된 러닝 결과를 확인할 수 있는 이 운동지원 프로그램으로 나이키는 재기에 성공했다.

"침대는 가구가 아닙니다. 과학입니다." 어느 침대 제조사의 광고 문구였는데, 1990년대 초반에 발표된 이 광고는 의외로 사람들의 반응이 뜨거웠다. 당시 초등학생들이 "다음 중 가구가 아닌 것은?"이라는 질문에 이를 곧이곧대로 알아듣고 객관식 문제에서 오답을 냈다. 그러자 학부모들이 들고일어나 문제로 삼았다. 언론에서도 이 광고 문구가 정확한 사실을 오도할 수 있다고 보도해 결국 그 광고가 사라졌다. 그런데 30년이 지난 지금 다시 이와 똑같은 시험문제가 출제된다면 어떻게 될까? 아무도 이의를 달 수 없을 것이다. 침대는 과학이기 때문이다.

세계 최대 가전 전시회 'CES 2020'에 IoT 가구업체인 슬립넘버Sleep Number의 스마트 침대가 전시되었다. 슬립넘버의 스마트 침대는 생체인식 기술로 침대가 사용자가 자고 있는지를 자동으로 인지하고 현재 수면 상태에 따라 침대에 포함된 공기의 양을 늘리거나 줄여 쾌적한 숙면을 유도한다. 이 침대에는 코골이 소리를 감지하는 기능도 있는데 사용자가 코를 고는 경우 코골이 완화를 하기 위해 부드럽게 머리 부분을 미세하게 올려준다. 이때 코를 고는 사람의 머리 부분만 올라가므로 옆에서 같이 잠자고 있는 사람의 수면을 방해할 일은 없다. 스마트 침대의 또 다른 스마트 기능은 예열기능이다. 발이 따뜻하면 혈액순환이 원활해지며, 몸 전체에 열이 돌면서 뇌가 휴식을 취하게 된다. 반면, 발이 차가우면 뇌가 체온 조절을 하기 위해 계속 일을 해야 한다. 슬립넘버의 스마트 침대는 이런 원리를 이용해 사용자가 빨리 수면에 들 수 있도록 발 부분을 예열시켜놓는 기능도 제공한다. 여태껏 안방에서 가장 큰 면적을 차지하는 가구라는 제품에서 침대가 이제 연결을 통해 과학으로 거듭난 것이다.

여기서 사물인터넷으로 연결된 커넥티드 제품에서 CS경영과 관련하여 주목할 만한 것이 두 가지 있다. 첫째는 IoT, AR, 블루투스, 앱 등 정보통신기술 상품은 기업이 상품을 판매한 이후에도 수익 창출을 위한 접점MOT이 되고 있다는 점이다. 과거에 제품은 팔고 나면 끝이었고, 기껏해야 제품이 고장이 나면 애프터서비스를 제공하는 정도가 고객과 기업을 이어온 끈이었다. 그런데 커넥티드 기기가 일반화되면서 판매한 제품이 수년간 기업과 소비자를 잇는 접점으로 역할하게 된 것이다. 이 접점을 얼마나 잘 활용하느냐가 제품의 자체 경쟁력뿐만 아니라 기업의 중장기적 경쟁력을 결정하는 요인이 되었다. 고객별 제품 사용 패턴이 기업의 데이터로 차곡차곡 쌓여서 그것을 활용할 수 있게 되었기 때문이다. 예를 들어 자동차라면 운전 상태, 자동차의 위치, 주변 환경에 대한 데이터를 제조사에 전송하고, 소프트웨어 업그레이드를 받아 계속 성능을 높여주며, 문제가 발생하기 전에 원인을 찾아내 제거한다. 기업과 제품 그리고 고객과의 관계는 일회성이 아니라 지속적으로 확장 가능한 관계로 변해 가고 있는 것이다.

또한 기업은 판매한 제품을 고객접점으로 이용, 지속적으로 수익을 창출할 수도 있다. 테슬라가 처음 도입한 'OTAOver-the-air' 기능이 그 대표적 사례다. 테슬라는 'Over-the-air', 즉 원격무선 소프트웨어 업데이트를 통해 자동차 배터리의 성능, 인포테인먼트, 자율주행 기능 등을 계속 향상시켜 주는 것으로 유명하다. 스마트폰처럼 소프트웨어 업데이트를 꾸준히 제공해 오류를 개선하거나 새로운 기능을 추가하기 때문에 고객이 자동차 구매 후에도 꾸준히 진화한다는 느낌을 받을 수 있는 것이 테슬라의 가장 큰 장점으로 꼽히고 있다. 물론 다른 자동차 제조사들도 최근 OTA 기능을 속속 도입하고 있지만, 다른 회사들은 소프트웨어 업데이트를 위해서 고객이 직접 서비스센터를 방문해야 한다. 테슬라는 오토파일럿 업그레이드로 수천 달러의 요금을 받은 적도 있으며, 향후 완전자율주행 기능 업데이트는 추가로 3,000달러를 과금할 계획인데, 네트워크를 통해 이루어지는 S/W 업데이트를 통해서 고객을 직접 대면하지 않고도 고객별로 소형 자동차 한 대를 더 파는 격이다. 자동차가 스마트폰처럼 바뀌는 세상이 오고 있는 것이다.

둘째는 사용자의 의지와 상관없이 계속 거래를 만들어낼 수 있다는 점이다. 즉, 스마트폰에서는 사용자들이 자신이 구매하려는 물건을 검색하고 새로 주문해야 하지만, 사물인터넷과 연결된 커넥티드 디바이스는 사용자가 별도로 구매 명령을 내리지 않더라도 사용자가 필요한 것을 스스로 주문한다. 이러한 변화는 고객을 새롭게 유치하고churn-in, 유치한 고객들은 계속하여 묶어두기lock-in 위한 기업의 노력을 크게 줄여줄 것으로 기대된다. (그동안 전자상거래에서 가장 중요한 이슈는 구매 과정에서 고객들이 포기하지 않고 주문을 마치도록 하는 것이었다.)

그러한 과정에서 등장한 것이 아마존의 원클릭1-Click과 같은 간편결제 서비스였다. 아마존은 다양한 서비스와 제품을 연결하는 원클릭과 같은 고리를 만들어 창의적인 방식으로 차원이 다른 서비스를 고객에게 선사한다. 스피커 '알렉사'를 통해 고객이 필요한 물품이나 서비스를 미리 제공하는 센스를 발휘한다. 작은 막대기 형태의 '대시'를 조정하면 기저귀나 정수기 필터, 세탁기 세제를 다 쓰기 전에 구매할 수 있도록 편리함을 제공한다. 아마존이 인공지능, 빅데이터만큼 그것을 제대로 활용할 수 있는 IoT를 중요하게 생각하는 이유다. 원클릭 서비스는 사용자의 결제 정보나 배송지 정보를 클라우드에 미리 저장해 놓고 구매 버튼을 누르는 것만으로 모든 구매 프로세스가 처리되도록 함으로써 구매 과정에서 잠재적인 고객 이탈을 사전에 원천 차단할 수 있었다. 이러한 노력으로 아마존은 오늘날의 전자상거래 기업이 되었다.

선도적인 기업들은 아마존의 성공모델을 본떠 벌써부터 제품에 자동주문 기능들을 탑재하기 위해 노력하고 있다. 아마존의 '대시 보충 서비스 Dash Replenishment Service' 기능을 이용하는 장치들이 대표적이다. 월풀의 세탁기나 삼성전자의 프린터는 세제나 프린터 토너가 거의 떨어질 즈음 자동으로 주문하고 결제까지 끝낸다. 이러한 변화는 원클릭 경제를 조금씩

제로클릭0-Click 경제로 바꾸고 있다. '원클릭 경제'에서는 여전히 구매 버튼을 눌러야만 주문이 이루어졌다. 기업들은 고객들이 구매 버튼을 누르게 하려고 모든 마케팅 역량을 쏟아부어 왔다. 반면에, '제로클릭 경제'에서는 사용자들이 별도로 어떤 제품이나 서비스를 구매하겠다는 의사표시를 하지 않더라도 기기들이 알아서 필요한 것들을 주문해 준다.

| 오프라인과 온라인을 연결하라

자주 다림질하는 것이 귀찮아 스타일러나 에어드레서 같은 의류 관리기를 사고 싶었다. 인터넷에서 쇼핑 정보를 찾아보았는데 아무래도 실물을 먼저 봐야겠다 싶어 인근 H 마트에 들렀다. 제품의 장점을 열심히 설명하고 가격을 알려주는 판매직원에게 무심코 '온라인 구매가보다 가격이 많이 비싸다'라고 말해 버렸다. 단번에 쇼루밍showrooming족(구경은 매장에서 확인하고 구매는 온라인 쇼핑몰에서 하는 소비자)임을 들켜버린 것이다. 온라인 쇼핑몰을 위해 쇼룸 역할만 하는 오프라인 매장의 입장에서는 이런 얄미운(?) 고객을 상대하는 게 억울하기 이를 데 없을 것이다(정 억울하면 제품 전시 공간을 제공한 대가로 제조회사로부터 매장사용에 대한 수수료를 받는 비즈니스 모델을 생각할 수도 있을 것이다).

　호주 브리즈번Brisbane의 글루텐-프리gluten-Free 식품전문점은 매장에서 구경만 하는 고객에게 의무적으로 5달러를 청구하는 정책을 시도했다. 고객이 매장 입구에 들어서면 5달러를 청구하고 제품을 구입한 고객에게는 5달러를 공제해 주는 방식을 적용한 것이다. 미국의 가전 유통업체 베스트바이BestBuy는 고객이 매장에 와서 바코드를 이용하여 제품을 스캔하거나 가격을 비교하는 것을 막기 위해 베스트바이만의 고유 바코드로 바꿨다가, 2012년 12억 달러의 영업 손실과 50개 매장을 폐쇄하는 비극적 결말을 맞았다. 매장 내에서 구경만 하고 물건은 구매하지 않는 고객을 차단하려는 조치였으나, 두 회사 모두 고객 이탈과 더불어 막대한 손실을 보았다. 소셜 미디어와 모바일 기술이 발전하면서 다양한 구매 채널을 활용해 언제 어디서나 자신이 원하는 제품을 합리적인 방식으로 구매하고자 하는 고객의 패턴 변화를 따라가지 않았던 것이다.

우리나라도 매장에서 제품을 체험한 다음 온라인으로 구매하는 고객이 약 70%에 이른다고 한다. 이것이 오프라인과 온라인 고객 모두를 잡기 위한 옴니채널 전략이 주목받는 이유다. (옴니채널은 인터넷과 모바일, 오프라인 매장 등 다양한 채널을 융합해 고객경험과 판매를 극대화하는 새로운 패러다임이다) 온라인과 오프라인의 편리함과 장점을 결합해 돌파구를 찾지 않으면 유통업체는 성공하기 어렵다. 따라서 성공한 유통기업들은 고객을 중심에 두고 온라인 채널과 오프라인 채널을 일관되고 끊김 없이 연결하며 상호 경쟁이 아니라 협력에 기반한 옴니채널 전략을 활용하고 있다. 정보력, 편리성이라는 온라인의 강점과 실물 체험, 현장성, 상호작용이라는 매장의 강점을 결합해 고객 이탈을 방지하고 있는 것이다.

월마트는 상품 주문을 온라인에서 하고 결제와 상품 수령은 매장에서도 할 수 있는 서비스를 도입했다. 말하자면 온라인과 오프라인의 융합으로, 월마트 온라인을 찾는 고객의 절반 이상이 이 방식을 선호한다. 배송비가 들지 않을뿐더러 며칠씩 기다리지 않고 상품을 바로 손에 넣을 수 있기 때문이다. 이른바 클릭 앤 컬렉트click & collect 서비스다. 온라인으로 제품을 쭉 둘러보고 가격을 비교해 결제한 다음 필요한 시간에 매장에서 직접 픽업하는 것으로 월마트 닷컴의 경우 구매 물량의 절반가량이 매장에서 픽업될 정도로 인기 있는 서비스다.

고객이 원하는 서비스 방식은 분명하다. 더 많은 선택권을 달라는 것이다. 그것이 채널이건 소통이건 간에 만약 기업에서 지정한 선택의 범위가 너무 좁다면 이는 디지털 고객경험을 확실히 망칠 수 있는 나쁜 전략이다. 많은 기업이 '디지털'을 구상할 때, 모바일이나 문자 메시지만 고려한다. 그러나 고객은 옴니채널을 원한다. 디지털 고객의 기대치는 빠르게 높아지는데, 기업은 다양한 채널을 제공하지 못하고 있다. 이를테면 커뮤니케이션도 문자, 카톡, 전화, 채팅, 이메일을 모두 원한다는 것이다. 또한 다른 채널로 자유롭게 확장되고 이동할 수 있길 바란다. 다시 말해, 모든 채널에서 물 흐르는 듯한 끊김 없는seamless 경험을 기대한다. 즉 고객이 바로 전화를 걸 수도 있지만 문자 서비스로 문의한 다음 전화를 연결하는 앱을 사용할 수도 있으며, 이들 경험은 서로 긴밀하게 연동돼야 한다. 고객은 계속해서 같은 말을 반복하길 원하지 않기 때문이다.

요즘은 매장을 제품 구경만 하는 전시장 역할로 삼는 쇼루밍족이 늘어났다. 스마트폰 대중화와 가격 비교 앱의 출현 때문이다. 온라인 쇼핑몰에 대한 신뢰도가 높아진 것도 큰 원인이 되었을 것이다. 초창기에는 결제, 품질, 배송, 설치, 환불 등을 둘러싸고 고객불만이 빈발했지만, 지금은 안전한 구매를 보증하는 제도가 강화되고 디지털 기술을 접목하면서 온라인 거래에 대한 신뢰가 꽤 쌓인 덕분이다. 결국 나는 N 쇼핑몰에서 최저가를 찾아 구매했다. 그런데 구매 후 전화나 문자 한 통 없이 일주일이 지났다. 거금을 투자했는데, 조금 불안했다. 일주일이 지나서야 제조회사의 설치

기사가 곧 전화를 드릴 것이라는 문자가 왔다. 대체로 기업은 온라인 고객에 대해서 서비스 품질을 높이려는 관심도가 떨어지는 경향이 있다.

고객들이 어떤 서비스를 이용할 때 불만을 느끼는 점 가운데 다른 하나는 현재 진행 상황에 대한 정보가 제때 제공되지 않는다는 점이다. 진짜로 시간이 오래 걸려서 기다려야 하는 것과 어느 정도로 진척이 되고 있는지 상황을 전혀 알 수 없는 상태에서 기다리는 것은 큰 차이가 있다. 인터넷 쇼핑으로 상품을 주문하면 쇼핑몰 업체는 발송과 함께 택배 상품을 고객이 눈으로 추적할 수 있는 정보를 제공해야 하는 이유다. 이렇게 서비스에 대한 정보가 가시화되면 고객은 똑같은 시간이 걸리더라도 덜 불안해하고 조바심을 느끼지 않는다.

디지털 기술의 발달과 채널이 늘어나면서 고객의 구매방식이 변했다. 그러나 본질은 바뀌지 않는다. 그래서 옴니채널 전략을 추진함에 있어서 새로운 기술과 서비스를 도입하는 데 급급하기보다는 본질인 '고객'을 이해하는 데 초점을 맞추어야 한다.

고객에게 일관된 경험을 제공하기 위해서는 상품과 고객 정보를 하나로 통합하여 온·오프라인 어느 매장을 가더라도 동일하게 주문, 배송, 반품 등의 지원을 받을 수 있어야 한다. 보통 우리나라 온라인 쇼핑몰은 온라인 상거래(찾기, 구매)만 진행한다. 이렇게 되면 완벽한 쇼핑경험을 제공하기 어렵다. 그러나 아마존은 제품 찾기, 구매, 결제, 배송받기 등 쇼핑의 모든 경험에 직접 관여한다. 그 대표적 사례가 예측배송이다. 기존 주문과 검색 내역, 구매 희망 목록 등의 데이터를 기반으로 주문 가능성이 큰 제품을 해당 고객 근처의 물류창고로 미리 발송해 놓는 것이다. 고객이 '구입' 버튼을 클릭하기 전에 이미 배송이 진행되고 있는 것이다.

| 한 고객의 모든 디바이스를 연결하라

난 아침마다 산책하면서 스마트폰으로 유튜브에서 음악을 듣는다. 사무실에서는 PC에서 유튜브를 본다. 집에서는 TV를 통해 손녀 해인이와 '보람튜브'를 즐겨 시청한다. 주말에 카페에서는 태블릿 PC로 유튜브에 접근한다. 유튜브는 내가 태블릿 PC이건 스마트폰이건 어느 채널을 사용하건 누군지를 알아보고 개인별 기호를 파악하여 맞춤 서비스를 추천한다. 또한 여러 채널을 넘나들며 끊김 없는 연결을 통해 소비자와 밀접하게 접촉하고 있다. 이것이 바로 'N스크린'이다. 흔히 음식값을 여러 명이 똑같이 나눠 내는 것을 두고 "N분의 1 한다"라고 말한다. 여기서 'N'은 비용을 나눌 사람의 수를 의미한다. 'N스크린N-screen'은 영화, 음악 등 하나의 멀티미디어 콘텐츠를 N개의 기기에서 '연속적으로' 즐길 수 있는 기술(또는 서비스)을 말한다. 예를 들어 가정에서 TV로 보던 방송이나 영화를 외출하면서 스마트폰이나 태블릿 PC로 '이어 볼 수' 있는 것이 N스크린이다. 어떤 기기든 마지막으로 보던 장면부터 N개의 IT 기기에서 시청할 수 있는 것이다.

옴니채널 마케팅이 되기 위해서는 온·오프라인의 다양한 채널을 통해 들어오는 데이터에 따라 고객의 구매 프로세스에 맞는 '제품인지→탐색/비교→구매/결제→배송→사후관리' 등이 통합되고 서로 끊김 없이 연결되어야 한다. 앞서 언급한 원클릭은 인공지능 스피커나 전자레인지와 같은 특정한 제품에서만 제공되는 기능이 아니다. 스마트폰이나 컴퓨터를 이용한 패턴은 물론, 오프라인에서 물건을 구매하고 서비스를 이용한 정보까지 함께 분석해서 서비스를 제공해 준다. 말 그대로 특정한 디바이스가 중심이 되는 것이 아니라 여러 디바이스에서 생성된 데이터가 한 사람을 중심으로 종합적으로 이용되는 것이다. 이것이 바로 옴니채널의 핵심 개념이다. 고객은 전화, 이메일, 문자 메시지SMS, 매장방문, 실시간 채팅, 소셜 미디어 등 그때그때 자기가 선호하는 채널을 통해 기업과 대화하길 원한다. 무엇보다도 이러한 채널 간에 정보가 서로 단절되지 않아야 한다. 고객이 이메일 문의 후 전화로 다시 문의했을 때, 상담직원은 고객의 이메일 문의 내용은 물론 구매 기록 등을 확인하며 고객과 대화할 수 있어야 한다.

디지털 트랜스포메이션은 우리 삶의 가장 깊은 곳까지 침투해 있다. 가장 쉬운 예로 99%의 음식점들이 배달 플랫폼을 기반으로 영업하고 있다. 과거 전단지를 보고 주문하던 시대가 끝난 것이다. 그렇다면 소상공인들의 생존 비결은 한마디로 '디지털 경험digital experience'에 있다. 디지털을 통해 고객들에게 어떻게 우리 매장의 탁월한 서비스를 전달할 것인가에 해답이 있는 것이다. 이미 탁월한 매장과 기업들은 디지털 기술을 활용하여 고객의 요구needs가 아닌 숨은 욕구wants를 해결해 고객의 마음을 사로잡고 있다. 이제 모든 기업은 온라인이건, 오프라인이건 디지털 소비자의 새로운 표준을 받아들이고 디지털 경험에 주목해야 한다. 여기에 고객감동 서비스의 미래가 달려 있다.

디지털 기술에
아날로그 감성을 더하라

| 디지털 패러독스

디자인 문구와 인테리어 소품을 판매하는 한 업체에서 '서비스 전략'에 대한 강의 의뢰가 들어왔다. 그런데 교육담당자가 조심스럽게 부탁이 하나 있다고 했다. "매장에 오셔서 반나절만 저희 판매 점원들의 근무 모습을 직접 지켜봐 주실 수 있겠느냐"는 부탁이었다. 흔쾌히 '좋다'고 했다. 어느 날 오전 매장을 방문하여 직원들의 모습을 관찰하고 있는데 50대 중반쯤 되는 부부가 만년필 매장 앞에 다가오더니 진열대에 있는 만년필을 가리키며 이렇게 말하는 것이었다. "여보, 이 만년필 큰애 서울대 입학선물로 사주었던 그 만년필이네요." 남편의 목소리가 얼마나 크던지 한참 뒤에 떨어져 있는 나한테까지도 또렷하게 들렸다. 매장직원은 환하게 웃으며 부부에게 다가섰다. "이 만년필 찾으세요? 자녀분들 입학선물로는 최고예요." 그 모습을 지켜보는 나는 '아차!' 싶었다. 부부가 말하고 싶은 '내면의 외침'을 매장직원이 차갑게 외면해 버렸기 때문이다. 이 직원은 아주 친절했지만, 고객 입장에서는 아니었다. 고객에게는 "아드님이 서울대 다니세요? 자랑스러우시겠어요!"라는 말이 정답이다. 표면적으로 보이는 니즈는 만년필을 구매하는 것이지만 "우리 아들이 자랑스럽다"라는 말도 함께 하고 싶었는데, 직원이 이를 알아채지 못한 것이다.

이 광경을 지켜보면서 갑자기 떠오르는 생각이 하나 있었다. 고객이 외치는 내면의 함성을 '사람도 잘 못 알아듣는데 인공지능이나 챗봇이 과연 알아들을 수 있을까'라는 것이었다. 고객이 매장을 직접 찾거나 콜센터에 전화를 거는 이유를 살펴보면 구매나 정보 획득 외에도 충족시켜야 할 니즈가 다양하다. 잘 훈련된 접점 직원들이나 경력이 많은 상담사만이 고객의 이러한 니즈를 잘 충족시켜 주고 있다. 서투른 직원을 만난 고객은 문자 메시지나 카카오톡 등으로 고객상담 만족도 조사를 해 보면 높은 점수를 주는 데 아주 인색한 편이다. 아주 친절하게 응대했는데도 도대체 좋은 점수를 주지 않는 이유가 무엇 때문인지를 상담사나 판매원은 이해하지도 못한다. 표면적인 니즈는 해결했지만 '인정'과 '공감'이라는 잠재적 욕구는 제대로 충족하지 못했기 때문이다.

코로나19라는 유례없는 상황에서 디지털 트랜스포메이션의 속도가 이전과는 비교할 수 없을 정도로 빨라지면서 사람들은 비대면 서비스의 편리함과 효율성을 경험하기 시작했다. 그런데 언택트 경험이 늘어날수록 디지털 기술의 한계도 더욱 분명하게 드러나고 있다. 너무 디지털 기술에만 의존하게 되면서 인간적 공감과 따뜻한 체온으로 스킨십하는 휴먼터치적인 감성이 더욱 그리워지고 있는 것이다. 이 말은 첨단기술과 언택트 상황이 발전할수록 역설적으로 사람의 따뜻한 감성에 대한 터치가 더욱 중요해질 것이라는 의미이다.

접점 직원이 추구해야 할 지향점은 바로 공감이다. 자연스럽고 인간미 넘치는 고객과의 상호작용은 긍정적인 고객경험을 만드는 데 아주 중요하다. 인간만의 영역인 공감을 통해 고객의 감성까지 건드리는 고품질의 상담을 위해서 디지털 기술과 감성지능을 두루 갖춘 접점직원이 필요한 이유다. 디지털의 등장이 아날로그의 종말을 전제로 하는 것은 아니다. 세상엔 아날로그와 디지털이 공존하고 있다. 제4차 산업혁명이란 화두가 세상에 던져지자 모든 국가와 기업은 이제 아날로그 세상은 끝난 것처럼 생각하고 있다. 디지털 트랜스포메이션이 중요해졌고 마케팅 테크놀로지가 최근 가장 핫한 이슈이긴 하지만 이럴 때일수록 더욱 높아져야 할 것은 사람의 감성을 다루는 아날로그에 관한 관심이다. 아날로그를 간단하게 한마디로 정의하면 '인간'이다. 『메가트렌드Megatrends』라는 책으로 명성을 얻은 미국의 미래학자 존 나이스비트John Naisbitt는 20년 전 인간적 감성인 '하이터치high touch'라는 화두를 던졌다. 우리말로 직역하면 '고감도'란 뜻으로, 하이테크high-tech의 정반대 개념으로 인간적 감성을 강조한 것이다. 터치는 '손을 비롯한 신체 부위로 무엇인가를 물리적으로 만지다'라는 뜻이지만 '사람의 마음을 감동시키다'라는 의미도 지닌다.

즉, 디지털 기술이 고도화될수록 보다 인간적이고 따뜻한 감성적 터치가 우리가 지향해야 할 핵심 가치라는 주장이다. 그러나 오늘날의 하이터치는 단순히 하이테크의 대극에 있다기보다는 하이테크와 휴먼터치의 균형 감각을 갖춘 융·복합 개념으로 이해하는 편이 적절하다. 이렇게 보면 '하이테크'는 오늘날 '디지털'로, '하이터치'는 '아날로그'로 대체하면 딱 들어맞는 개념이다. 고도의 디지털 기술과 인간적 감성이 하나로 합쳐진 것이 바로 '하이터치'라고 할 수 있다. 예를 들어 콜센터에서 챗봇 같은 인공지능이 상담사의 역할을 상당 부분 대체하고 있다. 그런데 챗봇 상담을 받아 본 고객들의 만족도는 생각만큼 높지 않다. 인공지능을 활용한 고객 응대 기술 수준이 부족해서가 아니다. 인공지능과 상담사, 즉 기계와 사람은 본질적으로 다를 수밖에 없기 때문이다. 많은 과학자나 기술자들이 인공지능의 무한한 가능성을 점치고 있지만 가장 마지막 난제로 남겨 놓는 것이 바로 사람만이 가진 '공감 능력'이다. 그렇다면 콜센터가 앞으로 나아가야 할 방향은 '하이터치'에 있지 않을까? 그것을 어떻게 접목하느냐가 고객경험의 성패를 좌우한다.

한 생명보험 상담사로부터 '인공지능 설계사의 등장으로 앞으로 설계사가 없어지느냐'라는 질문을 받았다. 고객에게 상담해 주는 설계사는 숙련된 인력이 담당한다는 점에서 고비용일 수밖에 없을 것이다. 그렇다고 설계사가 없어지지는 않을 것이다. 상호 신뢰성을 바탕으로 한 교감 하에 가정과 개인의 미래를 상담해 주는 '인간' 설계사의 역할을 '인공지능' 설계사로 대체할 수는 없을 것이다. 그렇다면 고객이 챗봇 상담 중 감정이나 맥락에 대한 인지 능력이 부족한 챗봇의 한계를 느껴 인간 상담사와의 상담이 필요할 때 바로 지원 가능한 시스템을 구축하는 것이 중요하다. 그렇지 않으면 고객만족도는 떨어질 수밖에 없다. 자동화 서비스의 한계점을 해결하고 고객의 요구에 한발 앞서 대응하기 위해서는 여전히 휴먼터치가 필요하며, 이때 고객서비스를 매끄럽고 일관성 있게 전환하는 것이 중요하다. 이를 위해서는 챗봇을 포함한 다양한 서비스 채널과 접점을 넘나드는 채널 간의 통합이 이루어져야 한다.

| 블렌디드 서비스

따라서 콜센터는 디지털이 상담사를 보조하는 상호 보완적 관계에 놓여야 한다. 일차적으로 챗봇과 RPARobotic Process Automation 같은 인공지능 기반의 가상 에이전트가 신속하고 정확하게 처리하고, 그들이 다루지 못하는 전문적이고 인간적인 영역에서 인간 상담사에 의한 하이터치 상담을 제공하는 것이 콜센터의 고객 맞춤형 대응 전략이 되어야 한다. 챗봇에 의해 필터링된 분량만큼 생산성은 향상된다. 이른바 '블렌디드 서비스'라고 할 수 있다. 미국의 시장 조사 전문기관인 포레스터 리서치Forrester Research 의 연구 결과에 따르면, 인공지능과 휴먼터치의 블렌디드 서비스blended service를 제공하고 있는 기업 중 68%는 운영 효율성이 향상되었고, 61%는 고객만족도가 향상되었으며, 66%는 상담사 생산성이 향상되었다고 응답하고 있다. 결국 미래의 콜센터는 디지털 기술과 인간적인 감성의 결합이 가장 완벽한 접점을 만드는 핵심이 될 것이다.

고객서비스 분야에 인공지능 기술 도입이 활발하게 이루어지고 있지만 아직은 접점 서비스를 제공하는 데에는 많은 한계를 드러내고 있다. 이러한 한계를 보완하기 위해서는 인공지능 기술에 휴먼터치가 결합돼야 한다는 의미이다. 특히 자연어 처리에 미숙한 챗봇의 어설프고 엉뚱한 상담으로 언캐니 밸리가 발생할 수 있다는 점을 경계해야 한다. '언캐니 밸리 Uncanny Valley'는 일본의 로봇공학자 마사히로 모리의 논문에 나오는 이론으로, 인간을 어설프게 닮을수록 오히려 불쾌함이 증가한다는 개념이다. 우리말로 번역하면 '으스스한 골짜기'라는 뜻이다. 괴상하고 기이해서 반감이나 혐오감이 생길 때 우리는 '으스스하다'라는 말을 쓴다. 마찬가지로

3D 애니메이션에 등장하는 인물을 보고 으스스한 기분이 드는 현상을 가리켜 '언캐니 밸리'라 한다. '골짜기'라는 말은 왜 들어갔을까? 사람들은 주변 사물이나 동물을 볼 때 인간의 형태에 빗대어 생각하는 습관이 있다. 자동차의 헤드라이트를 보고 "눈매가 날카롭다"라고 한다거나 강아지가 앞발을 내밀게 훈련하면서 "손!"이라고 하는 식이다. 로봇도 이와 마찬가지다. 사람의 모습이나 행동과 비슷할수록 호감이 커진다. 뱀이나 거미처럼 생긴 로봇은 혐오감이 들고 괜히 으스스하고 무섭게 느껴진다.

그렇다면 로봇이 사람과 비슷하면 비슷할수록 인기와 호감도 높아지지 않을까? 그래서 탄생한 것이 사람처럼 옷을 입고 사람처럼 말하고 행동하는 인간형 로봇이다. 관람객을 향해 손을 흔들고 두 발로 걷기도 하며 얼굴 표정도 다양하게 변한다. 그러나 로봇이 조금만 부자연스러워도 혐오감을 느끼는 사람이 늘어났다. 3D 애니메이션도 마찬가지다. 실제 사람을 촬영한 것과 비슷한 수준으로 3D 캐릭터를 정교하게 만든다 해도 조금만 부자연스러우면 갑자기 거부감이 들게 된다. 차라리 인형이나 요정처럼 사람이 아닌 다른 존재를 3D로 나타내면 약간 어색하고 낯설어도 관객들은 큰 반감 없이 받아들인다. 그러나 사람이라면 이야기가 달라진다. 이러한 언캐니 밸리가 로봇의 외양에만 있다고 볼 수 없다. 외양 없이 인간과 대화가 일어나는 챗봇의 지능이 어색할 경우 콜센터의 단순한 메뉴 방식보다 더 불쾌하거나 불만스러울 수 있다는 점에 유의해야 한다. 더러 고객은 사람에 의한 상담인지 챗봇에 의한 상담인지를 구분하지 못하고 채팅하는 경우도 있다. 이때 인간이 아닌 챗봇이 상담하고 있음을 사전에 알려주는 것도 언캐니 밸리 현상을 예방하는 한 가지 방법이 될 것이다.

| 차가운 기술 + 따뜻한 휴먼터치

최근 1~2년 사이 우리에게는 큰 변화가 찾아왔다. 디지털 기술을 통해 비대면 서비스의 편리성과 효율성을 경험한 것이다. 그러나 첨단기술에 의해 언택트화될수록 역설적으로 디지털 기술의 한계도 드러나고 있다.

사람과 사람, 관계와 관계에서 발생하는 피로에 스스로 방어벽을 세우던 사람들이 이제는 관계를 그리워하며 우울증을 호소하기도 한다. 스마트 기기는 SNS를 통한 타인과의 교류 욕망을 끊임없이 자극함으로써 오히려 현대인의 외로움을 증폭시키고 있다. 이른바 '디지털 패러독스Digital Paradox'다.

디지털 기술로 언택트 현상이 가속화될수록 비즈니스나 서비스가 지향해야 할 방향은 인간과의 단절이나 대체가 아니라, 인간적 접촉을 보완해주는 역할이어야 한다는 점이 부각되고 있다. 역설적이게도 언택트 기술이 '휴먼터치Human Touch'의 필요성을 더욱 크게 만들고 있어야 한다. 휴먼터치는 인간적인 손길을 기술로 만들거나 기술을 최대한 인간적으로 만들겠다는 것이 아니라, '인간의 손길이 여전히 필요하다'는 점을 의미한다. 온라인과 오프라인이 혼재한 시장에서 소비자가 구매 결정을 내리는 '진실의 순간'은 디지털 기술로만 완성될 수 없다. 고객과 진정한 공감대를 끌어내고, 전체와 맥락을 읽어내는 능력은 아직 인간에게만 있기 때문이다.

지금 리테일 업계의 화두는 단연 언택트, 로봇, 드론 등 첨단기술을 기반으로 하는 서비스들이다. 그런데 최근 미국의 테크 허브인 실리콘밸리가 위치한 샌프란시스코에서 로봇 기반 레스토랑과 카페들이 문을 닫고 있다는 기사들이 나오고 있다. 카페XCafé X, 로봇 피자 브랜드 줌Zume, 버거 레스토랑 크리에이터Creator 등이 그 주인공이다. 기술 혁신의 사례로 주목받아온 로봇 레스토랑들이 잇달아 문을 닫는 상황이 벌어지고 있는 것이다. 왜 이런 현상이 생기는 것일까? 내 경험으로 봐도 이런 현상이 생기는 이유는 쉽게 찾아낼 수 있다. 몇 달 전 사무실 근처 식당에서 점심을 먹고 나오는데 한 가게 앞에 많은 사람이 모여 있었다. 호기심에 이끌려 가게 안으로 들어가 봤더니 로봇이 커피를 만들어 서빙해 주고 있었다. 나도 아이스커피를 주문했더니 만든 시간은 1분 30초, 가격은 캠페인 기간이라 할인해서 2,900원(정상가격 3,900원)이었다.

다들 신기해하며 사진을 찍고 주문하는 고객들도 꽤 많았다. 그런데 서너 번 들렀더니 금방 시들해졌다. 이제는 그 가게에 아예 들르지 않는다. 테이크아웃으로 앉아 있을 수 있는 공간도 없을뿐더러 커피 로봇이 규칙적으로 움직이는 모습도 처음과 달리 참신해 보이지 않았고 가격도 정상 가격으로 돌아와 스타벅스 가격이랑 별 차이가 없었다. 더구나 커피 맛은 그냥 평범했다.

로봇 카페와 레스토랑이 소비자 사이에서 인기가 커진 이유 중 하나는 '인스타그래머블(인스타그램에 올릴 만하다는 뜻)' 하기 때문이다. 앞서 언급한 미국 카페X의 경우도 주문한 후 커피가 만들어지는 동안 로봇이 춤을 춘다. 커피가 완성되는 순간에 '짜잔' 하며 로봇이 춤을 추는 동작은 보는 사람들에게 재미를 선사한다. 스파이스 레스토랑에서도 여기저기에서 스마트폰으로 샐러드 제조과정을 녹화하느라 바쁜 소비자들을 발견할 수 있다. 이렇게 로봇 레스토랑은 인건비를 절약해 가격을 낮추는 한편 소비자들에게 첨단기술을 시연함으로써 흥미를 느끼게 할 수 있다는 장점이 있다.

그런데 카페에 로봇만 있으면 성공할까? 나는 처음 로봇 커피점을 방문했을 때부터 몇 가지 의문이 들었다. 주문과 제조공정, 춤추는 로봇 팔을 보면서 과연 이 모델이 장기적으로도 살아남을 수 있을까 하는 의구심이었다. 로봇 팔이 춤추면서 커피를 만드는 모습은 처음 몇 번은 흥미롭지만, 커피 제조 공정은 사실 일반 매장의 커피머신과 별다를 게 없었다. 무엇보다 커피 맛이 평범한 수준이었다. 레스토랑이면 음식의 맛, 카페면 커피의 맛이 가장 중요하다. 또 그 공간 안에서 이루어지는 따뜻하고 세심한 고객경험이 디자인되어 있어야 한다. 로봇이라는 콘셉트가 처음 한두 번은 흥미를 끌 수는 있어도, 결국은 상품의 본질, 맛과 고객경험이 장기적으로 안정된 비즈니스를 가능케 하기 때문이다. 미국이나 우리나라나 로봇 레스토랑과 카페가 문을 닫는 이유이다.

| 비효율적인 노력

고객들은 서비스 이용의 불편함이나 잘못된 정보에 대해 매우 민감한 반응을 보인다. 바로 등을 돌리는 고객들도 있다. 특히 인터넷에 갇혀 있거나 셀프서비스가 제대로 되지 않을 때는 더 답답해한다. 이때 비용이 들고 시간이 걸리더라도 셀프서비스 시스템이나 디지털 기기가 아니라 사람의 손길로 성의껏 해결해 주고자 하는 '비효율적 노력'이 고객을 감동시키는 '진실의 순간'이 된다. 진실의 순간을 만드는 가장 강력한 힘은 사람의 손길, 즉 휴먼터치에서 나오는 것이다. 디지털 기술이 고객에게 제공될 때는 인간의 감성이 기술과 상호보완적으로 통합되어야 하는 이유다. 우리가 최고의 디지털 기업이라고 알고 있는 회사들도 비효율적이라는 것은 알고 있지만, 사람의 손길을 필수적으로 거친다. 인간만이 가지고 있는 따뜻한 감성을 기계는 결코 따라오지 못하기 때문이다.

그래서 숙박 공유 기업 에어비앤비Air b&b에는 '위기 대응 전문가crisis response specialist' 서비스가 있다. 사이트에는 이용할 수 있는 집의 사진과 물품, 주인에 관한 정보 등이 올려져 있다. 그런데 사진과 실제가 다르거나 사고가 빈번하다는 등 이용자들의 문제 제기가 빈번했다. 에어비앤비는 직원 중 일부를 불만 제기나 문제 발생 시 이를 해결하는 전담 요원으로 채용하여 실시간으로 대응하게 했다. 사람의 손길이 들어감으로써 비용은 더 들겠지만 직접 현장을 방문하여 문제를 해결하거나 이용자에게 전화 연락을 취하여 불만 사항을 접수하고 재발을 방지하는 역할을 하는 것이다.

개인 스타일링 서비스로 유명한 의류 회사 스티치픽스도 사용자가 선호하는 패션 스타일을 기반으로 인공지능의 알고리즘을 추천 시스템에 적용한다. 인공지능의 선택 다음에는 소비자들에게 만족할 만한 결과를 주기 위해 스타일리스트의 손을 거친다. 스티치픽스의 스타일리스트 수는 3,000명에 달한다. 스타일리스트의 오랜 경험과 세련된 패션 감각을 기반으로 고객과의 직접적인 소통을 통해 더 세심하게 옷을 골라주는 것이다. 예를 들어 고객이 스타일리스트에게 "결혼식에 입고 갈 옷을 추천해 주세요."와 같은 메시지를 전달하면, 스타일리스트가 적절한 옷을 골라 보내주는 것이다. 이러한 인간적인 연결을 통해 감성적인 따뜻함을 느끼게 함으로써 고객충성도를 크게 높이고 있다. 스티치픽스는 고객만족을 위해 우수한 알고리즘과 우수한 인재가 적절히 결합해야 최고의 결과를 만든다는 점을 누구보다 잘 알고 있다. 우리는 기술과 전문성은 중요한 능력으로 인정하지만, 종종 인간적인 요소를 잊고 업무 자체의 생산성에만 집중하는 태도를 보인다. 그러나 더 수준 높은 서비스를 위해서는 구체적이고 휴먼 터치적인 요소를 덧붙여야 한다. 디지털 기술이 소비자들에게 제대로 수용되기 위해서는 무엇보다 인간에 대한 이해가 선행되어야 하는 이유다.

| 휴먼터치를 느끼게 하는 법

오늘날 언택트 디지털 기술은 독자적으로 기능하는 것이 아니라 인간적 휴먼터치와 상호보완해 주는 역할로 업그레이드되어야 함을 앞에서 살펴보았다. 본격적인 비대면 시대를 맞아 어떻게 하면 비즈니스와 서비스에 최대한 사람의 숨결과 감성을 불어 넣을 수 있을까? 고객이 휴먼터치를 느끼게 하는 방법으로는 ① 고객이 머무르고 싶은 공간 만들기 ② 디지털 기술에 인간적인 목소리를 불어 넣기 ③ 인간미가 느껴지는 글씨체 사용 ④ 물리적 실존감을 느끼는 장치 등을 생각해 볼 수 있다.

① 고객이 머무르고 싶은 공간 만들기

앞서 움프쿠아 은행은 '고객이 머물고 싶은 은행'이라는 콘셉트로 공간과 서비스 자체에 고객이 휴먼터치적인 감성을 느끼도록 재구성했다고 설명을 한 바 있다.

은행 입구에 들어서면 은행의 내외부 디자인과 서비스를 최고급 호텔 수준으로 개선하자는 '프리티 쿨 호텔Pretty Cool Hotel' 캠페인을 벌여 고객들이 오랜 시간 은행에 머물면서 다양한 체험을 할 수 있는 여유로운 공간으로 바꾼 것이다. 이를 위해 전 직원이 서비스 사관학교로 유명한 리츠칼튼 호텔 서비스 스쿨에 파견되어 교육받고, 심지어는 카페에서 커피 바리스타 교육까지 받게 하기도 했다. 고객이 매장에 머무는 시간을 늘려서 은행 서비스를 더 많이 이용하도록 유도한 것이다. 이는 고객이 지점에 머무는 시간이 길수록 투자하는 금액도 커진다는 이른바 슬로 뱅킹slow banking 이론에 입각한 것으로, 기존 은행들의 딱딱하고 무미건조한 이미지에서 벗어나 고객들이 색다른 분위기를 즐기며 편안한 마음으로 이용할 수 있는 멋진 공간으로 탈바꿈시켰다.

대다수의 은행들이 제공하는 기계적이고 비인간적인 서비스에 식상한 고객들에게 마음에서 우러나오는 친절하고 안락한 서비스를 제공한 인간 중심의 감성화 전략은 고객들의 큰 호응을 이끌어냈다. 또한 디지털 혁신 프로젝트의 일환으로 움프쿠아는 1년여 테스트 기간을 거쳐 모바일 뱅킹 앱 '인 움프쿠아 고-투Go-To'를 선보였다. 이는 모바일 뱅킹에 휴먼터치를 절묘하게 결합한 일종의 '디지털 프라이빗 뱅킹'이라 할 수 있다.

고객이 모바일 앱을 통해 실제 지점에서 근무하는 직원들의 자기소개 사진, 은행경력, 취미 등의 개인 신상 정보를 조회한 후 선택하면 전담 상담원으로 배정받고, 스마트폰의 음성·화상·문자 서비스 등으로 직원과 수시로 커뮤니케이션하며 현금거래 이외 업무 대부분을 처리할 수 있다.

② 디지털 기술에 인간적인 목소리 불어 넣기
인공지능 스피커에게 사용자들이 가장 많이 건넨 말은 무엇일까? "TV 좀 켜줘" 또는 "지금 몇 시니?" 이렇듯 기능적인 질문을 던졌을까? 틀렸다. 정답은 다름 아닌 "사랑해"다. 이어서 "안녕!"과 "뭐 해?"가 순위에 올랐다

고 한다. 2019년 KT 인공지능 스피커인 '기가지니'에게 사람들이 가장 많이 이야기한 키워드를 살펴본 결과다. 첨단 디지털 기술이 주는 편리성을 넘어 '인간성'을 갖춘 기술이 절실한 이유다.

ARS 음성이 사람 목소리라고 여기는 이는 그리 많지 않을 것이다. 노르웨이 DNB 은행은 바로 이 점에 착안하여 자사 ARS 안내 음성 메시지를 노르웨이 소년합창단의 화음을 넣어 큰 반향을 일으켰다. 이를 통해 고객은 비록 자동응답장치와 마주하고 있지만 잠시나마 '사람을 통해 서비스받고 있다.'라고 생각하게 된다. 기술에 인간적인 감성과 따뜻한 체온을 넣기 위한 여러 시도 중 하나가 인공지능 스피커 분야다. KT는 특정인의 음성 데이터를 AI가 학습해 진짜 목소리처럼 구현하고 있다. SK텔레콤은 AI 스피커 누구NUGU에 '누구 셀럽 알람' 기능을 도입하며 첫 셀럽으로 걸그룹 레드벨벳의 멤버 아이린의 목소리를 담았다. 이 기능을 통해 사용자는 다양한 알람을 아이린의 목소리로 제공받을 수 있다. 예를 들어 사용자가 자신의 이름이나 애칭을 입력하면 아이린이 "(해인아) 밥 먹자", "(자기야) 일어나"라고 옆에서 속삭이듯 말하는 소리를 들을 수 있는 것이다. 아나운서의 반듯한 표준어와 목소리로 길 안내를 해주던 내비게이션의 사투리 버전이 인기를 끄는 것도 이런 맥락에서 이해할 수 있을 것이다.

③ 인간미가 느껴지는 글씨체 사용

휴먼터치에 인간미를 느끼게 하는 또 다른 방법으로는 글씨체가 있다. 오스트리아 인스브루크대학 롤랜드 슈롤Roland Schroll 교수의 연구에 따르면, 브랜드 로고에 손으로 쓴 듯한 폰트만 사용해도 음식에 더 많은 정성을 쏟는 식당으로 인식되며, 손님들이 더 친밀감을 느낀다고 한다. 만약 친환경

농산품 판매회사라면 사장이 직접 쓴 삐뚤삐뚤한 손글씨가 한층 진정성을 느끼게 해줄 것이다. 이런 손글씨는 제품 뒤에 있는 '인간미'를 일깨워서 소비자와 제품의 감정적 애착을 강하게 만들고 제품을 호의적으로 평가하게 만들기 때문에 판매 가능성을 그만큼 높여준다.

④ 물리적 실존감을 느끼는 장치

인간은 여전히 물질적인 존재이다. 아무리 디지털 커뮤니케이션 도구인 카카오톡이나 이메일로 축하나 사랑을 표현해도 물질적인 정표가 따라붙어야 한다. 원래 축하祝賀라는 한자어는 빌 축祝, 축하할 하賀로 구성되어 있다. 축祝은 신전에서 기도하는 모습을 나타내고, 하賀는 돈을 뜻하는 조개 패貝에 더할 가加로 구성되어 있다. 돈을 더해야 한다는 말이다. 나 역시 생일에 카톡 등을 통해 꽃이나 케이크가 그려진 축하 메시지를 받곤 한다. 그런 메시지를 받을 때마다 "커피나 생일 케이크 같은 모바일 상품권이라도 함께 보내면서 축하해야 하는 거 아닙니까?"라고 답신하곤 한다. 농담 삼아 한 말이지만 진심이 그렇다. 말로만 축하하기보다는 꽃 한 송이라도 함께 줘야 진짜 축하라고 생각하기 때문이다. 따라서 물질적인 정표로 돈이 들어가지 않는 축하는 축祝은 되지만 하賀는 되지 못한다. 참고로 코로나 시절에 직원들이 원하는 소통방식으로는 술이나 음식을 먹는 회식 대신 그 비용으로 기프티콘 등 모바일 상품권을 대신 선물받는 언택트 회식을 가장 선호하는 것으로 나타났다.

비대면의 사회에서 우리는 어쩔 수 없이 상대의 얼굴이나 실체를 볼 수 없어서 현실감이 떨어지는 건 어쩔 수 없다. 이는 비대면 사회에서 디지털 도구로 소통하되 상대에게 손에 잡히는 실체감을 포함하는 것이 중요하다는 점을 시사한다. 삼성전자는 '삼성 청년 SW 아카데미' 수료식을 비대면으로 진행하고 있다. 그런데 수상자 정도의 사람만 직접 수료식에 참여하고 나머지 대부분 학생은 집에서 온라인으로 참가한다. 그런데 온라인으로 참가한 수료생들의 자리에 모든 학생을 인형으로 만들어서 의자에 앉혀 주어 화제가 된 적이 있다. 실제로 직접 수료식에 온 학생들은 자기 자리에 앉고, 참석하지 못한 동료 친구의 인형을 보면서, 함께 셀카를 찍기도 했다. 인형 배치라는 작은 조치가 만드는 물리적 실존감으로 휴먼터치적인 따뜻한 요소가 되살아난 것이다.

지금까지 살펴본 기업의 성공 사례와 전략을 통해 우리는 디지털 트랜스포메이션 전문가는 어떤 사람이어야 하는가를 파악할 수 있다. 디지털 트랜스포메이션이라는 용어가 말해 주듯이 기존의 어떤 것을 새로운 어떤 것으로 변환해야 하므로 기존의 것과 새로운 것을 모두 이해하고 있는 인재여야 한다. 또한 인간에 대한 이해와 디지털 기술에 관한 전문성을 두루 갖추어야 한다. 콜센터 현실을 모르고 어떻게 콜센터를 디지털화할 수 있겠는가? 디지털 네이티브의 행동 패턴과 기술을 깊이 이해하지 못하는 기존 세대가 어떻게 MZ세대의 참신한 제안을 제대로 수용할 수 있을까? 파괴적이든 점진적이든, 프로세스의 재설계 경험이 없는 사람이 솔루션 적용 중심으로 문제를 해결하려는 시도가 가능하겠는가?

디지털 트랜스포메이션을 성공시키기 위해서는 조직 내에 이러한 내용을 두루 경험한 전문가가 있거나 이러한 능력의 화학적 결합이 가능한 팀이 구성되어야 하는 이유다.

고객충성도의 새로운 자원_
게임화

| 우리 주변에는 늘 게임이 있다

올해 다섯 살 된 외손녀 '해인'이와 세 살 된 손녀 '율리'에게 내 통장의 뭉
칫돈(?)을 어느 날 넘겨주기보다는 할아버지가 아끼고 짬짬이 모아서 준
돈의 의미를 느낄 수 있는 방식으로 목돈을 만들어 건네주고 싶었다. 여러
금융상품을 찾아보다가 'KB 스마트 스타폰 적금'에 가입했다. 다른 적금
통장과 달리 3천 원에서부터 10만 원까지 쉽고 재미있는 방식으로 푼돈을
저축할 수 있도록 설계되어 있었다. 스마트폰 화면의 커피, 택시, 간식 등
의 아이콘을 누르면 바로 그 금액만큼 통장에 저축되는 방식이다. 예를 들
어 커피 한잔이 생각날 때 커피숍 대신 사무실에서 마시고 아낀 커피 비용
을 저축할 수 있다. 마찬가지로 택시를 타는 대신 버스 · 지하철을 이용하
고 택시 아이콘을 터치하면 택시를 탄 셈 치고 1만 원이 저축된다. 대부분

의 은행이 신규 고객을 유치하기 위해 금리를 추가로 제공하는 데 반해 이 상품은 재미fun를 가미했다. 또한, 재미 요소로 계좌를 동물농장화했다. 고객은 스마트폰 앱에서 마치 게임을 하듯이 동물을 육성하고, 이 과정에서 추가 금리를 받게 된다. 예컨대 하루 커피 또는 술값을 절약하고 아이콘 적립을 하면 농장에 먹이가 늘고 금리도 오른다.

10여 년 전쯤에 하나은행의 'S라인 적금'도 게임 형식의 재미와 성취감을 느끼게 하는 신선하고 재미있는 상품이었다. 다이어트에 성공하면 우대금리를 제공하는 적금이었는데, 가입 후 1년 이내에 체중을 3% 이상 줄이면 0.3% 포인트, 5% 이상 줄이면 0.5% 포인트의 우대금리를 얹어줬다. 건강생활 서약서만 작성해도 0.1%포인트의 우대금리를 적용해 주었다.

최근 사용자가 크게 증가하고 있는 삼성페이나 카카오페이 등 간편결제 서비스도 사용자의 소비를 게임화하여 보상하고 있다. 특히 고객의 행동과 결과에 따라 사후적으로 금리를 보상할 수 있는 금융상품에서 재미와 참여 위주의 게임형 마케팅이 확대되고 있다. KB금융지주의 'MZ세대 겨냥하는 미니보험' 보고서에 따르면 "MZ세대는 수익률과 더불어 재미 등 부차적 요소가 가미된 금융상품과 서비스를 선호"한다고 한다. 하나금융그룹은 2017년 멤버십 앱 하나멤버스에 증강현실AR 서비스인 '하나머니고 GO'를 선보인 바 있다. 포켓몬고GO처럼 하나머니고를 구동한 상태로 공간을 비추면 하나금융그룹의 각종 쿠폰과 리워드 혜택을 잡을 수 있는 서비스다. 게임 기법을 적극적으로 활용하는 기업 중 하나는 모바일 금융그룹 '토스'다. 토스Toss는 '송금 지원금', '토스 만보기', '행운퀴즈' 등 다양한 과제를 제시하고, 이에 대해 토스머니를 지급하는 등 금전적 보상으로 소비자의 큰 호응을 얻었다.

디지털 시대에 가장 희소한 자원은 소비자의 관심과 충성도라고 할 수 있다. 정보기술IT 서비스가 플랫폼으로 자리 잡으면서 소비자의 지속적 유입과 관심을 유발하기 위해 기업들은 게임적 요소를 서비스 전반에 가미하기 시작했다. 고객경험에 대해 고민하는 마케터가 반드시 알아야 하는 핫한 트렌드 중 하나가 게임화다. 게임화란 게임 요소들을 활용, 고객이 제품이나 서비스에 몰입하여 반복적으로 사용하게 만드는 기법을 말한다. 플랫폼이나 콘텐츠에 게임적 요소를 반영하는 것으로, 마케팅 용어로는 '게이미피케이션'이라고 표현한다. '게이미피케이션Gamification'은 Game(게임) + ification(명사화 접미사)의 조어로, 우리말로는 간단히 게임화, 좀 더 풀어서 '게임처럼 만들기' 정도로 이해하면 된다. 2002년 영국의 게임 개발자인 닉 펠링Nick Pelling이 처음 사용했지만, 당시에는 크게 주목받지 못했다. 게이미피케이션에 활력을 불어넣은 것은 2007년 애플 아이폰을 필두로 스마트폰이 등장하면서부터다. 스마트폰 앱을 통해 게이미피케이션을 구현하기가 훨씬 쉬워졌기 때문이다.

아무리 기능적으로 좋은 제품을 만들었더라도 감성적 재미가 없으면 고객에게 외면받는다. 소비자 심리학에서는 소비자가 추구하는 혜택을 실용utilitarian과 쾌락hedonic으로 구분한다. 둘 다 제품이나 서비스에 적절하게 반영돼야 하는 요소다. 너무 실용적이기만 해도, 너무 쾌락적이기만 해도 소비자의 호응을 얻기 어렵다. 적절한 균형이 필요한데, 굳이 중요도를 따지자면 쾌락적 요소, 즉 감성적 재미에 더 높은 점수를 줄 수 있다. 실용성이 주로 이성적 판단을 이끈다면, 쾌락적 재미는 행동을 촉발하기 때문이다. 무엇인가에 시간 가는 줄 모르고 빠져 있거나 나도 모르게 계속 클릭하고 있다면 쾌락적 즐거움에 이끌려 무의식적으로 행동한 것이다. 중

독이라는 말이 이때 생겨나게 된다. 쾌락적 즐거움과 재미를 창출하는 대표적 수단이 바로 게임이다. 게임의 요체는 경쟁과 성취감이다. 혼자 하면 재미가 없지만, 상대와 경쟁하면 이기려는 본능이 몰입감과 성취감을 만들어낸다.

'게임'과 '게이미피케이션'의 의미는 구분할 필요가 있다. 게임화의 정의에서 보는 것처럼 단순히 즐기는 게임과 달리 게이미피케이션은 게임이 아닌 분야에서 게임적 사고와 기법을 활용해 행동의 변화를 이끄는 것을 의미하기 때문이다. 게이미피케이션은 게임의 기법이나 원리, 요소를 도입하는 것으로, 그 과정은 게임과 유사하지만, 궁극적인 목표는 비즈니스와 관련된 것이다. 재미없는 일에 도전·경쟁·성취·보상·관계 등 게임적 요소를 가미해 참여도를 높이는 원리다. 구체적인 게임적 요소로 점수 point, 진척표progress bar, 레벨level, 순위표leaderboard, 리워드reward, 타이머 timer, 대전match 등을 차용해 게임이 아닌 일반 서비스에 적용하는 형태로 나타난다. 그래서 게임과 게이미피케이션의 가장 큰 차이점은 행위의 '의도'다. 게이미피케이션은 행동의 변화를 이끄는 것을 목표로 한다. 게임은 행동을 변화시킬 수도 있고 그렇지 않을 수도 있지만, 재미를 추구한다. 게이미피케이션은 늘 재미를 추구하지는 않지만, 재미있다면 더 성공적으로 행동 변화를 이끌어낼 수 있다.

가령, 누군가에게 운동을 시킬 때 그냥 운동장을 10바퀴 뛰라고 하는 것과, 소모 칼로리를 알려주며 칭찬 스티커를 주는 센서가 장착된 운동화를 신고 뛰라고 하는 것 중 어느 게 더 신나고 재미있을까? 두말할 것도 없이 후자다. 나이키플러스의 사례가 이 경우에 해당된다. 센서가 장착된 운동화를 신고 달리면 달린 거리와 소모 칼로리를 계산해 인터넷으로 전송해 준다. 나이키 플러스는 일종의 운동지원 프로그램으로, 다양한 게임 요소를 곳곳에서 찾아볼 수 있다. 러닝 기록에 기반해 레벨이 나타난다든지, 지속적으로 목표를 상기시켜 준다든지, 전체 러너 중 순위가 표시되고 친구들과 경쟁하는 등의 게임 요소가 포함돼 있다.

여기서 주목할 것은 나이키가 운동 결과를 단순히 숫자만 나열하는 방식으로 제공하지 않는다는 점이다. 센서에 입력된 데이터를 바탕으로 기록 경신에 관한 알람을 해준다. 20km 달리기, 100일 동안 100km 달리기 등 미리 정해 둔 특정 훈련 목표를 달성하면 웹사이트에서 가상의 배지와 트로피를 주기도 한다. 사용자가 원하면 페이스북이나 트위터에 자신의 기록을 올려 친구들과 경쟁할 수도 있다. 고객들은 자신의 기록과 성취도를 친구나 다른 나이키 플러스 멤버들과 공유할 수 있다. 포인트가 쌓이면 보상도 받는다. 게임화를 이용하는 기업들이 차츰 늘어나고 있는데, 최근의 트렌드는 디지털 게임의 디자인 기술을 활용하고 그것을 소셜 미디어나 웹 기반의 앱에 적용하는 것이다. VR과 AR 기술이 게이미피케이션과 맞물리면서, 최근에는 또 다른 가상세계인 메타버스의 출현으로 우리는 더 재미나게 가상세계와 현실세계를 넘나들 수 있게 되었다.

우리 주변에서 흔히 살펴볼 수 있는 비즈니스 게이미피케이션은 레스토랑이나 카페에서 흔히 받을 수 있는 '도장 모으기 쿠폰'일 것이다. 스타벅스의 '별 적립 마케팅'도 게이미피케이션의 사례라고 할 수 있다. 스타벅스 카드를 사용할 때마다 별을 적립해 주고, 쌓이는 별 개수에 따라 레벨이 올라가며 혜택이 추가된다. 연말이면 매장에 줄을 설 정도로 인기인 플래너 역시 음료 구매 시 제공되는 스티커를 모아야 하는 게임 요소가 녹아들어 있다.

앞서 게이미피케이션은 원래 게임이 아닌 분야에 게임을 접목하는 방법을 뜻한다고 설명했다. 단순하게는 친구를 도와준 아이에게 칭찬 스티커를 붙여주는 단편적 활동, 지하철역 개찰구에 카메라를 설치하고 그 앞에서 스쿼트를 30번 하면 지하철 티켓을 공짜로 주는 리워드 방식도 게이미피케이션이라 할 수 있다. 그러나 게이미피케이션이 주는 가치를 더 깊게, 오래 유지하기 위해서는 이런 단편적 활동과 리워드 제공만으로는 한계가 있다. 그래서 나이키 플러스 사이트에 들어가면 나이키 플러스 미니Nike + Mini라는 메뉴가 있다. 개성에 따라 아바타를 만들 수 있는 메뉴와 피부색부터 선택해서 사용자의 모습과 흡사하게 꾸며볼 수 있는 '미니'는 달리기 기록에 따라 매번 다른 분위기를 연출할 뿐 아니라 운동을 오랜 기간 쉬면 살짝 삐친 모습을 보이기도 한다. 이와 관련한 실험 결과를 하나 소개하자면 미국 스탠퍼드대 가상 인간 상호작용 연구소Virtual Human Interaction Lab의 실험 결과, 운동할 때 자신과 비슷하게 꾸민 아바타의 모습이 운동 강도나 지속 시간에 영향을 미친다고 한다. '독특하고 즐거운 경험'을 창조하고 증폭하기 위한 게임화의 필요성이 MZ세대를 중심으로 크게 부각되고 있다.

| 현실을 초월한 새로운 세상, 메타버스

메타버스Metaverse란 초월, 추상을 의미하는 '메타meta'와 우주를 뜻하는 '유니버스universe'를 결합한 용어로, 현실과 연동된 가상의 세계라는 뜻이다. 가상세계에서 아바타로 구현된 개인이 서로 소통하고 돈을 벌고 소비하고, 놀이 · 업무를 하는 것을 넘어 우리가 살고 있는 현실세계와 가상세계를 양방향으로 연동하는 개념으로 확장하고 있는 것이다. 메타버스 열풍 뒤에는 MZ세대와 코로나19가 있다. 코로나19로 인해 사회적 거리를 두고 회사 업무, 학교 수업, 각종 모임, 일상생활 등을 모두 비대면으로 하는 과정에서 사람들은 기존의 가상 세상 이상의 것을 찾기 시작했다. 그러한 관심이 모아져 게임이 적용된 새로운 세상이 최근 관심이 집중되고 있는 메타버스이다. 디지털에 익숙한 MZ세대가 집에 머무는 시간이 길어지자 메타버스를 교류의 장으로 선택하기 시작한 것이다.

나도 나름대로 메타버스를 경험해 보기 위해 제페토ZEPETO에 가입하려다 크게 낙담(?)했던 적이 있다. 아이디ID를 만들려니 내 출생 연도가 없는 것이다. 결국 데드라인인 1960년생으로 해서 가입했다. 실제 내 안면인식을 통해서 날 빼닮은 캐릭터를 만들고 몇만 원을 투자해 멋진 안경도 구매해서 캐릭터를 근사하게 치장했다. 제페토는 네이버에서 만든 게임인데도 국내 사용자보다 해외 사용자가 더 많고, 2021년 기준 가입자 수가 2억 4,000만 명을 돌파했다. 이들 중 10대가 80%를 차지하고 있다.

자신을 표현하기 좋아하는 Z세대들이 자신만의 독특한 개성과 스타일을 선보일 수 있는 소셜 미디어 채널로 메타버스 공간과 게임 캐릭터 활용이 늘어나면서 유명상표와 그들이 공감할 수 있는 브랜드 커뮤니케이션 채널로 메타버스를 활용하고 있다. 사용자들이 현실 세계에서 열망하는 브랜드들의 매장을 가상세계에서 손쉽게 방문하여 다양한 패션을 마음대로 아바타를 통해 입어보고 즐기면서 자연스럽게 구매까지 연결될 수 있는 경험을 메타버스 공간 내에서 제공하고 있다.

구찌Gucci는 제페토의 메타버스 공간에 본사가 있는 이탈리아 피렌체를 배경으로 한 '구찌 빌라Gucci Villa'에서 제품을 직접 둘러보고 구매할 수 있는 공간을 제작했다. 구찌 빌라에는 현실 공간에서 판매하는 제품과 동일한 60여 종의 의상, 신발, 가방 등을 착용할 수 있다. 그뿐만 아니라 아바타가 구찌 빌라에 방문해 구찌 제품을 구경하고, 구찌 빌라의 정원에서 미로찾기를 하고 분수 쇼를 구경하는 등 다양한 활동도 할 수 있다. 국내외 핵심 산업에서도 메타버스를 활용하고 있다. 현대자동차는 VR 헤드셋을 쓰고 가상세계에서 북미, 인도, 유럽 직원들과 만나 신차 품평회를 한다.

| 고객 인게이지먼트를 위한 게임화 활용

국내 게임산업의 매출 규모는 2018년 14조가량에서 2020년 17조 원으로 가파른 성장세를 보이고 있다. 지하철을 타 보면 70~80% 이상이 휴대폰이나 태블릿 PC를 보고 있고, 그중 반 이상이 게임을 하고 있다. 이제 게임은 누구나 즐기는 중요한 오락 수단이 되었다. 예전과 달리 10~20대에 국한되지 않고 이용 연령층도 확대되어 가고 있다. 게임이 모바일 마케팅에 있어서 매우 중요한 도구로 주목받을 수밖에 없다.

마케팅과 인게이지먼트의 한 방안으로 많은 브랜드가 게임이나 게임적인 요소를 활용하기 시작했다. 연구 결과에 따르면, 페이지뷰와 커뮤니티 활동 그리고 사이트에서 보내는 시간 등을 감안해 볼 때, 게임화를 통해 100~150% 정도 인게이지먼트를 증가시킬 수 있다고 한다. 따라서 게임 자체뿐만 아니라 캠페인을 위한 앱이나 모바일 사이트 등에 게임 기법을 도입하거나 캠페인 앱 자체를 게임으로 구성하는 게이미피케이션이 활성화되고 있다. 또한 게임은 이러한 재미 요소를 통해 고객의 관심을 끌 수 있고 상대적으로 긴 시간 동안 브랜드와 접촉하게 하므로 고객과 효과적으로 상호작용하는 수단이 되고 있다.

중고거래 앱 당근마켓은 게임적 요소를 서비스에 잘 반영하고 있다. 당근마켓은 인근 지역에 사는 주민들끼리 집 주변에서 직거래할 수 있도록 연결하는 것이 서비스의 핵심이다. 직거래다 보니 게임 성격을 지닌 데다 여느 앱과 달리 지역 기반의 신뢰성 높은 쿨매(쿨한 매매)가 많아 낚는 재미가 더욱 쏠쏠하다. 누가 채가기 전에 내가 먼저 '득템'하는 기분은 묘한 경쟁심과 성취감으로 설명된다. 일상생활 속에서 성취감을 누리기 힘든 시대에 이런 게임적 요소를 통한 성취감 실현은 소소한 즐거움을 만들어낸다.

당근마켓 고유의 개인별 신뢰 등급 제도인 '매너 온도' 제도도 경쟁심과 아울러 성취감을 자극한다.

36.5도에서 시작하여 비매너 평가나 신고를 받을 때마다 매너온도는 감소하며, 좋은 거래후기를 받을 때마다 증가한다. 즉, 매너 온도가 36.5도보다 낮다면 거래할 때 주의해야 한다. 거래하려고 나갔더니 갑자기 늦게 온다거나, 가격을 깎아달라 한다거나, 사진과 실물이 많이 다르다거나 할 때는 매너 온도가 낮아지기 때문이다.

'온도 관리'라는 게임적 요소는 지속적 관심과 재방문을 이끌고 자신과 플랫폼을 동일시하는 연결 효과를 창출한다. 온도가 마치 자신의 얼굴과 같기에 평소 외모 관리처럼 앱 속에서 매너 온도 관리에 집중하게 된다.

오늘날 기업들은 3가지 목표를 위해 게임화를 주로 활용하고 있다. 첫째는 비즈니스 성과를 극대화하기 위해 자발적 참여와 몰입을 이끌어내는 것이다. 게임화를 비즈니스에 이용한 첫 번째 사례는 미국의 유나이티드 항공United Airline이 고객과 브랜드를 연결하고 고객들을 지속적으로 유지하기 위해 도입한 우수고객 마일리지 프로그램이다.

인터넷으로 호텔 예약 서비스를 제공하는 프라이스라인Priceline의 성공 비결도 게임화에 있다. 프라이스라인의 호텔 예약은 입찰bidding을 통해 이루어진다. 고객은 먼저 숙박하고 싶은 지역과 호텔 등급을 정한 다음 희망 가격을 기입한다. 희망 지역에서 이 가격을 받아들인 호텔이 있으면 컴퓨터 화면에 호텔 이름과 주소가 뜬다. 숙박료 결제는 동시에 자동으로 이루어진다. 고객들은 낮은 가격에 입찰에 성공할 경우 쾌감을 느낀다. 다른 호텔 예약 사이트에서 확인한 가격보다 더 '저렴한 가격으로 호텔 예약하기'라는 게임에서 짜릿하게 승리한 고객들은 지인들에게 "워싱턴 근처 5성급 호텔을 겨우 40달러에 예약했어"라고 친구나 지인들에게 입소문을 내는 것이다. 이러한 게임화 덕분에 프라이스라인은 엄청난 입소문을 타고 미국에서 크게 성공했다.

이러한 게임화의 효과는 공공분야에서도 예외가 아니다. 국내에서도 지식경제부가 아파트 관리비 고지서 디자인을 변경하면서 게이미피케이션의 디자인 요소를 접목했다. 아파트 관리비 고지서에 전기에너지 및 열에너지 사용량을 보여주면서 우리 집과 이웃집을 비교할 수 있도록 하여 게임처럼 경쟁을 유도한 결과, 기록적인 한파로 전국 에너지 사용률이 5% 이상 증가했던 시기에도 10%나 에너지 사용량이 감소하는 효과를 얻었다.

게임화의 두 번째 목표는 월마트 사례처럼 직원 훈련이다.

많은 국내외 기업이 메타버스를 업무, 회의, 포럼, 직원교육에 활용하고 있다. 2021년 1월 네이버에 입사한 신입사원은 첫 출근을 코로나19 때문에 재택근무로 시작했다. 하지만 네이버 사옥을 둘러보고 동기들끼리 '인증샷'을 찍고 회식도 했다. 네이버의 메타버스 플랫폼 '제페토'가 무대였다. 사원들은 각자 아바타를 만들어 팀별 미션을 수행하고 가상세계에 조성된 네이버 사옥 투어도 했다. 직원들을 2~3일 내내 강의장에 앉혀놓고 교육하는 것은 재앙에 가까운 일이다. 강의장이나 회의실에서 이루어지는 지루한 교육은 그리 효과적이지 못하다. 미국 월마트는 코로나19 이전부터 VR을 이용하고 있다. 새로 입사한 매장 직원이 실제 고객을 마주하기 전 가상공간에서 고객 응대법을 익히도록 했다. 직원들은 매장에서 벌어질 수 있는 다양한 상황을 미리 경험함으로써 고객응대 능력을 키울 수 있다. 어설픈 고객 응대로 브랜드 이미지에 타격을 받는 리스크를 최소화할 수 있게 된 것이다.

미국 델타항공의 임직원 교육 프로그램도 좋은 사례다. 델타는 임직원들이 지루해하는 예전의 의무적 교육 방식으로는 효과를 볼 수 없다고 판단했다. 결국 델타는 항로, 예약시스템, 세계지리 등을 배울 수 있는 'Ready, Set, Jet'이라는 교육용 게임을 만들었고, 게임을 선보인 첫해 직원들이 1년 만에 평균 4년 분량의 교육을 받은 놀라운 결과를 얻었다. 업무시간에는 하지 않도록 했는데도 이런 결과가 나온 것이다. 일반 직무교육의 경우 정해진 양 이상으로 이수하려 한 직원들이 없었던 것과 상반되는 결과였다.

셋째는 고객의 행동을 바꾸기 위해서다. 앞서 언급한 나이키의 퓨얼밴드와 폭스바겐의 '과속감시 카메라 복권'이 고객의 행동을 바꾸는 데 넛지와 게임화의 요소를 이용한 대표적 사례로 꼽힌다. 자동차 회사 폭스바겐은 게임 하나로 운전자들의 운전 습관을 완전히 바꿨다. '재미이론fun theory'이라는 캠페인 중 하나로 제한속도를 잘 지킨 운전자에게 복권을 제공하고 당첨되면 상금을 주는 캠페인이다. 규정 속도를 준수한 운전자의 번호판을 자동으로 인식하는 기계를 설치한 후, 입력된 번호판 중 추첨을 통해 당첨금을 제공하는 '과속감시 카메라 복권Speed Camera Lottery'을 선보였다. 스웨덴에서 시행한 결과, 주행 속도가 설치 전 32km에서 설치 후 25km로 22% 감소하는 효과를 거둘 수 있다.

게임화라는 것은 결국 고객에게 더욱 독특하고 즐거운 경험을 제공해 고객 인게이지먼트를 증진시키는 것을 목적으로 한다. 그러므로 우선적으로 생각해야 할 점은 고객이 집중할 수 있는 경험을 제공해야 한다는 것이다. 그런 의미에서 앞으로 마케터들은 고객의 집중력을 최대한 이끌어내기 위해 게임을 재미있게 만드는 게임 디자이너의 역량에 관심을 가져야 한다. 게임 디자인에서는 고객의 집중력을 고도로 발휘하는 경험의 종류를 설명할 때 심리학에서 차용한 '플로flow'라는 개념을 사용한다. 플레이어를 플로로 빠뜨리기 위해서는 플레이어의 기술, 지적 수준과 게임이 제공하는 도전 과제 사이의 섬세한 균형이 요구된다. 수준 낮은 과제가 제공되면 플레이어는 이내 지루함을 느끼게 되고, 반대의 경우 좌절감을 맛보게 된다. 게임 디자이너에게는 플레이어가 지루함과 좌절감으로 게임을 그만두지 않도록 유도하는 것이 중요하다.

| 게이미피케이션과 넛지의 만남

'게이미피케이션'은 오래전부터 존재했던 '놀이'를 마케팅 개념으로 재탄생시킨 것으로 볼 수 있다. 게임화는 위에서 언급한 폭스바겐 사례처럼 인간의 심리적 속성을 활용하여 원하는 결과를 강제적이지 않은 방법으로 이끌어낸다는 면에서 부드럽게 이끄는 힘인 '넛지'로 인게이지먼트를 유도하는 수단이라고도 할 수 있다. 게임적 요소를 통해 자연스럽게 콘텐츠, 상품, 서비스 등에 관심을 갖도록 만드는 것이다. 디지털 환경에서도 넛지의 효과는 확연하게 나타나고 있다. 당근마켓의 '매너 온도'와 '활동 배지'는 엄청난 보상은 아니지만, 사용자의 거래에 대한 신뢰와 앱 사용을 수치화하여 보여주는 증거이다. 매너 온도보다 게임화 요소를 적용한 더 매력적인 장치는 '활동 배지'이다. 활동에 대한 보상 개념으로 받는 배지는 자신의 활발한 활동을 보여줄 수 있는 자랑거리가 된다. 사용자들이 자신의 매너 온도를 보여주거나 활동 배지를 받고 자랑하는 등 누가 시키지 않아도 높은 온도와 배지를 받으려고 하므로 앱에 대한 신뢰도와 만족감이 자연스럽게 올라가는 넛지 효과가 확실히 나타나고 있다.

넛지는 행동경제학에 기반하고 있다. 행동경제학은, 이성적이고 합리적이기 때문에 언제나 합리적인 판단을 하는 것이 아니라 비이성적이고 감성적이기 때문에 즉흥적인 판단을 내리는 인간의 행동과 심리를 중점적으로 연구하는 경제학의 한 분야라고 설명할 수 있다. 그렇기 때문에 넛지처럼 사람의 행동을 변화시킬 수 있는 부드러운 개입 같은 동기부여 요소를 제공하여 원하는 행동 결과를 유도할 수 있다고 본다. 게이미피케이션 또한 당근 마켓이나 폭스바겐 사례에서 보는 바와 같이 행동경제학과 유사한 점이 많다. 특히 사용자 참여를 유도하기 위하여 게임 기법의 다양한 동기부여 요소를 제공하여 행동을 강화한다는 측면에서 그 목적이 동일하다고 볼 수 있다. 행동경제학에서도 인간의 다양한 선택 상황에서 긍정적 행동을 유도하기 위해 게이미피케이션의 랭킹, 배지, 포인트 등의 심리적 보상 시스템을 그대로 활용하고 있다. 여기서 행동경제학의 원리에 넛지까지 함께 활용하면 더욱 시너지 효과를 높일 수 있다. 앞에서 설명한 브라질의 'Wi-Fi 택시'가 바로 게이미피케이션과 넛지가 결합한 경우다.

게이미피케이션의 원칙은 '즐거움과 재미를 주면서 자발적으로 움직이도록 동기부여하는 데 있다. 이러한 두 가지 원칙은 자유를 줌으로써 소비자들에게 만족감을 주고, 동시에 자연스럽게 특정 행위를 하도록 유도하는 넛지 전략의 원리를 반영한다고 볼 수 있다. 이제 게임화가 고객충성도를 높이는 기업의 핵심역량의 하나로 부상하고 있다. 게임화의 핵심 포인트는 게임의 요소를 접목하면 지루한 교육이나 빽빽한 설명서를 읽지 않아도 직관적으로 이해할 수 있어 고객의 관심과 흥미를 유발할 수 있다는 점이다.

지금부터라도 고객이 가장 지루해하는 것, 흥미를 잃기 쉬운 부분을 찾아, 게임의 재미를 차용하여 여러분의 비즈니스에 활용해 보기 바란다.

디지털이 없으면
아날로그가 있다

| ○○전자 에어컨 A/S 신청하며 생긴 일

"귀사의 서비스 향상을 위하여 한 가지 제안을 드리고 싶습니다

상담원이 '제품 모델명'을 불러 달라고 한 적이 있는데 (에어컨 뒷면을 들여다보며 불러주긴 했습니다만) 제 생각엔 제품을 설치할 때 기사가 주소, 이름, 모델명 등의 정보가 담긴 QR코드를 제품에 붙여놓고 고객이 바로 QR코드만 찍어 A/S 센터에 보내면 회사에서 제품과 고객 인적 사항을 확인하고 AS 기사가 고객에게 전화하는 편리한 시스템으로 바뀐다면, 이거야말로 귀사가 디지털화된 멋진 고객경험을 선사할 차별화된 기회가 되지 않을는지요. (콜센터 접수 & AS 기사 방문, 다시 콜센터 전화 등의 과정에서 AS 기사와 콜센터에 고객이 통화할 때마다 똑같은 말을 계속 반복해야 합니까?)

오늘 이 책의 원고를 쓰는 날, ○○전자 서비스 홈페이지에 내가 올린

글의 일부이다. 디지털화된 세상에서 고객이 기대하는 건 편리한 고객경험과 신속한 문제해결이다. QR코드를 통한 서비스 혁신은 A/S 센터를 운영하는 모든 회사가 편리한 고객경험을 선사할 수 있는 제안이라고 본다. 나는 ○○전자에 왜 첨단기술을 빨리 도입하지 않느냐고 따지는 것이 아니다. 디지털로 무장한 마이크로소프트, 구글, 페이스북, 아마존, 알리바바 등은 엄청난 기술과 데이터를 확보하여 인공지능화된 맞춤형 서비스를 제공하는데 당신들은 뭐 하고 있느냐고 비난하는 것도 아니다. 오히려 디지털 인프라에 지나치게 투자하는 것을 경계하는 편이다. 디지털 역량을 갖춘 기업을 인수하거나 당장 수익성도 없어 보이는 디지털 기술 개발에 매진하는 기업들도 있지만, 고객들은 그 회사가 무엇에 투자했는지를 전혀 체감하지 못하는 경우가 흔하다. "신기술에 제대로 투자했느냐에 대한 평가 기준은 고객경험을 향상시켰느냐"이다.

물론 엄청난 빅데이터 분석과 함께 첨단 디지털 기술을 개발하고 활용하는 것도 좋겠지만, 이미 우리 주변에 있는 기술이나 아날로그 도구를 활용하여 고객경험 향상에 집중한다면 얼마든지 서비스 혁신을 도모할 수 있다는 것이 내 주장이다. 첨단기술이 반드시 첨단 서비스를 보장하는 것은 아니라는 이야기다. 한 예로, 점심 시간대에 손님이 급증해 길게 줄 서야 하는 불편을 개선한 스타벅스의 '사이렌 오더' 서비스는 오래전부터 존재하던 블루투스 기반의 비콘 기술을 응용한 것이다.

'비콘Beacon'은 50~70m 정도의 근거리에서 사용자의 위치를 확인하여 정보 전송, 상품 결제 등을 할 수 있는 근거리통신 기술이다. 스타벅스코리아가 지난 2014년 5월 '스타벅스 카드' 앱에 덧붙인 기능이 모바일 주문 서비스인 '사이렌 오더'다. 미리 앱으로 커피를 주문해도 시간에 맞춰 매장에 뛰어가지 않아도 된다. 커피가 너무 빨리 나와 식어버릴까 걱정할 필요도 없다. 미리 결제해도 내가 매장에 들어선 뒤에야 커피를 만든다. 직원들은 내가 주문한 음료를 준비한 후 고객의 이름을 부른다. 단, 주문에 사용했던 스마트폰을 소지하고 있어야 한다. 그래야만 매장 안에 보이지 않는 고주파가 고객의 도착과 주문 내용을 직원들에게 전달할 수 있기 때문이다.

요즘 코로나19 역학조사를 위해 활용되는 'QR코드'도 사실 1994년도에 개발된 '구닥다리' 기술이다. QR Quick Response 코드는 일본의 '덴소'사가 개발한 가로, 세로 두 방향의 흑백 격자무늬 패턴으로 정보를 나타내는 매트릭스 형식의 이차원 바코드이다. QR코드의 개념은 그리 어렵지 않다. 매장에서 점원이 계산하기 위해 찍는 바코드와 같다. QR코드는 1차원 바코드에서 출발한 것으로 지금도 마트에서 상품을 결제할 때 많이 사용되는 바코드는 영어 및 숫자를 최대 20자 정도밖에 표현할 수 없다는 한계가 있다. 그래서 더 많은 정보, 다양한 문자를 코드화하기 위해 바코드를 2차원으로 확장한 것이 QR코드이다. 다만, 용어 그대로 '빠른 응답'이 가능하고, 바코드에 비해 작은 공간을 활용하여 100배가 넘는 대용량 정보를 담아낼 수 있으며, 모서리 세 곳에는 위치 찾기 심볼이 있어서 스캔하는 방향에 상관없이 신속하게 인식할 수 있다.

덴소 사가 특허에 대한 권리 행사를 하지 않겠다고 선언했기 때문에 누구나 무료로 QR코드를 생성하고 활용할 수 있게 되었지만, 코로나19 이전까지는 국내에서 결제, 마케팅 등에서 아주 제한적으로 활용되는 기술이었다. 전용 스캔기나 앱이 필요해서 이용이 번거롭다는 단점 때문이었다. 그러나 최근에는 QR코드가 재조명되어 주목받는 기술로 부각되고 있다.

2000년대 들어서 카메라 기능이 있는 스마트폰이 보편화되면서 일반 소비자들도 전용 앱 등을 통해 쉽게 QR코드를 스캔할 수 있게 되었기 때문이다

현재 QR코드가 가장 활발하게 활용되고 있는 곳은 중국이다. 중국은 QR코드 결제가 보편화되어 각종 상점은 물론 음식점, 자판기, 노점상, 대중교통에서도 QR코드를 스캔해 결제할 수 있다. 심지어 중국 시내에서는 깡통 대신 QR코드를 사용하는 거지가 급증하고 있다고 한다. 알리페이나 위챗페이를 켜고 거지가 내민 QR코드에 대면 돈이 결제된다. 신용카드 발급이 까다로운 상황에서 스마트폰 보급이 크게 늘어나 나타난 중국 결제 시장의 특징이라고 할 수 있다. 최근에는 우리나라에서도 식당 테이블서 QR코드를 통해 비대면 주문·결제에 활발히 이용하고 있다. NHN의 모바일 무인 주문결제 서비스 '페이코 테이블 오더'가 대표적이다. '페이코 오더'는 주문을 위해 카운터에서 대기할 필요 없이 이용자가 매장 내 테이블에 비치된 QR코드를 스캔하는 방식으로 주문과 결제를 마칠 수 있는 서비스다. 설빙, 아티제, 빽다방을 비롯한 여러 프랜차이즈 가맹점에 설치되어 있는데, 현재 가맹점 수가 급증하고 있다. 가맹점은 키오스크를 설치하지 않아도 되고 카운터 직원을 채용하지 않아도 된다.

IT 기기와 산업용 장비를 임대하는 한국렌탈의 온라인 고객센터가 내가 앞서 'ㅇㅇ전자 서비스'에 제안한 개념과 흡사하다. 한국렌탈의 온라인 고객센터는 AS 접수, 추가 렌탈, 계약 정보 확인 등 고객들의 다양한 문의에 QR코드를 활용하고 있다. 지금까지 고객들이 전화로만 요청했던 것을 렌탈 제품마다 붙어 있는 자산 QR코드 스티커를 촬영, 여기서 나타나는 페이지를 통해 콜센터의 ARS 연결을 거치지 않고 곧바로 AS 접수가 가능하

도록 설계되어 고객 편의성을 대폭 향상시킨 것이다.

QR코드는 AS뿐만 아니라, 해당 렌탈 자산의 계약 정보, 추가 렌탈 문의나 고장 자가 진단까지 할 수 있는데 고객 입장에서는 더 쉽고 빠르게 AS 접수 등 문제를 해결할 수 있다.

이제 새로운 방식으로 A/S 프로세스의 패러다임을 바꾸어야 한다. 우리 제품을 디지털을 통해 고객에게 쉽게 연결해 줘야 한다. 첫째는 원격제어를 통해 고장이 나지 않도록 예측 정비를 해야 한다. 두 번째는 제품에 붙어 있는 바코드를 고객이 찍기만 하면 문제해결이 가능해야 한다. 이 제품은 어떻게 운전하는지, 이 제품은 어떻게 수리해야 하는지를 알려주는 동영상으로 연결되어야 한다. 아울러 A/S를 신청하는 사람이 누구인지를 회사가 식별할 수 있어야 한다. 이처럼 고객과의 연결방식을 QR코드로 전환함으로써 고객과의 접촉과 AS 방식을 바꿀 수 있을 것이다. 이것이 새로운 시대의 서비스 표준이다.

이렇게 보면 QR코드는 고객의 참여를 통해 즉각적인 반응을 이끌어내는 소통과 서비스 도구로 활용될 수 있다. '필요한 정보를 바로 이 자리, 지금 이 순간'에 실시간으로 얻고자 하는 이 시대 소비자들의 욕구인 "바로 지금RIGHT NOW' 서비스를 QR코드 활용으로 즉각 대응할 수 있다. 또한, 더 깊은 광고 메시지를 제공할 수도 있으며 매장에서 상품안내 전단지에 부착된 할인 상품을 스캔해 계산 시 바로 할인 혜택을 주는 것도 가능하다. 미국 최대 가전매장인 베스트바이는 2010년부터 매장 내 모든 제품 태그에 QR코드를 도입했다. 스마트폰으로 QR코드를 스캔하면 베스트바이의 모바일 웹사이트로 접속해 비슷한 사양의 다른 제품들을 비교하고, 고객들의 제품 리뷰를 확인할 수 있게 했다.

| 구텐베르크 금속활자가 전하는 '디지털' 메시지

얼마 전 세계에서 가장 오래된 한글 표기 금속활자가 종로구 인사동의 한 공사 현장에서 발굴되어 화제가 되었다. 이는 구텐베르크가 제작한 금속활자(1440년대)보다 몇백 년 앞선 조선 금속활자의 실물이라고 한다. 우리 조상의 우수성이 입증된 역사적 유물이 발굴되었다고 하니 자랑스러웠다. 그런데 고려의 금속활자는 구텐베르크의 금속활자와 달리 상업 출판의 부흥과 지식산업 발전에 어떤 기여를 했는지에 관한 이야기는 들어본 바가 없다. 반면에 구텐베르크의 금속활자는 현대문명의 견인차가 된 기술로, 세계사를 바꾼 혁신이었다는 이야기는 여러 책에서 읽었다.

학자들은 그가 인쇄기를 발명하지 않았다면 현대와 같은 산업 시대가 오지 않았을 것이라고 단언한다. 금속활자 발명으로 책이 대량 생산되고, 귀족이 아닌 일반인들도 책을 구해 읽을 수 있게 되었다. 지식의 전파와 공유 속도가 엄청나게 빨라졌다. 구텐베르크의 금속활자는 지식을 소수가 독점하던 시대를 끝냈다.

금속활자 사례를 언급한 이유는 금속활자의 역사가 우리에게 시사하는 바를 찾기 위해서다. 금속활자처럼 아무리 훌륭한 기술과 지식이 있다고 해도, 우리 조상은 이를 주민들을 위한 혁신으로 제대로 활용하지 못했다. 금속활자는 그 자체로 지식의 전파를 위한 훌륭한 도구였지만, 그와 관련된 기술과 노하우는 국가기관의 벽 안에 갇혀, 세상 밖으로 나오지 못한 것이다. 그 결과, 구텐베르크의 금속활자와 달리 출판산업의 발전을 촉진하지 못했다. 디지털 혁신도 이와 마찬가지라고 할 수 있다. 디지털 기술 자체를 개발하는 구글, 페이스북, 아마존, 애플을 보고 있으면 디지털 기술을 확보한다는 게 엄두가 나지 않는다. 하지만 이미 있는 기술과 남이 개발해 놓은 디지털 기술을 잘 활용하는 것도 디지털 전환에 아주 중요한 역량이다. 즉, 디지털 기술 자체가 중요한 것이 아니라 우리 주변에 널려 있는 기술을 고객경험과 서비스 혁신에 활용하여 얼마나 고객가치를 창출하느냐가 중요하다.

맘만 먹으면 CCTV도 고객경험 향상을 위한 수단이 될 수 있다. 주로 범죄 예방을 위한 용도로 쓰이던 CCTV가 고객서비스에 실제 활용되고 있다. 유튜브에서 구글 조용민 매니저의 강의를 듣다가 소머리 국밥 맛집 사례를 소개한 부분이 참 인상적이었다. 그분은 자신을 소머리 국밥 '소믈리에'라고 소개했다.

"소머리 국밥을 대충 먹지 않습니다. 엄청 잘 따져가며 먹습니다. 먹을 때 삶은 고기와 팔팔 끓여진 국물과 그 조화가 굉장히 중요합니다. 소머리 국밥의 삶은 고기를 국물에 투여하는 시간이 딱 1분이어야 합니다. 1분이 넘어가면 삶은 고기가 흐물흐물해질 수 있으며, 1분보다 적으면 국물과 따로 놀게 됩니다. 이 식당 사장은 손님이 몇 분 들어오는지를 먼저 압니다. '그걸 어떻게 아느냐'고 사장님께 물어보니, CCTV를 확인한다고 하십니다. 이 식당은 주차장 CCTV를 주방에서 확인합니다. 사장님은 긴 줄을 서서 기다리는 고객을 보면서 이분들이 빨리 드시게 하려고 주방에서 CCTV를 통해 주차장에 들어오는 차를 보고 차에서 몇 명이 내리는지 확인한 후 소머리 국밥을 미리 끓여서 대접하는 겁니다."

이 식당 사장님에게 CCTV는 보안용 장비가 아닌 매출 극대화와 국밥의 품질관리를 위한 '디지털' 기술이자 고객경험 혁신을 위한 마케팅툴인 것이다. CCTV는 소프트웨어만 넣어주면 고객경험을 혁신하는 유용한 디지털 도구로 쓰일 수 있다. 물리보안 기업인 한화테크윈은 유통업계를 겨냥하여 '와이즈넷 큐 미니Wisenet Q mini'란 소프트웨어를 개발했다. 이 카메라는 매장 방문객 수를 시간대별로 확인하는 '피플 카운팅people counting', 특정 공간에 대기 중인 평균 고객 수를 파악하는 '대기열 관리 queue management', 매장 내 진열대별 고객 체류·응집도를 알려주는 '히트 맵heat map' 등의 기능을 포함하고 있다. 촬영된 영상을 기반으로 고객의 구매 데이터를 분석하고, 데이터를 통합 대시보드 형태로 시각화해 보여줌으로써 맞춤형 서비스 개발 등을 지원한다. 따라서 모바일 앱을 사용하는 고객들의 이동 경로를 분석하여, 가장 뜨거운 구역과 전시 상품에 대한 정보를 방문객들에게 제공하고, 상품 재배치에 활용한다. 방문이 적은 곳은 전시품을 바꾸든지, 방문은 많은데 구매가 안 일어나면 가격을 낮추든지 하는 온라인의 기술을 오프라인으로 끌어들이는 셈이다.

옛 구닥다리 기술로는 QR코드, 비콘 외에 RFID도 있다. RFID는 Radio-Frequency Identification의 약자로, 말 그대로 '무선 주파수 인증'을 의미한다. 전파를 이용해 먼 거리의 정보를 읽어 오는 기술로, 제2차 세계대전 때 영국이 적군과 아군의 항공기 식별을 위해 처음 사용했다. 디즈니랜드는 팔찌 하나로 '세상에서 가장 오래 기다려야 하는 공간'을 '세상에서 가장 행복한 공간'으로 바꾸었다. RFID 칩이 내장되어 있는 팔찌를 착용한 덕택이다. 이 팔찌는 무려 15m 정도의 거리에서도 인식이 가능하므로 식당에서는 직원이 손님의 이름을 불러주며, 놀이기구를 위해 줄 서 있는 사람 수와 예상 대기시간, 심지어 호텔까지 연동하여 모든 디즈니랜드의 시설을 이 팔찌 하나만 차고 이용이 가능하도록 시스템을 구축했다. 10억 달러라는 어마어마한 금액을 투자하여 놀이공원 내 모든 시스템에 이미 범

용화된 RFID 기술을 적용하여 디즈니랜드 방문객이 공항에 도착하는 순간부터 떠날 때까지 모든 시설을 편하게 이용할 수 있도록 설계한 것이다.

우리 주변의 가장 일상적인 RFID 시스템은 교통카드와 하이패스 시스템이다. 요즘 버스를 탈 때 카드를 대면 "삑" 소리와 함께 버스비가 지불되는 교통카드도 RFID 기술을 활용한 것이다. 고속도로 통행료를 예전에는 일일이 표를 끊고 정산원이 현금으로 받았지만, 현재는 30km의 속도로 통과만 하면 자동으로 요금이 계산되는 하이패스 시스템으로 인해 요금소 정체가 없어졌다. 최첨단기술과 인공지능의 진화에만 주목할 것이 아니라, 우리 사업과 한 걸음 떨어진 기업들의 행보에서도 우리 고객의 경험을 향상시킬 만한 이미 알려진 기술을 찾아보길 권한다.

| 아날로그적인 '감각적 접점'을 찾아라

지금도 타고 다니는 G 자동차는 몇 년 전 구입 당시 내 수준에 비해 고급스러운 차라고 생각했다. 그때 새 차를 지인들에게 자랑할 때 이렇게 얘기했었다. "열쇠고리가 이탈리아 최고급 가죽이야." 지금 생각해 보면 부끄럽지만, 그 차를 사고 나서 제일 흡족했던 것이 고급 가죽 안에 든 '스마트키'였다. 자동차 전문가가 아닌 경우 대부분 사람들은 차의 성능 차이는 잘 느끼지 못하지만, 고급 가죽의 좋고 나쁨은 누구나 쉽게 감각적으로 느낄 수 있다. 이처럼 제품이나 서비스가 '뛰어남'을 신체적으로 쉽게 느껴지게 만드는 감각적 장치들은 고객의 만족도를 높이는 매우 중요한 역할을 한다. 이처럼 제품과 서비스에는 사람들의 가치 판단에 영향을 미치는 수 없이 많은 감각적 접점이 존재한다.

미국의 이코노미스트이자 미래학자인 조지 길더George Gilder는 "디지털 시대의 역설은 디지털 기술이 확장될수록 이익의 더 큰 부분이 아날로그 기술로 옮겨간다는 것이다"라고 지적했다. 우리 회사의 차별적 경쟁우위를 창출할 수 있는 것으로 디지털도 좋지만, 내 사례처럼 아날로그적 기술을 찾아낸다면 고객들이 제품이나 서비스에서 느끼는 '감각적 접점'을 디자인하는 것도 큰 의미가 있다. 기업 간 경쟁이 치열해지면서 제품의 품질은 고객들이 그 차이를 쉽게 느끼기 어려운 수준으로 상향 평준화되고 있다. 그렇다면 품질이 뛰어난 제품을 개발하는 것도 중요하지만 그 우수성이 사람들에게 감각적으로 쉽게 느껴지게 만드는 것이다. '감각적 접점'을 디자인한다는 것은 바로 이 점에 대한 효과적인 해결책이다.

특히 고가의 제품이나 서비스의 경우 감각적 접점은 더욱더 효과적이다. 사람들은 가격이 비싸지 않은 제품의 경우에는 쉽게 제품의 좋고 나쁨을 구분한다. 가령 편의점에서 새로 나온 주스를 구입한 후에 맛이 없으면 쉽게 맛이 없다고 판단한다. 하지만 자동차나 와인, 향수와 같은 고가의 제품을 구매한 경우 제품의 나쁨을 쉽게 인식하려고 하지 않는다. 제품을 객관적으로 평가하기보다는 이 제품이 좋은 제품이라는 것을 보여주는 편향된 증거만을 찾게 된다. 이른바 인지부조화 현상으로, 큰 지출에 대한 일종의 자기 합리화 과정이다

감각적 접점은 제품과 서비스의 우수성을 신체에서 느껴지는 감각만으로도 '뛰어남'을 느낄 수 있게 하는 작업이다. 그렇다면 고객들이 이성적 이해 없이도 '뛰어남'이 느껴지도록 하는 감각적 접점을 잘 찾아봐야 한다. 제품마다 감각적 접점이 모두 다르므로 기업은 고객이 자신의 제품을 구

입하고 사용하는 순간순간을 세밀히 관찰함으로써 자기 제품과 서비스만의 감각적 접점을 찾아내야만 한다. 나는 평소 마트에서 1~2만 원대의 값싼 와인을 산다. 제자들이나 지인들에게서 와인을 선물로 받는 경우도 꽤 있다. 와인의 맛을 제대로 느끼지 못하고 가격이 얼마인지도 모를 때 내가 좋은 와인이라고 느끼는 감각적 단서는 '포장 용기'의 화려함이다. 요즘 많은 사람이 와인을 마시고, 와인의 가치에 관해서 이야기하지만 나 같은 일반 사람들이 그 가치를 제대로 가늠하는 것은 쉬운 일이 아니다. 그러므로 와인에 관한 정보와 평가를 찾아보고서 머리로 그 '좋음'을 이해하려고 한다.

그렇다면 와인에 대한 가치 판단에 영향을 미치는 감각적 접점은 어디일까? 내 경우에는 '포장 용기'라고 했지만, 많은 사람들은 와인 병의 무게라고 한다. 사람들은 와인을 선택할 때 와인 병을 손에 들고 라벨을 본다. 사람들은 자신이 라벨에 적혀 있는 정보를 읽고 있다고 생각하지만, 사람의 몸은 그 순간에 병의 무게를 경험하면서 좋은 와인인지 감각적으로 판별한다는 것이다.

카메라를 평가하는 중요한 기준은 셔터 소리라고 한다. 물론 카메라의 평가 기준은 당연히 화질일 것이다. 하지만 비전문가가 비슷비슷한 성능을 가진 고가의 카메라를 화질로 비교하기는 쉽지 않다. 그런데 고가의 카메라에 대한 리뷰를 살펴보면 카메라의 성능과 직접적 관련이 없는, 셔터 소리에 대한 평가가 중요하게 다뤄지고 있다는 점이다. 셔터 소리가 얼마나 크고 묵직한지가 카메라를 평가하는 근거가 된다. 하지만 요즘 생산되는 디지털카메라들은 셔터 소리와 카메라의 성능 사이에 큰 관련이 없다. 심지어 셔터 소리가 전자적으로 재생되고 있다 (디지털카메라가 처음 나왔을 때, 사진을 찍는 순간 영상이 잡혔음을 알려주는 '찰칵' 소리가 나지 않아 제대로 찍혔는지를 알지 못하는 경우가 종종 생겨 요즘에는 일부러 '찰칵!' 소리가 나게 했다) 그럼에도 불구하고 고가 카메라를 평가할 때 셔터 소리를 중요하게 여기는 사람들이 많다. 셔터 소리의 크기와 높낮이 같은 정보가 제품의 '좋음'을 쉽게 느끼게 해 주는 감각적 접점이기 때문이다.

그런데 유의할 것은 감각적 접점을 설계하는 본질은 제품의 우수성이 신체적으로 쉽게 느껴지게 한다는 것이지, 부족한 품질이나 허접한 서비스를 감각적으로 포장하여 뛰어난 제품으로 속이라는 것이 아니라는 점이다. 감각적 접점을 디자인하기에 앞서서 서비스와 품질의 완성도를 높이는 것이 최우선이라는 점을 기억하기를 바란다.

│ 디지털 없으면 아날로그로 대신하라

금융기관과 기업에 강의나 자문을 진행하면서 가장 자주 목격하는 것 중 하나는 사내 IT 부서나 디지털팀에서 디지털 트랜스포메이션에 대한 모든 과제를 떠맡고 있다. 이 자체가 크게 잘못된 것은 아니다. 그러나 정작 우리 기업의 접점에서 왜 디지털 트랜스포메이션이 필요한지, 디지털을 통해 어떻게 고객경험을 혁신할 것인지, 이를 통해 기업의 개념이 어떻게 변화해야 하는지에 대한 현업부서의 전반적인 분석이나 계획 없이, 그냥 IT를 잘 안다는 이유로 혁신 과제가 떠맡겨져 있는 것이다. 그러나 이렇게 해서는 접점의 고객경험 혁신으로 연결되지 못하여 큰돈만 쓰고 아무 성과를 내지 못할 수 있다. 또 다른 하나는 DT 총괄 부서에서 회사 각 부서

(팀)에 디지털 트랜포메이션 추진 실적을 분기별로 취합하여 경영진에게 보고하는 방식이다. 예를 들어 영업팀은 아마존 고와 같은 무인매장을 준비 중이고, 고객서비스팀은 로봇 안내원을 호텔 로비에 배치하고, 콜센터는 자연어 처리 기반의 인공지능 챗봇을 도입하겠다는 사업 계획을 보고한다. 겉으로 보기에는 디지털 트랜스포메이션이 전사적으로 아주 활발하게 진행 중이라는 인상을 주기에 충분하다. 하지만 데이터 호환성 부족, 중복 투자, 시너지 부족, 부서 간 이기주의 현상으로 인해 무늬만 혁신인 전형적인 디지털 립스틱으로 그칠 개연성이 크다.

미국 스탠퍼드대학 베남 타브리지Behnam Tabrizi 교수는 경영자와 디지털 트랜스포메이션 담당 임원을 대상으로 설문조사를 한 결과, 디지털 트랜스포메이션 프로젝트의 약 70%가 원하는 목표를 달성하지 못했는데, 그 이유는 전통 기업들이 기존 조직의 관행을 그대로 유지하면서 단순히 새로운 IT만 적용하면 디지털 기업으로 변신할 것이라는 착각에 빠져 있기 때문이라고 지적했다. 그는 경영자들에게 디지털 기술에 투자하기 전에 먼저 기업의 비즈니스 전략을 파악하고 어떤 분야에 무슨 기술이 왜 필요한지, 그리고 이를 통해 기업이 얻게 될 구체적인 이익은 무엇인지를 냉철하게 따져봐야 한다고 조언하고 있다. 최근 목격되고 있는 우리 기업의 디지털 과제 수행방식을 되돌아보게 하는 충고라고 할 수 있다.

또 내가 강의나 컨설팅 중에 자주 듣는 말 중의 하나는 "우리 회사는 '디지털 기술'에 투자하지 않아서 차별화된 고객경험 같은 그런 서비스는 제공할 수 없다"라는 말이다. 나는 고객경험을 향상시키는 데 꼭 디지털 기술이 필요한 건 아니니 대신 아날로그 쪽을 찾아보라고 권한다. 고객경험을 향상시키는 데 반드시 디지털 도구나 제4차 산업혁명의 첨단기술이 필요한 것은 아니라는 이야기다. 서울 근교의 한 호텔은 다시 찾아준 고객들을 알아보기 위해 '기발한 프런트 데스크 장치'를 개발했다. 처음 본 고객에게 예전에 투숙한 경험이 있는지를 기가 막히게 알아보고 인사를 건네는 것이다. 벨보이가 도착하는 고객을 맞이하고 짐을 받아 운반할 때, 고객에게 이 호텔에 처음 묵는지 물어본다. 고객이 예전에 온 적이 있다고 대답하면 벨보이는 고객의 짐을 데스크 오른쪽에 놓고, 처음 이용하는 고객이면 왼쪽에 놓는다. 데스크 오른쪽에 짐을 놓으면 직원은 "다시 찾아주신 것을 환영합니다."라는 인사로 반갑게 고객들을 맞이한다는 것이다.

미국 로스앤젤레스에 출장을 오랜 기간 다녀온 사람의 경험담을 들은 적이 있다. 피곤한 몸을 이끌고 호텔 방안으로 갔는데, '다음에도 이 호텔을 써야겠구나!'라고 생각하게 하는 서비스가 있었다고 한다. 베개에 본인의 '이니셜'이 새겨져 있었다는 것이다. '우리 호텔은 당신이 정말 중요한 고객이며, 최고의 서비스를 제공하고 싶습니다'라는 메시지를 이니셜을 새겨 표현한 것이다.

꼭 자기를 알아봐주는 반가운 인사와 베개의 이니셜로만 차별화된 서비스를 제공할 수 있는 것도 아니다. 아래 사진은 일본의 한 자전거 도로이다. 자전거 도로에서 천천히 가라는 표지판을 보고 실제로 천천히 가는 사람들은 별로 없다. 그런데 [사진]처럼 도로 위에 저런 모양으로

속도를 줄이게 하는 자전거 도로

페인트칠을 하면 자전거를 타는 사람들이 저절로 속도를 줄이게 돼 있다. 고객의 행동과 마음을 바꾸는 아날로그식의 '넛지' 커뮤니케이션이라 할 수 있다.

우리는 디지털 시대를 살고 있지만, 어찌 보면 고객은 세상이 디지털화될수록 아날로그를 원하고 있는지도 모른다. 사람들에게 부담되는 무게와 부피를 감수하면서도 '왜 종이책을 구매하느냐'고 물으면 대다수가 '손으로 만질 수 있어서'라 대답한다. 내가 사용하고 있는 앱 중에 '구닥(Gudak)'이라는 사진 앱이 있다. '구닥'은 '구닥다리 카메라'의 줄임말이다. 구닥은 연속해서 24장만 촬영할 수 있다. 사진을 더 찍으려면 1시간을 기다려야 하며, 구닥으로 촬영한 사진은 3일 후에나 확인할 수 있다. 예전 사진관에 필름을 맡기고 현상과 인화 과정을 거쳐 다시 사진을 받는 데 평균 3일 정도가 걸렸기 때문이다. 결과물도 마치 필름 카메라로 촬영한 듯 필터가 적용돼 보인다. 최근 아날로그를 제대로 경험하지 못했던 세대조차도 상품이나 서비스를 선택할 때 조금 더 '아날로그적인 것'에 끌리는 현상이 벌어지고 있다. 아날로그적 회귀는 만지고, 냄새 맡고, 보고, 느낄 수 있는 '인간의 본능' 때문이다. 아날로그에도 고객경험이라는 보물이 숨겨져 있음을 잊지 말길 바란다.

모든 길은
고객경험(CX)으로 통한다

| 아지트가 있는 사람은 행복하다

오피스텔을 사무실로 사용하다가 이제는 아파트를 사무실로 쓰고 있다. 책 읽고 글쓰기에 딱 좋은 한적한 공간이다. 그래도 일요일 아침에는 대개 사무실에 가는 대신 노트북을 들고 카페에 가서 커피와 케이크를 먹으며 원고를 쓰곤 한다. 서너 시간 원고를 쓰고 나면 근처에 사는 옛 직장 동료를 카페로 불러서 세상 사는 이야기를 나눈다. 이렇게 해서 내 주말은 평일보다 몇 배 더 행복해지는 셈이다.

일 년에 두 번씩 D 대학의 최고경영자 과정에서 '스트레스와 마음공부'란 제목으로 강의를 하고 있다. '마음공부'란 주제가 참 어려웠다. 나의 마음을 들여다보고 스스로 다스려 평안함을 얻는 공부일 것이다. 그런데 마음공부, 즉 마음을 다스리기란 생각만큼 쉽지 않다. '아무리 어려운 일이

닥쳐도 긍정적으로 바라보고 마음을 잘 관리하면 어디서나 천국이다'라는 말은 평범한 사람에게는 벅차다. 행복을 마음의 문제로 보지 말고, 행복해지고 싶으면 행복하다고 생각되는 조건을 만드는 편이 훨씬 효과적이다. 예를 들어 행복한 사람 옆으로 가는 것도 좋은 방법이다. 돈을 경험을 얻는 데 쓰는 것도 의미 있는 방법이다. 돈은 경험(여행)과 소유물(자동차) 중 경험을 사는 쪽에 쓰는 것이 더 큰 기쁨과 행복감을 준다. 또 다른 한 가지는 행복해지는 장소에서 더 많은 시간을 보내는 것이다. 서울대 최인철 교수의 '행복이란 무엇인가' 강의의 요지인데, 정말 맞는 말이다.

코로나19가 터지기 전에는 토요일마다 아침 수영을 하고 난 후 같은 레인의 멤버들이 아침을 함께 했다. 할머니 회원들은 김밥, 떡, 과일을 잔뜩 싸 오셨다. 체육관 쉼터에서 배를 채우고 커피를 마시면서 옆 테이블의 다른 회원들에게 음식을 나눠주기도 한다. 이 쉼터는 그곳을 출입하는 많은 사람에게 '제3의 공간' 역할을 충실하게 해내는 셈이다. 동네에서 일어나는 일들을 화제로 수다를 떠느라 점심때가 다 되어서 헤어지곤 했다. 쉼터 창가 옆의 벤치는 우리 멤버들의 행복한 '아지트'였는데, 코로나로 이런 풍경을 잃어버린 지 벌써 일 년이 넘었다. 내게 카페나 체육관의 쉼터는 '정말 좋은 공간'이다.

미국의 사회학자 레이 올든버그Ray Oldenburg는 자신의 저서 '제3의 장소 The Great Good Place'에서 행복한 사람들에겐 아주 특별한 공간이 존재한다고 했다. 그는 그것을 '제3의 공간the third palce'이라고 불렀다. 스트레스 해소와 에너지 충전을 위한 제3의 공간은 네 가지 특징을 가지고 있다. 서열과 위계질서가 없고, 수다를 떨 수 있고, 출입이 자유롭고, 나누어 먹을 음식이 있다. 올덴베르크가 제시한 '정말 좋은 공간'의 조건을 생각해 보니 내가 수영장 회원들과 만나는 장소는 이 조건을 모두 갖추었다. 수영장 회원들 간에는 나이 차이가 좀 있지만, 위계질서가 없다. 모두가 회원일 뿐이다. 그래서 자유롭다. 누구나 자기 관심사로 수다를 즐길 수 있다. 가족과 직장 이야기, 동네 소식, 드라마에 관한 이야기, TV에서 들은 잡다한 소식 등 어떤 이야기를 해도 상관없다. 모두가 그런 이야기를 해도 괜찮다고 생각하고, 고개를 끄덕이며 맞장구를 치기도 한다. 때론 서로 다른 생각이 부딪히기도 하지만 가벼운 논쟁으로 마무리되곤 한다.

제3의 공간을 가진 사람은 그렇지 않은 사람보다 행복해질 가능성이 더 크다. 행복해지고 싶다면 나만의 '아지트'를 구축하라고 권하고 싶다. 친한 사람들끼리 자주 가는 당신만의 아지트 말이다. 보통 사람들에겐 원래 두 개의 공간이 있다. 바로 제1의 공간인 가정과 제2의 공간인 일터(회사, 학교)이다. 행복한 공동체를 이룬 이들에겐 1, 2의 공간 외에 카페라든지 커피숍, 미용실, 서점, 바 같은 제3의 공간이 있다. 제3의 공간에서 타인과의 대화를 통해 나의 정체성을 확인하기도 하고 나만의 자유로운 시간을 보낼 수도 있다. 제3의 공간은 가정의 무료함과 직장의 경직성, 스트레스에서 벗어나 즐거움과 편안함을 누리는 곳이다.

10대 청소년들에게 가장 좋은 제3의 장소는 PC방이 될 수도 있을 것이다. 일요일 아침마다 찾아가는 카페도 내겐 제3의 공간이다. 나는 '제3의 공간'을 우리가 흔히 쓰는 용어인 '아지트'라고 바꿔 표현해서 설명하고 있다. 스타벅스는 많은 사람들에게 공부하고 미팅하고 휴식하는 행복한 '아지트'다.

내 주변에 있는 스타벅스 매장은 점심때 늘 만원이다. 인근에 수많은 카페가 있는데, 왜 스타벅스 매장만 이렇게 북적거릴까. 같은 커피라도 구매

경로도, 과정도, 그 안에서 겪는 '고객경험'의 차별화 덕택이다. 스타벅스는 디지털화를 통해 고객경험을 혁신하는 데 성공했다. 그중 가장 큰 공을 세운 것이 바로 로열티 프로그램인 '마이 스타벅스 리워드'와 '사이렌 오더'이다. 이 과감한 디지털 혁신의 중심은 어떻게 하면 고객이 더 편리하고 쾌적한 경험을 하게 할 수 있을까'에 대한 끊임 없는 고민이 가져온 결과이다.

일본의 츠타야 서점도 '제3의 공간'이라 불릴 만한 좋은 사례다. 오프라인 서점들이 망해가는 시기에 유독 츠타야 서점은 엄청난 성공을 거뒀다. 차별화의 핵심을 사람들의 경험에 두었다. 츠타야 서점의 콘셉트를 만든 마스다 무네아키^{增田 宗昭}는 '서점은 서적을 판매하기 때문에 안 되는 것'이라고 결론지었다. 서점은 책을 파는 곳인데, 책을 팔기 때문에 안 되는 것이라면 뭘 팔아야 한다고 생각했을까? 츠타야가 판매하는 것은 '제안'이다. 사람들은 단순히 책 한 권을 원하는 것이 아니라 그 속에 담긴 '제안'을 원하기 때문에 판매할 때도 여기에 집중해야 한다는 것이다.

츠타야는 이러한 철학을 기반으로, 매장을 방문한 이들에게 다른 서점과는 완전히 다른 '고객경험'을 제공한다. 츠타야 서점은 책, 음반, 화장품, 옷, 식기 같은 것들을 함께 판매한다. 츠타야 이전에는 레코드 상점과 서점은 전혀 다른 상점이었고, 두 가지 물건을 함께 취급하는 경우도 없었다. 그러나 이것이야말로 고객가치를 완전히 무시한, 유통하는 쪽의 형편만 생각하는 독단적인 구별법이다. 예를 들어 소설을 원작으로 한 영화를 재미있게 본 사람이라면 원작이 궁금할 수 있고, 거기에 나오는 배경음악 OST이 담긴 앨범을 구매하고 싶어 할지도 모른다. 츠타야 서점은 각각의 제품을 개별적으로 보지 않고, 그 제품이 담고 있는 라이프 스타일을 기준으로 세트로 묶어 판매한다. 취향에 따라 책과 함께 모든 것을 추천해 주는 '컨시어지concierge'와 '스타벅스의 바리스타' 같은 역할을 하는 것이다. 일본 사람들은 보통 작은 집에 산다. TV도 재미없고 게임도 지겨워지면 집 밖으로 나와 아주 간편한 차림으로 스타벅스까지 품고 있는 츠타야 서점으로 간다. (츠타야 매장에는 꼭 스타벅스가 들어서 있다) '내 집 같다'라는 느낌을 주고 그 안에서 이 책 저 책 들춰보고 구입도 하고 앉아서 시간을 보낼 수 있다. 구매를 강요하지 않지만, 자연스럽게 구매가 일어난다. 모든 게 '경험 자체'에 초점을 맞춰 구성했기 때문에 가능한 것이다.

국내에서는 앞서 말한 츠타야 서점과 비슷하게 '핫 플레이스'로 떠오른 곳이 판교 현대백화점이다. 2015년 개점한 현대백화점 판교점은 '즐겁게 놀고 체험하는 공간'이라는 개념을 도입했다. "백화점이 고객을 변화시킬 수 없다. (온라인에서 구경만 하고 실제 구매는 오프라인에서 하는) 쇼루밍은 고객 변화 현상이고, 백화점은 단지 그 변화에 맞춰 고객들이 원하는 것을 구현하는 것이다. 현상의 원인을 해석하고 대응해야지 고객을 변화시키려 해선 안 된다." 이 명제를 공유하면서 쇼룸이든 뭐든 일단 고객이 와야 비즈니스가 된다는 생각으로 "최고의 쇼룸으로 꾸미자 와서 보고, 듣고, 즐기고, 놀게 하자. 물건을 판다고 생각하지 말고 '경험'을 팔자."라고 개념을 완전히 바꿨다. 우선 점포의 배치부터 최대한 넓게 만들었다. 사람들이 부대끼지 않고 돌아다닐 수 있게 했다. 내부에서도 '공간이 너무 아깝다'라는 말이 나왔지만, 더 크고 장기적인 비전을 위해 당장의 손해를 감수하기로 했다. 또한 유모차를 끌고 온 젊은 여성들이 최대한 편하게 움직일 수 있도록 점포와 점포 사이를 최대 1.5배 가까이 늘렸다. 매장 구성부터 빡빡하지 않고, 여유롭게 보고 즐기고 여러 가지를 체험해 볼 수 있게 꾸였다. 구매보다 경험이 핵심인 장소다.

| 쇼핑과 장보기는 다르다

아무래도 혼자 옷을 고르는 일은 서툴러서 '여사친'에게 '백화점에 함께 가줄 수 있겠느냐'고 부탁했다. 그녀는 '장 보러 간다면 안 가고, 쇼핑한다면 함께 가줄게'라고 대답했다. 난 그녀에게 '이게 도대체 말이냐, 막걸리냐'라고 응수했다. '쇼핑'이 우리말로 '장보기'인데, 무슨 뜻인지 알 수 없었다. 곰곰이 해석해 보니 그녀가 원하는 건 즐거운 쇼핑과 맛있는 점심을 먹을 수 있는 나들이라면 함께 가겠다는 의미였다. 내가 부탁한 건 장 보러 가면서 아예 점심까지 때우고 나오는 일이었다. 남녀 사이에는 생각과 언어가 달라서 이처럼 서로 통역이 필요한 경우가 있다. 연인이나 부부가 백화점이나 마트에서 장을 볼 때가 대표적이다. 남편 입장에서 보면 아내는 사지도 않을 물건을 보면서 이곳저곳을 들르느라 시간을 낭비한다. 아내에게 남편은 물건을 제대로 보지도 않고 빨리 가자고 보채는 어린아이와 같은 존재다. 아내는 쇼핑 겸 나들이를 왔고, 남편은 장보기를 하러 온 것이다.

진화심리학자들은 이런 남녀의 차이를 사냥꾼과 채집자로 설명하는데, 나는 이것을 쇼핑과 구매의 차이로 설명하고 싶다. 남자는 사냥형 구매, 여자는 채집형 쇼핑으로 해석하면 '신나는 쇼핑 한다면 (나도 좋아!) 따라갈게'라는 혜미의 말을 제대로 번역하는 셈이다.

글로벌 컨설팅 업체 언스트앤영 Ernst & young은 디지털 세대의 쇼핑을 두가지 형태로 구분한다. 진정한 '쇼핑'과 일상적 '구매'다. 쇼핑과 구매의 차이는 고객이 그 제품을 사기 위해 무엇을 얼마나 고민하는지, 어떤 방식으로 구매하는지에 따라 나뉜다. 일상적인 생필품의 '구매'는 더 이상 쇼핑의 영역이 아니다. 자주 사용하고 품질에 변별력이 크지 않은 제품일수록 친밀하고 낮익은 브랜드 중심으로 낮은 가격에 그냥 사는 것이다.

반면에 '쇼핑'은 브랜드, 디자인, 평판을 꼼꼼히 따져보고 구입하는 것이다. 한 번 사면 오래도록 사용하고 그 제품이 본인의 신분이나 우월감 또는 라이프 스타일을 드러내는 고관여 제품인 경우 진정한 의미의 쇼핑을 한다. 명품 패션, 자동차, 노트북, 스마트폰 등 고가 상품 또는 화장품이나 아기용품처럼 성분을 꼼꼼히 점검하는 상품 같은 경우다. 이런 고관여 제품들일수록 고객의 관심과 반복적 구매는 브랜드 충성도에 의해 결정된다.

요즘 '경험'이라는 단어는 단순히 사용자user나 소비자, 혹은 고객 customer 뒤에만 붙는 단어가 아닌 그 어떤 곳에도 습관처럼 붙여 쓰는 단어가 되어 UX, CX 등의 개념으로 무한히 확장되고 있다. 나는 기업체나 대학의 강의에서도 서비스와 '경험'을 설명하는 데 상당한 시간을 할애하곤 한다. 우리는 제품과 서비스가 어떻게 다른지는 쉽게 구별하는 편이다. 그러나 경험과 서비스를 구분하는 데는 어려움을 느낀다. "우리가 흔히 알고 있는 유명한 패밀리 레스토랑에서는 3S 운동을 하고 있다. 무릎을 꿇고 주문을 받음으로써 고객이 주문할 때 고개를 들지 않아도 되며sacrifice, 다양한 음식에 대한 친절한 설명satisfaction을 덧붙이고, 생일을 맞은 고객에게 축하공연을 해 주고 사진을 찍어 증정하는 등 즐거운 추억을 제공하고 있다. 이러한 노력을 통해 고객의 기억 속에 만족스러운 경험이 새겨짐으로써 다시 선택받는 레스토랑으로 만들겠다는 것이다. 그렇다면 동네 음식점에 가지 않고 비싼 레스토랑에 가는 이유는 무엇일까? 비싼 레스토랑에 가는 이유는 단순히 허기를 채우기 위한 것만이 아니다. 연인과 달콤한 분위기를 즐기거나 아내와 단란한 시간을 보내면서 마음의 허기를 채우려는 것이 레스토랑을 선택하는 진짜 중요한 요인일 수 있다." 내가 서비스와 경험을 구분 설명하는 내용이다.

고객은 첨단 섬유 소재의 '나이키'가 아니라, '쿨한 스포츠맨십'을 입는다. 고객은 '싱가포르 항공'이 아니라, '어디서나 일등석 대우를 받는 기분 좋은 여행'을 선택한다. 그렇다면 이 식당의 비즈니스 본질을 다음과 같이 재정의할 수 있다. '식당을 무대로, 음식을 소도구로 이용해서 고객에게 기억에 남을 만한 이벤트를 제공하고 그에 대한 입장료를 받는 영업'이다. 음식이 주된 상품이 아니라 '기억에 남을 만한 경험'이 더 큰 부가가치를 만드는 셈이다. 그래서 경험을 주된 상품으로 만들면 고객은 기꺼이 더 비싼 값을 치른다.

스타벅스가 거두는 이윤의 진정한 실체도 '색다른 경험'이다. 커피 한 잔의 원가는 얼마일까? 일반적으로 커피 원두와 가공된 커피가 합쳐진 커피 한잔의 원가는 미화로 약 13센트라고 한다. 상점이나 카페에서 판매되는 커피 한 잔의 가격은 25달러 정도인데, 여기에 '스타벅스'라는 브랜드와 고객경험의 가치가 추가되면서 최종가격은 5달러 정도가 된다. 하지만 사람들은 스타벅스 커피를 별로 비싸다고 여기지 않는다. 로고나 실내 분위기, 자유롭게 수다를 떠는 여러 가지 경험 요소들에 지불하는 비용까지 포함되었다는 걸 잘 알고 있기 때문이다.

제자들이 찾아오면 함께 들르는 식당이 있다. 메뉴 차이가 크지 않은데도 점심은 9,900원, 저녁은 12,900원이다. 점심은 아무래도 조금 서둘러서 먹지만 저녁은 여유가 있고, 무엇보다도 저녁을 하는 목적이 다르기 때문이다. 가족과의 외식, 연인과의 데이트, 혹은 사업상 중요한 미팅 등의 목적이라면 점심보다는 가격에 덜 민감하다. 고객이 식사 자체보다도 더 중요한 '경험'을 누리는 것을 목적으로 하기 때문이다. 고객이 비싼 값을 치를 용의가 있음을 눈치채고 있는 회사의 가격전략이다.

고객은 항상 제품이나 서비스 이외의 것에도 가격을 지불하는 셈이다. 제품이나 서비스라는 것은 반드시 관련된 경험과 함께 구매되기 때문이다. 경험이 추가되었을 때 확실하게 마케팅 수익이 커지는 것이다.

| 경험은 사람들의 기분을 바꾸는 일

코로나19로 사무실에서 원고 쓰는 시간이 전보다 많아졌다. 한적해진 식당에서 늦은 점심을 하고 머리도 식힐 겸 커피를 들고 안양천변을 한 바퀴 돌아 사무실로 오는 일이 일상이 되었다. 식당 옆 롯데리아에서 주문한 작은 사이즈의 커피 한 잔을 모두 마시는 데 걸리는 시간은 30분 정도다. 왜 날마다 롯데리아를 들르는가를 곰곰이 생각해 보니 커피 자체를 사는 게 아니라, 걷기 위해서 (심심해서 홀짝거릴 뭔가가 필요해서) 구매하고 있었다.

그렇다면 기업은 제품을 많이 팔려면 '왜 고객들이 우리 제품을 구매하는지를 잘 따져봐야 한다.' 이는 '어떻게 하면 고객이 우리 제품을 사게 만들 수 있을까?'와는 다른 질문이다. 이러한 질문에 대답하기 위해서는 소비자를 관찰함으로써 그들의 숨겨진 니즈를 찾아내는 노력이 필요하다.

맥도날드는 판매 증대를 위해 '혁신기업의 딜레마'로 유명한 하버드 경영대학원 클레이튼 크리스텐슨Clayton M. Christensen 교수에게 컨설팅을 의뢰했다. 교수 일행은 며칠 동안 매일 10시간씩 맥도날드 매장에 죽치고 앉아서 누가 밀크셰이크를 사 가는지를 관찰했다. 결과는 이랬다. 밀크셰이크 전체 판매량의 40% 이상이 출근 시간대인 오전 8시 이전에 팔렸다. 고객들은 대부분 출근하는 성인 남성들이었다. 이들은 대부분 밀크셰이크 하나만 샀다. 그렇다면 이들은 도대체 무엇을 하려고 밀크셰이크를 샀을까?

밀크셰이크는 점성이 매우 높아서 오래 먹을 수 있다. 빨대로 이를 다 먹는 시간은 약 23분 정도라고 한다. 게다가 포만감도 크고 달콤하기까지 하니, 운전하는 직장 남성들의 편한 친구가 되기에 아주 적합한 제품이었다. 바로 이 점이 출근하는 성인 직장 남성들이 밀크셰이크를 선택한 이유였다. 맥도날드는 이런 분석 결과에 따라 성인 남성들을 위한 맞춤형 판매 전략을 시행했다. 아침에 매장을 찾는 성인 남성 소비자에게 빠르게 서비스하기 위해 우선 카운터 안쪽에 비치돼 있던 밀크셰이크 기계를 카운터 앞으로 이동했다. 그 결과 미국 시장에서 밀크셰이크의 매출이 무려 7배나 상승했다. 이 연구에서 경험한 일화를 '밀크셰이크' 오류라고 한다. 밀크셰이크 오류는 상황과 맥락을 보지 않고 제품 자체에만 관점을 기울여 문제를 해결하려는 오류를 지칭한다.

롯데리아에서 매출을 늘리기 위해 '고객 조사를 하고, 더 신선한 재료를 쓰고, 커피의 양을 늘리고 맛있는 향료를 추가함으로써' 품질 좋은 커피를 제공한다면 그건 나 같은 고객에게는 부질없는 짓이다. 고객이 처한 특정 환경에서 더 나은 '경험'을 할 수 있도록 만들어주는 일이 커피나 밀크셰이크를 선택하는 주된 이유이기 때문이다. 이렇게 보면 고객이 구매하는 것은 제품 자체가 아니라 경험이다.

사람들은 제품이나 서비스에 대해 더 이상 '품질이 좋다, 혹은 나쁘다'라고 이야기하기보다는 '완전 대박이더라'라거나 '완전히 사기당한 기분'이라는 말로 자신의 경험을 하나의 스토리로 만들어 주변 사람들이나 소셜 미디어에 퍼뜨린다. 가격이 비싸든 저렴하든 '좋은 품질과 높은 성능'은 이제 기본이 된 시대이다 보니 제품이나 서비스가 총체적인 고객경험 위주로 평가받고 있다는 의미다. 단순히 세련되고 편리한 인터페이스를 구성하는 데 그쳤던 온라인 전자상거래 사이트나 소셜커머스 업체 역시 전체적인 경험의 향상을 위해 노력하고 있다. 쿠팡의 로켓배송 서비스는 단순히 빠른 게 핵심이 아니라 '쿠팡맨'과의 차별화된 소통 경험이 경쟁력의 핵심이라는 분석이 있다. 당근마켓의 성공 요인도 중고거래가 아니라 멋진 경험에 있다. '당근마켓'은 이름도 참 재미있고 마케팅 콘셉트도 신선했다. 귀찮게 포장해서 물건을 들고 가서 택배로 보내는 불편 없이 바로 슬리퍼 신고 나가는 동네에서 물건만 서로 교환하면 되는 이 서비스는 소비자의 마음을 끌었다. 그렇다고 당근마켓의 콘셉트가 '중고거래 서비스 업체'로 용돈 버는 콘셉트는 아니다. 당근 마켓이 소비자를 사로잡은 건 바로 '좋은 경험'이었다. 집에서 굴러다니던 물건이 내 주머니의 현금으로 바뀌는 경험은 더할 수 없이 매력적이었다. 또한 신뢰를 바탕으로 만날 수 있는 이웃, 대화할 수 있는 이웃이 모이는 커뮤니티였다. 이러한 이웃 간의 정과 따뜻함이라는 메시지가 앱 안에 담겨있다. 당근마켓은 그동안 사람들이 중고물품 거래에서 경험하지 못했던 신선하고 멋진 경험을 만들어낸 것이다. 중고거래는 그중의 하나에 불과하다. 고객경험은 각 소비자가 어떤 상품과 그 상품을 판매하는 회사로부터 겪게 되는 크고 작은 경험과 이에 대한 주관적 평가의 총합이다.

고객경험이 품질과 브랜드에 이어 경영의 화두가 된 배경에는 갈수록 치열해지는 시장 경쟁에서 새로운 차별화 요소differentiator를 갈망하는 기업들의 절실함이 깔려 있다. 시장 전반에 걸쳐 제품 간의 일반화

commoditization 현상이 두드러지면서 더 이상 전통적인 차별화 요소들인 기능, 가격, 품질만으로는 경쟁에서 우위를 차지하기 힘들게 되자, 무엇인가 소비자를 이끌고 그들의 충성도를 높일 수 있는 새로운 차별화 포인트가 절실했던 것이다. 이때부터 고객경험이 서서히 부각되기 시작했다.

고객경험관리 차원에서 스타벅스나 츠타야, 애플만큼 모범을 보여주는 사례가 하나 더 있다. 전혀 다른 산업이지만 고객경험 혁신을 통해 차별화에 성공한 병원으로 미국 최고 의료기관 중 하나로 꼽히는 메이요 클리닉이다. 메이요 클리닉Mayo Clinic은 전 세계에서 환자 만족도가 가장 높은 병원으로 꼽힌다. 국내에서 주요 벤치마킹 대상 병원으로 가장 많이 거론되는 병원이기도 하다. 세계 최초로 통합협진 진료를 도입한 의료기관이기 때문이다. 메이요의 고객경험 핵심은 병원의 전사적 협력 진료 시스템으로, 환자를 중심에 놓고 이루어지는 협진이다. 메이요에서는 이를 '힘 합치기'라고 표현하는데, 진료진과 지원 직원들이 힘을 합치는 전략이다.

암 병원을 예로 들어보자. 암 환자들은 일단 처음 암 선고를 받고 건강을 회복할 때까지의 과정이 아주 길다. 치료 자체도 고통스럽지만 가장 불편한 건 의사 중심으로 이 과, 저 과로 환자를 계속 돌아다니게 만드는 것이다. 하지만 메이요 클리닉은 100% 협진이다. 암 판정을 받은 사람이 오면 관련 전문의들이 모두 모여 그 환자를 맞이한다. 어떤 암인지, 크기는 어느 정도인지, 치료법은 무엇인지, 수술은 해야 하는지, 수술한다면 언제쯤 어떻게 하는 게 좋은지, 그 이후의 회복은 어떻게 진행되는지를 한자리에 모인 최고의 의사들이 환자를 중심에 두고 설명하고 진료 방법을 서로 의논한다. 이런 환자 중심의 협진이 가져다주는 전체적인 경험은 다른 병원이 흉내 낼 수 없는 엄청난 차별화 요소가 되는 것이다. 이런 환자경험으로 치료 후 주변 추천율이 경이적인 96.7%에 이른다. 미국 시사주간지 뉴스위크가 실시한 '2021년 세계 최고 병원' 조사에서도 세계 1위로 발표되었다.

경제학자들은 사람들이 구매하는 물건의 특징에 따라 시장에서 파는 물건을 분류한다. 자동차와 햄버거와 마사지를 다른 부류로 구분한다. 하지만 심리학자들은 사는 사람의 의도에 따라 물건을 분류한다. 그들은 '소유할 수 있고 만질 수 있는 물건(물질재:buying things)'과 '살면서 겪는 일련의 사건이나 경험(경험재:buying experience)'으로 구분한다. 내 나이대의 전통적인 소비자들은 물건을 소유하는 데 집착했다. 예전에는 자동차나 TV, 냉장고 등을 가진 사람이 별로 많지 않았다. 그래서 물질재가 중요했다. 그러나 지금은 웬만한 집에는 없는 제품이 거의 없다. 따라서 지금의 밀레니얼 세대는 물건을 사는 데 큰 기쁨을 못 느낀다. 물건을 사는 것보다 경험을 사는데 열광하며, 여기에 훨씬 더 많은 돈을 쓴다.

밀레니얼 세대뿐만 아니라 대부분 사람들은 경험을 구매할 때 더 행복해한다. "갑자기 50만 원이 생긴다면 여행을 갈 것인가? 멋진 옷을 살 것인가?" 사장인 당신이 직원 만족도를 높이기 위해 1인당 30만 원 정도의 인센티브를 지급하기로 했다면 '1인당 30만 원을 통장에 입금해 주는 것이 좋을까?' 아니면 '30만 원 상당의 특급 호텔 가족 식사권을 주는 것이 좋을까?'를 생각해 보자. 만약 직원들에게 설문조사를 한다면 현금 30만 원을 선택할지도 모른다. 사람들은 현금의 유용성을 잘 알고 있다. 30만 원을 현금으로 받으면 원하는 것을 뭐든 살 수 있으나 호텔 식사권을 받게 된다면 저녁 외식 정도로 제약을 받게 된다. 그러나 심리학적 관점에서 따져보면 그렇게 간단한 문제가 아니다. 실제로 위와 같은 내용으로 실험을 진행한 결과 30만 원짜리 최고급 호텔 식사권을 받은 직원이 그냥 현금 30만 원을 받은 직원보다 기쁨의 정도가 훨씬 높았다. 최고급 식당에서 식사해 본 경험이 거의 없는 직원들은 특별한 경험을 하게 해 준 사장에게 매우 고마워했다. 현금 30만 원을 받은 직원들은 그 돈을 어디에 썼는지 기억조차 묘연했다.

우리는 물질의 변화에는 빠르게 익숙해진다. 석 달 전에 새 자동차를 샀을 때 처음에는 그렇게 기쁘더니, 이제는 그저 출퇴근 때 이용하는 교통수단일 뿐이다. 그러나 캐나다 로키 여행 중 보았던 델타 모멘트은 풍경은 내 마음에 오래오래 남아 있다. 제품을 구매하거나 서비스를 받거나 마술을 관람하거나 사람들이 원하는 건 기분 좋은 경험이다.

약 10년 전, 마술사 제이슨 랜달Jason Randal이 제자 케빈 바이너Kevin Viner에게 기억에 남을 만한 경험을 전달하는 법을 가르치고 있었다. 그들은 다음과 같은 대화를 나눴다고 한다.

JR : "자네는 파티나 쇼에서 뭘 하는가?"

KV: "사람들을 즐겁게 합니다."

JR : "정말로 무엇을 하는가?"

KV: "마술을 합니다."

JR : "그러니까, 실제로 하는 게 무엇인가?"

KV: "카드 마술이나, 밧줄 마술, 동전 마술 같은 것들을 합니다."

JR : "아니, 정확히 무엇을 하는가?"

KV: "무슨 말씀인지 전혀 모르겠는데요."

JR : "쇼나 파티에서 마술 공연을 할 때, 내 목표는 늘 사람들의 기분을 좋게 바꾸는 거야. 마술은 목표를 달성하는 수단일 뿐이거든. 그 목표를 마음속에 분명히 새겨놓으면 그냥 마술을 하거나 돈을 벌기 위해 쇼를 할 때보다 훨씬 효과적인 공연을 할 수 있다네."

MIT 슬론 매니지먼트 리뷰 '감동적 고객경험을 만드는 마술The Magic That Makes Customer Experince'에 나오는 내용이다. 현재 전 세계를 돌며 마술 쇼를 펼치는 바이너Viner는 사람의 감정 상태를 변화시킨다는 스승의 가르침이 공연에 대한 자신의 관점을 송두리째 바꿔줬다고 말한다. 바이너처럼 고객의 기분을 바꾸기 위해 더 큰 노력을 기울이는 기업들은 절대 잊히지 않을 멋진 경험을 만들어낼 가능성이 크다.

기존의 제품과 서비스 차별화와는 다르게 고객의 감각을 자극하고 잊을 수 없는 추억을 만들어주는 고객경험CX은 사용자 경험UX과 함께 기업의 핵심 경쟁력으로 부상하고 있다. 이제는 탁월한 소비자 경험CX이 기업을 살린다. 오늘날의 '경험경제'란 '고객이 상품을 사는 것이 아니라 상품에 담긴 스토리와 경험을 사는 것'이라고 말할 수 있다. '경험경제'에서는 제품이나 서비스보다 어떤 경험을 제공할 것인지가 핵심이다. 이러한 경험은 누구의 관점이냐에 따라 UX(사용자 경험)와 CX(소비자 경험)로 구분할 수 있다. 사용자의 관점에서 보는 UX는 제품이나 서비스의 구매 시점 이후에 벌어지는 사용경험에 초점을 맞췄다면 CX는 더욱 포괄적인 범위를 다룬다고 봐야 한다. 이 개념은 뒤에서 다시 설명할 기회가 있겠다.

디지털이 아니라
고객경험(CX)이다

| CS 〈 UX 〈 CX

내가 디지털 트랜스포메이션DT에서 가장 강조하는 대목은 "DT의 핵심은 Digital이 아니라 Transformation이다"라는 내용이다. 물론 디지털 트랜스포메이션을 하기 위해서는 핵심 기술이 필요하다. 하지만 대부분 기업은 이를 어떻게 고객가치를 향상시키기 위해 활용하는지를 제대로 알지 못한다. 우리 기업들은 그동안 빅데이터, 인공지능, 사물인터넷, AR, VR 등 새로운 기술을 배우고 익히고 도입하는 데 참으로 바빴다. 그러나 이제 또 한 번의 변곡점을 맞아 변화의 패러다임을 '기술'에서 '경험'으로 옮겨가야 한다.

이제 기업들은 디지털 트랜스포메이션의 성공이 단순히 첨단 디지털 기술의 도입 자체가 아니라 고객경험의 혁신Experience Innovation으로 연결되어야 한다는 점을 인식해야 한다. 스타벅스는 일찍부터 고객경험을 혁신하기 위해 최신 IT 기술을 빠르게 도입했다. '왜 이런 핵심 기술을 사용해야 하는가'라는 근원적인 고민을 하는 리더는 매우 드물다. 스타벅스의 최고기술책임자CTO인 게리 마틴 플리킨저Gerri Martin Flickinger는 이렇게 말하고 있다. "어떤 기술이 스타벅스에 구현되는지는 중요하지 않다. 어떻게 스타벅스에 구현되는지가 중요하다." 사실 스타벅스는 기술을 혁신하지 않았다. 기술을 통해 고객경험을 혁신한 것이다. 이것이 스타벅스가 디지털 전환으로 기회를 잡은 핵심이다. 사실 카페는 전형적인 오프라인 비즈니스이다. 많은 고객이 공간에 찾아와서 음료를 마시면서 시간을 보내도록 하는 것이 비즈니스의 핵심이다. 그런데 '제3의 공간'을 콘셉트로 내세운 스타벅스가 오프라인 공간의 혁신보다 디지털 전환에 핵심역량을 집중한 것은 공간을 버린 것도, 비즈니스 콘셉트를 바꾼 것도 아니다. 오히려 그 반대로 디지털을 활용하여 공간과 오프라인 경험에 더욱 집중하게 만들려는 전략이었다. "로봇이 바리스타를 대체하는 이야기를 하는 것이 아닙니다. 디지털 트랜스포메이션을 통해 바리스타가 좀 더 자유로워지면서 음료를 만드는 데 더 능력을 발휘하고 고객에게 조금 더 가까이 다가갈 수 있도록 지원해 주는 것을 표방합니다."라고 플리킨저는 부연해서 설명하고 있다. 디지털의 목적이 디지털이 아니라 고객경험의 혁신에 있음을 강조한 대목이다.

'죽음의 계곡Death Valley'이란 개념이 있다. 기술 개발에 성공한 벤처기업이 이를 사업화하는 단계에서 겪는 고통의 과정을 일컫는 말이다. 어떤 기업이 기술을 개발해 사업화하려고 한다면 먼저 새로 개발한 기술이 시장 속에서 어떻게 영향력을 발휘할 수 있을지 증명해야 한다. 미래 시장에서의 성공 가능성을 말한다. 초기에는 이들 기술에 대한 무분별한 도입으로 신기술의 성장세가 급상승하다가, 시장에서 적절한 사용성을 검증받지 못하여 기업의 기대치가 뚝 떨어지고 있는 현상을 맞게 된다. 이때 검증의 기준이 되는 것이 바로 고객경험이다. 사용자에게 어떤 경험을 주는 기술인가? 기존에 있는 제품과 서비스를 뛰어넘는 고객가치를 줄 수 있는 기술인가? 만약 신기술이 여기에 대한 명쾌한 답을 주지 못하면 시장에서 살아남기 어렵다.

이러한 상황에서 기업은 스타벅스처럼 디지털 트랜스포메이션을 통해 고객경험을 향상시킴으로써 고객충성도를 높이려 하고 있다.

당연한 이야기지만 충성고객의 로열티 수준이 높을수록 고객들의 지불가치는 비례적으로 증가한다. 광고회사 오길비는 이미 브랜드 Z인덱스 Brand Z Indlex를 개발하여 이러한 현상을 실증적으로 증명한 바 있다. 인게이지먼트 수준이 낮은 소비자들을 브랜드에 열성적인 충성고객으로 전환시키면 브랜드 성과에 대한 그들의 기여도가 엄청나게 향상된다. 연구에 따르면 열성적인 충성고객은 일반 소비자보다 58배의 가치가 있다고 한다. 이것이 스타벅스와 같이 '고객경험'을 차별화해야 하는 이유이다. 기업 입장에서 인게이지먼트의 주체는 능동적으로 행동하는 소비자(고객)다. 거꾸로 말해 고객이 제품이나 브랜드에 빠져들도록 해야 기업이 오래갈 수 있다.

고객경험CX이란 기업과 고객의 접점인 매장, 제품, 점원, 앱 등 소비자가 겪는 전반적인 경험의 총체적 흐름을 일컫는다. 고객이 상품과 서비스를 경험하는 모든 과정에서 겪는 감정과 반응을 기획하고 분석하는 일이다. 다시 말해 제품이나 서비스를 인지하는 순간부터 구입, 사용, 수리, 폐기, 재구매까지의 전체 과정에서 고객이 느끼는 경험과 정서를 통틀어 CX 라고 한다. 사용자들이 제품이나 서비스를 이용하면서 경험하는 인지반응을 사용자경험UX:User eXperience이라고 한다면 고객경험CX은 UX에서 한 걸음 더 나아간 개념이다.

그래서 고객경험CX은 사용자가 특정 접점에서 느끼는 감정 정도가 아닌, 기업과의 접점에서 느끼는 모든 경험에 대한 종합적이며 주체적 평가를 의미한다. 예를 들어 호텔에 투숙하기 위해 앱을 통해 만족스러운 호텔 예약을 하였더라도 실제 호텔의 투숙 경험이 매우 나쁠 수 있다. 이때 '호텔 예약에서의 CX는 좋았고 호텔 방문 이후의 CX는 나빴다'라고 말하는 것은 잘못 사용된 개념이다. '고객의 호텔 이용 과정의 CX의 품질이 좋지 못했다'라고 결론지어야 옳은 개념이다. 이런 맥락에서 CX는 고객의 불만을 개선하는 CSCustomer Satisfaction를 넘어 고객이 기대하는 것 이상의 가치를 제공하는 것이어야 한다.

이 개념들을 확실하게 구분하기 위해 이를 기업의 부서별 관심사로 나눠보자면 UX는 R&D 부서나 기술 부서에 한정된 관심사였다. 그런데 CX 라는 단어가 유행하면서 R&D팀과 기술 부서에 마케팅 부서의 역할이 더해졌다. 그렇다면 UX와 CX 차이점이 자연스럽게 드러난다. 전통적인 UX는 소비자의 구매 행위가 끝난 뒤 실제 사용하는 과정에 초점을 맞춘 것이다. 당연히 기계 혹은 기기 등 소비자가 실제 사용하는 물리적 실체를 중심으로 논의가 이루어졌다. 여기에서 CX로 개념을 확장하면서 구매 이전 단계와 구매 과정 단계로 개념이 크게 확장된다. 즉, 특정 제품이나 서비스의 고객이 되기로 결심하는 순간부터 경험하는 모든 단계를 포괄하게 된다. 이렇게 되면 서비스팀이나 마케팅팀의 역할이 아주 중요해지면서 R&D팀이나 기술 부서와의 협업과 소통이 필수적인 것이 된다. 한 명의 잠재고객이 구매 여행을 시작해서 '즐거운 구매 경험을 하고, 구매 이후에 사용자로서 편리하고 자신의 생활이 향상되는 걸 경험한 한 후에 충성도 높은 고객이 되는 총체적 경험 전반을 구성하는 과정'의 경험을 디자인하는 시대로 가고 있다.

| 실망을 감탄으로 바꾸기

어느 세미나에 참석했다가 주제발표를 하는 강사로부터 아이와 함께 영화관에 갔다가 겪은 이야기를 들었다. "아이들이 좋아해서 외국 만화영화를 보러 갔는데, 글쎄 화면에 한글 자막이 나오지 뭡니까. 주로 아이들이 관객이니까 우리말 더빙이 된 필름을 틀어야 하잖아요. 영화관 측에서는 급히 상영을 중지하고 사과 방송을 내보내고는 얼른 더빙으로 된 필름으로 교체하겠다고 하더군요. 할 수 없이 잠시 기다리는데, 종업원이 객석을 돌아다니면서 다과를 대접하더군요. 그리고 아이를 동반한 고객께는 주인공 캐릭터가 새겨진 기념품을 하나씩 품에 안기는 겁니다. 그리고 영화가 끝나니까 '오늘 관객 여러분께 실수해서 죄송합니다. 다음에 다시 오셔서 제대로 된 서비스를 받아보세요'라고 다시 사과하면서 무료 초대권을 한 장씩 주더군요. 그날 영화를 본 관객들은 영화관의 실수에 대해서 뭐라기는 커녕 오히려 기념품과 무료 초대권을 받았다고 모두 흥겨워했지요." 함께 세미나에 참석했던 동료 직원은 연방 감탄사를 내뱉었다.

"장 교수님, 잠깐의 실수를 훌륭한 서비스로 바꾼 멋진 사례네요!" 그런데 동료 직원의 칭찬에 대한 내 대답은 좀 시큰둥했다. 그들의 시나리오를 이미 눈치챘기 때문이다. "그건 영화관 측의 잠깐 실수가 아니라 관객을 위한 훌륭한 쇼야! 고객에게 잊어버리지 않을 만한 경험을 하게 해 주려고 영화관 측에서 사전에 치밀하게 디자인한 것이라고." 하지만 이 영화관의 사례는 고객의 경험을 어떻게 설계해야 하는지를 아주 극명하게 보여준다. 구체적이면서도 극적인 고객경험 설계와 연출의 전 과정을 실감 나게 보여주는 참 좋은 사례다.

세부 내용만 다를 뿐 우리는 이와 비슷한 이야기를 자주 접한다. 그러나 전달하려는 골자는 언제나 같다. 극적인 반전을 통해 고객의 기분을 실망에서 기쁨으로 빠르게 바꿔주고, 이는 잊을 수 없는 고객경험으로 기억된다. 특히 마술사들은 관객의 경험을 끊임없이 고민하며 실망과 혼란에서 행복과 확신으로 빠르게 바뀌는 감정의 가치를 누구보다도 잘 안다. 그들은 사람들의 감정 상태를 바꾸는 기술을 개발해 왔다. 예를 들어 어떤 마술사는 관객들이 마술의 비밀을 눈치채거나 속임수를 잡아냈다고 믿게 한다. 하지만 순간적인 실망감은 마술사의 놀라운 기술에 대한 짜릿한 기쁨으로 빠르게 바뀐다. 마술사들은 기술적으로 완벽한 트릭을 계속해서 보여주는 것보다 실망감에서 기쁨으로의 변화, 이런 감정적 전환이 관객들에게 더 큰 놀라움을 선사한다는 것을 잘 알고 있다. 이것이 관객의 기억에 남는 짜릿한 순간이 된다.

앞에서 언급한 '감동적 고객경험을 만드는 마술'에 이런 사례가 나온다. 유명 마술사 더그 헤닝Doug Henning은 미녀 조수가 물 위에 떠 있는 것처럼 보이는 마술을 개발했는데, 이때 조수의 몸을 지지하는 장치는 물을 뿜어대는 분수 덕분에 보이지 않는다. 그러나 데이비드 코퍼필드David

Copperfield는 관객이 이런 비밀을 눈치챌 수 있다는 생각에 이 묘기를 한 층 더 발전시켰다. 관객의 반응을 미리 예상하고 분수를 끈 것이다. 분수를 껐는데도 조수는 그대로 공중에 떠 있었고, 이는 헤닝의 마술쇼를 익히 알고 있었던 사람들에게도 놀라움과 감동을 선사했다. 기업도 마술사처럼 지속적으로 혁신하고 기대하지 못했던 문제 해결책을 제시해서 고객의 감정을 짜릿하게 만들어줘야 한다. 그래야 제품과 서비스에 만족하는 충성 고객을 만들 수 있다.

| 평범한 것은 지루하다

현실 세계도 마찬가지지만 드라마나 영화를 보면 사랑에 빠진 두 연인의 러브스토리가 등장하는데, 언제나 해피엔딩으로 끝나는 건 아니다. 상대방에게 싫증이 나거나 더 좋은 사람을 만나 갈라서는 경우도 허다하다. 연인 관계나 부부 관계의 결말을 가르는 결정적 차이는 뭘까? 여러 가지가 있겠지만, 결혼 생활 내내 끊임없이 상대방에게 자신의 독특한 매력을 어필하는 배우자가 버림받는 일은 거의 없을 것이다. 이는 기업 역시 마찬가지다.

기업도 역시 소비자에게 버림받지 않기 위해 세심한 노력을 기울여야 한다. 제품의 기능이나 품질은 기본이고, 세심한 서비스와 신선한 이벤트도 사랑을 지속시키는 데에 필수적인 요소다. 사랑이건 서비스건 똑같은 것은 지루하다. 우리는 생리적으로 특이하고 독특한 것을 이야기하고 평범한 것은 무시하도록 만들어졌다. 마케팅 전문가 세스 고딘Seth Godin은 이를 '보랏빛 소'Purple cow라고 부른다. 보랏빛 소처럼 리마커블Remarkable해야 한 고객에게서 수천 명의 잠재고객에게 퍼져나간다. 광고는 "언급할 만한 것이 없는 평범한 기업들이 내는 세금"이라는 말이 있다. 잘 짜인 연출과 이벤트는 그러한 세금을 내지 않게 해 준다. 리마커블 서비스는 수많은 사람들의 입소문과 언론을 타고 광고를 대신해 주기 때문이다. '미스터리 카페'나 돌체의 드론 패션쇼가 그런 경우이다.

일본 지바현에는 '미스터리 카페'라는 특이한 이름의 카페가 있다. 자신이 주문하고 계산한 것을 자신이 먹지 못한다. 즉, 자신이 주문하고 계산한 것은 바로 그다음 사람이 먹기 때문이다. 자신은 바로 앞 사람이 주문한 것을 먹게 되는 것이다. 내가 무엇을 먹을지 알 수 없어서 '미스터리 카페'라는 이름을 붙인 것인데, 간혹 시원한 걸 마시고 싶었는데 뜨거운 걸 마시게 되기도 하겠지만, 이런 불확실성이 주는 새로운 경험을 파는 것이다. 카페를 재미있고 새로운 고객경험의 공간으로 만든 것이다. 카페에 자신이 먹을 것을 사러 가기만 하는 게 아니라, 앞뒤 사람과의 관계도 만들어내고, 누군가에게 선물을 받는 것이면서 동시에 선물을 하는 것이라는 즐거움, 무엇을 먹게 될지 모를 의외성이 주는 흥미를 결합한 것이다.

패션쇼에 드론을 등장시켜 '보랏빛 소'를 만든 경우도 있다. 2018년 이탈리아 밀라노에서 열린 '돌체 앤 가바나 F/W 컬렉션'에서 핸드백들이 드론에 매달린 채 런웨이 위를 날아다니는 모습이 연출되었다. 패션쇼에 사람이 아닌 드론이 모델로 등장한 것이다. 전문가들은 '패션쇼는 성공적으로 끝났지만, 드론에 이목이 쏠려 컬렉션 자체가 주목받지 못했다'라고 지적했다. 그러나 외신들은 세계적 패션쇼에 드론이 등장한 것은 처음이라며 "매우 신선한 아이디어"로 평가했다. 수많은 매체가 이를 보도했고, 사람들의 입소문을 탔다. 남들이 주목하지 않을 수 없는 독특한 스토리는 비즈니스를 차별화한다. 점진적인 고객서비스를 업그레이드나 가격 인하로는 불가능한 방식으로 말이다.

오늘날 오프라인이건 온라인이건 모든 서비스와 마케팅은 고객경험의 향상에 초점이 맞춰져 있다. 이는 현명한 비즈니스 전략이다. 수준 낮은 서비스는 브랜드 충성도와 고객 감소로 이어지기 때문이다. 그런데 다른 한편으로는 고객경험 향상에서 한 발 더 나가야 한다. 이를 확실하게 일반 소비자에게 광고하고 전파하는 일도 중요하기 때문이다. 고객경험 향상의 핵심은 더 나아지는 것이지 달라지는 것이 아니다. 사람들이 떠들썩하게 입소문을 내거나 소셜 미디어에 퍼 나르는 것은 '더 나아지는 것'이 아니라 '확실히 특출한 것'이어야 한다.

우리는 지금 디지털 세계에 살고 있다. 디지털 세계에서 태어나고 성장한 디지털 네이티브에게는 브랜드를 평가하는 가장 큰 요인은 오로지 '리마커블'한 경험에 있다.

| 기억해야 검색한다

디지털 네이티브들이 브랜드를 만나는 가장 흔한 방법은 검색이다. 그런데 관습적이고 평범한 표현은 수많은 상품 중에서 눈에 띄기도 어렵고, 띄었더라도 기억되지도 않는다. '기억한다Recall'라는 것은 '알고 있다 Recognize'와는 엄연히 다르다. 당연히 '기억한다'가 '알고 있다'보다 훨씬 더 강력하다. 예를 들어 마트에서 제품을 선택하는 일반 브랜드라면 꼭 기억

되지 않아도 괜찮다. '어디서 들어본 브랜드다' 정도만 돼도 고려 대상에 포함될 수 있기 때문이다. 하지만 디지털 네이티브에게 선택되는 브랜드들은 들어봤다 정도로는 안 된다. 반드시 머릿속에 기억이 되어 검색하고 앱을 내려받을 수 있는 단계로 가야 하기 때문이다. 그러기 위해서는 관습적 표현에서 벗어나 특출하고 의외성이 있어야 한다. 뇌를 강력하게 자극하지 못하는 평범한 이름은 저장되지 못하고 금방 잊히기 때문이다. 광고의 주요한 목표 중 하나는 소비자가 기억에서 제품 정보를 쉽게 이용할 수 있게 만드는 것이다.

이를 심리학에서는 '회상 용이성availability'이라고 한다. '회상 용이성'이란 얼마나 쉽고, 신속하고, 생생하게 회상할 수 있느냐에 따라 사건의 확률을 판단하는 휴리스틱이다. 제품의 기능이나 서비스가 다른 곳보다 떨어지는데도 생생하게 기억나기 때문에 더 좋은 제품으로 착각되어 선택되기도 하는 것이다. 그렇다면 고객의 눈길을 사로잡는 브랜드 네이밍이 중요하다. 의외성이 있어 기억하게 만드는 이름 중 하나가 신세계의 이니셜 SSG인데, 이를 의태어인 '쓱'으로 부르면서 우리는 한 번만 들어도 이름을 기억하게 된다. '로켓배송'이란 단어도 쿠팡을 모르는 사람들은 대개 '빠르다'란 속성과 연관된 연상이 일어날 것이고 '쿠팡'을 아는 사람들은 단박에 '쿠팡'이란 브랜드를 떠올릴 것이다. 만일 쿠팡이 '빠른 배송'이란 자신들의 서비스 특성을 '당일 배송' 혹은 '오늘 배송' 등과 같은 관념적이며 식상한 단어로 표현했다면 아마도 지금처럼 '쿠팡은 빠르다'라는 인식을 심어주는 데 성공하지 못했을 것이다. 브랜드의 인지율과 기억률을 지배하는 것은 특출함과 의외성이다.

고객경험이 확실한 경쟁력이 되기 위해서는 사람들에게 만족과 의외성,

놀라움을 주는 이벤트를 제공해야 한다. 평범한 서비스를 제공할 경우 당신의 서비스는 잠재고객에게 특출나게 보이지 않아 결정적 요소가 되지 않을 것이다.

| 디지털 고객경험을 설계하라

이제 '디지털' 고객경험CX을 설계하는 세 가지 방법에 관해 구체적으로 알아보자. 특히 오늘날의 MZ 소비자들은 수많은 디지털의 접점을 경험하면서 모든 접점에서 마찰과 번거로움이 없는 매끈한seamless 고객경험CX을 기대한다. 따라서 CX를 차별화하기 위해서는 첫째, 물 흐르는 듯한 매끈한seamless 경험을 제공하고, 둘째, 선제적으로 고객을 케어하며, 셋째 색다르고 재미있는 경험을 제공하는 것이 필요하다. 디지털 고객경험의 첫 번째 화두는 단순하면서도 강력한 기능으로, 이른바 심리스Seamless다. 영어의 'Seam'이라는 단어는 '이음매'라는 뜻이다. Seamless는 이음매Seam가 없는less, 즉 겹친 부분이 없는 깔끔한 것을 의미한다. 심리스란 '(중간에 끊어짐이 없이) 매끄럽다'는 뜻으로 이커머스나 모바일 등에서 소비자에게 '번거로움을 주지 않는, 매끈한, 끊임없는' 속성을 가리키는 용어로 사용되고 있다. 따라서 CX의 첫 번째 목표는 단연 '심리스'를 통한 즉각적 제품 탐색이다.

한 보험사의 '심리스' 사례를 보자. 전통적으로 보험은 고객이 상담사와 직접 만나는 방식으로 판매돼 왔다. 무슨 내용인지 이해하기도 힘든 약관도 많고 사인도 이곳저곳 해야 한다. 그런데 이 회사는 모바일 앱으로 개인정보를 입력하고 몇 가지 질문만 체크하면 90초 안에 보험 가입이 끝난다. 보험금이 지급되는 데 걸리는 시간은 3분 남짓이다. 미국의 온라인 보험사 레모네이드Lemonade 이야기다. 맞춤형 보험 상품 추천부터 가입, 보험금 책정과 지급까지 모두 인공지능이 빠르게 처리하는 것이 특징이다. 보험계약자가 자동차의 파손된 부분을 사진 찍어 보험사에 보내면 보험사 보상처리 시스템에 연계된 인공지능이 사진을 통해 파손 정도를 분석하여 그 결과를 실시간으로 보상 담당자에게 알려준다. 담당자는 이 결과를 토대로 수리를 할지, 교체할지, 아니면 다시 평가할지를 결정하면 되는데, 이러한 편의성 덕에 레모네이드 전체 고객 중 70%는 35세 미만의 밀레니얼 세대다.

마케팅 분야에서는 심리스를 통해 즉각적 제품 탐색으로 이어지고 있다. 마케팅에서 타게팅Targeting이란 전체 시장을 세분화한 후, 하나 혹은 복수의 소비자 집단을 목표 시장으로 선정하는 것을 말한다. 예를 들어 비스포크 냉장고를 살 만한 사람들을 선별하여 이들에게 집중적으로 광고를 노출하는 것이 타게팅이다. 그런데 최근에는 얼굴인식 자체만으로도 자연스럽게 타게팅이 가능하다. 세계적인 여행 전문 예약서비스 익스피디아Expedia는 하와이 관광청과 함께 진행한 디지털 마케팅 캠페인Discover Your Aloha에서 마이크로사이트의 한 페이지 내에 하와이 여행 영상을 올렸다. 영상을 보는 동안 웹캠으로 안면인식 기능을 통해 시청자들의 얼굴을 인식하여 그들의 얼굴 표정이 영상의 어느 부분에 가장 크게 반응하는지에 따라 하와이의 여러 여행 코스 중 사용자에게 맞는 코스를 제공했다. 영상을 시청할 때 스스로 인지하지 못하는 사람의 표정을 섬세하게 분석하여 그 사람에게 맞는 상품을 추천한 것이다. '끊김 없는 경험'의 모범 사례로

숍루프를 들 수 있다. 숍루프 총괄 매니저인 랙스 푸자리Lax Poojary는 사내 스타트업인 '에이리어 120' 공동 프로젝트로 뉴욕 지하철에서 사용자 조사를 하던 중 젊은 여성이 제품을 발견, 구입하는 데 스마트폰으로 소셜 미디어, 유튜브, 온라인 쇼핑 3가지 앱을 전환하는 모습을 발견했다고 한다. 이 같은 경험에서 탄생한 것이 제품 발견, 평가, 구입을 위한 구글의 비디오 쇼핑 플랫폼 '숍루프Shoploop'다. 숍루프는 인플루언서들이 올린 사용 후기 동영상에 제품 구매 링크가 삽입되어 있어 사용 후기를 보다가 즉시 구매가 가능하다. 동영상 광고를 보다가 제품을 구매하기까지 3~4개의 앱을 사용해야 하는 번거로움을 확 줄임으로써 이커머스와 광고를 효과적으로 통합시켰다. 이것이 '끊김 없는' 경험이다.

이러한 심리스한 경험을 완성하기 위해서는 고객과의 커뮤니케이션에서도 매끄러워야 한다. 고객은 모든 채널에서 끊김 없는 경험을 원한다. 즉, 채널이라면 옴니채널을 원하며, 커뮤니케이션이라면 문자, 전화, 이메일 모두를 원한다는 것이다. 고객은 바로 전화를 걸 수도 있지만 문자 서비스로 문의한 다음 전화를 연결하는 앱을 사용할 수도 있다. 또한 이들 고객경험은 서로 긴밀하게 연동돼야 한다. 고객은 계속해서 똑같은 말을 반복하길 원치 않는다. 이제 디지털이 주는 편의성에 익숙해진 현대의 소비자들은 마찰과 번거로움이 없는 심리스한 고객경험을 원한다. 탐색과 구매 그리고 구매 후 공유의 과정까지, 온라인과 오프라인을 구분해서 인식하기보다는 옴니채널에 익숙한 디지털 네이티브들의 니즈에 주목하여 그 어느 때보다 장애물 없는 매끈한 경험을 제공해야 한다.

고객경험을 설계하는 두 번째 방법은 선제적 케어를 통해 제품, 서비스 활용 과정에서의 혼란과 번거로움을 줄여주는 것이다. 사용자의 이용 습관, 주변 상황에 관한 데이터를 이해하고 이를 바탕으로 필요한 작업을 자율적으로 수행해 소비자의 수고와 실수를 최소화해 주는 것이다. 아마존 알렉사의 '헌치' 서비스Alexa hunches는 평소 생활 패턴을 분석해 기기 작동 여부를 추천하는 서비스를 제공하고 있다. 헌치스는 이용자가 잠들기 전 "굿나잇"이라고 말하면 문이나 창문이 잠겨 있는지, 아니면 인터넷 연결 단말을 실행한 상태로 두었는지를 확인하여 문을 잠그고 단말을 확인하라고 알려준다. 문이 안 잠겼거나 전등이 켜져 있는 등의 사용자 실수를 "문을 잠글까요?"라고 질문하는 식으로 상기시켜 준다. 일본의 보험그룹 MS&AD는 피보험 차량의 운행 상태를 상시 모니터링하고, 사고 감지 시 운전자 안전 여부를 확인한 후 긴급구조 요청을 해 준다. 선제적 케어의 모범 사례다.

세 번째는, 색다르고 재미있는 경험을 설계해야 한다. 특히 경험 소비를 추구하는 디지털 네이티브가 소비 시장의 주역이 되면서 어떻게 재미있고 특별한 경험을 제공할 것인가를 기획하는 일도 점점 고도화되고 있다. 고객의 감정에 불을 지피기는 쉽지 않다. 상품과 서비스의 구매전환율을 높이기 위해서는 다른 회사와 차별화되는 특출하고 재미있는 경험을 설계해야 한다.

아디다스가 흑인들의 우상인 농구선수 데릭 로즈Derrick Rose를 기념하면서 2015년 점프 스토어를 만들어 화제가 된 적이 있다. '디 로즈 점프 스토어D Rose Jump Store'라고 붙인 이 행사는 NBA 농구 스타이자 아디다스 모델인 데릭 로즈가 런던의 우범지역인 해크니에서 청년들의 잠재적 재능을 찾아보기로 한 것으로, 프로모션은 3m 높이의 선반 위에 데릭이 모델로 나섰던 아디다스 농구화들을 진열해놓고 점프해서 신발을 잡으면 잡은 농구화를 선물하는 방식으로 진행했는데, 데릭 로즈 팬들과 소비자 모두에게 소중한 경험과 입소문 효과까지 가져온 재미있는 캠페인이었다. 차별받는 흑인들에게 '당신네들은 이렇게 잠재력이 있고, 당신네들은 이만큼 뛰어난 능력을 갖추고 있는 사람들입니다'라는 메시지를 함께 전달한 프로그램이었다.

재미있고 놀라운 것은 꼭 유명 스타와 함께하거나 막대한 돈을 쏟아부어야 하는 것은 아니다. 오히려 사소한 것에서 즐거운 경험이 만들어지는 경우가 많다. 미국 플로리다주의 어느 의사는 환자들과 기다리는 시간을 경쟁함으로써 대기시간을 줄인다. 15분 이상 기다려야 하는 환자는 수백만 달러의 당첨금을 탈 수 있는 5달러짜리 복권을 받는다. 이런 이벤트로 환자 대기실 분위기가 한결 좋아지고 직원과 환자 간에 활발한 대화가 오가는 계기가 된다. 물론 의사는 구체적이고 현실적인 시간 계획을 짜야만 한다. 그렇지 않으면 계속해서 5달러씩 손해 보게 될 테니까.

아직도 많은 회사들은 디지털화를 했기 때문에 고객경험이 향상되었다고 생각한다. 국내 어느 호텔은 스마트폰 앱에서 회원 가입을 하고 숙박과 식당을 예약할 수 있고 멤버십 관리도 되고 있었다. 그러나 이것은 단지 아날로그 상태에서 안내하던 것을 스마트폰으로 옮겼을 뿐이었다. 고객의 데이터를 활용하여 맞춤화하고 물 흐르듯 끊임없이 신속하고 편리한 디지털 경험을 제공하지 못한다면 그건 '디지털'로 '트랜스포메이션'한 진짜 목적이 아니다.

또한 디지털을 통해 고객경험을 어떤 방향으로 설계할 것인가에 대해 꼼꼼한 전략이 필요한 시점이다. 앞으로 다가올 미래는 디지털 고객경험을 제공하는 기업과 제공하지 못하는 기업으로 양분될 것이다. 생존하느냐 아니면 퇴출당하느냐의 기로가 고객경험에 있는 것이다. 지금은 디지털 고객경험을 완벽하게 제공하는 것이 가장 중요한 생존의 길이다.

III

결정적 순간은 디지털에 있다

디지털
시대의
고객접점
디자인

디지털 고객의 MOT는 마이크로 모멘트

| 생활정보지 '교차로'는 어디로 갔을까

1990년대 중반 내가 자주 강의하러 다녔던 업체 중 하나는 생활정보지 '교차로'였다. 당시 나는 은행원이었던 터라 직장 업무 등으로 출강 일정을 맞출 수 없게 되면 교차로 교육담당자는 아예 연수과정을 주말로 늦추거나 없앨 정도였다. 그러나 한때 어지간한 주간지보다 더 두꺼웠던 생활정보지 교차로는 스마트폰의 등장으로 언젠가부터 우리 주변에서 아예 사라졌다. 머지않아 종이신문도 사실상 비슷한 신세로 전락할 수도 있을 것이다. 사람들이 스마트폰으로 정보를 얻게 되면서 종이신문은 '종말'을 눈앞에 두고 있다. 2019년 한국언론진흥재단 '언론수용자 조사' 결과, 신문 구독률이 6.4%로 나타난 것을 두고 한 말이다. 2017년 9.9%로 처음 두 자릿수가 무너진 뒤, 2018년 9.5%에 이어 뚜렷한 하락세를 그리고 있다.

1998년 동일 조사에서 신문 구독률이 64.5%였던 것을 떠올려 보면, 21년 만에 무려 10분의 1 수준으로 급감했다. 그 자리는 이제 디지털 미디어가 차지하고 있다.

TV도 사양길을 걷고 있다. OTT^Over The Top 전성시대에 카카오 TV처럼 전에 없던 플랫폼들이 계속 생겨나고 있다. TV와 라디오가 갖고 있던 권력은 유튜브 같은 개인 미디어 플랫폼으로 이동하고 있다. 디지털 시대의 미디어는 80% 이상이 온라인에 존재한다. 종이신문이 소멸되면서 거의 모든 뉴스는 네이버, 다음 등 인터넷 포털과 페이스북, 트위터 등 SNS를 통해 전달되고 있다. 마케팅 메시지는 이제 대부분 디지털로 접하고 소비되며 개인 미디어를 통해 맞춤형 큐레이션으로 제공되기도 한다.

그렇다면 오늘날과 같은 개인 미디어 전성시대에 기업은 어떻게 고객과 소통해야 할까? 기업의 마케터는 제품과 고객, 메시지, 채널을 적절히 연결해 기업의 사업 목표를 달성하는 임무를 맡은 사람이다. 그들은 온라인 영업부터 시작해 고객과의 모든 소통을 주도한다. TV, 신문, 잡지, 라디오 등 4대 매체에 집중되던 전통적 마케팅은 이제 디지털 미디어 매체로 옮겨가기 시작했고, 이들 매체의 영향력이 크게 달라짐에 따라 시장이 요동치고 있다. 이제 디지털은 마케팅에 관한 기존의 경영학적 담론을 변화시키고 있다. 또한 기존 마케팅 부서의 전통적 전략과 역할이 이제는 상당 부분 쓸모없게 되었다.

일상생활 속에서 소비자가 물건을 구매하는 '제품 구매 여정'이 크게 변하고 있다. 예를 들어 자동차를 구매하는 방식을 생각해 보자. 얼마 전만 해도 자동차를 구매하는 사람은 자신이 선택할 수 있는 여러 방안을 꼼꼼하게 살펴보며 선택의 범위를 줄여나갔다. 그 후 자신이 생각하는 조건에 가장 잘 맞는 방안을 찾아냈다. 자동차 딜러는 구매를 원하는 소비자를 낚아채 거래를 성사시키고, 구매가 종료되면 소비자와 자동차 딜러의 관계, 소비자와 자동차 제조업체와의 관계가 사실상 끝났다. 하지만 요즘 소비자들은 좀 더 복잡한 방식으로 기업과 관계를 맺는다. 제조업체나 소매업체의 통제권이나 지식수준을 벗어나는 새로운 미디어 경로를 통해서 수없이 많은 브랜드와 관계를 맺고, 선택 가능한 브랜드가 어떻게 변화하는지를 평가한다. 심지어 최종 의사결정을 내리기 전에 선택 가능한 브랜드의 수가 더 늘어나기도 한다. 구매한 후에도 해당 브랜드와 적극적인 관계를 유지한다. A/S를 받는 것만을 의미하는 것이 아니다. 자신이 구매한 제품을 공개적으로 홍보하거나 공격하기도 하고, 브랜드 개발 아이디어를 제공하며 협조하는 식이다.

고객 구매여정의 첫 단계는 바로 '인지awareness'이다. 예를 들어 연료비가 휘발유 차량의 절반 수준인 수소차가 출시되었다 치자. 누구도 존재조차 알지 못하는 물건을 살 수는 없다. 수소차를 사려면 일단 신제품이 나왔다는 사실을 알아야 한다. 새로운 제품이나 서비스가 있다는 사실을 소비자에게 알리는 것이 인지 단계이다. 이 단계에서는 여전히 TV, 신문, 라디오, 잡지 등 전통적 매체들의 영향력이 아직도 건재하다. 대중적 도달력이 아주 높은 매체이기 때문이다.

구매여정의 두 번째는 제품 구매를 '고려consideration'하는 단계이다. 전통적 마케팅에서는 이 단계를 통제하기가 매우 어려웠다. 영업사원이 전화하거나 가가호호 방문하기도 했다. 불과 몇 년 전만 해도 최고의 영업사원은 더 많은 고객을 방문하여 제품의 장점을 설명하고 구매를 독려하는 사람이었다 해도 과언이 아니다. 그러나 소비자가 접하는 매체가 디지털로 바뀌면서 고려 단계의 설득 기제가 눈부시게 발전했다. 온라인 배너 광고나 이메일, 검색 엔진의 키워드 광고, SNS 광고, 온라인상에 뿌려놓는 제품 사용 후기, 제품의 상세정보를 제공하는 블로그, 일반 소비자들의 리뷰, 유튜버들의 제품 소개 영상 등 매우 다양한 디지털 매체가 활용되고 있다.

더욱이 전통적 마케팅과 달리 디지털 마케팅의 추적기술data tracking은 고려 단계에 머물러 있는 잠재고객을 정확히 솎아낼 수 있다. 디지털 마케팅에서는 고객의 온라인상 행동 패턴을 보고 구매를 고려 중인지를 판단한다. 광고를 보고 제품 소개 페이지를 한 번이라도 방문한 사람에게 할인 쿠폰이나 사은품을 제공하는 등 구매 의사를 조금이라도 보이는 소비자를 집중하여 공략함으로써 성공률을 높이고 있다. 무차별적인 대중매체 광고보다 비용은 훨씬 적게 들고 판매 가능성은 큰 마케팅 방식이다. 이는 다른 한 편으로 디지털 매체의 영향력에 의해 구매 고려 단계에서 소비자가 이탈할 가능성도 덩달아 커짐을 의미하기도 한다. 예를 들어 수소차를 구매하려고 마음먹은 소비자가 관련 정보를 찾는 중 자동차 관련 커뮤니티에서 해당 차량에 대한 부정적인 리뷰를 접하게 되면 바로 다른 차를 알아보려고 할 것이기 때문이다. 이때 소비자는 수치로 제공되는 고객만족도나 기업의 공식 광고보다는 일면식도 없는 제삼자의 리뷰나 댓글을 더 신뢰한다. 대부분 소비자들은 기업이 일방적으로 쏟아붓는 광고 메시지는 의심하면서도 게시판에 질문을 올리고 누군가가 댓글로 달아주는 정보를 철석같이 믿는 것이다.

구매여정의 세 번째인 제품을 '구매purchase'하는 단계에서는 온라인과 오프라인 매장에서의 구매 비율이 크게 달라지고 있다. 과거에는 제품 구매를 고려하는 단계에서 웹서핑을 하고 정보를 찾아보더라도 정작 구매는 오프라인 매장을 찾아 하는 경향이 있었다. 신선식품이나 고가품 등은 반드시 오프라인에서 거래해야 한다고 생각하는 소비자도 많았다. 그러나 이제는 거의 모든 품목의 온라인 구매가 보편화되었다. 오프라인 유통의 정점이었던 백화점이 앞다투어 오픈마켓에 입점하고, 쌀, 정육, 생선, 자동차, 명품 등의 온라인 거래 비율이 나날이 확대되고 있다.

마지막 단계는 고객의 평가evaluation이다. 고객은 제품과 서비스를 구매한 다음 사용 후기 등을 남기는데, 이는 다른 고려 단계 소비자의 구매 결정에 지대한 영향을 미친다. 개별 소비자가 리뷰를 남기는 공간은 결국 온라인 커뮤니티나 SNS 등이며, 제품에 대한 만족도가 높아 적극적 지지자가 되어 입소문을 내는 공간 역시 블로그나 SNS 등 디지털 커뮤니케이션 채널이다.

이렇듯 '고객 구매 여정' 전체를 살펴보면, 신제품 출시 등 고객에게 상품이나 서비스를 인식시키는 단계에는 전통적 매체의 영향력이 아직 남아 있지만, 구매여정의 다른 부분에서는 이미 디지털 매체로 상당히 전이가 이루어졌음을 알 수 있다. 특히 소비자의 구매 여부에 막대한 영향을 끼치는 고려 단계는 디지털 매체의 영향력이 압도적임을 알아차려야 한다.

무엇보다도 가장 큰 변화는 온라인이든 오프라인 기업이든 고객접점의 상당한 부분, 특히 사전접점과 사후접점의 대부분이 온라인 세상에서 활발하게 일어나고 있다는 점이다. 그들은 온라인상에서 이미 결심을 굳힌다. 2015년 이코노미스트의 '자동차 영업사원의 종말'이라는 기사에 따르면, 미국의 소비자가 자동차를 구매하기 전 매장을 방문하는 횟수가 10년 전 평균 5회에서 1.6회로 줄어들었다고 한다. 소비자들이 디지털을 통해 정보를 습득하고, 어떤 모델을 구매할지, 어떤 옵션을 선택할지 등 이미 많은 사항을 결정한 뒤에 매장을 방문하기 때문이다. 따라서 매장 방문 전 단계의 고객 접점 마케팅의 중요도가 한층 높아진 것이다.

그렇다면 고객의 구매여정을 중심으로 전체 비즈니스 성과를 높이기 위해 꼭 필요한 것은 무엇일까? 옴니채널적인 접근을 통해서 온라인과 오프라인상에서의 모든 접점에 관여하여야 한다. 미국의 유통 회사 타겟Target에서는 자사 고객의 98%가 온라인에서 구매하며, 이들 중 약 4분의 3은 모바일로 구매여정을 시작한다는 사실을 파악하고 이에 따라 특정 제품 카테고리를 대상으로 온라인, 오프라인 통합팀을 통해 고객에게 일관된 경험을 제공하기 위한 전략을 추진하고 있다.

| 디지털 시대 접점의 변화

오늘날 소비자들은 잠자는 시간을 빼고는 어떤 방식으로든 서로 연결되어 있다. 많은 사람들은 이 사실을 믿기 어려워할지도 모른다. 구글은 2013년 세계적 정보분석 기업 닐슨Nielsen과 제휴해 6,000건 이상의 모바일 검색과 검색 결과를 조사했는데 이 과정에서 구글은 새로운 것을 배우거나, 발견하거나, 시청하거나, 검색하거나, 구매하고 싶을 때 반사적으로 가장 가까운 기기인 스마트폰을 통해 곧바로 자신의 욕구를 충족시키는 현상을 '마이크로 모멘트Micro-moments'라고 명명했다. 마이크로 모멘트는 매일 인터넷에 접속하고 궁금한 것이 있을 때는 수시로 스마트폰을 꺼내 검색하는 우리 삶의 '일상'을 한 단어로 표현해 주고 있다. 특히 우리나라는 더 그렇다. 인터넷에 매일 접속하느냐, 적어도 일주일에 한 번 이상 모바일 검색을 이용하느냐, 이 두 질문에 "그렇다"라고 가장 많이 응답한 국민은 한국인이었다. 구글에 따르면 모바일은 우리가 브랜드에 대해 기대하는 것들을 계속 변화시킨다. 심지어 고객의 구매여정은 수백 단계의 아주 짧은 순간들, 즉 실시간 마이크로 모멘트로 세분된다.

마이크로 모멘트라는 각각의 짧은 순간이 모두 브랜드에 대한 고객의 결단과 선호를 결정하는 중요한 기회다. 이것은 우리가 배운 디지털 시대의 '결정적 순간MOT'에 해당된다. '고객만족'을 지향하는 회사라면 소비자여정Customer Journey Map이라는 프로세스에 따라 MOT의 개념을 직원들에게 교육한다. 기업이 고객과 만나는 15초 동안이 고객을 평생 단골로 만들수 있는가를 결정하는 '진실의 순간MOT'이다. 1981년 'MOT 마케팅'이라 불리는 고객 접촉 포인트에서의 서비스 혁신을 추진함으로써 적자에 허덕이던 스칸디나비아 항공을 1년 만에 흑자로 전환시킨 얀 칼슨Jan Carlson당시 사장이 한 말이다.

21세기에 접어들면서 MOT 마케팅이 다시 주목받고 있다. 정보통신기술ICT의 발달로 고객과 기업 간의 접점이 인터넷, 휴대폰 등으로 다양해지고 기업이 거의 실시간으로 고객 반응을 분석해 대응할 수 있게 되었기 때문이다. 그런데 점차 경쟁상품이 늘어나고 기업들의 직접 마케팅이 난무하면서 소비자들의 인내심과 충성도가 줄어들고 있다. 이에 따라 MOT에 관한 연구도 활발해지면서 FMOT First MOT, SMOT Second MOT라는 용어들이 잇달아 파생되었고, 최근에는 구글에 의해서 ZMOT Zero MOT라는 용어까지 만들어졌다.

MOT는 소비자가 상품이나 서비스를 이용하는 시점이나 경험하는 순간을 이르는 말인데, 디지털 시대로 전환되면서 이런 결정적 순간 자체가 무의미하고 24시간이 다 MOT라고 해도 무방하다.

미국에서 2010년과 2015년에 오프라인 매장을 찾는 고객의 수와 매장에서 발생한 매출을 비교한 자료를 보니 2015년에 매장을 찾는 고객의 수는 60% 감소했지만, 매장 매출은 매년 4%씩 꾸준히 증가했다. 이는 매장에 오는 손님 한 명의 가치가 약 2.6배 증가한 것이라고 분석할 수 있다. 하지만 그 이유가 더 중요하다. 고객은 매장에 방문하기 전 이미 다양한 채널, 특히 디지털 채널들을 통해 많은 정보를 미리 습득해서 이미 준비가 된 상태로 매장을 방문하고, 매장에서는 구매만 하게 되었기 때문이다. 따라서 매장 방문 전인 사전접점 단계에서의 고객경험과 매장 내 경험과의 끊김 없는 연계가 더욱 중요해졌다. 미국뿐 아니라 한국도 구매는 오프라인 매장에서 일어나지만, 구매 전 어떠한 형태로든 온라인에서 영향을 받는 비중이 점점 커지고 있는 것을 알 수 있다. 이런 사례들을 통해 고객의 구매여정이 마이크로 모멘트로 진화했다는 것을 알 수 있다.

| 디지털 접점의 MOT는 7초

오프라인뿐 아니라 온라인에서의 소비자 구매요인에 관한 분석에서도 MOT에 의한 구매결정의 상관성이 지대한 것으로 나타나고 있다. 미국의 연구 기관인 마케팅 익스페리먼츠Marketing Experiments의 '명료함이 설득력보다 우선이다Clarity Trumps Persuasion'라는 제목의 보고서에 따르면 온라인 마케팅에서 '첫 7초'가 가장 중요하다. 연구진이 웹사이트에서의 구매가 어떤 단계를 거쳐 일어나는지를 조사하고 여러 변수를 바꿔가며 실험한 결과, "고객이 웹사이트에 들어온 후 7초 이내에 '내가 지금 어디에 있지?'와 '내가 여기서 무엇을 할 수 있지?'라는 의문을 해결할 수 있는가"에 온라인 판매의 성패가 달려 있다는 것을 밝혀낸 것이다. 이 7초라는 짧은 시간 내에 두 가지 질문에 명확히 답해 주지 못하면 고객은 주저 없이 '뒤로 Back' 버튼을 누르거나 다른 웹사이트로 떠나버렸다. 즉, 구매의 최종 단계인 '내가 왜 이 상품을 사야 하지?'라는 설득과 결정의 단계에 아예 들어서지도 못하게 되는 것이다.

연구진은 방문 고객 수를 올리기 위해 무작정 포털 사이트의 배너광고를 늘리는 데 비용을 쓰기보다 현재 자사 웹사이트에서 "고객에게 '내가 왜 다른 경쟁사 상품이 아닌 이 상품을 구매해야만 하는가?'에 대해 명확하게 답하는" 의사소통의 명료성을 높이는 것을 우선해야 한다고 지적했다. 이는 온라인 마케팅에만 적용되는 공식은 아니겠지만, 기업은 다른 무엇보다도 소비자와의 접촉 기회를 포착한 짧은 순간에 상품의 가치를 명확히 알려야만 한다. 그래야만 비로소 고객을 확보하고 수익을 올릴 기회를 갖게 되는 것이다. 디지털 고객은 MOT에서 말하는 15초도 기다려주지 않는다. 이제 기업이나 가게는 무작정 마케팅에 대한 투자를 늘리기보다는 단 7초의 시간에 상품가치의 명료성과 차별성을 보여주는 마케팅 활동에 집중해야 한다. 즉, 무분별한 팝업창이나 빽빽한 상품의 나열, 인내심을 갖고 지켜봐야 하는 현란한 플래시 동영상과 같은 요소는 없는지를 살펴보고, 웹사이트의 구조와 디자인을 개선하는 데 먼저 투자해야 한다는 이야기다.

모바일 사이트는 로딩 시간이 3초 이상 걸리는 경우 53%의 방문자가 이탈하고, 49%의 사용자는 모바일 앱이 2초 이내에 응답하기를 기대하는 것으로 나타났다는 통계가 있다. 다시 말해 스마트폰에서 검색되고 있는 바로 지금이 결정적 순간이라는 것이다. 잠재적 고객은 온라인에서 기업의 평판을 보고 거래할 만한 대상인지 아닌지를 먼저 확인한다. 기업과 고객의 연결 방식이 이렇게 변화함으로써 기업을 선택할 권한은 이제 고객의 스마트폰 안에 있는 셈이다. 이제는 디지털 시대엔 정보의 홍수로 인해 소비자가 상품이나 서비스에 접하는 시점이 꼭 상품이나 서비스를 선택하려는 순간만이 아니라 언제 어디서나 일어날 수 있으므로 기업은 모든 접점을 찾아내고 동일한 메시지를 주기 위해 적절한 경험 관리 설계에 많은 노력을 기울여야 한다.

마케팅의 시작과 끝은 소비자의 선택을 받기 위해 탐색하는 순간부터 선택 후 상품과 서비스에 대한 경험을 평가하는 단계까지를 모두 관리하는 과정이다. 예를 들어 신상품을 하나 기획한다고 하자. '왜 이 상품을 기획해야 하는가'라는 질문에서부터 이미 소비자가 겪게 될 경험을 염두에 두어야 한다. 세상에 전혀 없던 새로운 상품도 결국엔 소비자의 경험을 통해 널리 세상에 알려지게 되어 있는 것이니까.

서비스와 영업의
초크포인트를 찾아라

| 초크포인트, 주요 길목을 지켜라

K 은행에서 첫 지점장으로 발령받은 곳은 구로동에 있는 아파트 밀집단지였다. 약 7천여 세대의 단지 안에는 K 은행을 비롯해 은행 지점이 세 곳이나 들어와 있었다. 특히 주택구입자금 대출고객을 잡기 위한 은행 간의 경쟁이 치열했다.

그때 내가 생각한 마케팅 전략은 크게 두 가지였다. 첫째는, 아파트 등기부 등본을 모두 뒤져서 근저당권설정 내역을 보고 혹시 저축은행이나 신협 등에서 대출을 받은 고객이 있는지를 찾았다. 제2금융권보다는 시중은행의 대출금리가 훨씬 낮은 것을 노린 것이다. 이율을 0.3% 정도만 낮추더라도 1억이면 연간 30만 원의 이자를 절약할 수 있는데, 고객들은 대체로 그런 정보에 둔감했다. 굳이 지금의 마케팅 관점으로 해석하자면 데이터 기반의 마케팅이었다. "우리 대출로 갈아타시면 일 년에 30만 원을 더 버는 셈입니다"라는 세일즈 멘트는 주효했다.

두 번째는 '길목 지키기'였다. 아파트 밀집단지라는 지역 특성상 효과적인 영업의 핵심은 전단지나 현수막 같은 무차별적 광고가 아니라 대출이 필요한 고객을 딱 짚어낼 수 있는 것이 관건이었다. 사실 방법은 간단했다. 바로 부동산 중개소였다. 고객들은 부동산 중개소에서 매매계약서를 작성할 때 대부분 잔금을 은행대출로 충당한다고 적는다. 나는 지점의 대출담당 팀장의 성과지표를 두 가지로 선정했다. 하나는 인근 부동산 중개소와 한 달에 몇 번의 미팅을 하느냐, 다른 하나는 대출이 전월보다 얼마나 늘었느냐였다.

당시 그런 용어가 없었지만, 내 입장에서는 부동산 중개업자가 매매계약서를 작성하는 결정의 순간Moment Of Decision을 잘 찾아낸 듯싶다. 이것도 요즘 디지털 마케팅 용어로 '임베디드 마케팅embedded marketing'이라 할 수 있다. 여기서는 '임베디드 금융'인 셈이다. 임베디드 금융은 항공편을 예약하면서 여행자보험을 같이 구매하거나, 자동차 매매 플랫폼에서 구입 자금 대출 또는 자동차보험 가입을 할 수 있도록 하는 형태의 서비스를 말한다. 고객의 대출 욕구가 발생하는 주요 길목을 지켜서 이를 집중적으로 관리한 것이다.

이처럼 우리 주변의 일상사를 조금만 주의하여 들여다보면 부동산 중개소같이 고객의 구매여정에서 꼭 경유하게 되는 지점이 있다. 자동차 딜러라면 어느 길목을 지키고 있어야 할까? 내 차는 이제 10년이 지나니 여기저기 부품을 교체해야 하는 시기이다. 한 자동차 정비소에서 "장거리 여행을 다녀와야 하니 전체를 점검해 주세요"라고 부탁했는데, 정비사가 써준

견적을 보고 깜짝 놀랐다. 부품 교체 비용이 300만 원이 넘었다. "당장 타고 다니는 데 큰 문제만 없게 해 주세요. 곧 새 차로 바꿔야겠네요"라고 정비사에게 무심코 말했다. 자동차 세일즈맨이 지켜야 하는 길목은 자동차 정비소일 것이다. 만약 대형 교통사고가 난 차라면 보험회사 직원은 "수리비보다 차라리 보험금을 타서 새 차를 사는 편이 더 낫겠어요"라고 권할 것이다. 새 차를 구매할 고객을 자동차 딜러보다 정비회사, 보험회사가 먼저 알고 있는 셈이다. 자동차 세일즈맨은 보통 한 달에 400명 정도를 만나서 3~4대의 자동차를 판다고 한다. 따져보면 1%의 성공률이다. 그런데 보험회사에서 '수리비보다 차라리 새 차 사는 편이 낫겠다'라는 말을 들은 고객은 97.3%가 보험금으로 새 차를 산다고 한다. 고객이 새 차를 사기로 결정하는 순간의 길목을 지키는 일이 곧 자동차 영업의 성패를 결정하는 셈이다.

고객접점의 모든 여정에서 구매욕구가 발생하는 접점의 단계를 일일이 커버하기란 사실상 불가능하다. 그러므로 임베디드 금융 사례처럼 내가 팔고 있는 상품을 고객이 사고 싶은 순간을 붙잡아 마케팅과 서비스를 집중하는 전략이 절실하다. 이것이 저성장 시대의 고효율 마케팅 전략이다. 내가 부동산 중개소를 지켰던 것처럼 길목에서 고효율 마케팅을 하는 곳이 우리 주변에는 꽤 많다. 예를 들면 분유 업체의 마케팅은 산부인과나 산후조리원에 집중한다. 대부분 엄마가 처음 분유를 선택할 때 특별한 기준을 갖고 있는 것은 아니다. 보통 산후조리원에서 추천하는 대로 먹이기 때문에 특정 브랜드를 선택할 이유가 없다. 특히 분유나 기저귀는 한번 선택이 이루어지면 웬만해서는 브랜드를 바꾸지 않는다. 유통업체 입장에서는 이때가 고객의 쇼핑 습관을 잡을 수 있는 길목, 즉 초크포인트인 셈이다.

영어의 초크포인트choke point는 물자수송이나 군사작전에서 전략상 중요한 의미를 갖는 길목을 말한다. 상대의 목을 조를 수 있는 치명적 구간으로, 해상 요충지라면 상선이나 군함 등이 반드시 지나가야 하는 해협이나 운하가 여기에 해당한다.

그렇다면 세일즈맨들이 고객의 어디를 정조준해야 영업성과를 높일 수 있을까? 요충지를 확보하는 것이 중요하다. 예를 하나 들어보자. 한 백화점의 남성 정장을 파는 판매원은 매장 내의 여러 활동 요소 중에서 고객이 매장에 들어오는 순간 고객의 치수를 재는 일을 가장 중요한 초크포인트로 삼고 있다고 한다. 양복의 치수를 재고 난 후 상품 설명을 한 고객의 실제 구매율이 압도적으로 높다는 것을 발견했기 때문이다. 화장품 매장의 판매활동은 고객이 편하게 둘러보게 하고, 니즈를 파악해서 추천하고, 직접 테스트해 보게 만드는 여러 활동이 있을 것이다. 이 중에 초크포인트는 단연 '테스트하게 한다'라고 한다.

디지털 마케팅에서도 사람들이 스마트폰을 통해 구매 결정을 내리기까지 거치는 경로가 어디인지를 먼저 확인해야 한다. 모바일 앱, 웹사이트 등에서도 고객의 마이크로 모멘트가 발생하는 순간에 고객의 욕구를 충족할 수 있는 가장 유용한 정보를 제공하는 것이다. 이케아는 2019년 캐나다에서 마이크로 모멘트를 활용해 잠재고객의 숙면 니즈를 공략하는 디지털 마케팅 캠페인으로 크게 성공했다. 이케아는 당시 숙면 이슈가 지속적으로 제기되고 있다는 데에 주목했다. 이케아는 수면 부족이나 숙면에 관심을 보인 구글 검색 이용자 중 심야에 유튜브를 보고 있는 시청자를 대상으로 시청을 중단하고 휴식을 취할 것을 강조하는 동영상 광고를 내보냈다. 해당 동영상에는 숙면용 매트리스 등 제품 정보와, 이용자와 가장 가까운 곳의 이케아 매장 영업시간 등도 함께 제공했는데, 그 결과 동영상 광고 시청자 중 5만여 명이 매장을 실제 방문했고, 이케아 침대 검색량도 673%나 증가했다.

디지털 마케팅에서 '마케팅 기여도 분석'도 매체별 초크포인트의 개념으로 활용할 수 있다. 마케팅 기여도 분석이란 잠재고객이 신규 고객이 되기까지 경험하는 경로에서 발생하는 다양한 상호작용과 접점의 가치를 평가하여 기여도를 분석하는 것이다. 여러 미디어의 성과를 최종 전환에 대한 기여도 측면에서 분석하는 방법으로, 예를 들면 어떤 고객의 획득 Acquisition 과정에서 해당 고객이 처음에는 페이스북 광고를 보았고, 이후에 버스 정류장에서 옥외 광고를 보았으며, 두 번의 광고를 통해 우리 서비스를 기억하고 네이버에 검색하여 우리 고객이 되었다면, 이 세 개 매체의 성과를 측정함으로써 여러 접점 중에 어떤 채널과 광고가 가장 큰 역할을 했는지를 판단하는 것이다. 이때 모델 분석 방법을 토대로 가장 크게 기여한 매체를 찾아낸다면 이것도 초크포인트가 될 것이다. 여기서 제품이나 브랜드가 소비자와 어떻게 상호작용하는지에 대한 인사이트를 발견하여 마케팅 성과를 개선하기 위해 각 고객의 구체적인 니즈에 타게팅 할 수 있도록 캠페인을 변경하고 맞춤화할 수 있기 때문이다.

마케팅 기여도 분석처럼 마케터들은 디지털 플랫폼 덕분에 유용한 정보를 찾아내는 것이 이전보다 더욱 쉬워졌고, 소비자 입장에서도 유용한 정보 제공의 중요성은 더욱 커졌다. 모바일과 검색 분석을 통해 마케팅 담당자는 이제 소비자의 의도에 대해 과거에는 파악할 수 없었던 유용한 데이터를 얻을 수 있게 되었다. 이케아 사례처럼 동일한 키워드를 검색하는 고객일지라도 그 맥락이 모두 다르다는 인식 하에 방문 사이트, 검색 이력과 빈도, 물리적 위치, 활용 기기 등의 정보를 종합해 순간의 욕구를 파악할 수 있게 되었다. 이러한 정보는 어느 순간에든 관련성 높고 유용한 정보를 제공할 방법을 결정하는 중요한 단서가 될 수 있다. 따라서 디지털 마케팅에서 사람들이 스마트폰을 통해 구매 결정을 내리기까지 거치는 경로가 어디인지를 먼저 확인해야 한다. 이것 역시 초크포인트를 찾아 고효율 마케팅 전략으로 활용하기 위함이다.

| 아하 모멘트(Aha moment), 핵심지표를 찾아라

경제학에서 흔히 인용되는 유명한 숫자 중 하나가 바로 80대20 법칙이다. 이탈리아 경제학자이자 통계학자인 빌프레도 파레토Vilfredo Pareto가 세운 가설이다. '전체 결과의 80%는 전체 원인의 20%에서 일어난다'라는 이 가설은 처음에는 전체 인구의 소득분포의 불평등과 관련한 연구였는데, 이후 경제학뿐만 아니라 사회 모든 분야의 결과를 설명하는 데 활용되고 있다. 좀 더 구체적인 예를 들면 '인구 20%가 전체 부의 80%를 차지하고 있다.' '범죄자 20%가 범죄 80%를 저지른다.'처럼 사회현상을 설명하는 데 쓰기도 하며, '휴대전화 통화량 중 통화 대상자 20%가 통화량 80%를 쓴다.' '소비자 가운데 20%가 전체 매출의 80%를 차지한다.' '회사 전체 직원 중 20%가 업무의 80%를 담당한다.' '즐겨 입는 옷의 80%는 옷장에 걸린 옷의 20%밖에 안 된다.' 등 사회현상이나 개인 문제에 이르기까지 많은 분야에 대입해 쓰고 있는데, '정말 그렇다'라고 동의하게 되는 대목이 많다.

기업의 마케팅과 영업전략, 그리고 서비스와 관련해서도 '당신의 제품과 서비스 중 20%가 당신의 전체 이익 중 80%를 벌 수 있게 해 준다.' '영업사원 중 20%가 회사 매출의 80%를 차지한다.' '80%의 결과는 단지 20%의 활동으로부터 나온다' 등으로 적용할 수 있을 것이다. 전통적 마케팅과 달리 디지털 마케팅은 아이디어만 좋다면 아주 적은 비용으로도 눈부신 성과를 거둘 수 있다. 실제로 수많은 중소기업들이 적은 마케팅 예산으로 멋진 마케팅 메시지와 채널의 특징을 활용하여 엄청난 마케팅 효과를 이루어냈다. 디지털 채널을 활용해서 제이커브J-Curve 형식의 마케팅 효과를 만들어내는 디지털 마케팅 방식을 '그로스 해킹Growth-Hacking'이라 부르며, 최근에 주목받고 있는 마케팅 트렌드 중 하나다. 말 그대로 성장Growth과 해킹Hacking으로 저비용으로 최고의 광고 효과를 추구하는 것이다.

'그로스 해킹growth hacking'이라는 단어를 만들어 낸 것으로 유명한 션 엘리스Sean Ellis는 드롭박스의 초대 마케팅 담당자로 일했다. 전통적인 마케팅이 브랜드 가치와 같은 무형 자산을 만드는 데 우선순위를 뒀다면, 그로스 해킹은 회사가 고객에게 주려고 하는 가장 중요하고 근본적인 가치를 찾아내 이를 수치화하고 그것을 상승시키는 데 초점을 둔다고 그는 말한다. 예를 들어 에어비앤비의 그로스 해킹팀은 매출이나 영업이익이 아니라 '숙박 예약 일수'라는 지표에 초점을 맞춘다는 것이다. 그래야만 부서에 상관없이 모든 직원의 참여를 유도할 수 있다고 말한다. 기존의 마케팅 전략은 대부분 고객 유치에 집중해 왔다. 특히 디지털 기업의 경우 이런 경향은 더욱 심하다. 반면, 그로스 해킹은 고객 자체에 더욱 집중한다. 고객이 어디서 제품을 발견하는가에서 시작해, 언제 이들이 처음으로 제품을 경험하는가, 이들이 제품을 다시 사용하도록 하는 요인은 무엇인가, 그리고 이들이 다른 이들에게 어떻게 이야기를 전하는가에 이르기까지 고객여정 전반을 살펴본다. 그로스 해킹은 모든 고객의 여정을 주시한다.

온라인 사업의 성장을 목표로 하는 그로스 해킹에 있어서 가장 중요한 것 중 하나가 바로 활동지표이다. 앞서 설명한 초크포인트를 찾아내 이를 지표로 삼으면 그 지표를 통해 사업이 잘 운영되고 있는지 그로스 해킹을 통해 성장할 수 있는지를 파악하기 쉽다.

그러나 우리 인간은 욕심이 많은 편이다. 큰 기업들은 영업목표를 달성하기 위해 다양한 활동과 성과지표를 제시한다. 다양한 여러 지표를 선택하고, 선택한 모든 지표를 추적하게 되는 게 일반적이다. 그러나 한정된 자원을 가진 스타트업은 너무 여러 가지 목표를 추구하면 우선순위를 잃기 쉽다. 우리 주변에 많은 스타트업들은 자사의 서비스가 제공하는 핵심 가치를 정의하거나 측정하지 않고 단순히 매출만을 위해 달리는 것을 많이 목격한다. 즉, 핵심 지표가 없다는 것이다. 모든 기업이 그렇듯 다양한 서비스 지표들을 만들어 놓고 개발팀은 모든 지표를 하나씩 다 개선하려고 덤비다 보니 실질적으로 어떤 지표도 개선하지 못하는 현상이 빚어질 수 있는 것이다. 이는 마치 금을 캐기 위해 삽질을 몇 번 해 보고는 "이 지역에 금이 없네"라고 불평하다가 투자금이 바닥나는 것과 같다. 가장 가능성이 큰 장소를 정하고 그곳을 깊게 파야 하는데 말이다.

큰 기업이나 작은 스타트업이나 하나의 지표에만 집중하지 않으면 목표가 산만해질 수밖에 없다. 먼저 영업성과에 핵심적 영향을 미치는 초크포인트를 찾아 이를 선행지표로 삼아야 한다. 앞서 '부동산 중개소와의 잦은 미팅을 통해 긴밀한 관계를 한 달에 몇 번 만드느냐'는 선행지표다. 선행지표는 말 그대로 어떤 행동이 일어나기 이전에 발생해서 수치화할 수 있는 지표이고, 반대로 후행지표는 어떤 행동의 뒤에 나타나서 그 행동의 결과를 파악할 수 있는 지표이다. 앞서 사례에서 대출이 얼마나 증가했느냐는 결과가 후행지표다. 그런데 영업에서건, 서비스에서건 초크포인트가 되는 가장 중요한 한 가지 활동지표만 찾아 제시하면 어떨까? 이른바 OMTM One metric that matters이다. OMTM은 '우리가 가장 집중해야 할 활동은 무엇인가'에 대한 대답으로, 핵심지표를 말한다.

드롭박스 마케팅 신화의 주인공이기도 한 션 앨리스는 핵심지표를 북극성North Star Metric이라고 불렀는데, 정말 적절한 표현이다. 그는 "'북극성' 지표는 고객이 우리 서비스를 통해 얻게 되는 핵심가치를 정확하게 대변하는 지표이다."라고 정의한다. 에어비앤비가 북극성을 '총 숙박 예약 수'로 잡은 것을 보면 '아하 모멘트'를 보다 쉽게 이해할 수 있다. 분명 유저들은 에어비앤비에서 화려한 집들을 보기만 해도 '가고 싶다, 멋지다' 등의 반응을 보인다. 하지만 가고 싶기만 해서는 안 된다. 실제로 숙박을 예약하고 그 집에 도착해야만 에어비앤비가 유저에게 주는 가치를 깨닫게 되고, 이것이 에어비앤비의 아하 모멘트인 것이다. 'Aha moment'는 영어에서 깨달음의 순간을 말한다. '아!' 하고 무언가를 통찰하거나 깨닫는 순간이라는 뜻인데, 영업에서는 길목과 핵심이라는 의미로 '초크포인트'라고 했다면 서비스에서는 정말 훌륭한 서비스라고 감탄하는 순간으로 '아하 모멘트'라고 부르는 게 더 좋을 것이다.

그렇다면 우리 서비스의 아하 모멘트는 과연 무엇일까? "모든 구성원이 딱 하나의 지표만 찾아 개선한다면 그것은 어떤 지표일까?" 페이스북의 북극성은 '총 가입자 중 10일 이내 7명 이상의 친구를 추가한 이용자의 비율'이다. 페이스북 가입 이후 활성 사용자가 되는 유저들이 10일 이내 7명 이상의 친구를 추가한다는 공통점을 발견했기 때문이다. 여기서 선행지표는 10일 이내 7명 이상의 친구를 추가한 이용자이고, 후행 지표는 그 결과로 나타나는 활성 사용자가 될 것이다.

| 더 중요한 고객접점을 찾아라

앞서 수술 이후 환자의 집을 직접 찾아가 케어하는 '방문 간호 서비스'에 대해 소개한 바 있다.

병원은 환자의 몸과 마음이 아프고 힘들 때 찾아가는 곳이라 감정 상태가 예민하고 기억이 오래 남기 마련이다. 이런 환자의 감정을 극적으로 설계한 병원도 있다. 수술 전에 '기도하는 의사' 프로그램이다.

국내의 한 대학병원은 환자가 수술실에 도착하면 환자의 동의 하에 주치의 선생님을 비롯한 전 의료진이 환자의 몸에 손을 얹고 편안한 마음으로 수술을 잘 받을 수 있도록 최선을 다하겠다는 기도를 한다. 이 병원에서 수술을 받은 환자들은 이 '기도하는 의사' 프로그램을 잊지 못한다. 부산의 한 병원 내시경 센터에서는 "수면하시는 동안에도 관리해 드립니다"라는 슬로건을 걸고 내시경 후 회복 시 마스크팩을 해줘서 건강검진 고객들이 이 사진을 소셜 미디어에 올려 화제가 되기도 했다. 한때 불친절의 대명사였던 병원의 서비스 혁신은 정말 감동적이고 인상적이다. 병원 서비스에서 '아하 모멘트'라 부를 만하다.

고객들이 병원이나 기업에서 느끼는 서비스에 대한 감정의 척도는 어떻게 매겨질까? 누군가를 얼마나 사랑하는가를 1부터 10까지 숫자 중에서 표현해 보라고 할 수 있을 것이다. 대부분 양극단으로 매겨질 가능성이 크다. 고객은 병원이나 기업과 상호작용하면서 좋든 나쁘든 일련의 감정을 갖게 된다. 이런 감정은 대부분 그 회사와 거래 중에 적어도 한 번 이상 찾아오는 절대로 잊히지 않는 '결정적 순간'에 느끼는 것들이다. 고객은 기업과 거래하면서 여러 차례 '결정적 순간'을 맞게 된다. 고객과의 접점에서 발생하는 짧은 순간이란 의미인 '결정적 순간'은 영어의 'MOT Moment of Truth'를 우리말로 옮긴 것인데, 흔히 '진실의 순간'으로 번역하지만, '결정적 순간'이 의미 전달상 더 정확한 표현이라고 생각한다.

MOT의 중요성에 대해 스칸디나비아 항공 전 사장인 얀 칼슨은 이렇게 말했다. "지난 한 해 동안 1,000만 명의 우리 고객이 서비스를 받기 위해 다섯 번 정도 우리 직원들과 만났는데, 이 만남은 평균 15초 정도 지속되었다. 따라서 우리 스칸디나비아 항공사는 한 번에 15초 정도, 일 년에 5,000만 번의 결정적 순간이 우리 회사의 성패를 결정하는 순간이다." 기업은 하루에 수많은 고객이 다양한 곳에서 직원들을 만나면서 각각 다른 결정적 순간을 만나는데, 기업의 흥망성쇠는 매 순간 고객이 경험하는 결정적 순간의 총합이라고 할 수 있다.

여기서 누구나 다 아는 MOT 개념을 다시 설명하는 이유는 가장 중요한 접점 Critical Touch Point을 이야기하기 위해서다. 기업의 입장에서 MOT는 고객이 기업의 종업원 또는 상품이나 서비스를 포함한 모든 인적 물적 자원과 접촉하는 순간을 말한다. 고객과의 접점은 회사에 따라 다르고 또한 다양하다. 자동차 손해 보험사의 터치포인트는 홈페이지의 활용성, 고객센터 직원의 전문성, 보험가입 절차의 간편성, 보험료 청구서 수령의 용이성, 사고 처리나 보상의 신속성 등이다. 물론 이러한 모든 접점을 완벽하게 관리하는 것이 바람직스럽지만 현실적으로는 한계가 있다. 따라서 이러한 결정적 순간MOT 중에 특히 더 중요한 터치포인트Critical Touch Point는 무엇일까? 이른바 고객접점의 초크포인트다.

그렇다면 손보사 고객의 감정척도를 좌우하는 가장 중요한 터치포인트는 어디일까? 앞서 설명한 것처럼 고객여정에 여러 터치포인트가 있지만, 실질적으로 고객만족도를 획기적으로 좌우하는 요소는 인터넷 탐색 단계나 보험료 청구서를 받는 단계는 아니다.

조사 결과에 의하면 고객들이 특정 보험회사에 대해 특별하게 만족 또는 불만족을 표시하는 터치포인트는 사고처리 과정이다. 조사에 의하면 사고처리를 한 번도 해 보지 않은 고객들은 만족도에 큰 차이가 나지 않지만, 사고 처리를 한 번이라도 해 본 고객은 좋은 보험사와 좋지 않은 보험사 간에 만족도가 큰 차이로 벌어진다. 즉, 사고처리를 하면서 겪는 불편과 손해, 억울한 보상 등이 고객만족도가 높은 보험사와 낮은 보험사를 크게 갈라놓는 초크포인트가 된다는 것이다.

그렇다면 보험회사에서 고객만족도를 효율적으로 높이는 방법은 무엇일까? 순탄하게 보험에 가입하고 보험료를 납입하는 과정의 편의성이 아니라, 고객들이 가장 당황하고 불안해하는 사고 처리 시 어떻게 응대하느냐가 결정적인 고객만족도의 갈림길이 된다. 즉, 초크포인트를 찾아내고 여기에 집중하여 개선방안을 마련하는 것이다. 병원에서는 초크포인트가 되는 결정적 터치포인트가 무엇일까? 의사들에 대한 만족도가 지지부진하여 고심하던 한 병원은 주임 간호사가 모든 퇴원 환자들에게 48시간 안에 전화를 걸어 상태를 묻고 질문에 친절하게 대답해 주어 큰 성과를 거두었다고 한다. 힘찬병원의 방문간호 서비스도 나에게 아주 인상적인 기억으로 남아 있는 걸 보면 이것이 환자 만족도를 결정짓는 중요한 터치포인트임이 분명하다. 병원의 두 사례 모두 인간적 교감이 초크포인트였던 셈이다.

병원의 초크포인트를 다른 관점에서 하나 더 찾아보면 어떨까? 훌륭한 의사들은 수술 후 야간에 환자에게 전화를 걸어 불편한 점은 없는지, 출혈이 있는지, 수술 후 지시사항을 잘 지키고 있는지를 확인한다. 그런데 고객여정 지도를 펼쳐서 살펴보면 우리가 미처 생각 못 한 점이 있다. 역발상으로 수술 전에 환자와 통화하는 것은 어떨까. 예를 들어보자. 오후에 구강 수술을 받는 것은 썩 기분 좋은 일정이 아니다. 사람들은 대부분 수술이 어떤 절차로 이루어지는지 확실하게 알지 못한다. 통증에 관한 걱정은 거의 당연한 것이고, 치료비도 걱정스럽다.

미국 뉴저지주 클리프턴의 글렌 고라브 박사는 15년 전부터 다른 치과 의사들이 하지 않는 그만의 독특한 서비스를 하고 있다. 그 차별화란 수술 전에 환자와 미리 통화하는 것이다. 고라브 박사는 주말마다 다음 주 첫 방문을 예약한 환자들에게 전화를 걸어 이렇게 말한다. "안녕하세요. 저는 고라브 박사입니다. 다음 주에 방문하기로 예약하셨죠? 제 소개를 좀 하고 병원에 오기 전에 궁금한 점이 있는지 확인하려고 먼저 전화를 드렸습니다." 이 간단하면서도 다른 의사가 미처 생각하지 못한 서비스, 즉 병원을 다녀간 후가 아니라 병원에 오기 전에 환자에게 연락하는 행동 덕분에 고라브 박사의 구강 수술은 더욱 돋보이면서 꾸준히 사랑을 받고 있다. 환자들에게는 너무 뜻밖의 일이라 전화를 받고 어쩔 줄 몰라 하는 경우도 많다. 이 환자들은 친구들에게 고라브 박사가 전화한 이야기를 전달해 새로운 환자를 계속 병원으로 보낸다. 자기 집과 가까운 수십 개의 평판 좋은 구강외과를 외면하고 고라브 박사의 병원을 기꺼이 찾아온다는 것이다.

고라브 박사는 예약 시간에 병원에 온 환자의 80%가 전화에 관해 언급한다고 했다.

『토크 트리거』라는 책에 소개된 내용이다. 역시 환자들에게 잊히지 않는 순간을 만드는 초크포인트가 어디에 있는지를 아는 의사다. 고객이 경험하는 결정적 순간은 기업에 좋지 않은 감정을 품게 되는 나쁜 경험, 고객의 기대에 어긋난 것은 아니지만 좋은 쪽으로든 나쁜 쪽으로든 생생한 감정을 이끌어내지 못한 중립적인 경험, 고객이 어떤 대상이나 사람에게 놀라움을 느껴 오래도록 좋은 감정을 품는 좋은 경험으로 구분된다. 당연히 더 중요한 터치 포인트를 초크포인트로 잡아 '아하'하는 모멘트로 만드는 좋은 경험을 많이 할수록 여러분이나 여러분의 회사에 대해서 좋은 감정을 품게 될 것이다.

고객감동은 '초기접점'부터 관리하라

| 고객경험 설계를 위한 5가지 접점

한 증권사와 나의 첫 번째 접점은 이렇게 시작되었다. 미성년자에게 비대면 주식계좌개설이 막혀 있었다. 할 수 없이 신분증과 가족관계증명서를 들고 지점을 직접 찾아갔다. 집에 와서 그 계좌로 주식을 사려다 몇 가지 의문이 생겨 H 증권사에 전화를 걸었다. 상담원과 연결하기 위해 첫 통화 시도 8분, 두 번째 시도 13분, 결국 세 번째 시도로 18분 만에 연결된 적이 있었다. 그것도 하필 딱딱하고 불친절한 상담원을 만났다. 우여곡절 끝에 통장을 개설했지만, 지금은 다른 증권사로 거래계좌를 바꿨다.

앞서 디지털 접점의 변화에서 설명한 것처럼 모바일은 우리가 브랜드에 대해 기대하는 것들을 계속 변화시키며 심지어 고객의 구매여정을 수백 단계의 아주 짧은 순간들, 즉 실시간 마이크로 모멘트로 세분화할 수도 있다고 이야기한 바 있다. 고객의 구매여정 중 만나게 되는 고객접점에 대해서는 다양한 관점에서 논의가 이루어지고 있다. 간략히 3단계로 설명하기도 하고, 5단계, 8단계 등으로 분류하기도 한다. 실제 고객접점의 수는 온라인이냐 오프라인이냐, 어떤 서비스와 제품이냐에 따라 매우 다양하게 나타나는데, 혹자는 고급 자동차의 경우 실제 고객접점의 수가 무려 632개라고 주장하기도 한다. 그런데 수백 개가 넘는 접점 각각에 대해 세심하게 전략을 수립하여 실행하는 것은 불가능하고 그다지 효율적이지도 않다. 모두 접점을 구분하는 나름의 이유를 갖고 단계를 구분하겠지만, 간단하고 단순할수록 쉽게 이해하고 실행할 가능성이 더 클 것이다. 여기서는 고객경험 설계와 혁신 분야의 인기 강사이자 '혁신적 고객경험설계'의 저자인 니콜라스 웹Nicholas Webb의 분류에 따라 고객의 전 여정을 상호 연결된 5개의 접점으로 나누어 각 접점에서 집중적으로 추진해야 할 내용을 사례를 중심으로 설명하고자 한다. 5단계는 사전접점, 첫 번째 접점, 핵심접점, 마무리 접점, 사후접점을 말한다.

| 사전접점, ZMOT

"피로회복에 비타민 B 영양제를 먹으면 좋다고 해서 요즘 인터넷에서 비타민 B 추천 제품이 어떤 것이 있나 열심히 검색해 보고… 네이버 스토어에서는 무려 5점 만점에 4.8점이라는 높은 평점을 기록하고 있는데, 이 점수는 조작이 불가능하다고 알고 있어서 구매할 때 더욱 안심이 되더라고요. 많은 사람들이 선택한 제품은 나름대로 다 이유가 있다고 생각해요."

어느 인터넷 사이트에 실려 있는 소비자의 리뷰다. 이 리뷰를 통해 우리의 구매여정을 잠시 생각해 보자. 예를 들어 오늘 저녁 친구들과 식당에 간다고 치자. 제일 흔한 방식으로 우리가 선택한 것은 맛집 검색이다. 솔직한 리뷰라고 생각되는 것만 골라서 읽어 본다. 요즘엔 아르바이트를 통한 가짜 정보가 흔하므로 소비자들은 신뢰할 만한 정보를 선택하는 안목을 갖고 있다. 김치냉장고나 대형 TV를 사려고 한다면 이것 또한 검색이다. 요즘 시대에 가장 큰 '사전접점'의 공간은 인터넷이다.

'사전접점'은 온라인이나 오프라인상으로 이루어지는 사전 탐색 단계를 말한다. 앞에서 말한 모바일 모멘트와 마이크로 모멘트를 생각해 보면 된다. ZMOT^Zero Moment of Truth는 구글이 설명한, 고객이 상품을 접하는 1단계 이전에 온라인에서 정보를 탐색하는 단계로서, 고객에게 탁월한 경험을 제공함으로써 형성된 가치를 반영한다. 이 단계는 뒤에서 설명하는 사후접점과도 연결된다고 할 수 있다. 좋은 후기나 고객평점이 사전접점과 다시 연결되기 때문이다.

디지털상의 사전접점은 잠재고객이 온라인에서 해당 기업을 찾아보는 단계다. 고객 대부분은 실제로 어떤 기업을 접하기 전에 온라인상에서 그 기업에 대해 알게 된다. 도넛 가게를 운영하든 대규모 B2B 사업을 운영하든 동일한 규칙이 적용되기 때문에 사업의 성격은 상관없다. 아마도 네이버, 구글을 뒤지거나, 아마존닷컴에서 고객 후기를 찾아볼 것이다. 우리 기업에 대해 다른 사람들이 언급한 온라인상의 평판을 먼저 접한다는 뜻이다. 디지털 시대에는 사전접점 단계를 과소평가하면 안 된다. 앞으로는 이 단계가 점점 더 중요해질 것이기 때문이다. 오프라인이라면 사람들은 어떤 식당에서 맛있는 식사를 할 수 있을지, 유명한 식당인지를 알아보기 위해 차를 타고 또는 걸어서 그 식당을 보러 갈 수도 있다. 이처럼 사전접점은 온라인뿐 아니라 오프라인상에서도 만들어질 수도 있다.

실제로 물리적 위치를 점하고 있는 기업이라면 잠재고객이 우리를 어떻게 생각할까, 지나가던 고객이 언제 자동차를 세울까, 길을 걷던 고객은 언제 문을 열고 들어오게 될까, 고객은 미소 짓고 환영하는 직원을 보게 될까 아니면 얼굴을 찌푸린 직원을 먼저 보게 될까 등은 모두 오프라인상에서 사전접점이 된다. 만일 한적한 바닷가에서 카페를 운영한다면 그때 중요한 오프라인상의 사전접점은 아마 주차장, 간판, 주변 경관과 사람들이 창문을 통해 보게 되는 물리적 외관 등이 포함될 것이다. "유명 맛집들을 보면 손님들이 식사 시간에 줄을 서서 대기하고 있잖아요. 그것이 맛집이라는 증거죠. 엊그제 일요일 낮에 집 근처 칼국수 가게에 갔다가 넓은 홀을 다 채우고도 밖에서 대기하는 수십 명의 사람들을 보면서 발걸음을 돌려야 했어요. 그러고는 마음속으로 생각했죠. '다음에는 더 일찍 와서 먹어야겠다고' 이처럼 고객의 시야 속에 들어와 있는 느낌도 역시 사전접점에 해당된다.

그런데 상당수 기업들은 이렇게 중요한 사전접점에 관한 정보를 충분하게 수집하지 않는다. 기업 입장에서는 고객접점이 아직 만들어지지 않은 상태이기 때문에 중요성을 간과하고 있으며, 설령 이를 깨닫고 있다 하더라도 잠재고객을 통해 사전접점에 관한 통찰력을 얻기가 쉽지 않기 때문이다. 그렇다면 누구에게 물어볼 것인가? 이 부분이 바로 인스타그램, 페이스북 같은 소셜 미디어의 메시지를 분석하는 소셜 애널리틱스를 활용해야 하는 이유다. 사전접점을 잘 관리하기 위해서는 우리가 정보를 공유하는 초연결 사회에 살고 있다는 부정할 수 없는 사실을 인정해야 한다. 정보가 공유되고 있는 사회에서는 사람들이 서로 연결되어 있고, 고객이 기업의 성패를 좌우할 막강한 공유의 힘을 갖고 있다는 사실을 깨달아야 한다.

그렇다면 기업은 어떤 방법으로 사전접점을 성공적으로 관리할 수 있을까? 기업이 사전접점을 통제할 수 있는 주요 요인들은 역설적으로 나머지 4개의 접점에서 발견될 수 있다. 고객이 어떤 기업에 대해 좋은 경험을 이야기하게 만들기 위해서는 네 가지 접점 단계별로 특별한 경험을 제공해야 하기 때문이다. 특별한 경험을 제공하면 고객이 그것에 대해 칭찬하고 싶을 것이고, 그것이 바로 만족스러운 사전접점이 된다. 그 후에 잠재고객이 그 기업을 탐색할 때 예전 고객들이 그 기업을 아주 좋아한다는 것을 자연스럽게 알게 된다. 만일 평범한 수준의 경험을 제공해 왔다면 고객이 그것을 기억할 이유가 전혀 없다. 고객이 어떤 기업에 대해 아무런 언급도 하지 않는다면 온라인상에서 기업의 영향력이 형편없다는 것을 의미한다.

완벽한 사전접점의 순간들을 알기 위해서는 온라인과 오프라인, 모바일 등 모든 채널을 통해 고객경험을 전달하고 있다는 사실을 인식해야 한다. 어떤 비즈니스는 다른 것보다 온라인상에서 더 많이 고객경험을 전달하지만, 두 가지 채널 모두에서 훌륭한 경험을 확실하게 제공하기 위해서는 온라인과 오프라인 두 가지를 모두 고려하는 것이 중요하다. 만약 유통업이라면 이는 옴니채널이라는 한 단어로도 설명할 수 있다. 이는 소비자의 관점에서 끊김 없이 좋은 경험을 할 수 있도록 전체 유통 채널이 운영되어야 함을 의미한다.

| 첫 번째 접점, 첫인상의 심리학

기업의 인사담당자들 얘기를 들어보면 구직자와 인터뷰 시작 후 30초 이내에 마음속으로 당락을 거의 결정한다고 한다. 그만큼 첫인상이 중요하다는 이야기다.

이와 같은 현상을 가리켜 '초두효과primary effect'라고 한다. 첫인상이 중요하다는 것이다. 그렇다면 왜 같은 내용임에도 불구하고 사람들 간에 이와 같은 인식 차이가 일어날까.

그 까닭은 우리 뇌의 정보 처리 방식 때문이다. 우리 뇌는 두 가지 정보 처리 방식을 통해 의사결정이 이루어진다. 심리학자이자 『생각에 관한 생각』의 저자인 대니얼 카너먼Daniel Kahneman은 사람의 뇌는 '시스템 1'과 '시스템 2'가 상황에 따라 각각 작용하거나 복합적으로 작용한다고 설명한다. '시스템 1'은 거의 혹은 전혀 힘들이지 않고 자발적인 통제에 대한 감각 없이 자동적으로 빠르게 작동한다. '시스템 2'는 복잡한 계산을 포함해서 관심이 요구되는 노력이 필요한 정신 활동에 관심을 할당한다. 예를 들어 첫인상에서 타인의 시각적인 부분은 한눈에 바로 알 수 있으므로 키가 크다, 뚱뚱하다 등은 '시스템 1'이 작동한 결과이다.

이렇게 사람들은 최초의 정보에 따라 의사결정을 다르게 하는데, 이런 현상은 소비생활에서도 나타난다. 일상 소비 맥락에서는 '시스템화(시스템 2)'된 결정이 좀처럼 일어나지 않는다. 그렇다면 소비자들이 합리적으로 정보를 처리해 현명한 의사결정을 내리지 않는다면 기업은 어떤 방법으로 서비스나 제품을 고객에게 어필해야 할까?

첫 번째 단계는 고객이 제품과 서비스, 브랜드에 대해 어떤 인식을 갖게 될지를 세팅하는 단계다. 첫인상이 나쁘면 나중에 이를 바꾸기가 쉽지 않다. 반대로 첫인상이 좋으면 그것을 활용해 무언가를 더 하기가 쉬워진다. 우리는 대부분 좋은 첫인상을 만드는 것이 얼마나 중요한지 알고 있다. 또한 좋은 첫인상을 만드는 일에 꽤 신경을 쓰고 있다. 반면에 기업들은 좋은 첫인상을 남기는 데 실패하는 경우가 많다. 기업의 첫 번째 접점이 바로 첫인상인데, 이를 제대로 관리하지 못하고 있는 것이다. 첫 번째 접점에서 실패하면 이로 인해 손해를 복구하는 데 오랜 시간이 걸리는데도 말이다.

고객은 온라인이나 오프라인 혹은 두 가지 경로를 모두 접하게 되는 순간이 첫 번째 접점에 해당한다. 고객은 이미 우리 상품에 대해 이것저것 조사하고 왔을 것이다. 지금은 고객이 실제로 여러분에게 손을 내미는 단계다. 다른 단계에서도 마찬가지겠지만 이 단계에서는 특히 고객유형별로 탁월한 고객경험이 어떻게 전달되는지를 주의 깊게 살펴야 한다. 고객들은 이미 스마트폰을 통해 탐색을 마치고 초기 접촉을 한다. 그들은 아직은 아무것도 구매하지 않은 상태다. 온라인이라면 ID와 패스워드를 만들거나 웹사이트상에 기재된 전화번호로 연락할 준비를 하는 단계일 수도 있다. 오프라인이라면 고객들은 안내원과 이야기를 나누거나 매장을 둘러보고 있는 단계다.

예를 들어 병원장이라면 환자가 병원을 접할 때 다양한 감각을 통해 전해지는 경험에 의해 연속적으로 자극을 받는다는 사실을 알아차려야 한다. "생리한 지가 얼마나 되었나요?" 여성들은 임신, 출산 혹은 간단한 검사 등을 위해 때때로 산부인과를 찾는다. 만약 처음 방문하는 여성이라면 접수할 때 생리적 현상이나 최근의 신체 변화에 관한 것들을 병원 측에 알려야 한다. 정확한 검사를 위해서다. 질문하는 목소리가 조금 과장되게 표현해서 병원 건물을 한 번 들었다 놓을 정도로 큰 소리인 것이다. 대기실에 다른 사람들도 많은데 개인적인 얘기가 공개되니 얼굴이 붉어질 수밖에 없다. 그녀는 대기실에서 기다리다 바로 그 병원을 나왔다고 한다. 한 여성의 경험담이다.

물론 직원들이 환자에게 오늘 하루가 어땠는지 물어보고 진정성 있는 관심을 표시함으로써 고객과 친밀한 관계를 맺기 위해 노력하는 곳도 많다. 이러한 긍정적 경험은 합리적인 가격에 좋은 진료를 제공하는 것 이상의 가치를 지닌다. 심지어 내가 이전에 내원했을 때 어떤 대화를 했는지도 소상하게 기억한다면 우리는 다른 병원을 찾아갈 이유가 없다.

오프라인에서의 첫 번째 접점은 고객이 주차장에 들어서서 건물 외관과 간판 등을 살펴보면서 어떤 견해가 형성되기 시작한다. 매장에 들어서면서 냄새, 소리, 온도, 조명, 색상 등의 감각적 자극을 통해 강력한 인상을 받는다. 이것이 첫 번째 접점 경험이다. 그리고 고객이 직원과 처음 접촉할 때 최고점에 달한다. 손님이 다가갈 때 직원들이 미소를 짓는가? 직원과 직원이 입은 유니폼은 청결한가? 카운터는 깨끗한가? 직원이 주문을 복창하는가? 직원이 즐겁고 활기차 보이는가 또는 억지로 일하는 것처럼 보이는가? 오프라인에서의 첫 번째 접점은 더욱 경쟁이 치열해져 가는 시장에서 살아남기 위해 매우 탁월하게 설계해야 한다.

온라인에서의 첫 번째 접점에서 스마트폰이나 인터넷을 통해 소비자들이 웹사이트나 블로그를 방문하면서 디자인, 색감, 사용자 인터페이스UI: User Interface를 경험한다. "내 사이트가 고객들을 환영하고 있으며, 고객이 얻고자 하는 정보를 손쉽게 찾을 수 있는가?" 이런 점에서 아마존과 프로그레시브Progressive의 첫 번째 접점은 성공적이라 할 만하다. 첫 번째 접점은 내가 그 제품을 구입하기로 결정했던 순간이지만, 그것은 마우스를 클릭하고 실질적인 고객이 되기(핵심접점) 전 단계다. 첫 번째 접점에서 아마존은 전에 내가 무엇을 봤는지를 기반으로 연관된 제품 목록을 제공한다. 미국의 자동차보험 회사인 프로그레시브는 보험료 비교 서비스를 만들어 자사와 경쟁사의 보험료를 모두 공개하고 있다. 파격적이다. 그 결과, 프로그레시브에 맞지 않는 고객들은 자발적으로 다른 보험사로 옮겨갔고, 경쟁사가 보험료를 과잉으로 청구하는 특정 고객층은 프로그레시브로 넘어왔다.

첫 번째 접점을 망치는 전형적인 예는 입구에 경비원을 배치하거나 경고 문구를 붙여놓는 경우다. 주변을 둘러보면 "저희는 고객 여러분을 믿을 수 없습니다."라는 광고(?)를 곳곳에서 하고 있다. 주유소에서는 고객이 기름값을 내지 않고 가버릴까 봐 감시 카메라에 의해 적발될 것이라는 경고문을 큼지막하게 붙여놓는다. 의류 매장에서는 옷을 훔쳐 갈까 봐 도난 방지용 태그를 달아 놓는다. 심지어 어떤 나이트클럽은 술값을 계산하지 않고 나가는 사람들을 막기 위해 비상 출구마저 잠가 둔다. 화재라도 나면 끔찍한 비극이 발생할 것이다. 3%의 나쁜 고객 때문에 97%의 선량한 고객을 잠재적 범죄자로 취급하는 셈이다.

물론 모든 접점에서 탁월하고 총체적인 경험을 제공해야 한다. 그러나 첫 번째 접점은 특별히 더 중요하다. 첫 번째 접점에서 고객은 이미 탐색을 마치고 어떤 기업의 제품이나 서비스를 이용하기로 결정한다. 이제 고객들의 입장이 되어 경쟁사를 능가하는 첫 번째 접점을 설계해 보기 바란다. 예를 들어 온라인이라면 회사 웹사이트에 들어왔을 때 방문자들이 처음 보게 되는 것은 무엇인지, 고객이 기업의 온라인 사이트에서 원하는 것을 쉽게 찾을 수 있는지, 그래픽 이미지들이 우리 기업의 서비스 품질과 이미지를 대변해 주고 있는지를 살펴보라.

고객들은 기업의 모바일 첫 화면이 로딩되는 1~2초의 짧은 순간에 브랜드의 첫인상을 결정할 것이다. 모바일의 첫인상을 결정하는 요소는 '매력적 직관성'이다. 모바일의 물리적 특징은 우선 '아주 작다very small'라는 것이다. 24인치 PC기준으로 1/5 수준으로 작은 화면에 이것저것 다 들어가야 하고 그 와중에 우리만의 정체성을 표현해야 한다. 그래서 실제로 많은 디자이너들이 모바일 디자인을 굉장히 어렵다고 느끼곤 한다. 그렇기에 모바일 디바이스와 모바일 채널에 대한 이해가 우선 돼야 한다. 한정된 모바일 공간에서 직관적으로 우리 서비스를 인식할 수 있게 하는 차별화된 비주얼 또는 언어적 모티브를 정의하고 제작해서 고객과 커뮤니케이션해야 한다. 이것이 모바일의 첫인상을 결정하는데, 그중에서도 앱의 경우라면 앱 아이콘이 첫인상을 결정하는 지대한 역할을 할 것이다.

첫 번째 접점은 쉽게 개선할 수 있는 영역이지만 많은 기업들이 크게 주의를 기울이지 않는다. 기업들은 대부분 핵심접점에만 많은 관심을 기울인다. 그러나 첫 번째 접점을 망치면 고객을 되찾기 위해 많은 비용을 지불해야 한다. 게다가 그 고객은 그들의 나쁜 경험을 공유하면서 기업의 평판을 망치고 비즈니스를 실패하게 만들게 될 것이다. 디지털의 웹사이트나 모바일 앱에서도 자사 브랜드 정체성을 표현하는 웹 아이덴티티Web Identity나 브랜드 아이덴티티Brand Identity가 느껴지게 해야 한다. 이제 웹에서 모바일로 고객들의 주 채널이 이동하면서 모바일 아이덴티티Mobile Identity의 중요성이 커지고 있다. 이것이 고객에게는 기업의 첫인상이 되기 때문이다. 사전에 치밀하게 준비되고 설계되어야 한다. 일이 벌어진 후에 고치는 것보다 일이 발생하기 전에 미리 예방하는 것이 훨씬 비용이 적게 들고 더 쉽다.

완벽하게 해결하고
좋은 이익을 추구하라

| 핵심접점은 '문제해결'이다

몇 달 전 한 대형마트에 들렀다가 무엇이 진정한 서비스인가를 생각해 보
는 일이 생겼다. 서재의 형광등을 갈아 끼울 때가 되었는데, LED 전등이
훨씬 밝고 전기료도 절약된다는 말을 들은 터라 조명을 교체하는 것이 좋
을 것 같았다. 그런데 'LED로 교체하려면 공사가 커지지 않을까'라는 의문
이 들었다. 마침 지나가는 판매원에게 물었더니 "코드가 달라서 전기공사
를 모두 다시 해야 한다"라고 친절하게 설명해 주었다. 그런데 우연히 마
트 직원과 내가 하는 말을 엿들은 한 고객이 "그게 아니다. 끼우는 코드는
똑같다. 일반 형광등처럼 갈아 끼우기만 하면 된다"라고 알려주며 지나가
는 것이었다.

앞서 첫 번째 접점을 관리하기 위해 우리는 매너나 표정과 관련된 친절

서비스를 강조하며 "허리를 45도로 숙여라" "이가 드러나도록 환하게 웃어라" "립스틱 색깔은 이래서는 안 된다" "이런 옷을 입어라" 등을 서비스 교육에서 강조하곤 한다. 나는 첫인상을 만드는 매너나 친절의 중요성 못지않게 핵심접점에서의 문제해결을 무엇보다도 중요하게 생각한다. '고객은 우리 식당이나 매장에 왜 왔을까'를 생각해 보면 답이 나온다. 고객은 어떤 물건을 구매하기 위해서 왔고, 그 문제를 해결하기 위해 이곳에 왔다. 서비스맨이나 영업사원은 비즈니스맨이지 모델이 아니다. 허리를 몇 도로 숙이고, 어떤 색의 양복을 입고 양손을 어떻게 두느냐는 것은 고객의 문제를 해결해 주고 적절한 상품을 추천하는 일을 잘하기 위한 분위기를 조성한다. 설령 우리의 옷차림이 좀 별나거나 립스틱 색깔이 어울리지 않는다고 해도 상품이나 서비스가 맘에 든다면 고객들은 우리를 믿고 우리에게서 구매할 것이기 때문이다.

결론적으로 마트 판매원에게 내가 기대했던 것은 친절이나 미소보다는 '문제해결'을 위한 정확한 상품 정보였다. 그러므로 직원의 친절성보다는 전문성이 더 중요한 역량이다. 이것을 마케팅 용어로는 '솔루션Solution'이라 하며, 영어 단어 뜻대로 해법, 해결책을 말한다. IT 업계에서는 어떤 특정한 상황에 대한 해결책으로 사용자의 요구에 따라 프로그램과 관련된 문제들을 처리해 주는 하드웨어, 소프트웨어, 기술 등을 가리킨다. 그러고 보니 신한은행은 모바일 뱅킹 앱의 이름을 새로운 디지털 세계에 어울리는 '쏠SOL'로 변경했다. 쏠SOL은 '고객의 모든 금융 활동을 알아서 해결하는 솔루션Solution'이라는 브랜드 철학을 담은 이름이다. 신한은행은 기존의 모바일 뱅킹을 고객 관점에서 분석해 누구에게나 편리하고, 나에게 맞춤이며, 새로운 경험이라는 3가지 핵심 키워드를 중심으로 뱅킹 앱을 재구축했다. '솔루션'이라는 콘셉트를 가장 단순하면서도 강렬하게 표현한 이름이 '쏠'인 것이다. 디지털 금융을 가장 빠르게 도입하고 있는 웰컴저축은행의 디지털 전략도 생활밀착형 솔루션이다. 생활금융 플랫폼인 '웰컴디지털뱅크(웰뱅)'는 기존 금융사, 핀테크사, 플랫폼 사업자들과의 제휴를 통해 외부 서비스를 API 방식으로 연결하는 통신, 유통업과의 웰뱅 제휴모델이다. 비금융과 생활금융 콘텐츠는 쇼핑기능인 선물하기, 자동차 시세 조회, 보험상품이나 자동차 담보대출 등을 추천받을 수 있는 생활중심형 솔루션을 제공하고 있다. 웰뱅 출범 전 웰컴저축은행 이용자의 88%가 정기예금 등의 고정 거래 중심이었다. 웰뱅을 통해 웰컴저축은행을 이용하는 고객의 패턴이 수시입출금 거래, 급여수취계좌, 체크카드 거래, 이체·송금 거래 등의 생활밀착 주거래 형태로 바뀌고 있다고 한다. 아무튼 이제는 동네 작은 옷 가게를 하더라도 패션에 관한 전문가적 역량이 필요하다. 점주 입장에서 마진이 큰 옷을 팔려고 하는 것이 아니라 고객의 '패션 어드바이저'로서 옷에 관한 고민을 해결해 줄 수 있어야 한다. 이것이 핵심접점 직원의 역량이 되어야 한다.

핵심접점은 고객이 그 기업과 거래하면서 자신의 문제를 해결하는 과정에서 진정한 가치를 느끼냐가 중요 접점이다. 즉, 고객이 제품이나 서비스를 소비하는 단계다. 고객은 핵심 접점에 이르기까지 이미 탐색 단계인 사전접점과 첫인상을 형성하는 첫 번째 접점이라는 단계를 거쳤다. 모든 기업은 다행스럽게도 핵심접점에는 모두 초점을 맞추고 있다. 아니, 핵심접점에만 너무 초점을 맞추고 있다 해도 과언이 아니다. 기업은 흔히 핵심접점을 강조하면서도 일관성 있게 꾸준히 집중하지 못한다. 기업은 핵심접점에 일관성 있게 집중하고 또 그 핵심접점이 고객의 여정을 따라 개발된

다른 접점의 경험과 잘 맞는지를 점검하는 것이 중요하다.

핵심경험 그 자체는 회사 내부 프로세스로 실행되는 접점의 연속선상에 있다. 예를 들어 검색을 마치고 새로운 식당에 도착하면 종업원이 반갑게 인사하고, 자리를 안내하고 메뉴 선택을 도와주며, 주문받은 후 음식을 제공하는 모든 접점을 거치게 된다. 이 과정에 하나의 접점이라도 문제가 생기면 고객은 식사를 망쳤다는 기분을 갖게 된다. 예를 들면 식탁보에 얼룩이 묻어 있거나 비행기 기내 탁자에 커피 자국이 남아 있다면 이는 지금까지 긍정적이었던 모든 고객경험을 전부 다 망칠 수 있다. 이런 면에서 아마존은 '고객 최우선'을 지향하며 소비자에게 서비스의 진정한 가치를 느끼게 하는 탁월한 기업이다. 아마존이 온라인 쇼핑몰에서 기존의 포털을 위협하는 검색 광고 업체가 된 것은 하루 이틀 만에 이루어진 일이 아니다. 브래드 스톤Brad Stone이 쓴 책 『아마존, 세상의 모든 것을 팝니다 The Everything Store』라는 제목에서도 알 수 있듯이 아마존은 고객이 원하는 상품은 물론, 앞으로 원할 가능성이 있는 것까지 다 판매하는 것을 목표로 한다. 그들은 가격을 정할 수 있는 것이라면 가장 낮은 가격으로 세상의 모든 것을 팔고 있다. "세상에는 두 종류의 소매상이 있습니다. 하나는 가격을 더 높게 매기는 방법을 연구하는 사람들이 있고, 또 하나는 가격을 더 낮게 매기는 방법을 연구하는 회사가 있습니다. 우리는 주저 없이 두 번째를 선택합니다."라고 그들은 말한다.

아마존은 처음에 도서에서 시작해서 지금처럼 모든 카테고리를 취급하는 종합몰이 되었다. 로고를 보면 미소 짓는 입처럼 보이는 하단의 화살표가 A와 Z를 연결하고 있는데, 이것은 'A부터 Z까지 모든 것을 아마존에서 구매할 수 있다'라는 의미가 있다. 이렇게 보면 특히 디지털 시대에는 기

업의 이름을 비즈니스 모델을 확장할 수 있도록 짓는 것이 매우 중요하다. 아마존이 인터넷 도서 판매로 시작했다고 처음에 이름을 '온라인 북셀러'라고 붙였다면 오늘날처럼 모든 상품을 파는 무한 확장이 불가능했을지도 모른다.

모든 상품을 판매하기 위한 아마존의 서비스 전략은 '제3자 마켓 플레이스third-party marketplace'를 도입하는 계기가 되었다. 전 세계 유통업체와 제조업체들이 원한다면 아마존에서 자사의 상품을 판매하도록 플랫폼을 개방한 것이다. 아마존은 취급하는 상품군을 늘리기 위해 심지어 아마존에서 팔지 않는 상품도 취급한다. 아마존을 검색하면 모든 제품을 구매할 수 있도록 한 것이다. 그래서 아마존은 자기네는 팔지 않지만, 경쟁사인 이베이가 팔고 있다면 이베이의 상품 판매 페이지로 연결되도록 했다. 전 세계에서 가장 많은 상품을 취급하는 전략은 고객들이 필요한 제품이 있을 때 아마존으로 오게 하는 힘이 되었다. 이것이 바로 아마존이 고객의 문제를 해결하는 방식이다.

| 좋은 경험이 '좋은 이익'을 낸다

나는 의외로 많은 기업들이 '고객이 우리와 거래하면서 어떤 경험을 하게 될까'에 대해 스스로 자문하지 않는 모습을 자주 목격한다. 회사 임원이나 CS 부서 책임자와 이야기를 나누다 보면 그들은 자신들이 제공하는 서비스에 대해 고객이 어떤 경험을 하고 있는지를 전혀 모르고 있다. 자기가 맡고 있는 '부분'에 대해서만 파편적으로 알고 있을 뿐, '전체' 구매여정에서 고객이 겪는 총체적인 경험에는 관심이 없다. 오히려 기업 내부의 생산성과 수익을 극대화하며, 자기 부서에 할당된 성과지표에 더 관심을 기울이고 있다. 그러나 큰 기업이건 작은 가게건 처음에 사업을 시작했을 때는 그렇게 하지 않았을 것이다.

조그만 가게라도 사업 초기에는 자연스럽게 시장과 고객에게 초점을 맞추게 된다. 그러나 시간이 흘러 고객이 많아지고 돈을 많이 벌게 되면 흔히 외부고객보다 기업의 내부적 기능에 초점을 맞추게 된다. 예를 들어 어떤 사람이 처음 와플 가게를 차렸다면 엄청 바쁠 것이다. 고객 입맛에 맞는 맛있는 와플을 만드는 것뿐만 아니라 내점 고객 수를 늘릴 방법을 찾아야 한다. 또한 주차 문제를 해결하고 손님들을 잘 서빙하기 위해 더 많은 사람을 고용하게 될 것이다.

불행히도 그때부터 대부분의 가게는 고객중심에서 서서히 기업중심으로 전환하여 원가관리 등 기업의 이익과 매출액에 더 집중한다. 기업이 내부에 집중함으로써 빠지게 되는 첫 번째 함정은, 어떻게 하면 고객들에게 더 훌륭한 경험을 제공할 수 있는지보다 어떻게 하면 이윤을 극대화할 수 있는지에 대해 더 많은 관심을 기울이게 된다는 점이다. 이렇게 되면 당연히 고객과의 관계는 서서히 뒤틀리게 된다. 더 많은 돈을 벌기 위해서만 관심을 쏟고 폭리를 취하는 기업을 좋아할 고객이 없기 때문이다. 물론 매출, 생산성, 직원 관리, 회사업무 규정 등은 기업 경영에 중요한 기능이다. 하지만 이런 것들은 고객가치에는 직접적인 영향력을 미치지 않는다. 성공 기업이 되기 위해 가장 중요한 것은 고객여정 전반에 걸쳐 훌륭한 경험을 제공함으로써 고객가치를 크게 하는 일이다.

언젠가 조수석 쪽 타이어가 못쓰게 되어 수십 년째 단골로 드나들던 H자동차 지정 정비업체에 들러 교체를 요청했더니 177,000원이라고 했다. 조금 비싸 보인다고 하니 본사에서 지정한 '정가'라는 것이다. 집 근처에 있는 타이어 전문점에 들러 물어보니 117,000원이란다. 이건 정도가 심하다 싶었다. 수십 년간 그 카센터에서 수리를 받았는데, 그간 바가지를 써온 게 아닌가 의심이 들었다. 매장 규모도 크고 수리 기사도 10여 명이 넘는 곳이었는데, 그날 이후 나는 단골을 바꾸었다. 그 센터는 충성고객 한 명, 아니 꽤 많은 고객을 잃고 나쁜 이미지로 사람들의 기억에 남게 되었다. 내가 겪은 이야기를 주변 지인들에게 전하고, 다른 회사의 사보에도 내 경험담을 실었다. 고객 입장에서 보면 그 카센터는 '초심'을 잃은 것이다.

어느 정도 자리가 잡히면 큰 기업이든 작은 가게든 이처럼 초심을 잃고 '이익'에 눈독을 들인다. 그러나 이익에는 좋은 이익도 있지만, 독이 되는 나쁜 이익도 있다. 나쁜 이익이란 나쁜 경험을 통해 고객과의 관계를 해치면서 얻은 이익을 말한다. 이런 이익의 비중이 높은 회사가 건실하게 성장하기는 어렵다. 부당한 대우를 받았다고 느낀 고객은 관계를 끊고 다른 경쟁사로 옮겨갈 뿐만 아니라 나처럼 주변 사람들에게도 그 회사와 거래하지 말라고 열심히 선전하고 다닐 것이기 때문이다. "그동안 저는 170여 개의 사업을 시작할 때마다 오직 사회에 대한 책임과 명성만을 생각했습니다. 그랬더니 돈이 따라오지 뭡니까?" 리처드 브랜슨Richard Branson 버진그룹Virgin Group 회장의 말이다.

이윤 극대화가 아니라 탁월한 고객경험을 제공함으로써 '좋은 이익 극대화'를 추구하는 것이 기업의 목표가 되어야 한다.

2년 전 은행직원의 추천으로 주식형 펀드에 가입했는데 펀드 수익률이 가까스로 0%를 넘어선 것을 확인한 뒤 원금을 회복했다는 생각에 급히 환매를 신청했다. 그런데 통장에 입금된 금액을 보니 실제 펀드 판매보수 등을 차감하여 결과적으로 원금보다 마이너스였다. 얼마 전 담당 PB가 다시 은행 내점을 요청했다. 내점하지 않고 스마트 뱅킹으로 가입할 수 있냐고 묻자 가능하다고 했다. 결국 직원의 설명을 들은 결과 온라인과 오프라인 간 펀드 판매보수가 1%포인트 이상 차이가 나는 것을 알았다. 동일한 펀드라도 은행 지점에서 가입한 펀드가 스마트폰으로 온라인을 통한 경우보다 2배 더 비싸다는 얘기다. 나중에 곰곰이 생각해 보니 은행은 수수료 수입을 더 챙기기 위해 나에게 방문을 요청했던 것이다. 그렇게 비싼 수수료를 차감한 대가로 은행은 수수료를 더 챙겼고 나는 원금보다 50만 원을 손해 본 것이다. 많은 기업이 이처럼 단기적으로는 이익이지만 장기적으로는 손실을 주는 프로그램을 마케팅이란 이름으로 합리화하고 있다. 하지만 자기 매장에서 물건을 구매해 준 고마운 고객에게 가치가 없음을 뻔히 알면서도 무언가 이득을 취하려는 이런 행동은 기업이 어떻게 고객을 잃는지를 잘 보여주는 사례다.

| '징벌적 조항'을 점검하라

기업이 내부 프로세스에 집중하면서 벌어지는 두 번째 함정은 서비스해야 할 대상인 바로 그 고객을 대상으로 징벌적 정책을 수립함으로써 조직의 내부를 보호하려고 한다는 점이다. "구두는 각자 책임지고 보관하십시오. 분실된 구두는 저희가 책임지지 않습니다. 주인 백" 김포공항로 근처 맛있다고 소문난 음식점의 신발장과 식탁 테이블에 덕지덕지 붙여놓은 안내 문구다. 행여 누군가가 신발값을 변상하라고 할까 봐 모든 것을 일단 손님 책임으로 돌려놓은 것이다. 우리 주변에는 이런 기업의 경고 문구나 징벌적 조항들이 수두룩하게 널려 있다.

이런 문제에 대처하는 올바른 접근 방법은 무엇일까? 세차장을 예로 들어 생각해 보자. 주유소에서 기계세차를 하다가 자동차 와이퍼가 부러졌다고 하자. 이런 경우에 대비해 기업은 스스로를 보호하기 위해 고객에게 와이퍼가 부러질 가능성을 미리 알리고 사전에 경고나 주의 문구를 붙여 놓는다. 그런데 탁월한 고객경험을 고민하는 업체라면, 와이퍼를 사업 비용으로 간주하여 와이퍼 교체 비용을 차라리 세차비에 반영한 다음 만약 와이퍼가 부러졌을 때 적절하게 사과하고 기분 좋게 아무런 추가 비용 없이 교체해 준다면 어떨까? 장단점이 있겠지만 완벽한 고객경험이 될 것이다. 주차장이나 세차장뿐 아니라 특히 금융업과 같은 산업군은 그들 스스로를 보호하기 위해 필요 이상으로 고객에게 불편을 주는 시스템을 만드는 데 주저하지 않는다. 얼마 전부터 시행된 금융소비자 보호법도 그중 하나다.

2021년 3월 25일부터 '금융소비자 보호법'이 시행되었는데, 첫날 은행이나 증권사 창구는 야단법석이었다. 우리 사무실 김 연구원은 적립식 펀드에 가입하러 은행에 갔다가 갖가지 서류 작성과 상담, 녹음 등으로 가입에만 40~50분이 걸린다는 말을 듣고 그냥 돌아왔다. 펀드나 신탁처럼 원금 손실 위험이 있는 투자 상품에 가입할 때 거쳐야 할 절차가 대폭 강화되면서 은행들은 사실상 모든 투자 상품 판매 전 과정을 모두 녹음하고 있다. 물론 불완전판매 소지를 사전에 차단하고 개인의 형편에 맞는 투자를 장려한다는 취지지만, 편의성은 무시된 채로 모든 절차가 지나치게 까다롭고 번거로워졌다. 이러다 보니 정작 영업점까지 찾아간 고객이 짜증을 내고 비대면으로 가입하겠다고 돌아가버리는 일이 빚어지고 있다. 사실 비대면 가입은 고객이 정작 주의를 기울여야 할 사항을 대충 건너뛰어 위험에 노출될 가능성이 더 크다. 정작 누구를 보호하고 누구에게 편리한 법인지 모르겠다는 소비자들의 불만도 귀담아들어야 한다. 이러한 소비자보호 관련 규칙에도 불구하고 은행은 자체적으로 고객에게 편리하게 서비스를 제공할 수 있는 다른 방법이 있는지를 찾아보아야 한다. 그대로 둔다면 기분이 상한 고객들은 계속 은행을 떠나버릴 것이다.

이와 반대로 탁월한 고객경험을 염두에 두고 설계된 곳이 있다. 서울 코엑스몰의 별마당 도서관이다. 서울 삼성동 스타필드 코엑스몰에 문을 연 별마당 도서관은 신세계가 일본의 다케오 시립도서관을 벤치마킹해 만들었다. 13m 높이의 대형 서가 3곳을 비롯해 인문, 경제, 취미, 실용 등 분야별 도서들을 모아놓은 공간으로 순식간에 강남의 명소로 떠올랐다. 그런데 우리들의 통념을 깬 것은, 별마당 도서관은 아무도 책을 관리하지 않는다는 점이다. 별마당 도서관은 책 분실을 방지하기 위한 아무런 장치도 마련하지 않았다. 오로지 '신뢰'를 바탕으로 운영되는 도서관을 지향한다는 이유에서다. 도서 분실 방지기를 설치한다면 책을 도난당하는 일이야 없겠지만 고객의 긍정적 경험에 상처를 입힐 수도 있다는 점을 고려한 것이다.

기업은 일부 고객이 유발하는 1%의 문제를 고치기 위해 선량한 99%의 고객을 가혹하게 취급하는 시스템을 만들려는 유혹을 이겨내야 한다. 이처럼 고객 징벌적인 정책들은 핵심접점에서 고객경험에 관한 관심 부족의 확실한 사례가 되고 있다. 실제 그런 정책들은 앞서 세차장처럼 다시 신중하게 고안하면 윈윈win-win 시나리오를 설계할 수 있기 때문이다. 대부분의 기업들은 핵심접점에서 그들이 미처 인지하지도 못하는, 고객을 불편하게 하는 정책을 많이 갖고 있다. 여러분 기업은 어떠한가? 고객이 무제한적 대안을 갖고 있는 고객 주도적 시장에서 기업의 고객 친화적이지 않은 정책들은 당연히 재설계되어야 한다.

기업이 고객을 징벌적 정책이나 경고 문구로 압박하면 고객은 경쟁사로 돌아서면서 나쁜 온라인 리뷰로 다시 그 기업을 때리게 된다. 이 말은 기업이 규정을 준수하고 합리적 프로세스를 사용하여 위험을 관리할 필요가 없다는 것을 의미하는 것은 아니다. 기업이 고객의 경험을 관리하고 서로 좋은 관계를 맺고 싶다면 근시안적인 조직중심의 관점을 바꿔야 한다는 점을 강조하는 것이다. 기업의 가장 큰 위험은 운영위험을 관리하는 데 있는 것이 아니다. 실제 기업이 파산할 위험성은 기업이 고객관계를 완전히 파괴하는 데서 비롯된다.

끝이 좋아야 다 좋다

| 피크엔드 효과

한 달 전쯤 어느 토요일에 강사들의 모임인 H 커뮤니티에서 줌Zoom을 통해 '고수의 설득법'이란 주제로 강의를 하게 되었다. ('고수의 설득법'은 내가 출간한 책의 제목이기도 하다.) 멤버들은 모두 '내로라'하는 강사분들이라 나름 해박하면서도 그들의 기억에 남을 만한 콘텐츠를 준비해서 만족도를 높여야 했다. 내가 생각하기에 온라인 강의의 만족도를 높이는 비결은 크게 두 가지다. 하나는 질문하고, 손을 들고, 투표해 보게 하는 등 온라인 환경에서의 집중도를 높여 청중의 활발한 참여를 유도하는 것이다. 즉, 청중들과의 상호작용이다. 다른 하나는 오프라인처럼 강의내용에서도 흥미와 생동감을 유지하는 것이다. 나는 청중에게 어필하는 방법으로 한 번도 공개해 본 적 없는 내 연애담을 마무리로 쓰기로 했다. 대학 때 짝사랑했던 여

295

자를 40년 만에 만난 자리에서 '내가 널 무척 좋아했었다'라고 고백했던 사연이다. (그녀도 사실 날 좋아했었는데, 다른 남자들과 달리 내가 다가오지 않아 무척 도도하고 괘씸한 남자라고 생각했다고 한다) 나는 그날 '고수의 설득법' 두 시간 강의를 이렇게 마무리했다. "울리지 않는 종은 종이 아니다. 불리지 않는 노래는 노래가 아니다. 표현하지 않는 사랑은 사랑이 아니다." 미국의 극작가 오스카 해머스타인Oscar Hammerstein의 말이다. 당연히 내 진솔한 고백이 그날 청중들에게 잊지 못할 '명장면'이 되었길 바란다. 사실 울리지 않는 종은 단지 쇳덩이일 뿐이며, 불리지 않는 노래는 단지 악보일 뿐이다. 표현하고 행동할 때 아름다운 종소리와 노래가 되며, 상대방이 나의 사랑을 알게 될 것이다. 만약에 내가 부끄럼을 타지 않고 그때 용기 있게 고백했다면 내 인생은 크게 달라졌을 것이다.

강의와 마찬가지로, 고객이 오래도록 기억하게 하려면 임팩트 있는 끝맺음이 중요하다. 내가 요즘도 까다로운 협상이나 미팅에 나가는 직원에게 꼭 해 주는 말이 있다. "미팅 도중에 무슨 일이 있었더라도 마지막으로 문을 닫고 나올 때는 웃으면서 마무리하고 나오라"라고 부탁한다. 전문 강의든 비즈니스이든 간에 보통 약하고 인상적이지 못한 마무리는 누구에게나 금방 잊는다. 영화에서도 보통 마지막 장면이 관객의 뇌리에 남게 된다. 영화배우 폴 뉴먼이 영화 〈내일을 향해 쏴라〉에서 죽음을 향해 돌진하던 장면이나 더스틴 호프만이 〈졸업〉에서 여인의 손을 잡고 결혼식장에서 탈주하는 모습은 팬들의 가슴에 영원히 남았다. 그래서 영화감독은 마지막 장면을 만드는 데 영화 전편에 들이는 노력 못지않은 심혈을 기울인다.

심리학 이론에 따르면 사람들은 자신이 겪는 경험을 시간의 순서에 따라 차곡차곡 쌓아두는 게 아니다. 마치 스냅사진처럼 단편적으로 기억하며 맨 나중의 경험을 더 뚜렷하게 기억한다. 이성과의 만남도 무수히 많은 데이트보다 어떻게 헤어졌느냐에 따라 달리 기억된다. 이처럼 사람들이 과거 경험에 대해 평가할 때 전체를 종합적으로 평가하기보다 감정이 가장 고조되었을 때peak와 가장 최근의 경험end을 중심으로 평가하는 것을 '피크엔드 효과peak-end effect'라고 한다.

우리 인생도 그렇지만 비즈니스도 서비스도 그렇다. 끝이 좋아야 제대로 된 서비스다. 그러나 대부분의 기업이 고객과 만나는 일선, 즉 고객여정의 관점에서 보면 핵심접점에 지나치게 집중하고 마무리 접점을 간과한다. 그래서 용두사미 서비스가 횡행한다. 처음에는 거창하고 훌륭하게 시작하지만, 마지막으로 갈수록 점점 나빠지는 습성이 여전히 나타나고 있다. 굳이 둘 중 하나를 선택하라면 차라리 초기에 문제가 있더라도 마지막에 잘 수습하는 편이 더 낫다. 초기에 친절하다가 마지막에 가서 불친절하게 대하면 고객은 속았다는 생각에 배신감을 느낀다. 반대로 마지막 단계에서 감동을 하면 '그동안 내가 오해했구나'라며 긍정적으로 평가한다.

고객접점에서도 '마지막 인상'을 결정짓는 곳으로 우리가 소홀히 넘길 가능성이 큰 곳이 주차장과 화장실이다. 이 두 공간은 폐쇄성으로 인해 한때 피하고 싶은 '우범 공간'이기도 했으나, 이제 많은 기업들은 발 빠르게 '쾌적한 공간', 나아가 '다시 들르고 싶은 곳'으로 만들어가고 있다. 화장실에서 고객이 원하는 최고의 가치는 청결과 편리성일 것이다. 평범한 기업이라면 수시로 청소하고 휴지도 채우고 체크리스트로 점검하는 활동을 할 것이다. 그러나 고객경험의 마지막을 결정한다고 생각하는 기업은 화장실을 마지막 접점으로 선정해서 만족도 조사에까지 포함시킬 것이다. 화장실에 관한 재미있는 사례로 톰 피터스Tom Peters는 미국 오하이오주에 있는 '정글짐 인터내셔널 마켓'이라는 슈퍼마켓의 예를 들었다. 이 회사는 스스로를 쇼핑하는 고객에게 즐거움을 주는 '고객 엔터테인먼트 회사'라고 규정한다. 매장의 외관과 내부를 실제 정글처럼 꾸며놨고 다채로운 이벤트를 진행한다. 하지만 이 마켓이 가장 유명해진 이유는 정글 스타일의 매장이 아니다. 고객들은 화장실을 구경하기 위해 이 마켓을 찾는다고 한다. 톰 피터스는 "화장실 경험을 하고 싶어서 가는 마트라는 개념 자체가 혁신적이지 않은가?"라고 소개했다. 마무리가 좋으면 다 좋다. 마무리 접점의 중요성은 아무리 강조해도 지나치지 않다. 어떤 경험의 마무리 접점은 고객이 제품이나 서비스와 함께하는 마지막 단계다. 이 단계에서는 고객에게 오래 기억되도록 하여 그들이 다시 찾고 싶게 만드는 일이다. 거래가 마무리되고 감사 인사를 나누거나, 즐거웠다고 이야기하거나, 다음에 다시 보자는 식의 이야기를 하는 것이 일반적이다.

마무리 접점은 디지털일 수도 있고, 비디지털일 수도 있는데 탁월한 기업은 마무리 접점이 특히 우수하다. 물론 접점의 모든 과정을 완벽하게 관리하는 것이 최상이겠지만 현실적으로 쉽지 않은 것이 사실이다. 사람들이 오래 기억하는 영화의 결말은 강렬하고 인상적이다. 서비스와 세일즈에서 우리 회사의 결말은 어떻게 설계되어 있는지, 고객에게 잊을 수 없는 경험을 선물하고 있는지를 살펴보아야 한다.

| 탁월한 마무리를 위한 경험 디자인

나에게도 지금까지 잊지 못하는 장면이 하나 있다. 7년 전 어머니가 돌아가셨을 때 우리 형제는 미처 슬픔을 헤아릴 겨를도 없이 문상객을 맞이하고 장례식을 준비하는 일로 경황이 없었다. 그 와중에 장례용품과 턱없이 비싼 이용료를 강요하는 장례업체 때문에 몹시 마음이 상해 있었다. 그런데 장례식 당일 발인을 마치고 나오는데 낮익은 아줌마 두 분이 장례식장 출구에 나란히 서서 버스를 향해 고개를 숙이며 배웅하는 모습이 눈에 띄었다. 3일 동안 우리 가족과 문상객들을 위해 음식 준비를 해 주던 장례식장 도우미였다. 마치 가족처럼 꼼꼼하고 정성스럽게 챙겨주고 손님들을 응대해 주었다. 그리고 마지막까지 출구에 나와 생전에 본 적도 없는 어머니를 배웅해 주던 그분들의 모습이 오랫동안 가슴에 남았다. 그분들을 보면서 그간 장례식장에서 가졌던 불편한 마음이 눈 녹듯 사라졌다.

서비스를 경험하는 고객의 최종적 지각에 깊고 좋은 영향을 미치는 방법은 무엇일까? 서비스는 일련의 과정이며 흐름의 형태로 전달되므로 서비스가 전달되는 단계별로 순서가 존재한다. 따라서 서비스 품질관리에서는 순서효과가 발생한다. 즉, 서비스 제공 단계 중 서비스 접점별 순서효과의 관계에서 피크엔드 효과가 존재한다. 이러한 결과는 마케팅 관리자들에게 서비스 제공 단계 중 마지막 접점에 대한 보다 중점적인 관리가 필요함을 시사한다. 우선 서비스 전부터 후까지 고객의 경험 단계를 놓고 긍정적인 경험이란 어떤 것이며, 각 단계에서의 느낌이 어떠해야 하는가를 생각하여 고객경험의 순서를 재배열해 보길 바란다. 중간보다 뒤에 배치했을 때 더 나은 것은 없는가? 아예 배제해 버리는 게 좋을 것은 없는가? 경쟁사는 어떻게 서비스 순서를 배열하고 있는가? 대단원의 막은 어떻게 장식할 것인가? 업종이나 기업의 특성에 따라 다르겠지만, 예를 들어 쇼핑몰이라면 탁월한 마무리와 관련한 공통적인 몇 가지를 방법을 생각해 볼 수 있을 것이다.

첫째, 선택을 잘했다는 사실을 재확신시켜라.

고객의 현명한 선택을 진심으로 축하하는 것이다. 고객이 회원가입을 마
쳤을 때, 대충 끄적인 듯한 가입 축하 메일은 차라리 보내지 않는 편이 낫
다. 피상적인 립서비스처럼 보이지 않게 하려면 근거가 뒷받침되어야 한
다. "다른 고객들도 모두 이 칼라를 선택하셨습니다"라고 알려주면 고객
의 선택을 재확신시킬 수 있다. 한 손해 보험사는 "저희 보험에 가입하시
길 잘하셨습니다"라는 메시지와 함께 고객만족도 96%, '19만 원의 보험료
인하'라는 결과를 확인시켜 준다. 쇼핑하고 나오는 주차장 통로에 "당신은
지금 가장 저렴한 쇼핑을 하셨습니다!"라는 문구를 큼지막하게 써놓은 대
형마트도 있다. 모두가 고객의 현명한 선택을 재확인시켜 주는 마무리 서
비스 전략의 일환이다.

둘째, '멋진 서프라이즈'를 준비하라.

서비스할 무언가를 남겨두었다가 마지막 순간에 고객에게 제공하는 것이
다. 예를 들면 결제 완료 순간에 다음 구매에 사용 가능한 쿠폰을 제공하
거나 작은 선물을 증정한다면 고객에게 좋은 기억으로 남게 될 것이다. 신
제품 견본이나 다음 시즌에 출시될 시제품 같은 것을 준비해서 고객에게
덤으로 주는 것도 좋다. 만 원에 10개인 사과를 사서 집으로 돌아와 봉지
를 열어보니 사과가 11개에다 오렌지 1개까지 곁들여 있을 경우, 주문한
제품을 받았는데 상자 안에 작은 선물 하나가 더 있을 경우 누구나 기분이
좋아지게 마련이다. 단, 모르게 하는 것이 더 좋다. 상자 밖에 '증정품 있

음'이라고 적어놓으면 이건 '멋진 서프라이즈'가 아니다.

셋째, 배웅 인사를 인상 깊게 하는 것이다.

백화점 판매 직원들에게도 강의를 통해 늘 강조하는 말도 비슷하다. 이것저것 다 걸쳐보고 그냥 매장을 나가는 괘씸한(?) 고객도 웃으면서 문밖까지 따라나가 배웅을 하고 "맘에 드시는 옷이 없어 죄송합니다."라고 인사하라고. 그 이유는 사람들은 과거를 기억할 때 마지막 순간 또는 가장 짜릿했던 순간만을 떠올리는 경향이 있기 때문이다.

탁월한 세일즈맨이나 서비스맨은 재방문을 장려하는 방식으로 거래를 끝마쳐야 한다는 사실을 누구보다 잘 알고 있다. 구매 여부나 계약 체결 여부에 상관없이 고객을 문까지 배웅하러 나가서 방문해 주어 고맙다고 인사를 한다. 내점하여 준 것 자체에 고마워하는 모습을 보여주고 다시 방문해 주기를 바라는 마음을 고객에게 이처럼 표현하는 것이다. 쇼핑몰에서도 첫 거래 고객에게 상투적인 인사말을 피하고 감사의 마음이 담긴 인사말을 준비한다. 고객의 이름을 넣은 환영과 감사 인사를 전한다면 고객은 당신의 쇼핑몰을 다시 찾고 싶은 마음이 들 것이다.

노드스트롬 백화점은 의미 있고 강력한 마지막 접점을 제공한 것으로도 유명하다. 예를 들어 노드스트롬의 체크아웃 직원은 카운터 밖까지 나가 쇼핑백을 고객에게 건네준 첫 번째 회사였다. 간단한 일처럼 보이지만 이러한 몸짓은 고객에게 강한 인상을 남긴다.

'끝이 좋으면 다 좋다'라는 뜻의 피크엔드 효과는 온라인과 오프라인 모두에 적용할 수 있다. 방법은 두 가지다. 떠나는 고객에게 좋은 느낌을 남기는 것과 나쁜 기억을 남기지 않는 것이다. 마지막에 나쁜 기억을 남기지 않는 것도 피크엔드 효과라는 의미다. 그러나 불행스럽게도 마무리 접점을 소홀히 하여 참혹한 결과가 생기기도 한다.

대부분의 다른 고객접점처럼, 마무리 접점은 사소하지만 놀라울 정도로 강력한 영향을 미친다. 계속해서 기억에 남을 여정을 구성하기 때문이다. 마무리 접점은 기업이 고객과의 관계를 사랑하고 소중히 여긴다는 사실을 증명하기 위한 단계다. 멋진 무언가로 고객을 놀라게 해야 한다. 가장 중요한 것은 임팩트 있게 하는 것이다. 무성의하고 무책임하게 보이는 행동을 해서는 안 된다. 마무리 접점은 가장 중요한 순간이다.

여기서 한 가지 유의할 점은 마지막 접점을 특히 잘 설계하라고 한다고 해서 다른 접점은 무시해도 좋다는 의미는 결코 아니라는 사실이다. 전체적인 고객여정에서 처음과 마지막 접점이 재구매와 고객만족도를 결정하는 데 아주 중요하다고 해서 다른 채널이나 휴먼웨어적인 접점의 기여도를 깎아내려서는 안 된다. 이를 축구에 비유하자면, 골을 넣은 사람에게 모든 공을 돌리고 그 골을 넣는 데 기여한 나머지 팀원의 공은 무시해서는 안 된다는 것이다. 새로운 고객을 얻기 위해 다수의 채널, 플랫폼, 매체 등을 통해 복합적으로 노력을 기울이는 비즈니스라면 특히 '마지막 접점이 중요하다'라는 말을 '마지막만 중요하다'라고 단순하게 해석하지 말기 바란다.

라스트 마일에서 엑스트라 마일까지

| 도미노 피자는 외식기업 vs IT 기업

코로나19로 사회적 거리 두기가 강화될 때마다 특히 음식 배달 주문은 더 크게 늘고 있다는 뉴스가 보도되고 있다. 심지어 고급 레스토랑들도 방문 객이 줄자 배달용 신메뉴를 개발하고 배달 서비스를 시작했다. 한번은 생일인 친구를 위해 패밀리 레스토랑에서 스테이크를 배달 주문했다. 레스토랑에서 자체 배달 앱을 만들고 가정에서 스테이크를 맛볼 수 있게 된 건 고마운 일이지만 조리한 지가 한참 지나서인지 음식이 식어서 맛은 그저 그런 수준이었다.

난 요리에 관한 한 문외한이다. 하지만 음식 맛을 좌우하는 요인 중에는 식재료가 신선한가, 어떤 그릇에 담는가, 요리 솜씨가 어떤가 등이 분명히 포함되어 있을 것이다. 그 여러 요인 중에는 '조리한 지 얼마나 되었느냐'

와 '어떤 온도에서 먹느냐'가 틀림없이 중요한 요소로 작용하고 있을 것이다. 대표적인 배달 음식인 피자도 마찬가지일 것이다. 그렇다면 피자 회사는 성장 전략으로 맛에 집중해야 할까(외식기업), 배달에 집중해야 할까(IT 기업)라는 질문을 할 수도 있을 것이다. 여기서 디지털화와 IT 기업임을 표방하며 후자를 선택한 대표적인 기업이 도미노 피자다. 음식 배달 서비스를 하는 기업 중에서 주문과 배달의 디지털 트랜스포메이션을 가장 잘한 기업으로 꼽히고 있으며, 넷플릭스, 아마존, 애플과 같은 쟁쟁한 기업들을 제치고 최근 10년간 주가 상승률 1위를 차지했다. (2020년 1분기 기준)

도미노 피자는 지난 수년간 디지털 주문과 배송 분야의 디지털화를 과감하게 추진해 왔다. 2010년 도미노피자의 CEO로 부임한 패트릭 도일 Patrick Doyle은 피자의 맛과 가격을 중심에 두면 디지털 기술을 적용할 여지가 크지 않지만, 주문 과정과 배달에는 고객경험의 혁신이 무궁무진함을 깨달았다. 그때부터 디지털을 통한 주문과 배달의 편의성에 혁신의 초점을 맞추었다. 2018년 7월 CEO로 취임한 리치 앨리슨Ritch Allison은 "도미노 피자는 피자 전문 기업이 아니라 IT 기업이다"라고 입버릇처럼 강조했다. 배달 부문에서 2015년에는 배달 차량 'DXP'를 선보였다. DXP는 특수제작된 문과 140도의 온도를 유지하는 오븐을 장착해 최대 80판의 피자를 실을 수 있게 만들었다. 또한 무인 피자 배달차량 '도미-노 드라이버Domi-No Driver'는 이륜구동 방식 오토바이 형태로 자율주행 기술이 적용되었으며, 피자가 식지 않도록 따뜻하게 유지하는 박스와 GPS를 기반으로 한 피자 인터페이스가 내장되어 있다. 미리 고객에게 모바일 앱으로 보안코드를 전송하면, 고객은 이 보안코드를 차량 피자 박스에 입력해 피자를 꺼내가게 되어 있다.

보통 우리가 피자를 주문할 때 쓰는 방법은 두 가지로, 가게에 찾아가거나 전화로 주문하는 것이다. 직접 가서 주문하는 픽업이나 테이크아웃보다는 전화로 주문하는 경우가 더 많다. 그러나 이제는 스마트폰의 등장으로 수많은 채널이 등장하면서 피자 주문 방식도 다변화되고 있다. 도미노피자는 '도미노의 애니웨어Domino's Anywhere'라는 프로그램을 도입하여 자체 앱뿐만 아니라 페이스북, 트위터, 아마존 에코의 스마트 스피커, 스마트 워치, 심지어는 자동차의 화면에서까지 무려 15개에 달하는 다양한 채널에서 피자를 주문할 수 있다. 도미노는 고객이 어떤 플랫폼을 사용하더라도 최대 5번의 클릭으로 30초 안에 주문을 완료하는 것을 목표로 세웠다. 도미노 애니웨어는 피자를 주문한 후에 기다리는 사람들을 위해 트래킹 서비스까지 만들었다. 피자가 화덕에서 나와 포장이 되어 배달원이 출발하여 집까지 오는 경로를 다 보여주는 것이다. 그렇게 하려면 IT 인프라가 모두 바뀌어야 한다. 고객들이 어디서나 쉽게 피자를 주문할 수 있게 편의성을 높임으로써 디지털 채널의 주문량이 전체 주문의 65%를 넘는다. '더 맛있는 피자를 만들자'는 피자 전문 기업이 아니라, 기존 상품을 그대로 유지하면서 디지털화를 통해 '보다 많은 접점에서 고객과 만나자'라는 새로운 사용자경험을 제시하는 디지털 IT 기업으로 변신함으로써 업계 1위에 오른 것이다.

디지털 트랜스포메이션이 생소했던 시절에 디지털 전환을 시작하려 하자 당시 임원들은 "피자가 맛있으면 당연히 더 주문할 텐데 차라리 맛이나 더 연구하지"라며 회의적이었다. 하지만 '사람들이 어떻게 하면 피자를 더 편하게 시키고 즐겁게 받을 수 있을까'를 고민했던 도미노의 디지털 트랜스포메이션은 전통 소비재 기업과 디지털 기술이 결합한 대표적 성공 사례로 손꼽히고 있다.

| 퍼스트 마일 vs 라스트 마일

모 회사의 정수기를 렌트한 것은 잘못된 선택 중 하나로 기억된다. C 정수기 회사의 방문서비스 직원들을 대상으로 전국 순회강의를 했던 인연으로 그 회사 정수기를 선뜻 선택했다. 당시 빽빽한 강의 일정 때문에 사무실에는 기껏 일주일에 두세 번 잠깐 들르는 정도였다. 물론 마트에서 생수를 구매하는 편이 비용 측면에서 더 합리적인 선택이라는 것은 알았지만 지하 주차장에서 8층 아파트 현관까지 생수 한 박스를 들고 올라가기는 정말 귀찮고 힘든 일이었다. 결국 정수기를 렌트하기로 했는데, 그 대가로 월 42,000원을 5년간 냈다. 기껏 일주일에 10컵 정도를 마셨으니 어리석게도 물 한 컵에 천 원 정도를 낸 셈이었다.

어느 날 TV에서 제주 삼다수 광고를 보고 '바로 이거다' 싶어 바로 앱을 깔았다. 알칼리성 물맛 때문도 아니고, 다른 생수보다 저렴해서도 아니었다. 사무실로 쓰고 있는 아파트 현관까지 생수를 박스째로 배달해 준다는 광고였다. 최근 유통업계의 최대 화두는 배송이다. 새벽배송, 로켓배송, 편의점 픽업 등 소비자에게 상품을 전달하는 배송 경쟁력을 차별화하기 위해 전쟁을 벌이고 있다. 기업은 기존의 제품 중심의 차별화 경쟁에서 한 걸음 더 나아가, 고객과 접촉하는 마지막 순간에 집중하여 차별화함으로써 시장을 점령하려고 하는 것이다. 무엇보다도 고객이 그렇게 변했기 때문이다.

최근 한 모바일 리서치 업체(오픈서베이, 2019년 8월)가 발행한 〈모바일 쇼핑 소비자 리포트〉를 보면 '갑자기 상품이 필요할 때 쿠팡의 '빠른 배송'이 가장 만족스러운 경험을 주는 것으로 나타나고 있다. 온라인을 이용하는 이유인 '저렴한 가격'은 조사 결과 대부분의 쇼핑 앱이 공통적으로 가지고 있는 속성이었다. 더 이상 가격만으로는 차별화가 어렵다는 의미다. 이 리포트에서는 각 쇼핑 앱에서 쇼핑하는 이유에 대해서도 조사했는데, 쿠팡의 모바일 쇼핑앱 이용률이 가장 높았다. 응답자들은 쿠팡을 이용하는 가장 큰 이유로 '빠른 배송'과 '저렴한 가격'을 들었다. 다른 오픈마켓 앱들과 달리 쿠팡은 '빠른 배송'이라는 키워드를 고객의 머릿속에 독점적으로 선점하고 있었다.

그렇다면 기업의 서비스 전략은 제품 자체의 성능과 함께 제품과 소비자가 직접 맞닿는 그 접점의 만족감을 중요하게 관리해야 한다. 이러한 고객과 시장의 변화가 구매의 마지막 여정인 배송의 만족도를 극대화하려는 '라스트 마일 딜리버리Last Mile Delivery'로 나타나고 있다. 라스트 마일Last mile이란 원래 사형수가 사형 집행장으로 걸어가는 마지막 길을 뜻했지만, 물류에서는 여러 배송 단계 중 소비자와 만나는 최종 단계를 뜻하는 용어로 굳어졌다.

라스트 마일이 가장 핫한 용어가 된 또 다른 이유는 무엇보다도 온라인 시장이 크게 성장했기 때문이다. 디지털 기술은 온라인 시장의 필수적 경쟁력이 되었다. 많은 유통기업들은 온라인 판매를 늘리기 위해 최신 인터페이스interface 기술을 소비자에게 선보이고 있다. 미국의 안경 유통업체인 워비 파커Warby Parker는 최신 인터페이스 기술을 적용해 직관적이고 간단한 온라인 경험을 만들어낸다. '가상체험virtual try-on' 기능을 이용해 소비자가 자신의 사진을 올려 매장을 방문하지 않고도 다양한 스타일을 테스트해 볼 수 있도록 하고 있다. 그러나 이러한 고객 인터페이스 기술은 대단히 중요한 경쟁력이기는 하지만 점점 차별적 요소로서의 역할이 줄어들고 있다. 이러한 고급 기술조차도 이제 많은 기업들이 앞다투어 도입하고 있기 때문이다. 바로 이 점 때문에 많은 유통업체가 현재 고객관계관리 CRM와 온라인 매출 증대를 위해 주문 처리와 배송 같은 후방 역량에 집중하고 있다.

코로나19로 인한 온라인 시장의 급속한 성장은 라스트 마일, 즉 후방 역량인 마지막 배송 과정을 복잡하게 만들었다. 신선식품 등 급하게 배송해야 하는 화물량도 크게 늘었고, 이에 라스트 마일 배송 비용이 전체 물류비의 30~50%까지를 차지하게 된 것이다. 예전의 기업은 제품의 생산에 집중했다. 하지만 다품종 소량생산 시대에는 소비자의 트렌드를 분석하기 위해 고객과 가장 직접적으로 대면하는 라스트 마일이 대단히 중요해졌다. 고객의 기본 정보 수집과 감성적 접점을 만드는 막강한 수단이 되고 있다. 제품을 구매하는 순간을 첫 번째 '진실의 순간'이라 한다면 제품을 받고 고객이 반응하는 순간은 두 번째 '진실의 순간'이 되는 것이다.

이러한 감성적 접점을 만들려는 노력으로 미국 월마트는 2019년 가을부터 고객 현관 앞이 아니라 아예 냉장고 안까지 배송해 주는 것으로 라스트 마일을 확대하고 있다. 월마트의 '인홈 배달InHome Delivery' 서비스 이야기다. 소비자가 온라인으로 냉장, 냉동 상태의 식료품을 주문하면 배송 직원이 주문 제품을 소비자의 집 현관 앞까지 배달한다. 그런데 여기서 끝이 아니다. 현관의 스마트 도어록에 일회용 비밀번호를 입력하고 집 안으로 들어가서 냉장고 문을 열고 식료품을 가지런히 정리해 준다. 정리가 끝나면 포장재를 수거해 집 밖으로 나간다. 아마존도 이와 비슷한 성격의 '아마존 키' 서비스를 제공하고 있다. 아마존은 보안 카메라를 통해 배달 과정을 모니터링하는 데 반해 월마트의 인홈 딜리버리는 옷에 장착하는 보디캠을 사용하는 것이 다르다면 다른 점이다.

최근에 아마존은 구매한 물건을 고객의 차량까지 배송해 주는 인카 딜리버리In-Car Delivery 서비스도 시작했다. 인터넷으로 주문한 제품이 나도 모르는 사이에 내 차 트렁크에 실려 있게 하는 서비스다. 고객이 부재중이라 빈집 앞에 덩그러니 놓인 택배 상자가 없어질까 걱정할 필요가 없게 만든 것이다. 이것도 아마존의 '고객집착'이라 할 만한 서비스다. 고객이 불편하다고 생각하면 '고객의 자동차'를 운송 시스템에 연결하는 기상천외한 서비스를 기어코 만들어내는 것이다. 인카 딜리버리 서비스의 과정은 이렇다. 고객은 정해진 시간과 날짜에 아마존이 보내는 위치추적기를 수령한다. 이 추적기를 차량에 넣어두면 해당 지역까지 이동한 DHL 배송기사가 고객 자동차의 위치를 찾아낸다. 기사는 1회용 디지털 접속 코드를 사용해 트렁크 문을 열고 택배 상자를 넣는다. 트렁크가 잠기면 접속 코드는 자동 폐기된다. 이러한 다양하고 유연한 배송 옵션을 통해 아마존은 미국에서만 40%에 달하는 시장 점유율을 보이고 있다.

그런데 아마존과 월마트가 이렇게까지 배달 서비스를 확대한 이유가 한 가지 더 있다. 이들이 대상으로 삼은 주 고객이 바로 '실버세대'라는 점이다. 차량을 이용해 직접 매장을 찾고, 대용량으로 포장된 생필품을 구입해서 그걸 주차장에서 냉장고까지 옮기는 일은 실버세대에게 육체적으로 매우 힘들다. 이러한 이유로 실버세대는 대형마트가 더 저렴하다는 것을 알면서도 동네의 작은 가게들을 이용해 왔다. 바로 이러한 페인 포인트를 공략한 영리한 전략인 것이다.

여기서 한 가지 더 기억해야 할 점은 '라스트 마일'을 '가장 빠른 배송'으로만 간주하면 안 된다는 점이다. 새벽 배송, 당일 배송 같은 초단기 배송이 늘어나면서 최종적으로 상품을 받는 단계인 '라스트 마일' 경험에 대한 소비자의 기대치가 굉장히 높아져가고 있다는 점이다. 라스트 마일을 통해 어떻게 더 서비스 수준을 높일 수 있을까? 그간 우리는 '빨리빨리'를 선호하는 국민들의 성향에 맞추어 라스트 마일과 관련된 경험을 주문으로부터 배달까지의 시간을 단축하는 것에만 초점을 맞추어왔다. 그러나 이제 대부분의 고객은 당일 배송조차도 아주 특별한 서비스라고 생각하지 않는다. 실제로 고객들은 빠른 배송보다 적기, 즉 '내가 받고 싶을 때 받고 싶다'라는 니즈를 이야기하기 시작했다. 새벽 배송이 인기를 끈 이유는 단지 속도 때문만은 아니다. 다음 날 일찍 아침 식사를 위해 요리할 때 필요한 신선한 재료를 바로 받고 싶은 니즈를 충족시켰기 때문이다. 최대한 빨리 받을수록 좋은 상품도 있겠지만 최단기 배송이 반드시 최적 배송을 의미하지는 않는다는 것을 알아야 한다. 따라서 자사의 상품과 서비스를 언제, 어떤 방식으로 배송하는 것이 고객 관점에서 최적인지를 살펴봐야 한다. 적기 배송의 좋은 사례 중 하나가 편의점 로커를 이용한 택배를 제공하는 무인 택배 서비스이다. 예컨대, 경비실이 없는 다세대 주택에 거주하는 독신 여성은 택배 배달이 불편할 수 있다. 이들을 위해 출근길이나 퇴근길에 대면 접촉 없이 본인이 원하는 시간에 택배를 찾을 수 있는 서비스를 만든 것이다.

그렇다면 세 번째 진실의 순간MOT으로는 무엇이 있을까? 라스트 마일 경쟁은 이미 치열해져서 고객들은 너무나 당연하게 당일배송, 익일배송 서비스에 익숙해졌다. 따라서 기업 입장에서는 고객만족도 향상을 높이는 또 다른 '진실의 순간'을 찾고 있는 것이다. 바로 택배 제품을 뜯는 쏠쏠한 재미를 말하는 '언박싱unboxing'의 순간이다. 상품을 배송받고 언박싱하는 것을 선물을 받은 후 포장을 뜯는 것과 같이 신나는 순간으로 만드는 것이다. '이왕이면 다홍치마'라는 말이 있다. 온라인 쇼핑몰에서 구매한 제품이 하나는 골판지 상자에 담겨 도착했고, 다른 하나는 브랜드 콘셉트에 맞춘 예쁜 박스에 담겨 도착했다면 둘 중에서 어떤 제품이 여러분의 마음을 더 사로잡을지는 자명하다. 같은 제품이라도 패키지 컬러나 문구 등 디테일에 신경을 쓴 포장 상자는 브랜드 가치가 더 높아 보일 뿐만 아니라 우리 눈을 즐겁게 만든다. 한 연구에 따르면 매력적인 포장은 보상을 필요로 하는 인간의 심리가 뇌의 한 부분을 자극하여 충동구매를 일으키지만 일반 포장은 거의 영향이 없다고 한다.

| 라스트 마일 vs 엑스트라 마일

또 다른 '진실의 순간', 고객감동의 포인트는 뭐가 있을까? 하나를 더 조언하자면 라스트 마일에서 엑스트라 마일로 한 걸음 더 가는 것이다. '엑스트라 마일extra mile'은 '한 걸음 더 나아가 도와준다'라는 뜻으로 누군가에게 뭔가를 해 줄 때 그 사람이 기대하지 않았던 것까지 해 주는 것을 말한다. 애인이 커피를 마시고 싶은데 '커피 한 잔 사다 줄래'라고 말할 때 커피와 함께 먹을 수 있는 쿠키까지 사다 주는 것이다. 여기서 부탁한 것 이외의 것인 '쿠키'가 바로 엑스트라 마일이다. 주유소에서 주유하는 동안 더러운 차를 보더니 뛰어나와 자동차 창문을 닦아주는 서비스도 '엑스트라 마일' 서비스라고 할 수 있다. 상사가 물을 가져오라 하면 냅킨까지 챙겨서 가져가는 것도 같은 개념이다.

얼마 전에 지인의 페이스북에서 본 글인데, 지금도 문맥이 그대로 기억난다. "제주에서 귤 한 상자를 주문했는데 '배송 중에 깨지거나 상할까 봐 몇 개 더 넣었습니다'라는 문구와 함께 귤 3개가 더 왔습니다. 감동입니다."라는 글이었다. 이것이 '엑스트라 마일' 서비스다. 과일 가게에서 사과 10개를 담아 달라고 한 뒤 집에 돌아와서 봉지를 열어보니 사과가 11개 들어 있다. 마찬가지로 제품을 배달할 때 상자 안에 별로 비싸지 않은 작은 판촉용 선물을 하나 더 넣어준다면 받는 사람을 더 기쁘게 할 수 있다. 엑스트라, 즉 예상하지 못한 뜻밖의 서비스라면 더 효과가 큰 것이다. 이것은 뇌 과학적으로도 증명되는데, 신경과학자들은 우리 뇌가 기습적인 자극에서 오는 흥분을 갈망한다는 사실을 발견했다. 쾌락중추라는 뇌의 한 부분이 같은 자극이라 하더라도 예상하지 못한 것일 때 더 활성화된다는 것이다. 같은 맥주라도 바텐더가 공짜로 제공하는 예상 밖의 맥주가 한 개 값에 두 개 이벤트로 마시는 공짜 맥주보다 더 맛있는 데는 다 과학적 근거가 있는 셈이다.

물류와 유통업계에서의 엑스트라 마일이란 주로 기본 서비스가 끝나고 고객의 변심이나 다른 사유에 의한 반품이나 반송 서비스를 뜻한다고 볼 수 있다. 반품이나 반송 서비스는 지금은 너무나도 당연한 서비스가 되었다. 그런데 배송과 동시에 반품을 지원하는 역배송 서비스라면 이것은 충분히 '엑스트라'라 할 만하다. 앞서 사례로 든 '안경 업계의 넷플릭스' 워비파커 서비스도 그렇다. 직접 안경을 써볼 수 없는 온라인 스토어의 한계를 극복하기 위해 이들이 구상한 핵심 서비스는 '홈 트라이온' 프로그램이었다. 안경을 구매하기 전에 집에서 안경테를 무료로 써본 후 구매를 결정하는 서비스다. 서비스 방법은 이렇다. 먼저 웹사이트에서 마음에 드는 안경테 다섯 개를 고르면 선택한 샘플 다섯 개가 집으로 배송된다. 5일 동안 샘플을 써본 후 가장 마음에 드는 안경테를 골라 온라인에서 구매한 다음 샘플을 다시 본사로 보낸다. 이때 왕복 배송료는 모두 무료다.

이것을 '역배송'이라고도 한다. 영국의 대표 온라인 패션 유통기업인 아소스ASOS나 독일의 잘란도Zalando 같은 패션 이커머스 회사들은 배송보다는 역배송, 즉 반품에 역점을 두고 있다. 예컨대, 같은 라지Large 사이즈라도 브랜드별로 조금씩 차이가 날 수밖에 없다. 따라서 고객이 처음 구매를 시도하는 브랜드는 어떤 게 맞는지 헷갈려 구매를 주저할 수도 있는 것이다. 잘란도는 라지 사이즈 고객에게는 미디엄Medium, 엑스라지X-Large까지 세 벌을 다 받아보고 그중 하나를 고른 후 나머지 두 개는 쉽게 반품할 수 있는 역물류 체계를 강화하는 데 초점을 맞추고 있다. 삼성물산 패션 부문은 온라인몰 SSF숍에서 VIP 고객을 대상으로 '홈 피팅Home Fitting' 서비스를 제공하고 있다. 홈 피팅은 소비자가 선택한 상품 크기와 색을 최대 3개까지 배송하는데, 예를 들어 95 사이즈 티셔츠를 주문하면 90과 100 사이즈 제품이 함께 배송되는 방식이다. 소비자가 자신에게 맞는 사이즈를 직접 선택하면 나머지 제품은 무료로 거둬 간다. 말 그대로 모두 엑스트라 서비스를 해 주고 있다.

이처럼 '엑스트라'는 말 그대로 한 걸음 더 나아간다는 것이다. 그렇다면 소비자가 언박싱하는 것과 동시에 '더 나아가는' 서비스는 없을까? 삼성전자는 TV 포장재에 업사이클링Up-cycling을 선보였는데, 이 사례가 여기에 해당된다고 볼 수 있다. TV를 보호하기 위해 두꺼운 골판지로 포장 용기를 만든다는 점에 착안한 아이디어로, 재활용 포장 용기의 각 면에는 일정한 간격으로 점dot이 찍혀 있다. 상자 상단에 있는 QR코드를 찍으면 나오는 안내에 따라 이 점들을 연결하면 고양이 집 등 반려동물용 물품, 책꽂이, 탁상용 선반, TV 콘솔, 잡지 수납함 등을 만들 수 있는 다양한 도면이 완성된다. 버려지던 포장 용기를 새롭게 활용하는 방안을 제안함으로써 고객의 호기심을 자극한 엑스트라 서비스다.

'남보다 조금 더' 나아가는 것은 당장은 작고 사소해 보일지 모른다. 하지만 그것이 나중에 비즈니스와 인생의 커브를 바꾸어 놓을 만큼 큰 차이를 만든다. 내가 부장이 되고 임원이 되다 보니 엑스트라 마일의 개념을 갖고 일하는 사람과 그렇지 않은 직원이 확연하게 구분되는 것이었다. 엑스트라 마일을 가려는 사람에게는 열정과 사명감이 충만해 있었다. 지금 맡고 있는 나의 업무에 있어서도, 또한 우리 상품과 서비스에 있어서도 '무엇을 더 보태면 엑스트라 마일이 될까?'를 자문해 보고 적극 실천하기를 바란다.

거래가 끝난 후에
진정성이 드러난다

| 먼저 돌아눕지 마라

몇 년 전 어깨통증이 심해서 집 근처 병원에서 간단한 수술을 받은 적이 있다. 재활치료도 열심히 받았고 다행히 회복이 잘 되어 바로 일상으로 돌아왔는데, 퇴원하고 열흘 후쯤 병원에서 전화가 왔다. '적당한 시간과 장소를 말해 주면 직접 찾아와서 재활치료에 대해 상담해 주고 더 궁금한 점을 설명해 주겠다'라는 내용이었다. 인공관절과 척추수술 전문 병원인 목동 힘찬병원 이야기다. 관절수술과 척추수술은 수술보다 더 중요한 것이 재활운동과 꾸준한 관리다. 서비스 전문가인 나도 수술 이후 병원에서 환자를 케어해 주기 위한 프로그램이 있을 거라는 생각을 해 본 적이 없다. 설령 그런 프로그램이 있다고 하더라도 환자가 직접 병원을 찾아가야 할 거라고 생각했다. 그런데 병원의 방문 간호팀이 직접 가정을 방문하여 환자의 상태를 점검하고 상담해 주겠다는 제안은 뜻밖이었다. 이른바 의료계의 애프터서비스 시스템이라 부를 만하며 많은 환자들이 인상 깊게 받아들일 것이다.

부언하자면 의사가 수술 후에 환자와 개인적으로 접촉하여 상태가 어떤지를 물어주면 의료사고 소송 위험이 크게 감소한다는 연구 결과가 있다. 환자가 새로운 환자를 추천하고 소셜 미디어나 웹사이트에 긍정적인 코멘트를 남길 확률이 크게 높아진다. 신규 환자를 확보하기 위한 비용과 의료사고 소송이 야기하는 끔찍한 영향 등을 고려할 때 이처럼 수술 뒤에 환자를 따로 챙기며 보살피는 것은 당연한 사항으로 삼을 만하다. 하지만 이렇게 분명한 여러 효과가 있음에도 불구하고 많은 의사들은 바쁘다는 이유로 이 단계를 무시한다. 그러나 힘찬병원은 달랐다. 이 병원은 일 년에 한 번 정도 '건강검진을 받은 지 1년이 되었다'라고 문자를 보내준다. 연말이면 '힘찬병원' 로고와 전화번호가 인쇄된 달력을 보내주기도 한다. '우리는 당신을 잊지 않고 있어요'라는 지속적인 메시지인 셈이다. 그러나 병원 입장에서 보면 아쉽게도(?) 수술한 내 어깨는 아침 수영으로 단련한 덕분에 아직 건강하다.

물론 이 병원은 내가 어딘가 또 아파서 수술이나 처치를 받으러 오길 바라지는 않을 것이다. 그런데 바로 이 점이 고객에게는 그 병원의 '진정성'을 인상 깊게 하는 사후접점이라고 할 수 있다. 결코 뭔가를 더 팔려는 계산된 의도 없이 치밀하게 설계된 고객가치를 전달함으로써 고객에게 의미 있는 존재로 계속 남아 있는 것이다. 고객은 병원의 진정성을 체감함으로써 매우 긍정적인 느낌을 갖게 되고, 그 병원을 홍보하고 다니게 될 것이다.

디지털 시대에 진정성 전략이 중요한 이유는, 브랜드가 가진 진정성을 고객에게 전달함으로써 진심으로 진정성을 느낀 고객들이 브랜드의 진정성에 관한 이야기들을 열심히 퍼뜨리게 만들어야 하기 때문이다. 나만 해도 내가 받은 서비스를 자랑하고 다니며, 기회 있을 때마다 칼럼이나 책에 사례로 인용하고 있다. 또한 언젠가 내가 치료받아야 하는 상황이 된다면 가장 먼저 그 병원을 찾을 것이 분명하다.

한 번이라도 제품이나 서비스를 제공했던 기업은 고객이 무엇에 관심이 있거나 불편했는지를 잘 알고 있으므로 경쟁사보다 훨씬 유리한 입장이 된다. 고객들은 기업으로부터 자기만의 콘텐츠를 제공받고, 기업은 이제 그 고객에게 사려 깊은, 예를 들어 내가 건강검진을 받은 병원이라면 내 식생활 습관과 골다공증을 알고 있으므로 골다공증에 관한 유익한 정보를 지속적으로 보내줄 수 있을 것이다. 내 건강에 관한 콘텐츠 전문가가 되는 것이다. 따라서 고객에게 더 가치 있는 콘텐츠를 제공하고 더 효과적인 마케팅 효과를 창출할 기회를 갖게 된다. 이것이 우리가 사후접점을 관리해야 하는 이유이다. 사후접점 설계의 핵심은 한마디로 '진정성'을 보여주는 일이라고 할 수 있다.

한 매체와의 인터뷰에서 "'고객만족'에서 가장 중요한 가치가 무엇입니까?"라는 질문을 받은 적이 있다. 나는 "고객에게 '진정성'을 증명하는 일입니다."라고 대답했다. 인간관계나 비즈니스에서 진정성Authenticity 문제가 화두로 떠오르고 있다. 진정성의 가치가 날로 커지고 있는 것은 그간 가식적인 사람들이나 기업의 상술을 너무 많이 봐왔기 때문이다. 그렇다면 '진정성'이란 무엇일까? 쉽게 말해 '믿음과 신뢰'다. 겉으로는 '고객만족', '고객 최우선', '최고의 제품과 서비스' 등 고객을 현혹하는 말을 하지만, 속으로는 자기 욕심만 채울 때 고객은 그 기업을 신뢰하지 않게 된다. 많은 기업들이 '신뢰의 가치'보다 '거짓을 광고하고 말함'으로써 얻는 이익이 크다고 생각하면 가식적인 행동을 하게 마련이다. 그렇다고 기업의 이윤추구가 중요하지 않다는 것은 아니다. 소비자가 공감할 수 있는 진정성을 기반으로 이루어지는 이윤추구여야 한다는 것이다. 그래서 기업의 디지털 트랜스포메이션은 IT 기술의 접목이 아니라, 진정성을 기반으로 한 고객만족경영CSM의 철학으로 바뀔 때 비로소 시작된다고 볼 수 있다. 또한 최고경영자의 철학과 진정성을 직원들이 믿어야 한다. 말만 번지르르한 경영자를 많이 보아왔기 때문이다. 지난해 애터미의 박한길 회장과 이야기를 나눈 적이 있다. "정선상략正善上略, 정직하고 선한 것이 최고의 전략입니다", "우리 콜센터 직원들이 행여 회사를 위한답시고 고객들에게 불리한 결정을 할까 봐 늘 신신당부합니다. 설령 회사가 손해를 보더라도 절대로 소비자들에게 손해를 보게 하면 안 된다고…. 상담사들은 기꺼이 고객과 한편이 되어 회사와 맞서 싸워야 합니다. 그것이 결국은 회사를 위하는 방법입니다."라는 얘기를 하셨다. 이런 최고경영자의 철학과 진정성이 고객만족경영을 뿌리내리게 하는 원동력이다.

제품과 서비스 중심의 품질경영으로는 소비자의 사랑을 받을 수 없다. 과거 소비자들은 대부분 자신이 구매하는 상품의 활용도에만 관심이 있었다. 하지만 공급업체 간의 경쟁이 치열해지자 관심사가 '품질'로 이동했다. 이후 품질마저 평준화되자 '서비스와 적정 가격'으로 점차 관심이 옮겨 갔다. 결국 오늘날에는 그 관심사가 '진정성'으로 변했다. 가식 또는 겉치레보다는 진실한 제품과 서비스, 그리고 믿을 만하고 좋아하는 기업과 거래하고 싶은 것이 오늘날의 소비자이다. 좀 더 구체적으로 표현하자면 '제품은 어떤 기업이든 잘 만들고 있다'라는 생각이 많아지면서 '어떤 제품'이 더 좋은가보다는 '누가 만드는가'에 관심을 두게 되었다는 뜻이다.

| 디지털 세상, 진정성이 무기다

'디지털 시대'는 모든 것이 온라인에 기록되는 '투명사회'다. 아침에 일어나자마자 스마트폰을 통해 SNS로 자신의 일상을 타인과 공유하고, 온라인 쇼핑을 하고, 배달 앱을 통해 식사를 해결하고, 방문하는 여러 장소에서 QR코드를 찍는다. 우리의 일상생활은 24시간 온라인상에서 디지털 흔적으로 여기저기 모두 기록되고 있다. 개인뿐만 아니라 기업도 마찬가지다. 기업은 소비자의 관심을 끌기 위해 온라인 기사나 SNS 콘텐츠를 열심히 올리며 상품과 서비스를 홍보한다. 소비자들은 각종 리뷰나 댓글을 통해 기업과 브랜드를 수시로 평가한다. 이때 부정적인 댓글 하나가 기업의 가치를 순식간에 무너뜨리기도 하고, 좋은 댓글 하나로 기업의 이미지가 순식간에 좋아지기도 한다. 단지 매출 차원이 아니라 생존 여부가 고객 손에 달렸다. 네트워크화한 고객의 힘이다.

이러한 투명사회에서는 개인이나 기업의 가식과 거짓말은 사실상 불가능하다. 당장은 속일지라도 얼마 지나지 않아 탄로 나는 것이다. 온라인상에 남은 과거의 흔적들은 누군가 마음만 먹으면 언제든 소환될 수 있다. 그렇기에 '과거'는 '현재'의 연장선에 있고, '미래'를 평가하는 잣대가 될 수 있다. 최근 유명 배구 선수나 스타 방송인들이 과거 학교폭력의 가해자였다는 사실이 알려져 구단이나 방송에서 퇴출당하거나, 대기업의 갑질 횡포가 알려져 불매운동으로 이어지는 일이 비일비재한 것이 이를 증명한다.

이처럼 시장이 기업의 일거수일투족을 감시하는 투명사회에서 마케팅의 핵심은 진정성이다. 과거에는 '훌륭한 제품을 만들었으니 구매하라'라는 것이 기업의 마케팅이었다. 그러나, 이제는 소비자를 위한 가치와 철학의 바탕 위에서 진정성을 갖고 고객의 영혼을 감동시켜야 한다. 이른바 '진정성 마케팅'이다. 진정성은 선택의 문제가 아닌 생존을 위한 핵심 가치가 될 것으로 보인다. '진정성'의 영향력을 보여준 마케팅 사례를 살펴보자.

이본 쉬나드Yvon Chouinard 창업자 겸 회장이 이끄는 아웃도어 의류업체 파타고니아Patagonia의 사례가 그렇다. 주지하다시피 모든 기업의 1순위 목표는 '이익'이다. 그러나 파타고니아는 '이익'이 아니라 '환경'에 집착한다. 필요하지도 않은 수요를 자극해서 매출을 높여서는 안 된다는 철학을 가진 회사다. 새 재킷을 사라고 마케팅하는 대신 반짇고리를 내놓아 되도록 수선해서 오래 입으라 말한다. 이런 파타고니아의 행보는 기존의 마케팅 관점에서는 쉽게 수긍하기 어렵다. 하지만 미국 아웃도어 시장에서 노스페이스에 이어 시장 점유율 2위를 기록하고 있는 파타고니아는 디지털 세상 마케팅 전략의 방향을 제대로 보여주는 나침반이다. 앞으로 낡고 너덜너덜해진 바지를 입는 게 더 근사해 보이는 세상을 만들겠다는 파타고니아의 꿈과 그 진정성에 열광하고 환호하는 고객의 애정이 오늘날 시장의 단면인 셈이다.

서비스업 사례로는 미국의 온라인 신발 쇼핑몰 자포스를 들 수 있다. 온라인 쇼핑몰에서 매출을 올리기 위한 중요한 변수는 콜call 숫자다. 최대한 많은 콜을 받아야 매출을 올릴 확률이 높아진다. 한국이나 미국이나 수많은 기업이 한 콜당 통화 시간을 최대한 짧게 하려고 노력하는 이유다. 그런데 자포스 콜센터에서는 한 고객과 무려 '일곱 시간'을 통화한 기록이 있다. 바로 여기에 자포스의 철학이 녹아 있다. 자포스는 고객을 행복하게 해 주어야 할 친구로 대한다. 그러니 신발과 관련된 어떤 이야기도 함께 나눈다. 심지어 고객이 원한다면 신발과 상관없는 이야기도 한다. 이것이 자포스가 고객을 대하는 '진정성' 있는 방식이다. 고객을, 물건을 판매할 대상으로만 생각한다면 결코 있을 수 없는 일이다.

사후접점은 고객이 우리와 함께한 경험이 완료된 후에 이어지는 고객과의 사후 연결 단계를 말한다. 그렇다고 이 대목에서 고객관계관리CRM를 당장 떠올려서는 안 된다. 기업들은 CRM 마케팅을 소비자에게 종종 무언가를 더 팔기 위한 소프트웨어 패키지로 사용한다. 즉, 소비자에게 무언가 다른 것을 더 팔기 위한 욕심으로 고객을 붙잡아두려 한다. 그러나 소비자는 이런 방식을 좋아하지 않는다. 자기에게 아무 가치도 없는 이메일이나 문자 메시지가 오는 것도 싫어한다. 그렇게 하는 대신 앞서 힘찬병원의 경우처럼 소비자에게 그들이 원하는 유용한 정보나 가치를 지속적으로 제공하는 편이 낫다. 예를 들어 스케이트보드를 파는 회사라면 스케이트보드와 관련된 최신 정보를 고객에게 발송하는 것이다.

가식적으로 광고하고 돈을 더 벌기 위한 마케팅으로 수익을 올릴 수 있다고 생각한다면 이는 어리석은 경영자라 할 수 있다. 가식과 거짓, 과대 포장으로는 오늘날 비즈니스에서 절대 성공할 수 없다. 더 큰 문제는 가식은 고객의 신뢰와 브랜드 이미지를 훼손함으로써 기업의 미래 성장까지 원천적으로 막아버린다는 점이다. 오히려 고객에게 어떤 것도 판매하려 하지 말고 그저 지속적으로 일관성 있고 즐겁게 어떤 가치를 제공하려고 노력하는 편이 더 유리할 수 있다. 여러분 회사도 고객이 어떤 일회성 미끼에 넘어가서가 아니라 여러분과 정말 잘 지내고 싶어서 다시 돌아오기를 바랄 것이다. 이러한 콘셉트가 진정성 마케팅이다.

| 감동적인 사후접점을 만드는 법

서비스를 주제로 2003년에 처음 출간한 내 책의 제목은『먼저 돌아눕지마라』였다. 책 제목이 좀 수상(?)해 보였던지 이른바 '베스트셀러'가 되었는데, 제목을 이렇게 정한 이유가 있다. 어느 잡지에선가 남녀의 성관계에 대해 자세히 설명한 것을 읽은 적이 있다. 남녀가 성교를 통해 함께 절정에 다다르게 되는 것을 오르가슴이라 하는데, 이때 감각적으로 느끼는 남녀의 성감에는 큰 차이가 있다는 것이었다. 남성은 오르가슴 직전에 급격히 상승했다가 사정과 동시에 쾌감이 급격히 떨어지면서 곧 사라져버린다. 그러나 여성의 쾌감은 완만한 곡선을 그리듯 상승하며 오르가슴에 도달한 후 서서히 사라진다. 책의 제목은 이 점에 착안하여 붙인 것인데, 당시 많은 사람들이 독창적인 비유로 인정해 줬다. 남녀의 성감 곡선이 어쩌면 그렇게 고객과 직원 간의 심리적 서비스 곡선과 닮았는지를 이야기하고 싶었던 것이다.

고객의 만족도는 계약 당시가 아니라 차를 인도받으면서부터 시작한다. 바로 여기서 고객과 세일즈맨이 심리적으로 큰 격차를 보이게 되며, 불만족이 발생하는 원인이 된다. 남녀가 동시에 오르가슴을 느끼지 못하는 이치와 비슷하다. 따라서 자동차 판매원이 차량을 인도한 후 '고객만족을 유지하는 데 필요한 조치'를 취하지 않거나 대응을 잘못하면, 그 고객을 잃을 뿐만 아니라 오히려 그 고객의 입소문으로 인한 나쁜 영향까지도 감수해야 한다.

나는 책의 제목 같은 서비스를 현장에서 실천한 경험이 있다. 오래전 구로동의 한 아파트 단지 내의 은행 지점장으로 근무했을 때의 일이다. 6월 말일까지 상반기 점포 실적이 마감되는데, 전체 평가항목 중 대출이자를 내지 않은 연체 대출금의 규모를 일정 금액 이하로 줄여야 하는 성과지표 KPI가 있었다. 당시 우리 지점은 신설 점포였고, 대부분의 거래 고객이 아파트 단지 주민이어서 비교적 쉽게 목표를 달성할 수 있었다. 그런데 지점에 할당된 목표는 달성했지만, '아예 연체 대출금을 제로로 만들 수는 없을까?' 하는 새로운 욕심이 생겼다. 담당 팀장과 의논하여 고객에게 전화하여 사정하고 여러 대안을 제시하면서 연체 대출금을 할당 목표보다 더 줄여나갔다. 그러나 마지막 남은 한 고객 때문에 제로는 달성할 수 없다며 팀장이 포기하는 것이었다.

팀장에게서 고객의 사정을 모두 전해 듣고, 관련 서류를 확인한 다음 마감 시한 이틀 전에 내가 고객에게 전화를 드렸다. 고객은 "남편이 실직해서 6월 말까지는 곤란하고, 그 이후에나 어떻게 해 보겠다"라며 퉁명스럽게 대꾸했다. 그간 우리 직원들로부터 심한 독촉을 받아 상처를 받은 듯했다. 높은 연체이율과 신용정보 불량자 등록 등 고객이 받게 될 불이익을 설명하면서 간곡하게 협조를 부탁했다. "은행에 찾아오시기는 곤란하실 것 같아 직접 댁으로 찾아뵙고 함께 해결 방법을 의논해 드리겠다"라고 했더니 그것도 '부담스러우니 오지 말라'는 것이었다. 나도 더는 어쩔 수 없겠다고 생각하고 있었는데, 뜻밖에도 이틀 후 6월 30일, 업무 마감을 30

분 앞두고 연체이자를 모두 냈다는 것이었다. 그분 덕택에 우리 지점은 전국에서 연체 대출금이 없는 유일한 점포가 되었다. 나는 "어려우신 형편에 감사하다"라는 요지의 편지를 직접 쓰고, 과일을 한 상자 사서 직원 편에 고객 집으로 보냈다. 그런데 몇 분 후 울먹거리면서 그 고객으로부터 전화가 왔다. "그간 '배 째라'라는 식이어서 은행 입장에서는 속을 썩이는 고객이었을 텐데, 지점장님께서 직접 쓴 편지와 선물까지 받으니 몸 둘 바를 모르겠다"라는 내용이었다. '고객은 그들의 성격이 거칠거나 연체를 했더라도 우리로부터 예의 바른 서비스를 받아야 할 권리가 있다' 훗날 이때의 경험을 살려 은행 연체관리지침 매뉴얼의 서문에 내가 쓴 구절이다.

나는 이 사례를 통해 우리 직원들이 잊어버리고 있는 두 가지를 상기시켜 주고 싶었다. 하나는 악성 연체 고객이라도 우리로부터 정중하고 예의 바른 서비스를 받아야 할 자격이 있다는 것이고, 다른 하나는 연체가 정리되었다고 다 끝난 것이 아니라 연체 대출금을 회수하고 나서도 애프터서비스가 필요하다는 사실이다. 애프터서비스란 여기서 말하고자 하는 바로 사후접점의 개념이다. 직원들은 연체를 독촉하고 받아내는 일에는 열성적인 데에 비하여, 어렵게 약속을 지켜 연체를 정리해 준 고객에 대해 관심과 고마움을 표시하는 경우는 거의 없는 편이다. "어려운 형편에 약속을 지켜주신 점(연체를 정리해 주셔서)에 고맙습니다"라는 감사 전화와 조그만 선물은 고객과의 유대를 깊게 하고 다시 연체가 반복되는 사례를 예방하는 효과가 있다. (『먼저 돌아눕지 마라』 186페이지)

| 사후점검을 토크 트리거로!

탁월한 고객경험을 만드는 전략은 '역발상'과 '사후접점'이 방아쇠 같은 역할을 한다. 고객들이 먼저 나서서 떠들 수밖에 없는 이야깃거리가 여기서 생기는데, 마케팅에서는 이를 '토크 트리거talk triggers'라고 한다. 입소문의 방아쇠 역할을 하는 이야깃거리가 되는 것이다.

마케팅에서 전통 광고와 디지털 광고 등 유료 광고의 효과가 점점 떨어지고 있어서 그 대안을 찾는 움직임이 분주하다. 오늘날과 같은 21세기 디지털 시대에 입소문, 즉 바이럴 마케팅이 중요하다는 건 누구나 다 안다. 입에서 입으로 전해지는 '바이럴 마케팅viral marketing'은 인터넷상에서 소비자에 의해 소비자에게 전달되는 입소문 마케팅을 말한다. 문제는, 바이럴 마케팅은 기업이 광고 매체를 다루는 것과는 다르다는 점이다. 입소문은 만들고 조장하고 촉진할 수는 있지만, 돈을 주고 구매할 수는 없기 때문이다. 그래서 상대적으로 쉬운 인플루언서들, 즉 파워 블로거, 유튜버 등 소셜 미디어 스타들을 이용하는 인플루언서 마케팅influencer marketing을 하는데, 이마저도 그 효과가 떨어지는 추세다. 입소문은 돈으로 살 수가 없다. 입소문이 중요한 이유는 우선 추천하는 사람이 추천받는 사람의 니즈에 딱 맞게 추천하는 개인 맞춤형 마케팅이란 점으로, 소비자가 다른 조사나 비교의 필요성을 느끼지 못하게 된다. 또한 추천에 대한 대가가 없는 독립적인 활동이기 때문에 추천의 신뢰도가 인플루언서나 광고보다 높을 수밖에 없다.

사후접점은 제조업에서 관계마케팅과 애프터 마케팅After marketing, 애프터서비스의 개념으로도 이해되고 있다. 잘나가는 아파트 시공업체는 공식 A/S 기간이 끝났는데도 잊어버릴 만하면 불편 사항을 점검하러 나간다. 회사는 이것을 비용이 아니라 투자로 간주한다. 이 투자에 대한 이익은 고객이 인정해 주는 브랜드라는 프리미엄으로 되돌아온다. 특히나 중공업 같은 기업 간 B2B 성격의 업종에서는 주로 다른 고객사의 파트너들과 우호를 다지고 생일에는 난을 보내고, 가정의 대소사를 챙기는 등 인간적으로 가까워지기 위한 노력이 필요하다. 특히 한국적 풍토에서는 더욱 그렇다.

올해 봄날 안양천 산책길에 유튜브에서 음악을 듣다가 '뜻밖의 광고' 영상을 하나 보게 되었다. 제목이 '오래된 핸드폰을 고집하는 한 사람의 특별한 이유'였다. 그 유튜브 사연을 소개한다. 한 달 전 아버지를 하늘나라에 보낸 익현 씨는 전화를 받지 못한다는 걸 알면서도, 아버지께 전화를 거는 버릇이 생겼다. 그러다 어느 날 아버지 전화벨이 울리지 않았다. 아버지 유품인 전화기가 고장이 난 것이다. 익현 씨는 삼성전자 서비스센터를 찾았지만, 구형 핸드폰의 부품은 구하기 어려웠다. 그러나 삼성전자 서비스센터 직원이 단종된 부품 수급에 많은 노력을 기울여 결국 휴대폰을 수리한다. 영상은 돌아가신 아버지의 유품인 구형 애니콜 핸드폰의 수리를 의뢰한 고객과 서비스센터 직원의 실제 사연을 통해 단순히 기기 수리가 아닌 고객의 오랜 추억을 다시 연결한 의미를 담은 영상이다. 이게 사후접점에서만 만들 수 있는 진짜 토크 트리거다.

이제 기업은 단순히 제품만을 판매하고 A/S를 제공하는 개념을 뛰어넘어 사후접점을 토크 트리거로 만드는 무기로 삼아야 한다. 예를 하나 더 들어보자. 출시된 지 15년이 지난 구형 자동차의 부품을 찾는 한 고객에게 아무리 오래된 제품의 부품까지도 체계적으로 관리하고 있는 회사는 창고에 보관된 정품을 찾아 기꺼이 제공한다. 고객이 감동하지 않을 리 없다.

부품 자체가 아니라 끝까지 고객을 배려하는 서비스 정신에 감동하는 것이다.

| 사후접점 설계 시 유의사항

몇 년 전부터 내 블로그에 '일정 기간 블로그를 임대해 주면 몇백만 원을 선지급해 드리겠다'라는 문자나 쪽지가 자주 눈에 띈다. '불법적인 업로딩이 절대 아니다'라고 강조하는데, 그렇다고 아무 이유 없이 몇백만 원을 거저 줄 리가 없다. 아니 그보다도 15년 동안 순수하게 각종 잡지 등에 써 온 칼럼과 마케팅과 서비스에 관한 콘텐츠를 한 달에 2~3번씩 포스팅해 온 것인데, 맛집이나 옷 가게 홍보용 글 같은 것이 올라온다면 누가 그런 상업성 블로그를 자주 방문하겠는가. 디지털 커뮤니케이션을 제품 홍보 또는 고객 확보를 위한 퍼포먼스 측면에서만 접근한다면 이는 진정성 있는 전략이 아니다. 블로그, 유튜브, 인스타그램 같은 디지털 커뮤니케이션은 '인프라Infra'다. 소비자 참여와 구매를 유도할 수 있는 콘텐츠라는 결과물보다 디지털을 이용해 어떻게 브랜드와 소비자를 연결해서 새로운 경험을 제공할 것인가에 대한 고민이 앞서야 한다. 유튜브나 인스타그램은 네트워크Network이므로 TV 채널처럼 미디어Media로 간주하지 말라는 뜻이다.

성공적인 블로그가 되기 위한 전략도 여기에 숨어있다. 장사나 마케팅이라는 욕심을 버리고 먼저 고객과 친근하고 자연스럽게 소통하는 것에 중점을 둬야 한다. 소비자에게 친숙한 블로그 네이밍을 만들어야 하고, 전문 용어가 아닌 고객중심의 용어를 사용해야 하며, 무엇보다도 블로그를 제품 홍보의 장이 아닌 고객들의 의견을 수렴하고 소통하는 통로로 활용해야 한다. 물론 기업의 목적은 블로그를 통해 마케팅하려는 것이지만, 글의 내용은 홍보용 글이 되면 안 된다는 것이다. 따라서 홍보용 글이 안되도록 하려면 '정보성' 또는 '후기성'으로 콘텐츠를 구성해야 한다. 한 강의에서 "'정보성'과 '홍보성'을 어떻게 구별합니까?"라는 질문을 받았다.

"'정보성'이란 전문적인 정보를 솔직하게 전달하는 걸 말하며, '후기성'이란 직접 경험한 걸 토대로 감상을 적는 방식을 말합니다. 핵심은 홍보가 아니라 방문자가 필요로 하는 정보를 주는 것이며, '이런 게 좋다'가 아니라 '이렇게 하려면 이렇게 해야 한다'라는 식의 정보 전달 형식이 되어야 합니다"라고 대답했다. 많은 분들이 정보 전달식으로 글을 쓴다고 하면서 정작 홍보용 글을 쓰는 경우가 많다. 예를 들어 감기약을 판매하는 사람이 쓰는 감기약에 관한 글이라고 가정해 보자. '우리 회사의 이런 감기약을 쓰면 감기가 낫습니다. 지금 주문하세요'라고 하는 글은 홍보성이다. 반면에 '감기약의 이런 성분이 이런 증상에 효과가 있고, 이럴 때 복용하는 것이 가장 효과적입니다'라고 쓰는 글은 정보성이다.

몇 달 전부터 '장정빈의 서비스 그레잇'이란 이름으로 유튜브를 시작했다. 새로운 서비스에 대한 아이디어나 잘못 알려진 CS경영에 대해 구독자들이 제대로 이해하도록 돕고, 특히 디지털화에 따른 고객경험CX 설계에 대해 구독자와 지속적으로 소통할 작정이다. 유튜브를 공부하다 보니 유튜버는 구독자 수와 조회 수에 비례하여 자신의 영상에 붙는 광고로 수익을 창출하게 되어 있었다. 채널 구독자 수가 1,000명 이상이면 광고가 붙는다고 한다. 나도 유튜브를 많이 보는데, 어떤 영상에는 지나치게 광고가 나와 중간에 시청을 포기하기도 한다. 장삿속이나 광고 수입에 연연하면 그걸 좋아할 독자가 없다. 구독자 수가 많아지더라도 진정성을 전하기 위해 내 영상에는 광고가 붙게 하지 않을 생각이다.

많은 가전회사들은 고객에게 어떤 것을 제안할 때 혹시 뭔가를 판매할 수 있지 않을까 하는 바람을 갖고 오늘도 판촉 문자를 보내면서 폭넓게 그 물망을 쳐놓는다. 그러나 이는 전형적으로 나쁜 사후접점이다. 아무짝에도 쓸모없는 스팸이기 때문이다. 좋은 사후접점을 만드는 기업은 부드럽고 적절한 방식으로 고객과 접촉한다. '젠틀 리마인더gentle reminder' 정도로 말이다. 젠틀 리마인더란 "상사에게 승인 요청을 했으나 응답이 오래도록 없는 경우, 다시 한번 승인 요청 건에 대해 상기시켜 드립니다"와 같은 의미로 '부드럽게 알려준다'라는 뜻이다. 예를 들어 작년 밸런타인데이에 남자 친구에게 시계를 선물했는데, 그 매장에서 올해 밸런타인데이 며칠 전에 향수와 시계를 추천상품 목록으로 보내줬다. 이 정도쯤이면 젠틀 리마인더라 할 만하다. 바빠서 까맣게 잊고 넘어갈 뻔했기 때문이다. 물론 그 매장은 더 많은 매출을 올리려고 문자를 보냈을 것이다. 하지만 고객이 놓칠 만한 정보를 타이밍에 맞춰서 제공했다면 고객은 기업에 대해 긍정적인 느낌을 갖게 될 것이다.

기업의 마케터들은 기존 고객을 가장 쉬운 고객으로 간주하고 새로운 것을 판매하려는 유혹을 여러 이유로 참기 힘들다. 그래도 꼭 참아야 한다. 고객에게 접근하는 방식은 고객을 불편하지 않게 하고, 판매 지향적이지 않아야 하며, 진정성 있게 도움을 주려는 의도를 보여야 한다. 안타깝게도 그들은 거래를 통해 얻은 고객 정보를 활용해 더 많이 팔기 위해서 지겹도록 판촉활동을 벌인다. 그 전형적인 결과는 고객의 이탈과 짜증이다. 고객은 더 많은 상품과 서비스를 판매하려는 목적으로 대놓고 고객의 연락처 정보를 활용하는 기업에 신물이 나 있다. 기업은 유용한 정보와 가치를 제공하고 아무런 대가도 요구하지 않는 방식으로 차별화되어야 한다. 삼성전자서비스는 지난해에 이어 올해도 여름철 에어컨 고장으로 인한 불편을 사전에 방지하기 위한 사전점검 서비스를 시행한다고 한다. 여름철이면 냉장고와 에어컨의 서비스가 전체 서비스의 80% 이상을 차지한다. 에어컨 고장 접수가 폭증하니 한 달 뒤에 기사가 방문하는 경우도 있다는 보도도 있었다. 그렇다면 여름이 오기 전에 미리 에어컨을 점검하는 것이다. '저희 기사가 여유 있을 때 점검을 신청해 주셔서 고맙습니다.'라며 에어컨 무상 사전점검 서비스를 부품값 정도만 부담시키고 출장비와 수리비는 무료로 한다면 긍정적인 경험이 될 것이다.

탁월한 고객서비스가 되기 위해서는 더 많은 물건을 팔기 위해 고객에게 간섭하고 싶은 유혹을 참는 것이라고 강조했다. 결코 더 많이 팔려는 것이 아님을 보여주는 진정성을 전달하며 주의하여 디자인된 가치를 전달함으로써 고객에게 인상 깊은 존재로 기억되어야 한다. 사후접점 관리를 잘하는 기업은 자포스처럼 고객의 삶을 더 행복하게 해 준다.

디지털에도 사람의 기척을 남겨라

| 댓글에도 '동조효과'가 발생한다_ 사회적 증거

10년 전쯤이다. 당시 서재로 쓰던 사무실은 마포구 공덕동에 있었다. 어느 날 직원들과 근처 식당에서 점심을 먹고 나오는데 한 저축은행 건물 앞에 줄이 길게 늘어서 있었다. 무슨 좋은 일이 생겼나 싶어 맨 끝에 서 있는 사람에게 물어보니 '오늘부터 연 8%대의 고금리 상품을 판매한다'라는 것이다. 당시 정기예금 금리가 3%대라서 이게 웬 횡재냐 싶어 바로 은행에서 5천만 원을 찾아 40분 정도 줄을 서서 기다렸다. 창구직원에게 상품에 대해 들어보니 후순위 채권이었다. 후순위 채권이란 높은 이자를 주는 대신에 만약 은행이 부도가 나거나 파산할 경우, 모든 부채를 다 갚고 난 다음에 남은 돈이 있을 때만 갚겠다는 채권이다. 그만큼 위험하다. 그러나 우리나라에서 가장 덩치가 큰 저축은행이고, 이렇게 사람들이 장사진을 치며 가입하는 걸 보면 별문제가 없을 것 같았다. 2011년 그 저축은행은 결국 파산했고, 나는 피 같은 투자금을 한 푼도 되돌려받지 못했다. 심리학에서 말하는 동조효과라는 휴리스틱에 한 방 크게 얻어맞은 것이다.

사람들은 시간이나 정보가 불충분해 합리적인 판단을 내릴 수 없을 때 '어림짐작의 기술'을 사용한다. 예를 들면 '저렇게 인기가 많은 걸 보니 믿을 만하다', '사람들이 많이 모인 곳이니 바가지 쓸 리는 없다'부터 '많은 블로거가 포스팅한 곳이니 틀림없이 맛집일 것이다', '댓글이 이처럼 많은 걸 보니 맛은 끝내주나 보다' 하는 식으로 자연스럽게 추론한다. 사람들은 의사결정을 할 때 다수가 선택한 대안을 '좋은 것' 혹은 '최소한 나쁘지 않은 것'이라는 증거로 인식하고 똑같은 선택을 하는 경향이 있다. 많은 사람이 길게 줄을 서서 선택했다는 사실 자체가 좀 더 큰 설득력을 부여하기 때문이다. 심리학에서 말하는 이른바 '사회적 증거의 법칙'이다. 이와 같은 의사결정 방식은 인간의 본능적 현상으로, 이를 행동경제학에서는 '휴리스틱'이라 한다.

물론 사람들은 상품 구매 시 불확실성을 줄이기 위해 다양한 정보를 수집한다. 정보는 기업이 제공하는 마케팅적 정보(상품 설명)와 다른 사용자의 사용경험을 통한 체험적 정보(사용자 후기)로 분류할 수 있다. 이 중 체험적 정보인 사용자 후기는 마케팅적 정보와 달리 이익이 개입되지 않고, 간접 경험을 통해 상품의 실체와 가까운 정보를 얻을 수 있다는 점에서 신뢰도가 매우 높아 구매에 직접적인 영향을 미친다. 또한 후기나 댓글이 얼마나 많이 달렸느냐는 그 자체도 중요하다. 앞서 말한 '사회적 증거의 법칙'에 따라 많은 사람이 선호한 제품은 가치가 있을 것이라고 철석같이 믿기 때문이다. 많은 쇼핑몰에서 후기를 많이 쌓기 위해 적립금이나 쿠폰 같은 혜택을 제공하는 것도 이런 이유에서이다.

그런데 상품 평가에도 동조효과conformity effect가 발생한다는 점에 주목할 필요가 있다. 흔히 말하는 '따라 하기'라는 사람의 심리 때문이다. 선거에서 1등 하는 후보의 편에 서는 유권자의 심리를 '밴드왜건 효과'라고 하는데, 외식업 등의 리뷰에서도 그런 경향이 나타난다. 따라서 초기에 높은 평가를 많이 받은 식당이 유리하다. 특히 상대적으로 '평가하기 어려운 장르의 식당'이 이런 영향을 더 많이 받는다. 이를테면 칵테일바라든가, 프랑스나 이탈리아 스타일이거나, 가격대가 아주 높아 표본 수가 적을 수밖에 없는 식당이 그런 경향이 크다. 쇼핑몰에서도 동조효과라는 따라 하기 현상이 발생한다. 예를 들어 한 쇼핑몰의 여름 샌들에 매우 만족한 소비자가 있다고 하자. 그녀가 다른 소비자들의 후기를 보니 부정적 평가가 많다면 '매우 만족'이라는 평가를 남길 가능성은 크지 않다. 동조효과는 정답이 없거나 모호한 상황에서 집단의 의견을 하나의 정보로 활용하여 의사결정에 반영하는 것을 말한다. 이때 가게 주인이나 기업의 입장에서는 후기가 원치 않는 방향으로 흘러가는 것을 막기 위한 몇 가지 장치가 필요하다.

구매 전후 상품을 평가하는 방식을 살펴보면 소비자는 후기를 접할 때 전체적인 흐름 속에서 정보를 파악하고 구매 결정에 반영하는 것으로 보인다. 부정적인 후기가 소수 있을지라도 전체적으로 긍정적인 방향의 후기가 많다면 구매로 이어질 가능성이 크나, 부정적인 방향으로 흐르는 후기가 다수라면 개인의 긍정적인 평가를 위축시킨다. 이때 사용자를 의미 있는 행동으로 유도하고 싶다면 긍정적인 흐름을 보여주는 것이 중요하다. 어떤 방법이 좋을까?

첫째, 평점을 제시한다. 부정적인 후기는 사용자를 빠르게 몰입시킨다.

이때 전체 사용자의 만족도를 반영한 평점을 노출하여 시야를 확장시키면 사용자를 안심시킬 수 있다. 불만족한 소수의 의견에서 만족한 다수의 의견으로 사용자의 시선을 이동시키는 것이다. 5점 만점에 4.8점의 평점이라면 0.2점에 연연하여 구매를 포기할 가능성은 그리 크지 않다.

둘째, 기억에 남는 이미지 형태로 노출한다. 기존에 사용자가 남긴 양질의 후기 중 이미지를 선별하여 노출하는 것이다. 이미지는 사용자에게 선명한 기억을 남긴다. 텍스트 형태의 부정적 후기와 이미지 형태의 긍정적 후기가 있을 때, 사용자들의 기억 속에 각인되는 것은 이미지 형태의 긍정적 후기일 가능성이 크다.

셋째, 사용자는 약간 긍정적이거나 약간 부정적인 후기를 더 신뢰한다는 점을 꼭 기억하길 바란다. 사용자는 긍정적 평가 일색이거나, 부정적 평가 일색인 사용 후기보다 약간 긍정적이거나 약간 부정적인 후기를 더 신뢰한다. 부정적 후기는 상품 제공자와 반대 입장의 의견을 나타냄으로써 우호적인 관계가 없다는 것을 증명하며 실제 사용자의 평가일 가능성을 높인다. 사용자는 의도가 숨겨져 있을지 모르는 편향된 정보를 무의식적으로 경계하기 때문이다. 실제 온라인 서점 아마존과 대형서점 체인 반스 앤드 노블Barnes & Noble의 후기를 분석한 결과, 긍정적 후기의 비율이 월등히 높았음에도 실제 매출에 더 큰 영향을 미친 것은 부정적 후기로 나타났다.

마지막으로, 고객의 소리VOC 시스템에 폐쇄형 대응 전략을 검토하라는 점을 권고하고 싶다. 나는 그간 강의나 컨설팅을 통해 고객의 불만 사항은 즉각적이고 공개적으로 응답해야 한다고 이야기해 왔다. 하지만 지금은 '항상 그렇게 하는 것이 좋은 것만은 아니다'로 생각이 바뀌었다. 지금까지의 접근 방식에는 몇 가지 중요한 단점이 잠재돼 있기 때문이다. VOC에 대한 공개적인 대응 전략은 회사가 고객들에게 관심을 갖고 그들의 니즈를 반영하기 위해 적극적으로 노력하고 있다는 것을 보여줄 수 있는 장점이 있지만, 이러한 대응 때문에 오히려 부정적인 의견에 세간의 이목이 쏠리게 될 수도 있다는 우려 때문이다. 특히 트위터에서는 어떠한 불만 사항에 응답하면 해당 브랜드에 관심을 갖고 지켜보는 모든 사람이 원본 게시물을 볼 수 있게 된다. 반면 회사가 응답하지 않을 때는 불만을 제기한 고객의 팔로워들만 해당 게시물을 볼 수 있게 된다. 고객의 불만 사항이 쌓이게 되면 기업 페이지가 온통 불만을 표출하는 장으로 변하여 이른바 '불만 홍보complaint publicization'라고 부르는 현상이 나타난다.

이러한 장단점을 고려할 때 기업들이 소셜 미디어를 통해 불만 사항을 처리하는 가장 좋은 방법은 무엇일까? 2014년부터 2015년까지 트위터에 기업 페이지를 보유했던 S&P 500에 속하는 총 375개 기업을 대상으로 트위터 트래픽을 분석한 결과에 따르면(HBR 2021년 6월 4일 자), 고객에게 관심을 갖고 있다는 것을 보여주는 긍정적 효과보다 오히려 불만 홍보에 따른 부정적 영향이 항상 더 큰 것으로 나타나고 있다. 이들의 연구는 두 가지 유형의 소셜 미디어 전략, 즉 기업이 최소 75%의 불만 사항에 대해 공개적으로 응답을 하는 개방형 전략과 기업이 메시지를 보내 불만 사항을 비공개 포럼으로 넘기는 비율이 75% 이상인 폐쇄형 전략으로 구분하여 진행했다. 연구 결과는 기업이 고객의 불만 사항에 공개적으로 반응하는 횟수가 많을수록 해당 브랜드의 가치와 지각 품질이 하락할 가능성이 큰 것으로 드러났다.

이 연구 결과가 시사하는 바는 불만족스러운 고객들과 공개적으로 소통하는 것이 항상 올바른 방법은 아니라는 점이다. 그렇다고 해서 단순히 '고객의 불만 사항은 무시하는 것이 좋다'라는 의미는 아니다. 오히려 이 표본에서 가장 성공적인 기업들은 대개 불만 사항에 대해 해당 고객을 비공개 채널에 초대하는 공개 메시지를 보내서 비공개 채널을 사용해 대화를 계속하도록 대응하는 폐쇄형 대응 전략을 취하고 있었다는 점을 기억하길 바란다.

| 기다림은 강력한 '사회적 증거'다_ 사람의 기척

도대체 고객은 무엇을 보고 '구매 결정'을 내릴까? 이 질문에 대한 해답을 보여주는 두 가지 통계가 있다. 하나는, 70% 이상의 미국인들이 구매 결정을 내리기 전에 제품 리뷰를 본다고 한다. 다른 하나는, 63%의 고객이 상품 리뷰가 있는 페이지에서 구매하는 것을 선호한다는 점이다. 두 통계가 보여주는 바는 고객은 사회적 증거를 원한다는 사실이다. 초기에 아마존이 성장한 방식도 별점을 주는 사용자 리뷰였다. 사람들은 논리나 수학으로 물건을 사지는 않는다. 그래서 기업의 마케팅과 서비스 전문가는 사회적 증거라는 휴리스틱을 마케팅에 활용하는 데 선수들이다.

그런데 고객의 '기다림'에 대해 우리가 미처 인식하지 못한 비밀이 하나 있다. 이것이 교묘하게 사회적 증거로 마케팅에 적극적으로 활용되고 있다는 점이다. 생활용품을 판매하는 미국의 코즈니는 계산대를 줄임으로써 오히려 방문 고객 수를 늘렸다. 마트의 계산대를 8개에서 2개로 줄이자 매장을 찾는 고객 수가 더 많아진 것이다. 계산대가 8개였을 때는 계산대 주변이 붐비지 않았지만, 계산대를 2개로 줄이자 계산대 주변이 붐비기 시작했다. 지나가던 고객들이 그것을 보고 매장이 붐비는 것으로 착각해 호기심으로 매장을 찾게 되어 매출이 크게 오른 것이다.

이런 맥락에서 보면 콜센터는 전화하는 고객이 적어 한산할지라도 바쁘다는 것을 보여줄 필요가 있다. 한 홈쇼핑 채널의 작가는 구매를 유도하는 문구를 "상담원이 기다리고 있습니다. 바로 전화해 주세요"에서 "상담원이 지금 굉장히 바쁘네요. 다시 전화해 주세요"로 바꾸었다. 언뜻 무모한 행동으로 보였지만, 결과는 그게 아니었다. "상담원이 기다리고 있습니다"란 말을 들을 때는 머릿속에 따분한 직원들 수십 명이 손톱을 다듬거나 볼펜을 돌리면서 전화가 울리기를 기다리는 이미지가 떠오른다. 저조한 관심과 빈약한 판매 실적을 나타내는 이미지인 것이다. 그에 비해 "상담원이 지금 굉장히 바쁘네요"라는 말은 계속해서 울려대는 전화를 받느라 정신없이 바쁜 콜센터의 모습을 자연스럽게 떠오르게 한다. 문구를 바꾼 결과, TV를 보던 시청자들은 머릿속에 떠오른 다른 사람들의 행동을 그대로 따라 했다. 즉, 잽싸게 전화를 걸어 상품을 주문하는 수많은 사람들의 대열에 동참한 것이다. 이는 이커머스 사이트에서 푸시 형식의 알림 형태로 고객이 더 빠르게, 확실하게 구매 결정을 내릴 수 있도록 하는 데 그대로 적용할 수 있다. "이 상품을 38명이 봤습니다" "이 와인은 파커 리뷰에서 4.5점을 받았습니다"처럼 말이다.

오프라인상에서 소비자는 어떤 식당을 찾아갈까? 한 번 방문한 경험이 있는 식당이라면 맛있고 분위기 있으며 친절한 서비스가 있는 식당을 가장 먼저 떠올릴 것이다. 잘 떠오르지 않는다면 다른 방법으로 확인하면 된다. 식사 시간에 사람들이 길게 줄 서 있는 집이다. 그렇다면 쿠팡이츠나 배달의민족 같은 온라인에서 주문한다면 어떤 식당에 주문할까? 온라인 상에서는 줄 서 있는 모습을 보일 수가 없다. 그렇다면 자신의 가게에 '사람의 기척'을 남겨야 한다. '사람의 기척'이란 말은 일본 나카야마 신야의 저서 『라쿠텐 쇼핑몰 CEO들의 성공법칙 10』에 나오는 이야기다. 그는 쇼핑몰의 매출액을 예상하는 요소로 첫째, 사람의 기척, 둘째, 상품의 기척, 셋째, 매장만의 특출함을 꼽고 있다. 그만큼 성공 창업에 있어 이 세 가지가 중요한 원리라는 의미이다. 사람의 기척, 즉 인기척이란 사람이 있음을 짐작하게 하는 어떤 소리나 기색, 분위기를 말한다. 사람들이 드나드는 흔적으로 곧 상품이나 매장의 인기를 가늠한다는 의미이다.

그렇다면 '사람의 기척'을 느끼게 할 구체적인 방법은 무엇일까? 앞서 코즈니 사례처럼 '사람의 기척'을 느끼게 하는 가장 좋은 방법은 사회적 증거이기도 한 '줄 세우기'다. 사람들이 길게 줄 서서 기다리는 곳에는 사람 냄새가 날 수밖에 없다. 그러나 백화점에서도, 콜센터에서도, 또한 유명한 맛집이라고 해서 하염없이 기다려야 한다면 사람들은 기분 좋을 리가 없다. "도대체 얼마나 기다려야 하는 건데요?"라고 짜증을 내는 고객들을 많이 본다. 그런데 부정적이라고 인식되고 있는 줄 서기에 오히려 소비자의 구매욕구를 상승시키고 매출을 올릴 수 있는 긍정적 요소가 숨어 있다.

예를 들어 놀이기구를 타기 위해 줄을 서서 기다리고 있을 때 그 사람의 뒤에 서 있는 다른 사람의 존재가 '그 기구가 더 인기 있고 재미있을 것'이라는 기대치를 올리게 된다. 소비자가 느끼는 제품에 대한 기대가치가 상승하면 그만큼 그 소비자의 지출이 증가할 가능성이 크다. '기다린 시간에 대한 보상심리' 때문에 더 많은 양을 사게 되기 때문이다. '이렇게 오래 기다렸는데, 억울하잖아'라는 생각으로 더 많은 분량의 제품을 한꺼번에 구입한다든지, 보통 커피 대신에 스페셜 커피를 주문하는 등 업그레이드된 제품을 구입하는 방식으로 말이다.

실제로 한 연구팀이 미국의 베이글 샌드위치 가게에서 기다리는 고객들을 대상으로 현장실험Field experiment을 진행하여 이를 검증한 적이 있다. 이 베이글 샌드위치 가게는 문을 연 지 얼마 안 되는 곳이었다. 점심때 많은 고객들이 샌드위치를 사기 위해 줄을 섰다. 가장 바쁜 점심시간에 줄서 있는 사람들 가운데 무작위로 줄의 3분의 1 지점과 3분의 2 지점에 있는 사람들을 선택했다. 이들을 대상으로 그들이 구입하기 위해 기다리고 있는 샌드위치의 기대가치와 구입하기까지 더 필요하다고 생각되는 본인의 노력에 관한 간단한 설문조사를 실시했다. 분석 결과는 예상대로 고객의 뒤에서 기다리고 있는 사람의 숫자가 늘어날수록 고객의 제품에 대한 기대가치는 높아졌다. 즉, 뒤에 더 많은 사람들이 기다리고 있을 때 내가 기다리고 있는 제품에 대해 더 높은 가치를 부여하게 되는 것이다.

| 댓글은 서비스의 무형성을 극복한다_ 댓글 마케팅

온라인이건 오프라인이건 서비스는 무형성이다. 무형성Intangibility이란 말 그대로 형태가 없다는 의미다. 서비스는 눈으로 볼 수 있는 정확한 형태가 없기 때문에 고객의 눈에 서비스가 보일 수 있도록 가시화해 주는 것이 서비스업의 중요한 과제 중 하나다. 무형성 이외에도 전통적 서비스업의 특성은 저장이 불가능한 소멸성, 생산과 소비가 동시에 발생하는 비분리성, 사람에 따라 서비스 품질이 달라지는 이질성 등의 제한성을 갖고 있다. 그러나 사물인터넷, 인공지능, 빅데이터, 무선통신5G 등의 디지털 기술로 온 디맨드On-Demand 경제가 실현되면서 전통 서비스의 특성이 상당히 해소되고 있다. 그중에 댓글이나 리뷰는 서비스의 주요 특성인 소멸성과 무형성 그리고 비대면성을 극복하는 중요한 마케팅 수단으로 자리 잡고 있다. 예를 들어 소비자들은 처음 방문하는 음식점의 경우 음식을 먹어보지 않았고 서비스를 경험한 적도 없기 때문에 댓글, 리뷰, 평점과 같은 유형적 단서를 통해 구매를 결정하는 경우가 많기 때문이다.

평점은 사전적으로 '가치를 평하여 매긴 점수'를 의미한다. 요즘 음식점들이 '생존을 건 평점 경쟁'에 나서고 있다. 코로나19 감염 우려로 사람들이 외출을 꺼려 배달 앱 의존도가 높아짐에 따라 평점이 수익을 좌우하기 때문이다. 심지어는 배달 앱 내의 입점 환경에 권리금이 붙는다. 배달 앱 내 상위 노출, 소비자 선택에 영향을 미치는 평점, 리뷰 수, 즐겨찾기 등이 가게 양도양수 시 무형자산으로 인식되고 있는 것이다. 이 때문에 부작용도 생겨난다. 리뷰 수를 인위적으로 조달(?)하고, 극찬으로 점철되는 리뷰를 달아 점수를 높여주며, 개업 초기에 고득점을 해서 앞서 말한 '밴드왜건 효과'를 누리려고 불순한 작업을 유료로 대행해 주는 업체가 꽤 있다. 과거 블로그를 중심으로 움직이던 이들 대행업체는 요즘은 리뷰에 더 공을 들이고 있다. 리뷰는 국회의원 선거의 투표처럼 식당의 평가에도 민주주의가 도래했다는 걸로 받아들이는 시대가 되었다. 소수의 평가 대신 무명인 다수의 선택이 더 중요해졌다는 뜻이다.

리뷰라는 의미는 전체를 대강 살펴보거나 '중요한 내용이나 줄거리를 대강 추려냄'이라고 사전에 나와 있다. 우리가 흔히 동일한 의미로 쓰는 '이용 후기'와 비슷한 말이다.

댓글의 의미는 '인터넷 게시물에 자신의 의견을 남길 수 있는 짧은 글'이라는 뜻이다. 댓글은 한마디로 고객과 상호작용하는 '소통'이다. 우리가 친구와 소통하는 데는 얼굴을 직접 보면서 대화를 하는 방법과 전화 또는 문자 등을 통해 대화하는 방법이 있다면 페이스북이나 인스타그램, 블로그에서 소통하는 방법에는 댓글이 있는 셈이다. 바야흐로 지금은 댓글의 전성시대다. 요즘 고객들은 자신의 정보와 경험담을 온라인상에서 거리낌 없이 공유한다. 게시판이나 뉴스, 포털 등 인터넷 세상에서는 댓글이 없는 곳이 없다. 댓글이 강력한 힘을 발휘하는 곳은 아무래도 소비재다. 특히 외식 배달 앱과 쇼핑몰, 오픈마켓에서 댓글은 상품 구매에 없어선 안 될 요소가 되었다. 실제 온라인 쇼핑몰 옥션이 조사한 결과에 따르면 댓글 등이 상품 구매에 미치는 영향은 80%에 이른다고 한다.

요즘 자영업 하는 분들은 마지막 손님이 나간 후에도 일이 끝나지 않는다고 한다. 바로 리뷰와 댓글 때문이다. 이제는 배달 앱 주문 고객들을 관리하는 일이 매장 고객 응대 못지않게 중요하다. 댓글과 답글을 주고받으면서 고객과 소통하는 일이 매장의 평판을 만들고, 고객의 온라인 평판은 곧 매장의 매출과도 직결된다. 몇 년 전 '어떤 초밥집 리뷰'란 제목으로 은평구의 작은 초밥집 사장님의 이야기가 온라인 커뮤니티에서 크게 화제가 되었다. 그 초밥집의 배달 앱 리뷰에 극단적인 선택을 앞두고 마지막으로 초밥을 시켰는데, 초밥과 함께 온 짧은 메모와 비누, 꽃 한 송이가 자신의 목숨을 살렸다는 이야기가 담겨 있었다. 이를 본 누리꾼들은 "사장님 말씀이 너무 따뜻하고 감동적이다", "계속해서 답글 남기는 사장님 마음이 너무 착하다" 등의 반응을 보였다.

이 대목에서 우리가 주목해야 할 점이 있다. 댓글을 다는 형식은 댓글을 단 고객과 답글을 올리는 주인과의 일대일 소통이라 할 수 있다. 배달의 민족 리뷰를 떠올려보면 얼른 이해될 것이다. 그런데 '어떤 초밥집 리뷰'처럼 제삼자인 관객이 모두 함께 지켜보고 있다는 것이다. 따라서 리뷰는 댓글 고객에게 답변한다는 개념 이외에 제삼자인 관객 모두에게 우리 가게를 마케팅할 수 있는 아주 중요한 기회라는 사실을 잊지 말아야 한다. 좋은 리뷰가 많을수록, 답글을 쓰면서 고객과 소통할수록 실제 매출이 더 늘어난다는 점은 여러 조사 결과에서도 나타나고 있다. 앞서 초밥집 사연을 보더라도 큰 기업이건 작은 자영업자건 리뷰나 댓글을 어떻게 관리해야 하는지를 알 수 있을 것이다.

훌륭한 마케터는 제품을 잘 만드는 기술자인 동시에 서비스 정신이 투철한 카피라이터여야 하는 것이다. 카피라이터여야 한다고 해서 문학적인 재능을 갖춰야 한다는 의미는 아니다. 온라인 리뷰에서 답글을 작성할 때 다음과 같은 사항을 지켜야 한다는 정도로 이해하면 될 것이다.

첫째, 리뷰에 대한 답변은 감사 표현으로 시작해야 한다. "의견을 공유해 주셔서 감사합니다. 즐거운 저녁을 하셨다니 저희도 매우 기쁩니다" "칭찬해 주신 파스타는 제가 이탈리아 셰프께 배운 것으로, 한국 사람들의 입맛에 맞춘 것입니다" 하며, 리뷰를 보고 있는 관객들에게 최고의 전문가임을 홍보하는 적극적 마케팅 기회로도 활용한다면 금상첨화다.

둘째, 고객의 목소리를 진지하게 듣고 있다는 사실을 보여주는 것이다. 리뷰를 작성하는 사람들은 자신의 의견을 경청해 주기를 원한다. 리뷰가 긍정적이든 부정적이든 피드백을 받아들이고 이에 대해 답변해 주면 이를 보고 있는 다른 사람들은 '고객의 의견을 중요하게 생각하는 사람이구나'라고 생각한다. "비싼 가격에 비해 랍스터를 제대로 즐기지 못하셨다는 점에 대해 진심으로 사과드립니다. 저희 매장은 약간의 마요네즈와 샐러드를 곁들여 전통적인 방식으로 롤을 만들고 있습니다. 다시 한번 음식점에 들러주셔서 저희가 부족한 점을 만회할 기회를 주셨으면 합니다." 이런 답변은 호감을 불러올 수 있을 것이다.

셋째, 부정적인 리뷰에 대해서는 서비스를 개선시키기 위해 어떻게 할 것인지를 구체적이고 솔직한 태도로 답변해야 한다. 리뷰의 피드백이 긍정적이든 부정적이든 리뷰에 답변을 작성하는 활동은 당신이 탁월한 서비스 정신을 발휘할 소중한 기회가 된다. "소중한 시간을 내어 저희 호텔에 대한 리뷰를 남겨 주셔서 감사합니다. 음식 맛과 한강의 경관을 보는 것은 좋았지만 나머지는 기대 이하였다는 점에 대해 진심으로 사과드립니다. 고객님이 지적해 주신 의견 하나하나는 저희 서비스팀과 협의하여 더 좋은 서비스를 제공하는 데 꼭 반영하겠습니다"

| 다른 사람들이 던지는 메시지가 더 크다_ 인플루언스 믹스

디지털 기술의 발전은 전통적 마케팅 이론을 뒤흔들고 있다. 전통적 마케팅 이론들은 여전히 소비자의 선택이 맥락context이나 프레이밍framing 등 포지셔닝에 의해 크게 영향을 받을 수 있다고 강조한다. 포지셔닝Positioning이란 제품이나 브랜드가 소비자의 마음속에 자리 잡아가는 과정이다. 어떤 특성을 생각할 때 소비자의 마음속에 제일 먼저 떠오르는 브랜드가 되는 것이 포지셔닝의 목표다. 예를 들어 에이스 침대는 '과학'을, 볼보는 '안전'을, 카카오톡은 '무료 문자 앱'으로 자리 잡는 데 성공했다. 이처럼 포지셔닝은 타사 경쟁상품과 차별화된 자사 상품의 상대적 가치를 고객의 마음속에 각인시키는 활동이라고 정의할 수 있다. 포지셔닝을 통해 고객에게 각인시키는 것은 경쟁사 상품과 대비한 자사 기업의 '상대가치'라 할 수 있다.

하지만 디지털 시대로 진입하면서 이런 관점이 조금씩 달라지기 시작했다. 상품 대부분은 기술이 보편화되고 기업 간 경쟁이 치열해지면서 상품을 차별화하기가 힘들어졌다. 자동차에서 볼보는 안전을 각인시키는 데 성공했지만 이제 소비자들은 각종 다양한 정보 등을 통해 볼보뿐만 아니라 다른 차들도 안전하다는 사실을 다 알고 있어서 볼보의 주장이 점차 설득력을 잃어가고 있는 것이다. 또한 각종 평가 사이트, 스마트폰에 설치된 쇼핑 앱, 소셜 미디어로 연결된 광범위한 인적 네트워크 등 다양한 정보를 접하는 오늘날의 소비자들은 과거와 완전히 다른 환경 속에서 살고 있다. 이로 인해 상품에 대한 다양한 정보와 전문가의 평가, 제품을 먼저 사용해본 소비자들의 사용 후기를 쉽게 접할 수 있게 되었고, 상품이나 서비스를 구입하기 전에 사용경험을 예측하는 일이 훨씬 쉬워졌다. 즉, 상품의 '절대 가치absolute value'를 평가하는 일이 더 쉬워졌다는 의미다.

'절대 가치'란 소비자가 제품을 사용할 때 실제로 경험하는 품질 또는 가치를 말한다. '절대가치'는 '상대가치'와 비교하면 이해하기 쉽다. 상대가치relative value는 상품 A의 가치를 상품 B의 가치와 비교하여 상대적으로 평가하는 개념이다. 반면 절대가치는 다수 고객의 상품 사용경험의 총합이다. 예를 들어 식당에서 먹어본 음식의 맛, 재미있는 영화의 기준은 개인마다 다르지만, 특정 상품에 대한 다수 고객의 평가의견들은 기업이 어떻게 영향을 미칠 수가 없다는 의미에서 '절대'라는 용어를 사용한다. 과거의 소비자들은 이전의 본인 경험과 상대가치를 부각한 기업의 마케팅 활동에 의존하여 상품을 구매했다. 브랜드를 보고 믿을 수 있는 브랜드이기 때문에 선택했던 것이다. 마치 영화를 고를 때 감독이나 주연 배우가 누구냐에 따라 영화를 선택하는 것과 마찬가지다.

하지만 다른 사람들의 상품 사용경험을 쉽게 얻을 수 있는 최근에는 구매 의사결정의 기준이 달라졌다. 유명 감독과 배우가 나와도 혹평이 쏟아지면 굳이 그 영화를 보러 가지 않는다. 소비자들은 구매 전에 각종 평가 사이트, 스마트폰의 쇼핑 앱, 소셜 미디어 등을 통해 다양한 사용 후기와 전문가 의견 등을 참고한다. 사용자경험을 예측하기가 아주 쉬워진 것이다. 그래서 상품의 절대 가치, 즉 제품을 사용할 때 실제로 경험하는 품질이나 가치에 근거해 구매 의사결정을 하게 되었다. 브랜드 파워의 중요성이 점점 줄어들고 있는 것이다. 작은 식당도 소비자의 평가가 좋으면 하루 아침에 뜨는 시대가 된 것이다.

고객들의 구매 의사결정에 영향을 미치는 변수는 현재 상품의 품질(다른 사람들의 상품 사용경험)이지 고객들의 과거 경험은 아니다. 필자도 평점이 낮은 앱은 아예 내려받지도 않고, 평점이 낮은 영화는 잘 쳐다보지도 않는다. 우리가 배달 음식을 주문할 때 평점이 낮은 곳은 아예 고려 대상에서 제외하는 것과 같은 이치다. 절대 가치는 소비자와 기업들에 매우 중요한 의미를 지닌다. 소비자들이 절대 가치에 쉽게 접근할 수 있게 되면서 상품과 서비스의 경험 가치 예측에 사용되었던 지금까지의 상대적 변수들(브랜드, 고객충성도, 포지셔닝)의 영향력을 덜 받게 될 것으로 보이기 때문이다.

이제 기업의 경영자와 마케터는 소비자들이 구매를 결정할 때 의존하는 영향력 있는 변수들을 조합해 효과적인 마케팅 전략을 수립하려면 과거와는 다른 새로운 사고의 틀이 필요하다. 이러한 새로운 사고 분석의 틀을 '인플루언스 믹스Influence Mix'라고 부른다.

인플루언스 믹스란, 이타마르 시몬슨Itamar Simonson과 '에마뉘엘 로젠'Emanuel Rosen이 공동 저술한 『절대가치』라는 책에서 제시한 개념으로, 소비자의 의사결정은 P-O-M 프레임에 의해 결정된다는 이론이다. P는 특정 상품에 대한 개인적 경험Personal Experience, 즉 개인의 사용경험이나 기호, 성향을 의미하며 O는 다른 사람Other People이 제공하는 의견을 의미하고, 마지막 M은 마케터Marketer가 기업의 마케팅 활동에서 제공하는 정보를 의미한다. 과거에는 M과 P의 믹스가 구매 의사결정에 절대적인 역할을 해왔으나, 현재는 O Other가 구매 의사결정에 상당한 비중을 차지하고 있다는 것이다. 인플루언스 믹스는 제로섬 특성이 있어 상품 구매 시 한 가지 정보에 대한 의존도가 높아질수록 다른 정보에 대한 필요성은 그만큼 줄어든다. 즉, O Other의 영향력이 증가하면 마케터M의 메시지는 그만큼 감소한다. 완벽한 정보의 디지털 시대에는 O의 영향력이 갈수록 증가하고 M의 영향력은 감소하게 될 것이다.

음식점을 사례로 들어 인플루언스 믹스를 정리해 보자. 먼저 음식점의 최종 산출물output은 무엇일까? 투입input은 식재료와 주방장이 아니다. 고객으로 봐야 한다. 음식점 건물과 서빙 인원은 자본이 된다. 이렇게 따져 보면 최종적 산출물은 서비스에 대한 고객의 평가다. 이와 같은 관점으로 바꿔보면, 좋은 서비스가 좋은 결과를 얻기 위해서는 고객과의 상호작용이 매우 중요하다는 점을 알 수 있다. 고객과의 상호작용이란 리뷰, 댓글, 평점을 관리하는 일이다. 이는 아직 맛보지 않은 음식의 무형성에 대한 고객의 불안 심리를 해소하고 고객에게 인정받는 좋은 평판과 명성을 얻는 기반이 된다. 좋은 평판과 명성은 고객들이 자신이 즐기는 식사의 품질이 은연중 높다고 생각하게 만들고 안심을 느끼게 하는 유형적 단서가 된다.

'인플루언스 믹스'는 마케터들이 이런 변화를 제대로 이해하고 각각의 변화에 적합한 마케팅 전략을 적용할 수 있도록 도와줄 것이다. 그러면 이런 변화가 어떤 영향을 미친다는 말인가? 소비자들이 더 현명한 선택을 할 수 있게 되었고, 기업 입장에서 브랜드, 고객충성도 등에 의존해서 물건이나 서비스를 판매하기가 점점 힘들어지고 있다는 말이다.

P-O-M 프레임에서 살펴본 것처럼 디지털 시대의 마케팅은 과거처럼 소비자를 설득하거나 선호도에 영향을 미치는 데 집중하기보다는, 소비자들의 욕구를 따라가고 소비자들의 절대 가치를 확보하는 데 더욱 주력해야 한다.

고객여정의 '감정' 지도를 그려라

| '불만족'의 반대는 '만족'이 아니다

어느 날 최불암이 밤길을 걷다가 깡패를 만났다. 최불암이 깡패를 힐끔 쳐다보자 깡패가 "꼽냐?"라고 물었다. 최불암은 "꼽냐"라는 말의 뜻을 몰라 그냥 "꼽다"라고 대답했다. 그날 그는 엄청나게 두들겨 맞았다. 다음 날 운명의 장난인지 어제 그 깡패들을 또 만났다. 이번에도 깡패가 "꼽냐?"라고 물었다. 최불암은 안도의 숨을 쉬면서 그 질문의 답을 알고 있는 것처럼 자신 있게 말했다. "아니꼽다!" 최불암은 그날 더 세게 얻어맞았다. CS경영에서 "'불만족'의 반대말은 '만족'이 아니다"라는 이야기를 하고 싶을 때 꺼내는 내 아재개그다.

　인간의 욕구는 동기요인과 위생요인의 두 가지가 있으며, 이 두 요인은 상호 독립되어 있다는 허즈버그Frederick Herzberg의 이론이 있다. 위생요인

hygiene factor은 직무에 대해 불만족을 느끼게 하는 요인으로, 임금·작업 환경·보상 정책 등 환경적 요소들이며, 충족시킨다고 해서 곧 직무만족으로 이어지지는 않는다. 반면에 동기요인motivator은 직무에 만족감을 느끼게 하는 요인으로, 인정·존중받음·성취감·성장·도전의식 등이 여기에 해당된다. 동기요인은 충족되지 않는다고 해서 불만족을 유발하지는 않지만 충족되면 높은 직무성과를 기대할 수 있다. CS경영에서 고객의 만족도를 증진하는 여러 요인 중에도 만족도를 크게 향상시키는 요인(동기요인)이 있고, 불만을 예방하는 효과만을 갖는 요인(위생요인)이 있다. 1980년대 카노 노리아키狩野紀昭 도쿄이과대학 교수가 개발한 '카노 모델Kano Model' 역시 이와 비슷한 논리 구성을 갖는다. 고객이 '만족감'을 느끼는 매력요인delight과 '불만'을 느끼는 불만족 요인must-be은 서로 다르다는 것이다. 즉, 불만족 요소를 해소한다고 해서 바로 큰 만족도로 연결되지 않는다는 점이다.

나는 기업체 컨설팅이나 강의에서 기회 있을 때마다 매력요인에 초점을 맞추라고 강조한다. 한번은 어느 공공기관에 서비스 품질인증 심사차 나갔는데, '불만 제로 캠페인'이라며 연간 CS 30대 혁신과제를 대대적으로 추진하고 있었다. 나는 CS담당 임원에게 "30개 서비스 혁신과제가 모두 달성되면 고객만족도가 크게 높아질까요?"라고 물었다. 고객 체감만족도를 높이는 효과적인 전략이 아니었기 때문이다. 그중에는 주차장 확충에 관한 과제도 포함되어 있었는데, 사실 도심에서 주차장을 넓히는 일은 한계가 있고, 주차장을 아무리 크게 만들어도 수요를 모두 감당하기 어렵다. 주차장 확충은 어느 정도의 불만을 해소하는 수준인 '불만족 요인'으로 다루는 데 더 적절할 것이다.

그럼에도 여전히 많은 기업이 불만이 높은 항목에만 집중적으로 관심을 기울이고, 이것을 CS경영의 핵심 개선과제로 선정하고 있다. 물론 불만족 요인을 해결하는 것이 급선무이긴 하다. 하지만 고객들은 이것을 해결한다고 해서 크게 만족하는 것이 아니라 당연한 것으로 생각한다. 그 결과 기업이 불만을 없애기 위해 많은 노력과 인적·물적 자원을 투입하는 것에 비해 고객만족도는 그저 그런 평균적 수준에 머무는 현상이 발생한다. 또한 고객들은 고객만족도를 구성하는 여러 질문을 받더라도 각 항목 하나하나에 맞추어 객관적이고 합리적으로 평가해 주는 것도 아니다. 대부분의 고객은 접점에서 당시 느꼈던 놀랐거나 기뻤거나 불쾌했던 감정에 크게 영향을 받아 두리뭉실하게 대답한다. 특별한 감정이 없었다면 그날 일을 기억조차 하지 못하는 경우도 있다.

나는 K 은행 지점장 시절, 고객들이 고객만족도 요소를 하나하나 구분해서 '객관적으로' 평가하지 않는다는 점을 고객서비스에 영리하게 이용했다. 은행 입장에서는 고객에게 어떤 특별한 계기가 생겼을 때 그들을 얼마나 '감정적으로' 기쁘게 할 수 있을지에 초점을 맞추어야 한다. 한번은 이런 일이 있었다. 당시 J 은행은 아파트 청약 업무를 맡고 있었는데, 청약 당첨자 명단이 발표 하루 전에 지점에 도착하면 당첨자 명단을 다음날 객장에 게시했다. 우리 직원들은 명단을 받자마자 APT 당첨 고객 모두에게 미리 당첨 사실을 전하며 축하해 주었다. 고객들은 마치 전화를 준 은행직원이 당첨시켜 주기나 한 것처럼 기뻐했다. 덧붙여 중도금이 부족할 경우 이런 조건의 대출상품이 있다는 소개도 곁들이자 대출 실적도 크게 증가했다. 물론 미리 알려주지 않았더라도 '왜 알고 있었으면서 미리 알려주지 않았느냐'고 항의를 할 고객은 없었을 것이다. 우리 지점 나름의 '매력요인'을 선정해서 고객만족도를 높인 성공적인 사업(?)이었다.

연구에 따르면, 기억에 남을 만한 긍정적 경험과 고객의 입소문을 만들어내기 위해서는 고객의 구매여정에서 느끼는 '감정'이 무엇보다도 중요한 것으로 나타난다. 사람들은 보통 자신이 객관적이고 논리적이라고 생각하지만, 사실 구매 의사결정을 부추기고 자극하는 건 '감정'이다. 인간은 이성적인 로봇이 아니라 감정적 존재이기 때문에 필요 이상의 돈을 지불해서 물건을 사고, 무언가를 과대평가하고, 똑같은 내용을 다르게 해석하는 등의 비합리적인 행동을 자주 하는 것이다.

S 대학교 대학원생들에게 〈서비스 전략과 컨설팅〉 과목을 수년 동안 강의했다. 기말고사 과제는 '내가 최근에 받은 최고의 서비스 사례를 토대로 잊을 수 없는 고객경험을 설계하는 방법을 작성하세요'라는 내용이었다. 학생들이 제출한 리포트에는 각양각색의 감동적인 스토리가 있는데, 그 중에는 공통점이 두 가지 있었다. 하나는 기꺼이 손해를 감수하면서 기업이 자기 흠집을 드러낸다는 점이었다. 다른 하나는 처음에는 불만이 생기고 짜증스러웠는데, 기업에서 믿기지 않을 만큼 훌륭하게 불만을 기쁨으로 바꿔준 경우였다. 사실 우리 주변과 CS 관련 책에는 불만을 통해 고객의 감정을 기쁨으로 되돌려준 서비스 스토리가 넘쳐난다.

하버드 경영대학의 스테판 톰키 Stefan Thomke 교수는 MIT 슬론 매니지먼트 리뷰(2019년 가을호)에 실린 '감동적 고객경험을 만드는 마술 The Magic That Makes Customer Experiences Stick'이란 글에서 이런 사례를 소개하고 있다.

"하버드 경영대학원 최고경영자 과정의 학생 한 명이 플로리다 올랜도에 있는 디즈니월드로 가족 여행을 갔을 때 겪었던 이야기를 들려줬다. 그는 여행 첫날 놀이동산에서 지갑을 잃어버렸다. 물론 그 안에 든 돈과 신분증, 티켓도 전부 사라졌다. 그토록 기대했던 휴가가 시작도 하기 전에 끝장난 기분이었다. 하지만 디즈니 직원 한 명에게 도움을 요청하자 그가 다음 날 가족이 쓸 수 있는 식사 쿠폰은 물론 놀이동산 티켓까지 무료로 건네줬다. 안심한 가족이 놀이동산에서 즐기는 동안 디즈니 직원들이 지갑을 찾아 나섰고, 결국 찾아냈다. 그 임원은 수업에서 열변을 토했다. '정말, 대단한 회사더군요!'" 톰키 교수는 탁월한 고객경험CX을 기획하는 데 적용할 원칙들을 개발하는 내용을 다루면서 학생들에게 그런 일화를 말해보자고 했는데, 몇 년간 수업에서 이와 비슷한 이야기를 수없이 들어왔다고 말하고 있다.

우리도 누군가가 가장 기억에 남는 경험을 말해 달라고 했을 때 고객가치, 효율, 가성비 분석 같은 마케팅 용어를 들먹거리는 법이 없다. 자신의 감정에 미친 효과를 구체적으로 묘사할 뿐이다. 우리 고객들도 마찬가지이다. 그들은 "대박!" "정말 짜릿한 순간이었어요" "회사 입장에서는 손해였을 텐데도 정직했어요" "제가 특별하다는 느낌을 받았어요" "나를 진심으로 걱정해 줬어요" "자기 일처럼 처리해 줬어요"와 같은 표현을 사용한다. 경영학에서 가르치는 합리적 접근법, 즉 고객이 지불한 비용보다 더 큰 가치를 주고, 새로운 성능이 추가되었으며, 더 효율적인 서비스를 제공하는 것만으로는 이제 고객충성도를 만들어낼 수 없다. 고객의 기억에 오래 남는 인상적인 경험을 만들어주는 것이 답이다.

탁월한 고객경험은 가격과 기능 못지않게 고객의 구매결정을 좌우한다. 이는 여러 행동경제학자의 연구 결과를 통해 정량적으로도 증명되고 있다. 포레스터 리서치Forrester Research가 수행한 연구에 따르면 고객충성도는 합리적 요인보다 감정적 요인들에 의해 더 많이 좌우된다는 사실이 발견되었다. 또 다른 연구를 보면 B2B 마케팅의 의사결정에서도 우호적인 결정을 내릴 때 개인의 가치관이 기업의 가치관보다 두 배 더 큰 영향을 미치는 것으로 나타났다. 이런 연구 결과들은 모두 감정에 호소하는 것이 논리와 이성에 호소하는 것보다 훨씬 더 효과적이라는 사실을 보여주고 있는 것이다.

고객 여정에 감정을 불어넣으려면 고객의 여정을 따라다니면서 접점마다 감성적 장치를 마련해야 한다. 부정적인 경험에 따른 실망을 긍정적인 경험에 따른 기쁨으로 바꿔주고, 기대를 뒤집는 놀라움을 설계해야 하며, 무엇보다도 설득력 있는 스토리를 전달해야 한다. 여행과 숙박 예약 서비스라면 고객들이 언제, 어떤 조건의 예약을 했을 때 기뻐하는지, 언제 좋은 숙소를 놓칠까 불안해하는지, 어떻게 여행을 마무리해야 성취감을 느끼는지 등을 테스트해 고객의 감정 변화를 세심하게 살펴봐야 한다. 서비스 자체뿐만 아니라 '고객이 서비스를 어떻게 감정적으로 인식하는가'를 염두에 두고 고객경험을 설계해야 한다.

| 서비스 회복의 패러독스는 감정의 가변성 때문이다

"우리 가족은 대륙을 횡단하는 오랜 비행 끝에 피곤한 몸을 이끌고 인도에 있는 타지그룹Taj Group 호텔에 도착했다. 그런데 프런트 담당 직원이 우리의 예약 내역을 찾지 못했다. 그럼에도 불구하고 호텔의 야간 관리자는 우리가 쉴 수 있도록 바로 객실로 안내했고, 예기치 않게 발생한 불편함에 미안해하며 업그레이드까지 해줬다. (고작 5분도 기다리지 않았건만!)

그는 신용카드 번호나 그 무엇도 요구하지 않았다. 다음 날 잠에서 깼을 때 문제는 해결돼 있었고, 호텔의 잘못이 아니라는 것도 밝혀졌다. 호텔을 예약한 여행사의 실수였다." 한 연구원이 인도의 타지그룹Taj Group 호텔에 투숙했을 때 겪은 일화다.

기업이 고객만족 경영체제를 아무리 잘 가동하더라도 기업이나 서비스맨은 제품이나 서비스를 제공하면서 실수나 실패를 하게 마련이다. 그러나 최초 단계에서 불량이나 불만이 생겼더라도 너무 실망해서는 안 된다. 효과적인 제품이나 서비스 전달을 통해 처음부터 만족한 고객보다 처음에는 불만을 느끼던 고객이 사후 처리과정에서 만족하면 전체적 만족도는 더 높아지는 경향이 있기 때문이다.

위 호텔 사례에서 야간 관리자는 자신의 잘못이 아닌 문제를 서둘러 해결해 주었고, 그 결과 오래도록 투숙객의 기억에 남을 경험을 제공했다. 이처럼 직원들이 고객의 감정에 맞춰 서비스하도록 교육하면 직원들은 변화하는 고객의 감정을 빠르게 알아채고 신속하고 대응할 수 있다. 서비스 회복을 위한 민첩한 대응은 고객의 기분을 실망에서 기쁨으로 빠르게 바꿔주며, 동시에 경험의 고착도stickiness를 높이는 극적 반전을 만든다. 실망감에서 기쁨으로 변화하는 감정적 전환은 고객에게 더 큰 놀라움을 선사한다.

실제로 많은 연구는 서비스 회복 과정에서 불만이 만족스럽게 해결된 고객은 불만족 고객보다 15배나 더 그 기업을 추천할 가능성이 있다고 주장하고 있다. 콜센터를 통한 불만 처리 결과를 보더라도 89%의 고객은 "제품에 하자가 있더라도 그 기업의 콜센터에서 그러한 불만을 경청하고 효과적으로 문제를 해결해 준다면 그 기업의 제품을 재구매할 의사가 있다"

라는 통계가 있다. 이러한 연구 결과를 요약하면 실수 자체가 중요한 것이 아니라 그 후에 기업이 어떻게 대처하느냐가 훨씬 더 중요하다는 것이다.

예를 들어 체크인 카운터에 도착한 승객이 초과예약으로 인해 좌석 확약을 받았는데도 좌석이 없다는 것을 알게 된다. 서비스를 회복하기 위해 승객에게 추가 요금 없이 비즈니스 등급으로 승급해 준다. 당연히 이 승객은 문제가 발생하기 이전보다 더욱 기쁘고 만족스러워한다. 이처럼 처음부터 아무런 문제가 없었던 고객보다 서비스 실패를 경험한 뒤 문제가 해결되어 완전히 만족한 고객이 향후 더 많이 재구매하는 현상을 '서비스 회복의 패러독스service recovery paradox'라고 한다. 그렇다면 고객은 서비스 회복을 통해 왜 고객충성도를 더 높게 되었을까 하는 궁금증이 생긴다. 해답은 감정의 전환이라는 변동성 때문이다.

오늘날 디지털 시대의 고객여정은 몇 개의 접점을 효과적으로 관리한다고 해서 가능한 수준이 아니다. 소비자들이 계속해서 선택지를 체계적으로 줄여나가기 때문이다. 대부분의 고객은 연일 반복적이고 광범위한 여정을 거친다. 그리고 소셜 미디어를 통해 접하는 다른 사람들의 다양한 견해를 고려한다. 그들은 다른 사람, 다른 제품이나 서비스와도 상호작용한다. 예를 들어 어떤 회사의 웹사이트를 방문한 뒤 실제 구매를 결정하기까지 수많은 감정 변화와 동기부여의 과정을 거친다. 이런 과정이 한데 뒤섞이면서 긍정적이든, 부정적이든, 아니면 둘 다이든 한 회사에 대한 느낌과 기억, 이야기가 만들어진다. 고객의 경험이 기억에 오래 남느냐 곧 잊히느냐는 바로 이런 변동성에서 비롯된다.

앞서 소개한 디즈니월드 사례처럼 변동성을 수용하는 회사는 부정적 감정을 일으키는 끔찍한 경험조차 탁월한 경험을 선사할 특별한 기회로 만든다. 고객의 불편한 문제를 효율적이고 혁신적으로 해결해 고객에게 놀라움과 만족감을 주는 것이다. 이 경우 긍정적 감정이 지배적인 감정으로 오래 고객의 기억 속에 남게 된다. 이것이 서비스 회복의 패러독스 현상으로, 충성도를 만들어내는 주된 동기가 되는 것이다. 이런 면에서 엄격한 원칙과 매뉴얼에 따른 표준화는 오히려 탁월한 경험을 만드는 데 방해가 될 수도 있다. 늘 똑같은 것을 고집하면 쉽게 잊히기 때문이다. 이런 점에서 고객여정을 감정의 가변성을 높이며 다양한 긍정적 감정으로 채웠을 때 기업은 고객이 느끼는 경험의 품질을 한층 높일 수 있다. 이런 여정은 잊히지 않는 기억을 남기고, 고객의 충성도를 높이며, 요즘처럼 고객들이 서로 SNS를 통해 긴밀하게 연결된 디지털 세상에서 긍정적 이미지는 처음의 몇 배씩 증가하는 '승수효과 multiplier effect'를 불러일으킨다.

고객여정에 긍정적 감정을 불어넣는 방법은 타지 그룹의 사례처럼 고객 감정의 변동성을 흔쾌히 수용하여 부정적인 감정을 불러일으키는 끔찍한 경험도 더 위대한 경험을 만들 기회로 만드는 것이다. 그렇다면 여러분 스스로 이런 질문을 한번 해보기 바란다. 여러분의 회사는 고객 불평을 최소화하려고 노력하는가? 아니면 고객의 기쁨을 극대화하려고 노력하는가? 당연히 후자가 고객 감정의 변동성을 크게 하는 방법이다. 그러나 실상은 많은 기업이 여전히 고객 불만 해결에만 몰두하고 있다. 이들 기업의 목표는 고객과 회사가 만나는 모든 접점에서 고객의 불만과 고충을 없애는 것이다. 그러나 이런 회사들은 고객들이 구매여정에서 겪는 일 중 상당히 많은 것을 놓치게 된다. 아주 나쁜 기업은 되지 않겠지만 평범한 기업으로 계속 남아 있게 되는 근시안적 전략이다. [그림1]과 같이 변동성을 줄이는 데 초점을 맞추어 고객의 감정 변화의 변동성을 없애게 되면 위대한 경험

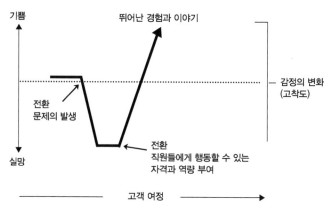

기쁨

뛰어난 경험과 이야기

감정의 변화
(고착도)

전환
문제의 발생

실망

전환
직원들에게 행동할 수 있는
자격과 역량 부여

고객 여정

출처: The Magic That Makes Customer Experiences Stick(SMR 2019년 가을호)

그림1 | 실망을 기쁨으로 바꾸기(가변성을 수용하기)

을 제공할 기회를 놓치기 때문이다.

기업은 고객여정에서 고객이 겪는 감정의 변동 폭을 줄이기 위해 [그림 2 참조]의 극단적인 불만Terrible Experience을 제거하는 데 초점을 맞출 때 가능한 한 많은 고객들이 정상적인 분포곡선의 중간을 차지하도록 한다. 왼쪽의 끔찍하게 나쁜 경험은 회사의 많은 관심을 받게 되고, 이는 운영 절차를 표준화하고 불만을 예방하기 위해 더 많은 규칙을 정립하는 전략으로 나타난다. 물론 나쁜 경험을 없애면 불만을 줄이고, 화를 내는 고객을 줄이고, 비용을 절감할 수 있지만, 대부분의 고객들을 정상분포 곡선의 중간으로 이동시킴으로써 결과적으로 기업은 일관되게 평범한 기억만을 제공하게 될 것이다. 그러나 차별화되지 않는 이러한 평균적 경험은 대부분 곧 잊히게 된다.

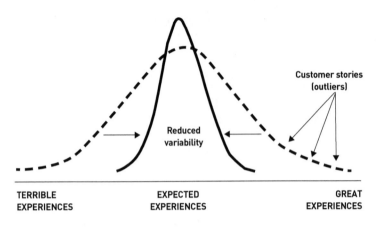

Reduced
variability

Customer stories
(outliers)

TERRIBLE
EXPERIENCES

EXPECTED
EXPERIENCES

GREAT
EXPERIENCES

출처: The Magic That Makes Customer Experiences Stick(SMR 2019년 가을호)

그림2 | 평범한 기업이 되는 법(원칙과 표준화를 고집)

| 고객의 감정지도를 그려라

임신 중인 산모가 태아의 초음파 사진을 처음 볼 때는 기쁘고 행복하게 느끼겠지만, 태아의 기형 여부를 알아보는 검사를 할 때는 걱정할 것이라는 감정을 예상할 수 있다. 이에 따라 병원은 각 검진 단계에서의 고객의 감정을 예상하여 직원들에게 적절한 반응을 훈련시켜야 한다. 즉 태아의 초음파 사진을 볼 때는 손뼉을 치거나 축하 인사를 건네는 것이다.

우리는 처음 가보는 낯선 길에서는 내비게이션을 활용한다. 우리는 그저 지도를 따라가면 목적지에 도달하게 된다. 이런 지도처럼 사람들의 감정지도를 한번 그려보면 어떨까. 디지털화 시대에는 모든 주도권이 공급자에서 소비자에게로 넘어갔다. 따라서 기업은 소비자의 디지털 여정을 감정지도인 '정서 프린트emotion print'로 그려봄으로써 그들의 감성을 먼저 읽어내야 한다.

 병원뿐만 아니라 업종을 막론하고 기업이 소비자와 정서적으로 교감하는 것은 마케팅과 고객경험CX의 핵심이며, 이는 기업에도 큰 보상으로 되돌아온다. 사용자의 감성을 이해하고 이를 예상하여 경험과정을 설계하는 데 유용한 도구 중 하나가 '고객여정 지도customer journey map'이다. '고객여정'이란 기존의 고객 또는 잠재고객이 단순히 기업의 제품이나 서비스를 사용하는 상황뿐 아니라 그것을 처음 인지하는 순간부터 마침내 그것을 구매하고 경험한 뒤 폐기할 때까지의 모든 경험을 말한다.

 고객여정 지도는 사용자가 이 모든 단계와 과정을 수행하면서 느끼는 것을 시각적으로 표현한 차트다. 예를 들어 한 고객이 스타벅스에 들어갔다. 고객은 입구에서부터 다양한 감정을 느낀다. 계산대 앞의 긴 줄을 보고 짜증이 나고, 음료의 종류가 너무 많아서 무엇을 선택할지 당황스럽다. 자리를 찾기가 쉽지 않고, 진동벨이 없어서 음료가 나왔는지도 알 수 없다. 그러나 커피 맛이 좋았으며 시제품 시식 경험에 아주 만족스러워했다. 고객여정 지도는 이렇듯 사용자가 각 접점에서 겪는 경험을 모두 보여주며 미처 예상하지 못한 상황에 대한 감정 상태를 알려준다. 고객여정 지도는 여정 중 고객의 기대치와 실제 경험 사이의 공백을 식별하는 데도 도움이 된다. 또한 영업, 마케팅, IT, 인적자원을 포함해 기업의 관계자에게 고객의 결핍과 필요를 해결하는 전방위적 관점을 제공할 수 있다. 여기서 반드시 하나 기억할 점은 디지털과 IT 부서의 참여다. 점차 기술의 개입이 늘어나는 세상에서 디지털은 이 지도를 구성하고 지원하는 데 필수적인 역할을 수행하기 때문에 특히 최고정보책임자CIO가 처음부터 이 여정에 참여하도록 해야 한다.

고객여정 지도를 그릴 때 가장 중요한 것은 '진실의 순간'의 지점을 찾는 것이다. 이 지점을 잘 찾아내야 서비스의 취약점인 페인 포인트를 알아낼 수 있다. 페인 포인트는 고객이 불편해하고 힘들어한다는 의미로, 고객여정 지도에서 고통 지점이라는 의미로 사용한다. 은행 앱을 자주 사용하는 고객들의 페인 포인트는 무엇일까? 내가 조사한 바로는 채널 간 이동 시 정보가 서로 연계되지 않는다는 점에 있다. 고객들은 이렇게 그들의 아픈 곳을 이야기하고 있다.

- "영업점에서 상담했던 상품을 모바일에서 찾으려니 상품명이 기억나지 않았어요."
- "모바일 뱅킹을 사용하다 궁금한 것이 있어서 전화로 물어볼 때 상담원과 바로 연결되지 않아 너무 오래 기다려요."
- "모바일 뱅킹 사용하다 콜센터로 전화하면 전화기 화면을 볼 수가 없고, 전부 말로 설명해야 해서 힘듭니다."
- "비대면 계좌 개설 시 신분증이 인식되지 않아 7번이나 반복했는데, 결국 실패했어요."

은행이라면 고객여정 지도를 이용하여 사용자들이 경험하는 것처럼 자신의 서비스와 상품에 대한 고객의 느낌을 정확하게 그려내야 한다. 이를 통해 고객이 경험하는 불편이나 문제점을 찾아내고, 이를 해결하기 위한 개선방안을 마련할 수 있다. 은행 비대면 계좌 개설 시 내가 느끼는 최악의 지점은 신분증 인식 단계였다. 고객이 신분증 인식에 걸리는 시간이 평균 20분 이상인 경우도 있었다. 실제로 계좌를 개설하려는 신규 고객 5명 중 1명만 성공한다고 한다. 이것이 은행 입장에서 바로 개선해야 할 페인포인트며 마케팅 측면에서 가장 크게 기회의 손실이 일어나고 있는 지점이다.

디즈니나 타지그룹 호텔은 고객들이 서비스에서 느꼈던 실망감을 빠르게 캐치하고 긍정적 경험을 제공함으로써 감정을 전환하는 임기응변을 보여주었다. 이들이 고객의 기억 속에 오래 남을 수 있었던 이유는 고객의 감정을 자극해 감동을 선사했기 때문이다. 우리는 그간 고객접점에서 전사적이고 혁신적인 CS경영의 결실로 계량적이며 명시적인 고객만족도를 향상시키는 데 상당한 성과를 거두었다. 철도회사의 예를 들면, 기차의 정시 도착이나 승객의 불만사항에 대한 신속한 회신 등 눈에 띄는 개선을 이루어냈다. 반면에 고객만족도 조사로도 밝혀내지 못한 고객의 숨겨진 심리와 감정까지 반영하여 이를 놀라운 고객경험으로 연결하는 방법에는 소홀했다. 고객만족도 수치가 높고, 전년보다 만족도가 상승했으면 괜찮다는 식이었다.

하지만 똑같은 결과라도 고객의 기억에 '남는' 결과는 다를 수 있다. 야구에서 1회 홈런으로 2점을 얻어 2:1로 이겼을 때와 1:0으로 끌려가다가 9회 말에 터진 끝내기 홈런 한 방으로 2점을 얻어 승리했을 때 그 짜릿한 느낌을 단순 스코어 결과로 비교할 수 없는 것과 마찬가지다. 서비스에서도 9회말 끝내기 홈런과 같은 극적인 서비스가 고객을 더 흥분시키고 감동적이게 한다. 따라서 표준화된 고객접점과 동일한 서비스 성과에 만족하지 말고 고객이 '최고의 경험'이라고 느낄 수 있는 감정을 설계하는 데 초점을 맞추어야 한다. 기업은 고객충성도를 높이기 위한 전략으로 이성과 논리보다 '감성적 접근법'이 더 통한다는 것을 직감하고 제품의 설계와 애프터 서비스에 이르기까지 다양한 감성적 장치를 마련해야 한다는 점을 기억하길 바란다.

IV

디지털스럽게 커뮤니케이션 하라

디지털
소비자 심리와
언택트
커뮤니케이션

디지털로 넛지하라

| 디지털 소비자는 청개구리

올해 새 학기가 되면서 내가 그토록 좋아했던 외손녀 해인이는 우리 집을 떠났다. 태어나서부터 4년 가까이 우리 집에 살면서 어린이집에 다니다가 엄마가 사는 동네 유치원에 다니기 위해 집을 떠났다. 처음 한두 달은 퇴근하고 싶은 생각이 안 들 정도로 보고 싶은 마음에 시름시름 앓았다. 그간 해인이는 내가 퇴근하고 집에 가면 두어 시간 내 품에 안겨 태블릿 PC로 어린이 유튜브 채널인 '보람튜브' 보는 것을 유독 좋아했다. 그러나 해인이 엄마나 할머니는 해인이가 유튜브 보는 걸 아주 싫어했다. 유튜브의 섬네일의 이미지만 보고도 자유자재로 둘째 손가락으로 원하는 영상을 선택하는 데 아주 능숙했다. 특히 한글이나 숫자를 모르면서도 유튜브 영상의 하단에 보이는 '광고 건너뛰기'를 5초가 딱 끝나는 순간에 맞춰 새끼손가락으로 눌렀다. 순간 '유튜브 프리미엄'에 가입해서 광고 없이 보여줄까도 생각해 보았지만, 곧 그런 생각을 접었다. (유튜브 프리미엄은 광고 없이 동영상을 시청할 수 있는 유료서비스다) 새끼손가락으로 광고 영상을 건너뛰는 모습도 귀여웠고 무엇보다도 디지털 세상의 모습에 익숙해지게 하고 싶었기 때문이다. 난 해인이의 기억 속에서 유튜브 등 디지털 세계의 속성을 알게 해 준 외할아버지로 남고 싶다.

유튜브는 한마디로 동영상을 보는 사용자를 대상으로 한 광고가 주 비즈니스 모델인 사업자다. 따라서 동영상에 붙은 광고를 이용자가 끝까지 시청할 경우, 광고주는 유튜브에 더 많은 광고료를 지불한다. 그래서 과거 유튜브는 더 많은 돈을 벌기 위해 이용자들의 의사에 상관없이 끝까지 동영상을 시청하도록 강제했었다. 그러나 이제는 5초만 참으면 건너뛰기 버튼으로 동영상을 볼 수 있다. 그렇다면 유튜브는 왜 5초만 참으면 버튼으로 '광고 건너뛰기'를 할 수 있도록 전략을 변경하였을까? 영리하게도 디지털 시대의 소비자 심리를 꿰뚫고 있었기 때문이다.

한 미국의 소비 심리학자의 논문에 따르면 디지털 세상에서 소비자들은 강제 노출 광고가 자신들이 광고를 볼지 안 볼지 선택할 수 있는 자유를 침해한다고 느낀다. '강제적인 팝업 형태의 광고'를 사용한 실험에서 소비자들은 강제 노출 광고에 강한 반감을 보였다. 강제로 노출된 광고는 오히려 부정적인 감정을 갖게 하고 그에 대한 반발 행동이 제품에 부정적인 태도로까지 나타난다는 것이다. 이러한 소비자의 특성을 빠르게 읽어낸 것이 '5초 후 광고 건너뛰기' 전략으로 나타난 셈이다. 이러한 청개구리 심리를 리액턴스 효과reactance effect라고 한다. 리액턴스 효과는 미국의 심리학자 샤론 브렘Sharon Brehm의 실험을 통해 잘 설명되고 있다. 리액턴스 효과를 확인하기 위해 각기 다른 높이의 벽을 만들어 놓고 그 위에 장난감을 두었다. 낮은 벽 위의 장난감은 아이들이 쉽게 손에 넣을 수 있고 높은 벽 위의 장난감은 손에 넣기 어려운 상황을 일부러 만들어 아이들의 반응을 관찰한 것이다. 실험 결과 대부분의 아이들은 손이 닿지 않는 높은 벽 위의 장난감을 가지려고 애를 쓰는 청개구리 본능을 드러냈다.

그런데 이러한 반발심리는 어린아이에게만 있는 것은 아니다. 미국의 한 방송에서 이런 실험을 한 적이 있다. 담장에 구멍을 뚫은 다음 '들여다보지 마세요'라는 팻말을 붙인 후, 지나다니는 사람들이 어떠한 행동을 하는지 관찰했다. 팻말을 본 사람 중 얼마나 많은 사람이 구멍 안을 들여다보았을까? 거의 모든 사람이 들여다보았다. '들여다보지 마세요'라는 말이 오히려 더 궁금해지게 만든 것이다. 실험해 본다면 화장실의 '낙서 금지'도 비슷한 결과가 나올 것이다.

이러한 심리 현상은 마케팅 기법으로 광고에서 종종 이용되고 있다. 잡지의 여러 페이지가 봉해져 있고 '비밀'이라고 붉은 글씨로 쓰여 있으면, 그 내용이 더욱 궁금해지는 것이다. 일부러 내용을 볼 수 없게 만듦으로써 고객의 흥미를 끄는 마케팅 테크닉이라 할 수 있다. 인터넷에서 "검색하면 안 되는 위험한 키워드가 있습니다." "용기가 없는 사람은 이다음으로 넘어가지 마십시오." 하는 문구도 마찬가지다.

특히 '디지털 원주민'들은 온라인상에서 선택의 자유를 제약하는 것들에 대해 오프라인보다 더욱 민감하게 반응한다. 그들의 사고방식은 온라인 세상에서 모든 콘텐츠는 공짜로 누려야 하며, 자신의 선택에 따라 돈을 지불할 수 있다고 생각하는 경향이 짙다. 디지털 네이티브뿐만 아니라 일반인들도 디지털 소비시장과 오프라인 소비시장에서 조금 다른 특성을 보인다. 라디오를 주기적으로 듣는 미국인들을 대상으로 한 조사에 따르면, 10명 중 8명 이상이 그들이 공짜로 라디오를 듣는 대가로 라디오에 나오는 광고를 듣는 것이 상당히 공정한 일이라고 생각한다고 응답했다. 억지로 봐야만 하는 광고에 대해 오프라인에서는 소비자들이 온라인과 비교해서 덜 민감한 것이다.

우리나라에서도 20대 소비자를 집중 연구하는 전문기관인 '대학내일 20대연구소'가 800명을 대상으로 조사한 바에 따르면 응답자의 81.2%가 '영상 시작 전 5초 브랜드 광고'에 동의한다고 했다. 그렇다면 5초는 동영상을 소비하는 데 부담 없는 적절한 수준이라 판단할 수 있다. 물론 대부분의 유튜브 시청자들은 실제로는 정확히 5초가 지나면 광고를 건너뛴다. 결국 유튜브는 '건너뛰기'라는 옵션을 만들어 소비자들에게 선택권을 넘겨줌으로써 반발이 일어날 가능성을 최소화한 것이다.

| 오류 방지 디자인 vs 디지털 넛지

수년간 S 대학의 학부 필수과목인 '비즈니스 커뮤니케이션'을 강의한 적이 있다. 학기 중의 한 차시에는 이메일 작성법이 포함되어 있는데, 그때 내가 학생들에게 알려주는 꿀 팁은 두 가지다. 첫째, 용건이 많으면 번호를 매겨 내용과 개수를 확실히 하는 것이다. 내가 보낸 메일의 용건에 대해서 상대가 대답해 주지 않아서 다시 메일을 보내는 경우가 빈번히 생기기 때문이다. 메일을 쓰기 전에 어떤 내용을 쓸 것인지 용건을 정하고 각 항목에 번호를 매겨 적은 후 각각의 내용 아래 설명을 붙이듯 메일을 쓰면 좋다고 강조한다.

　둘째, 메일을 쓰는 순서는 '첨부 ⇨ 내용 ⇨ 제목 ⇨ 받는 이'의 순서로 작성하는 것이다. "죄송합니다. 파일 첨부를 깜빡 잊었네요. 다시 보내드립니다."라는 메일을 누구나 한 번 정도는 보냈을 것이다. 이처럼 이메일을 사용하다 보면 파일을 첨부해 보내주겠다고 써놓고는 깜빡 잊고 그냥 발신 버튼을 누르는 일이 종종 생긴다. 그런데 내가 정작 궁금한 것은 구글이나 한메일, 네이버 같은 서비스 회사에서 본문 내용 중에 '파일' '첨부'라는 단어가 들어가 있는데 파일이 덧붙여지지 않았을 때 "혹시 첨부해야 할 파일은 없습니까?"라는 메시지를 왜 띄워주지 않는지 정말 의아스럽다. 사용자들이 모두 '와!'하고 감탄할 텐데 말이다.

　예전에는 은행의 현금자동입출금기ATM에서 현금을 인출하고 나서 현금카드를 그대로 꽂아두고 가는 고객들이 많았다. 심리학자들은 이를 '완성 후 오류' 때문이라고 설명한다. 사람들은 애초의 목적이나 임무를 끝내고 나면 그 이전 단계의 사항들을 곧잘 잊어버린다. 돈을 찾았으니까 현금카드를 놓고 가는 것이다. 이처럼 자주 '실수하는 동물'인 사람을 위해 실수를 예방하는 프로그램을 기계나 서비스에 반영하는 전략을 '기능 강제'라고 한다. '기능 강제forcing function'란 ATM 사례처럼 원하는 것을 얻기 전에 먼저 다른 무언가를 반드시 하게 하는 것을 말한다. 요즘에는 카드를 먼저 뽑아야만 현금을 인출할 수 있으므로 카드를 잊고 가는 일이 더는 없게 되었다. 내가 회사에서 자주 하는 실수 중의 하나는 복사를 끝마친 후 복사기에 원본을 남겨두는 일이다. 원본이 있는 채로 복사가 끝났을 때 '삐이' 하는 알림음이 울린다면 어떨까? 역시 사용자들이 '아차!' 하면서 원본을 챙길 것이다.

이처럼 실수하는 사용자를 배려하는 '오류 방지 디자인'을 근사하게 만들기 위해서는 사용자의 오류를 예상하는 실험이 필수적이다. 실험 공간에 제품을 갖다 놓고, 사용자들이 어떻게 사용하는지를 관찰해야만 정확한 '오류'를 찾아낼 수 있다. 특히 디지털 기술을 이용하여 고객의 작은 실수까지도 놓치지 않고 배려하려는 섬세한 서비스 전략이 필요하다.

이러한 '오류 방지 디자인'은 실수하는 인간을 현명하게 유도하는 '넛지 nudge'라고 볼 수 있다. 현명한 선택을 할 수 있도록 '부드럽게 유도하는 장치'라는 얘기다. 넛지는 '옆구리를 슬쩍 찌른다'라는 뜻으로 '강압하지 않고 부드러운 개입으로 사람들이 더 좋은 선택을 할 수 있도록 유도하는 방법'을 일컫는 말이다. 넛지가 세상에 널리 알려지게 된 것은 행동경제학자인 리처드 탈러Richard Thaler와 캐스 선스타인Cass Sunstein이 공동 저술한 '넛지 Nudge'라는 책이 출간되면서이다. 리처드 탈러 교수는 넛지 이론을 체계화한 공로로 2017년 노벨경제학상을 받았다. ('탈러'는 미국에서는 '세일러'로 발음한다고 한다)

넛지가 각광을 받게 된 이유는 경제적 인센티브를 지불하지 않고도 사람들의 행동을 원하는 방향으로 더욱더 잘 유도할 수 있다는 점 때문이다. 계단을 밟을 때마다 피아노 건반을 두드리듯 음악이 나오도록 했더니 사람들이 에스컬레이터보다 계단을 더 많이 이용하게 되었다고 한다. 한때 코미디언 이경규 씨가 진행했던 방송 프로그램 중에 차량 정지선에 정확히 멈춰 선 운전자에게 양심 냉장고를 선물하는 프로그램이 있었다. 온종일 숨어서 다음날 새벽이 될 때까지 지켜보아도 정지선 안쪽에 멈춰 선 차량이 없어서 정지선 실험을 그만둘까 하는 상황에 극적으로 차 한 대가 정지선 앞에 멈춰 섰다. 그런데 정지선 안에 멈춰 선 차량 운전사가 지적 장애인이었다. 그것을 본 시청자들은 모두 감동했다. 지금 내가 살고 있는 서울시 목동 인근의 몇 군데 큰 사거리에는 건너편의 신호등이 없어졌다. 이렇게 되면 차량은 정지선 바로 앞쪽에 있는 신호등밖에 볼 수 없다. 신호가 바뀌는 걸 확인할 방법이 없으므로 정지선을 안 지키려야 안 지킬 수가 없다. 경찰의 단속이나 국민적 캠페인이 아니라 어떻게 교통신호를 디자인하느냐에 따라 사람들의 행동을 바꿀 수 있는 것이다.

넛지는 오늘날 정치, 경제, 사회, 마케팅, 서비스에 이르기까지 다양한 분야에서 활용되고 있다. 최근 유행하는 마케팅 전략들을 관통하는 핵심은 이제는 소비자들에게 일방적으로 마케팅 메시지를 푸시push하는 방식은 디지털 시대에 맞지 않다는 것이다. 디지털 시대에는 소비자들이 자연스럽게 브랜드가 이야기하고 싶은 광고 메시지에 젖어들도록, 그래서 소비자들이 자발적으로 브랜드를 찾도록 끌어당기는 풀pull 전략을 써야 한다. 사람의 행동에 자연스럽게 개입해 그 행동을 변화시키는 넛지 효과는 소비자들의 리액턴스 효과를 줄이고 기업이나 정부가 원하는 행동을 취하도록 유도하는 최적의 방식이라고 할 만하다. 디지털 세상에서 청개구리 소비자들을 어떻게 다루어야 할지에 대한 해답이 '넛지'에 숨어 있는 것이다.

최근에는 스타트업, 벤처 업계에서도 넛지를 도입해 효율적인 선택을 유도하고 있다. 배달 앱 서비스에 일회용 물품을 빼달라는 옵션을 기본사항으로 배치했을 뿐인데, 실제 수십억 원의 비용을 아끼고 환경 보호까지 가능하게 되었다. 배달의민족 앱은 2019년 4월부터 일회용 플라스틱 수저 배달 거절을 선택하도록 '일회용품 안 받을게요'라는 기본 버튼을 추가했다. 환경 보호를 명분으로 강제로 수저나 포크를 제외하는 것이 아니라 이른바 넛지 방식으로 소비자의 더 나은 선택을 유도한 것이다. 이처럼 배달의민족이나 유튜브 사례는 넛지 메시지가 가장 효율적인 방식으로 작동하는 예라고 볼 수 있다. 강요하듯이 이야기하는 메시지보다는 특정 행위를 유도하는 메시지를 통해 선택권을 주어 행동을 변화시키는 힘을 두 사례는 잘 보여주고 있다.

오늘날 제4차 산업혁명 시대에는 디지털 기술과 결합한 디지털 넛지가 각광받고 있다. 이른바 '디지털 넛지'다. 먼저 브라질 택시의 와이파이는 훌륭한 디지털 넛지 사례다.

브라질 택시 이용자들의 92%가 승차 시 안전벨트를 착용하지 않는다고 한다. 피아트사는 이 점에 주목하여 법적인 제재를 가해도 안전벨트를 착용하는 것을 쉽게 잊어버리는 사람들을 위해 '안전한 무료 인터넷Safety Wi-Fi'이라는 이색 캠페인을 진행했다. 피아트 택시에서 안전벨트를 착용하면 인터넷을 무료로 이용할 수 있는 특수 장치를 설치한 것이다. '안전벨트를 매면 인터넷이 무료입니다'라는 문구도 잊지 않았다. 이러한 캠페인에 참여한 4,500명의 승객 중 전원이 안전벨트를 자발적으로 착용했다.

스마트폰, 소셜 미디어, 이메일 등 디지털 환경에서 넛지는 다양한 형태로 나타난다. 디지털 시대에 소비자는 스마트폰을 이용하여 물건을 검색하고 소비를 결정한다. 디지털 넛지는 스마트폰의 사용자 인터페이스도 다양한 형태로 구현한다. 예를 들어 계정 신설을 위해서는 여러 가지 사항에 동의해야 한다. 당근마켓 사례에서처럼 반드시 동의해야만 하는 체크박스에 미리 표시가 되어 있다면, 이는 사용자의 판단을 쉽게 해 주는 디지털 넛지가 된다. 페이스북이 좋아요 버튼 클릭 수를 보여주는 것은 사용자들의 재방문을 유도하는 강력한 넛지이다.

| 좋은 넛지 vs 나쁜 넛지

구글은 전 직원에게 무료로 다양한 식사와 간식을 제공하는 것으로 유명하다. 그것도 최상급 재료로 수준급 요리사가 조리하는 음식이라 맛이 아주 좋아서 '구글 15'라는 말이 생겼다고 한다. 구글에 입사하면 몸무게가 15파운드 늘어난다는 의미이다. 음식이 맛있고 언제든 먹을 수 있어서 평상시보다 더 많이 먹다 보니 당연히 그렇게 되는 것이었다. 조직관리와 복리후생 정책에 넛지를 가장 적극적으로 활용하는 구글은 이 문제를 해결하고 싶었다. 구글 인사팀은 접시 크기가 음식 섭취량에 큰 영향을 미친다는 연구 결과를 발견했다. 즉, 접시가 클수록 음식을 더 많이 먹으며, 또 더 많이 먹고도 포만감을 덜 느낀다는 것이었다. 넛지를 활용할 수 있는 절호의 기회로 삼아 구글은 즉시 한 카페테리아를 선정해 그곳에 있는 모든 접시를 12인치에서 9인치짜리로 바꿨다. 그러자 직원들은 예전에는 음식을 한 번만 담아오면 되었는데, 이제는 두 번이나 다녀와야 한다며, 불평을 쏟아냈다. 인사팀은 다시 조건을 바꾸어 큰 접시와 작은 접시를 함께 놔두었더니 드디어 불평은 사라지고 카페 이용자의 21%가 작은 접시를 사용하기 시작했다. 긍정적인 효과를 확인한 인사팀은 여기에 더해 '큰 접시를 사용하면 음식을 더 많이 먹지만, 포만감은 덜하다'라는 연구 결과를 카드로 만들어서 식탁에 게시글을 붙였다. 그러자 작은 접시를 사용하는 직원의 비율이 50%로 높아졌다. 이 간단한 게시글 하나로 구내식당을 찾은 직원의 1/3은 식사량을 줄였다고 한다.

결국 구글이 이 실험을 통해 배운 교훈은 직원들의 선택권을 빼앗지 않는 것이 최선책이라는 점이었다. 넛지의 핵심은 명령이나 지시 없이 행동을 유도하는 것이다. 구글은 직원들에게 고열량 음식을 강제로 빼앗는 게 아니라 그릇의 크기를 교체하는 방식으로 직원들의 건강을 챙긴 것이다. 메뉴 선택의 자율성은 그대로 살리고 직원들이 더 똑똑한 선택을 할 수 있도록 유도한 '넛지' 전략이 필요하다. 예를 들어 건강에 좋은 음식만 고를 수 있게 하는 것은 좋지 않았다. 건강에 더 좋은 결정을 내리도록 슬쩍 찔러주는 '넛지'식 개입이 훨씬 효과적이었다. 결론적으로 기업은 소비자에게 혜택이 가는 결정이라 하더라도 그 선택권을 소비자들에게 넘겼을 때, 소비자들이 만족할 가능성이 크다. 즉, 소비자가 강요가 아닌 자신의 의지로 어떤 제품을 구매했을 때 자신이 선택한 제품에 대해 강한 애착심을 갖기 때문에 만족감이 높아진다.

| 나쁜 넛지 예방법

그러나 최근 온라인 쇼핑 시장의 급성장과 함께 소비자의 비합리적인 구매를 유도하는 '넛지'가 새로운 유형의 소비자 문제로 등장하고 있다. 은밀하게 계산된 개입을 통해 상대방의 선택을 조작하는 나쁜 상술이라는 것이다. 소비자들이 선택을 번복하는 것을 귀찮아한다는 점을 노린 '다크 넛지'라는 상술이 확산하고 있다. 다크 넛지dark nudge는 옆구리를 슬쩍 찌른다는 뜻의 넛지nudge와 부정적 의미의 다크dark가 결합한 단어로, 팔꿈치로 툭 옆구리를 찌르듯 비합리적 구매를 유도하는 상술을 지칭한다. 우리말로는 '함정 상술'로 바꿔보면 금방 이해가 될 것이다. 대표적인 사례로는 디지털 음원서비스 등에서 최초 가입 시 할인을 제공하고 이후 아무런 고지 없이 정상 금액을 자동결제하거나 복잡한 해지 방법을 통해 소비자가 해지를 포기하도록 유도하는 것이다. 최근 구독경제가 활성화되고 있는 디지털 트렌드를 배경으로 기업들은 자사 서비스의 단순 구매자가 아닌 '구독자'를 확보하기 위해 치열하게 경쟁하고 있다. 이러한 시장 환경에서 온라인 시장 소비자의 구매 장벽과 지불 저항이 낮은 소비자의 성향을 노린 것이다.

특히 구독 서비스의 무료 체험에서 가장 문제가 되는 것은 바로 해지 기간에 있다. 누구나 "한 달 뒤 해지해야지"라고 굳은 결심을 했다가 매달 날아오는 카드 명세서를 보고 아차 했던 경험이 있을 것이다. 사실 이는 모든 유료 부가 서비스가 노리는 맹점이기도 하다. (다음의 사례가 여기에 해당한다) 소비자 입장에서는 유튜브 프리미엄 서비스를 신청한 뒤 바로 해지 신청을 하는 것도 좋다. 바로 해지하더라도 무료 체험 기간이 끝나기 전까지는 유튜브 프리미엄을 제한 없이 즐길 수 있기 때문이다.

사례 1 소비자 김○○ 씨(여, 30대)는 ○○북스의 월정액 전자책 이용권 1달 무료 이벤트에 참여했는데, 이벤트 참여 시 자동결제 전에 고객에게 결제 안내를 해주겠다고 했으나 아무런 안내 없이 한 달 뒤 6,500원이 자동 결제되었고 결제일로부터 7일이 지났다는 이유로 환불받지 못했다.

사례 2 소비자 김○○ 씨(남, 50대)는 모바일로 스마트공인인증서 서비스에 가입했다가 바로 해지하려고 했으나 09시~18시 이내에 전화로만 가능하다고 하여 해지하지 못했다. 다음날 전화로 해지하려고 하니 상담원은 통신사에서 확인 서류를 발급받아 제출하라고 했다.

금융위원회 자료에 따르면 무료 이벤트로 서비스에 가입한 이후 앱에 단 한 번도 로그인조차 하지 않았는데도 문자 한 통 없이 5년 동안 결제 금액을 청구한 예도 있었으며, 해지 관련 고객센터는 전화를 잘 받지 않거나 이용 시간을 제한하는 등 매우 불편하다고 민원이 발생하고 있다. 이용 내역이 단 한 번이라도 있으면 1개월 치 요금을 부과하고 환불도 불가하도록 운영되는 경우가 다수였다. 금융위원회는 최근 활성화되고 있는 구독경제의 이용, 결제 과정에서 금융소비자 보호를 강화하는 방안을 마련한다는 소식이다.

무료에서 유료로 전환되거나, 할인 이벤트가 종료되는 시점을 기준으로 최소 7일 전에 서면, 음성전화, 문자 등으로 관련 사항을 통지하도록 명시한 것이다. 또 모바일 앱, 인터넷 홈페이지 등에서 간편한 절차로 해지할 수 있도록 의무화하고 해지 가능 시간도 연장하도록 했다. 아울러 정기결제 해지 시 이용 내역이 있더라도 사용 내역만큼만 부담하도록 하고, 환불 수단 선택권을 보장하도록 했다. 그런데 내가 보기에는 이러한 소비자 피해를 단번에 줄이는 방법이 있다. 해지나 유료전환 시 카카오톡이나 문자 메시지를 통해 유료전환 '승인'이나 '거절'에 관한 버튼을 사용자가 클릭함으로써 소비자 보호와 사용자 간편성을 도모하면 될 것이다.

위 사례에서 보듯이 넛지가 사용자에게 항상 이익이 되는 것은 아니다. 그래서 리처드 탈러 교수는 '좋은 목적을 위해 넛지해 주세요 Nudge for good' 라고 저자 사인을 해 준다고 한다. 기업들은 마케팅에서 넛지를 적용하여 성과를 올리는 것에 급급할 수 있다. 하지만 장기적으로 사람들은 좋은 넛지와 나쁜 넛지를 구분한다. 넛지를 통해 유도된 행동은 그 영향을 받은 사람들의 삶을 더 낫게 만들어야 한다. 결국 나쁜 넛지는 사람들이 깨닫는 순간에 기업에 대한 이미지가 크게 손상당하게 된다. 그것은 상대방을 속이는 피싱phising과 다름없다. 디지털 마케팅에서 넛지는 사용자에게 도움이 되는 방향으로 적용될 때 효과가 지속적으로 반복된다는 점을 명심해야 한다.

디지털에 접목되는 행동경제학

| 사람들은 '기본'을 기본으로 간주한다

비 오는 날 음악을 들으며 산책하다가 무선 이어폰 한쪽을 잃어버렸다. 그렇다고 전체를 다시 구매하기 아까워서 내친김에 중고 거래 앱 '당근마켓'에 가입했다. 그런데 가입 과정 중에 다른 앱과 약간 다른 점이 눈에 띄었다. '관심 카테고리 설정란에 관심 있는 카테고리를 체크하세요'라고 되어 있지 않았다. 거꾸로 기본적으로 모든 카테고리가 이미 체크되어 있고 '홈 화면에서 보고 싶지 않은 카테고리는 체크를 해제하세요'라고 되어 있다. 이 경우 사람들은 대부분의 항목을 그대로 둔 채 특별히 관심 없는 것 2~3개 정도를 해제할 것이다. 고객이 더 많은 카테고리의 알림을 받아보게 하려는 '의도적으로 계산된' 설계다. 보통 사람들은 세상만사가 귀찮아서 특별한 이득이 없는 한 현재 상태나 행동을 바꾸려 하지 않는 경향이 있다.

이것을 '귀차니즘Gwichanism'이라고 한다. 여기서 '세상만사가 귀찮다'라는 감정은 모든 영역에서 상당한 위력을 발휘한다.

귀차니즘이 발생하는 원인은 '현상유지편향Status Quo Bias'이다. 심리학 자들은 원시시대 인류가 처한 환경 때문에 현상유지편향이 생겼을 것으로 분석한다. 예를 들어 잠자리로 쓸 동굴을 결정하는 것과 어떤 버섯을 먹을 지 말지를 결정하는 일은 원시인들에게는 생명을 담보로 하는 위험한 선택이었다. 자칫 낯선 동굴에 들어가 맹수를 만나면 죽을 수도 있고, 자칫 독버섯을 먹고 죽을 수도 있다. 따라서 원시인들에게 경험을 바탕으로 검증된 선택지만 고르는 것은 생존에 유리한 합리적인 선택이라고 할 만하다. 지구에서 인류가 번성할 수 있는 가장 큰 이유는 항상 생존할 확률이 높은 쪽을 선택해 왔기 때문이다. 그런데 현대 사회에서 옷을 고르고, 출퇴근 경로를 선택하는 것은 생명을 담보로 하는 위험한 일이 아닌데도 불구하고 많은 사람들은 관성에 의존하고 있다.

현상유지편향이 여실히 확인되는 분야 중의 하나가 장기 기증 문제이다. 의료 수준이 높아짐에 따라 이제는 장기만 있으면 죽어가는 사람도 살릴 가능성이 커졌다. 문제는, 장기 공급이 태부족이라는 데 있다. 우리나라만 그런 게 아니라 세계 각국이 다 그렇다. 그래서 각국 정부는 장기 기증을 유도하기 위해 여러 가지 정책과 아이디어를 동원하고 있다. 그런데 가장 효과적인 것은 '그럴 의사가 없음'을 특별히 밝히지 않는 한 뇌사자가 장기를 기증하려는 의사를 가진 것으로 간주하는 정책으로 확인되었다. 독일과 오스트리아 국민들의 사망 후 자신의 장기 기증에 대한 찬성 비율은 독일이 12%, 오스트리아가 99%로 큰 차이를 나타냈다. 역사와 인종이 비슷한 두 나라 국민들은 공동체에 대한 인식과 사망 후 사체 처리에 대한 개념이 유사할 수밖에 없다. 그러나 장기 기증에 관한 결정은 너무나 다르게 나타난 것이다. 그 원인은 장기 기증 동의를 끌어내는 방식에 있다. 독일에서 장기 기증자가 되려면 운전면허 신청을 할 때 장기 기증에 찬성한다는 동의서를 제출하는 적극적인 행동을 취해야 한다. 반면 오스트리아 정부는 동의하지 않는다는 의사를 밝히지 않으면 기증을 선택하는 것으로 간주했다. 시스템의 작은 차이가 엄청난 차이를 만들어낸 것이다. 이처럼 인간 유전자에 내포된 현상유지편향을 잘 이용하면 시스템 설계자는 크게 수고하지 않고도 자기가 원하는 결과를 얻을 수 있다.

현상유지편향을 이용한 마케팅이 바로 '디폴트 옵션default option'이다. 앞서 당근마켓 사례처럼 처음부터 옵션이 선택된 상태로 나오는 것을 말한다. 컴퓨터를 작동할 때 모든 명령어를 입력해야 한다면 무척 불편하다. 그래서 컴퓨터 구동 시에 명령어가 어느 정도 미리 정해져 있는데, 이처럼 자동으로 선택되는 옵션, 즉 기본값을 디폴트 옵션이라고 한다. 의사결정 과정을 미리 정해놓은 것이라고 할 수 있다.

디폴트 옵션은 사용자가 원하면 언제든 바꿀 수 있다. 하지만 대개 디폴트 옵션을 처음 그대로 사용한다. 포털업체들의 인터넷 초기 화면 선점 경쟁이 뜨거운 이유도 디폴트 옵션 때문이다. 다음이나 네이버 같은 검색 포털 사이트들은 인터넷 이용자들이 웹브라우저의 시작 화면을 자사 사이트로 설정하도록 유도하고 있다. 실제 네이버의 초기 성공 요인 중 하나가 사람들이 웹브라우저의 시작 화면을 네이버로 바꾸도록 적극적으로 유도한 데 있다. 한번 바꾸고 나면 습관적으로 네이버를 시작 화면으로 이용하게 된다. 대다수 사람들은 한번 세팅한 시작 화면을 바꾸지 않는다. 이러한 습관적인 사용 행태가 네이버의 검색량을 증가시킨 한 가지 요인이라고도 할 수 있다.

이러한 현상유지편향은 최근 주목받는 '구독경제subscription economy'의 비즈니스 모델을 설계하는 데 주요한 변수가 되고 있다. 구독경제는 고객의 구매 결정이 브랜드 충성도보다는 습관과 구매 편의성에 더 밀접하게 관련돼 있다는 것을 전제로 한다. 소비자 의사결정에 관한 행동과학의 연구에 따르면 고객의 무의식적인 생각이 의사결정 과정을 지배한다. 모든 기업은 고객이 내리는 일상적인 선택을 더 쉽고 빠르고 편리하게 만듦으로써 이익을 얻을 수 있다고 생각한다. 이것이 여러 산업 영역에서 구독 모델이 엄청난 인기를 끈 까닭 가운데 하나다. 기업들은 일시불 판매 방식을 구독 형태로 바꾸면서 가격을 현저히 낮출 수 있게 되었다. 이는 소비자들의 비용 지불에 대한 심리적 부담을 감소시켜 자연스럽게 판매량 증가로 이어진다. 한번 구독 신청을 하고 나면 의사결정을 쉽게 변경하거나 취소하지 않는 소비자들의 현상유지편향을 이용한 것으로는 온라인 음원 판매를 예로 들 수 있다. 흔히 첫 달은 무료 또는 높은 할인율을 적용한 가격을 제시해 고객들이 상품을 구독하도록 유도한 후 소비자들이 무의식적으로 장기간 구독하는 시스템을 만들어 매출을 증대시키는 전략을 활용한다. 특히 해지 과정을 번거롭거나 복잡하게 만들면 이와 같은 전략의 효과는 더욱 커진다.

그러나 이 정도가 되면 '나쁜 디폴트'가 된다. 디폴트를 악용하는 나쁜 사례 중 대표적인 것이 이동통신사의 약정할인이다. 신규가입이나 기기 변경 등을 하려고 할 때 통신사들은 혜택을 제공한다며 의무 약정이나 소비자에게 불필요한 서비스를 선택하도록 유도한다.

그런데 이런 선택사항은 소비자가 해지하지 않으면 자동으로 유지되고 돈이 빠져나가도록 설계되어 있다. 점원이 '6개월 후에 해지하세요'라고 안내하지만, 소비자는 액수도 크지 않다 보니 대개 잊어버린다. 소비자가 인식하지 못한 채 디폴트를 유지하는 경우가 많은 점을 교묘히 노린 것이다. 언젠가 한 사이트에서 보낸 정보에 솔깃해 서비스에 가입했다가 추가 구매가 자동으로 이루어져 황당했던 기억이 있다. 나중에 찾아보니 빽빽하게 적힌 구매조건 안에 작은 글씨로 '고객님이 해지 신청을 하지 않으면 자동 연장할게요'라는 구절이 들어 있었다. 최대한 눈에 띄지 않으려고 애쓴 느낌의 글씨였다. 아주 '나쁜 디폴트'의 사례다.

귀찮음의 결과가 새로운 서비스를 못 쓰거나 소액의 구독료를 낭비하는 수준이라면 그리 큰 손해는 아니지만, 내 돈 찾을 권리를 포기하게 하는 수준이라면 이것은 심각하다. 실손보험 청구가 그런 경우이다. 귀찮아서 청구하지 않는 건수가 상당하다. 진료비가 소액일 경우 자기부담금(1만~2만 원)을 빼고 쥐게 될 보험금이 얼마 안 되다 보니 아예 포기하는 사람이 많다. 병원에서 여러 서류를 떼고 이를 다시 보험사에 보내는 과정이 번거롭기 때문이다. 이로 인한 소비자 손해가 연 1,000억 원 정도로 추산된다. 이는 마음만 먹으면 기업의 '적극적 서비스'로 해결할 수 있다. 종이 서류 없이 앱 하나로 얼마든지 간편하게 보험금을 청구하도록 해줄 수 있기 때문이다.

꽤 많은 소비자가 본인의 구매 결정이 합리적이고 의식적으로 이루어졌다고 생각한다. 행동경제학의 연구 결과는 정반대다. 제럴드 잘트먼Gerald Zaltman 하버드대 경영대학원 교수는 저서 『소비자의 숨은 심리를 읽어라』에서 소비자들의 구매 결정 중 95%는 무의식 상태에서 이루어진다고 주장했다. 따라서 기업은 제품이나 서비스 전략 등을 세울 때 디폴트 설계에

공을 들여 충성고객을 만들거나 원하는 방향으로 이끌 수 있다는 것이다.

디지털 시대에 우리의 뇌는 끊임없이 몰려드는 정보를 단순화하려고 시도한다. 이런 상황에서 인지편향은 정보를 잘못 해석하도록 영향을 미칠 수 있다. 카너먼 교수는 저서 『생각에 관한 생각』에서 '시스템 1'은 힘을 거의 들이지 않고 자동적으로 작동하는 사고이며, '시스템 2'는 노력과 집중을 요구하는 사고인데 '시스템 1'이 작동하더라도 '시스템 2'가 개입해 '브레이크' 역할을 할 수 있다고 인간의 두 가지 사고방식을 설명했다. 앞서 이야기한 것처럼 디폴트 옵션 전략에는 도덕성의 문제가 따른다. 나쁜 디폴트를 예방하고 무의식적 구매를 줄일 수 있는 한 가지 방법은 기업이 소비자에게 '구매 후 철회 기간(반품 기간)'을 제공하는 것이다. '시스템1'이 작동해 자동으로 구매 결정이 이루어진 후에 '시스템 2'를 가동해 사람들이 한 번 더 자신의 구매 결정에 대해 생각하고 자신의 결정이 맞았는지를 판단하고, 잘못된 결정이라는 판단이 서면 구매를 철회할 수 있도록 만드는 것이다.

기업은 고객을 속이는 대가로 이익을 얻어서는 안 된다. 덧붙여, 무의식적으로 작동하는 뇌의 행동에 관해 교육하는 것 역시 기업이 소비자를 보호하기 위해 해야 하는 일 중 하나라는 점도 기억해야 한다. 디폴트 옵션에서 보는 바와 같이 어떤 마케팅 전략은 소비자들에게 자유로운 선택을 보장하는 것처럼 보이지만 사실은 복잡하게 생각하기를 싫어하는 사람들의 심리를 이용하여 기업이 원하는 행동을 유도하는 것이다. 따라서 기업은 사전에 철저히 계산된 형태의 부드러운 개입을 통해 소비자의 행동을 유도하는 것이 중요하다. 단, 나쁜 디폴트 옵션이어서는 안 된다. 디폴트 옵션 이외에 고객의 선택에 부드럽게 개입하는 심리학 기제로는 '앵커링 효과', '프레이밍 효과' 등을 들 수 있다.

| 디지털 소비의 함정, 앵커링 효과

대형마트에 가면 상품 정가에 ✕ 표시를 하고 할인가를 표기한 가격판을 흔히 볼 수 있다. 소비자는 정가를 기준으로 생각하기 때문에 싼값에 살 수 있다고만 판단하여 이를 구매할 확률이 높다.

"와, 싸게 판다! 횡재했다!"라고 생각의 범위를 좁히게 된다. 소비자의 머릿속에 닻을 내리는 과정이다. 이처럼 처음에 얻은 정보를 기준으로 그 주변에서 답을 구하면서 새로운 정보를 받아들이지 않으려고 하는 현상을 '앵커링 효과Anchoring effect'라고 한다. 배가 항구에 닻anchor을 내려 정박하는 것처럼, 생각이 어딘가에 묶여서 닻을 내려버리는 것에 비유한 것이다.

앵커링은 우리 일상생활에서 흔히 일어난다. 특히 물건을 사고팔 때 판매자에게 좋은 수단이 된다. 티셔츠 한 장이 '만 원'이라고 하면 소비자는 '1,000원이나 2,000원 정도 깎아야지' 하고 생각하기 마련인데, 판매자 입장에서 5,000원만 받아도 남는 장사라고 하면 앵커링을 잘 활용한 것이다. 이제 소비자는 만 원이라는 '닻'에 걸려 넘어져 기껏 해 봐야 2,000원을 깎게 된다. 똑똑한 편의점 사장이라면 여름철에 하겐다즈처럼 비싼 아이스크림을 편의점 입구에 눈에 띄게 배치할 것이다. 하겐다즈의 비싼 가격표가 앵커링 효과를 일으키기 때문이다. 우리는 좋든 싫든, 하겐다즈 가격을 보는 순간 머릿속에 새로운 기준점이 생긴다. 자연스레 그 옆에 있는 다른 제품들이 평소보다 더 싸게 느껴진다. 2,500원짜리 아이스크림이 1,000원짜리 옆에 있으면 엄청 비싸 보이지만, 4,000원짜리 하겐다즈 옆에 있다면 느낌이 확 달라진다. 이 경우 하겐다즈 제조사는 아이스크림을 공급한 게 아니라, 가격 착시를 일으키는 적절한 솔루션을 제공한 셈이다.

따라서 기업은 제일 비싼 제품이 소비자의 머릿속에서 가격의 기준점이 되도록 배치listing할 필요가 있다. 다음에 노출되는 낮은 가격의 제품이 마치 할인된 가격처럼 보이게 되기 때문이다. 같은 원리로 기업은 신상품을 출시할 때 초기에는 가격을 높이 책정할 필요가 있다. 처음에 높은 가격에서 시작했다가 이를 낮추면 수요가 증가한다. 다시 말해서 처음에는 기꺼이 비용을 지불할 의향이 있는 얼리어답터들에게 높은 가격을 받고, 이후에 가격을 내려 더 많은 수요를 창출하는 것이다. 애플은 아이폰을 처음 출시할 때 가격을 499달러에서 599달러로 책정했다. 독특한 신제품의 가격이 어느 정도 되어야 하는지에 대한 기준을 제시한 것이다. 그러고 나서 불과 몇 달 뒤에 가격을 200달러나 인하하여 매출을 더욱 촉진할 수 있었다.

앵커링 효과는 디지털 시대에 기업이 원하는 대로 소비자들에게 효과적으로 제품 가격을 유도하는 마케팅 전략으로 사용할 수 있다. 국내에서는 생소하지만 최근 해외에서 많이 활용되는 방법으로 '역경매' 숙소 예약이 있다. '역경매'는 일반 경매와 반대로 소비자가 제품(서비스)을 구매하겠다고 나서면 다수의 판매자가 서로 낮은 가격을 제시하다가 최저가격을 제시한 판매자에게 낙찰되는 거래 방법이다. 똑같은 객실인데도 어떤 사람은 10만 원, 어떤 사람은 20만 원을 지불하는 것이다. 90여 국가에서 활발하게 영업 중인 '프라이스라인Priceline'이 대표적이다. 프라이스라인 역경매 서비스의 성공은 공실을 줄이려는 호텔과 조금이라도 싸게 객실을 예약하려는 소비자의 요구를 모두 충족시킨 결과다. 소비자는 원하는 호텔을 할인받을 수 있어서 이득이고 경매 결과를 기다리는 재미는 덤이다. 호텔도 공실률을 낮출 수 있어 긍정적이다. 호텔엔 공실이란 곧 손해다. 오늘 팔지 못한 객실에 '내일'은 없기 때문이다. 프라이스라인은 호텔로부터 수수료를 받는다.

문제는, 소비자들의 처지에서는 가능한 한 낮은 가격을 써내게 된다. 그러나 프라이스라인의 입장에서는 수수료를 챙기고 거래 성공률을 높이기 위해서는 가능한 한 소비자들이 높은 가격을 써내는 것이 중요하다. 그렇다면 프라이스라인은 어떻게 소비자들이 자발적으로 높은 가격을 적도록 유도했을까? 바로 앵커링 전략이었다. 프라이스라인에 접속한 소비자들이 '여러분이 원하는 가격을 써주세요 Name your own price'라는 가격 창에 가격을 적으려는 순간, 그들은 자연스럽게 프라이스라인이 제공하는 정보를 읽게 된다. "여러분이 찾고자 하는 지역의 3성급 호텔의 평균 가격이 159달러입니다."

'도대체 얼마를 적어 내야 하는 것이냐!'라고 한참 고민하다가 자연스럽게 고민을 해결할 기준점을 하나 찾은 셈이다. 프라이스라인은 소비자들이 스스로 가격을 선택할 수 있도록 함으로써 관심을 끌고 자연스럽게 기준점(평균 가격)을 보여줌으로써 결국 소비자가 기업이 원하는 가격과 큰 차이가 나지 않는 가격을 써내도록 만들었다.

프라이스라인에서 기준점을 찾는 또 다른 방법으로 비딩포트래블(http://biddingfortravel. yuku.com)이라는 사이트를 이용하기도 한다. 프라이스라인을 이용했던 네티즌들이 "내가 ○○ 가격으로 ○○ 지역, ○○등급을 선택했더니 ○○○ 호텔이 예약되더라"라는 후기를 남겨놓은 곳이다. 프라이스라인과 비딩포트래블의 가격 정보를 참고용으로 자연스럽게 제공한 것이었다. 또한 기업이 원하는 가격에 맞춰 원하는 가격을 적으라고 강요하지 않았지만, 기업은 앵커링을 통해 자연스럽게 원하는 결과를 만들어 냈다. 그러나 이러한 기업들의 앵커링 전략 역시 소비자들이 깊이 생각하지 않고 무의식적으로 높은 가격의 제품을 구매하도록 유도한다는 점에서 도덕성에 문제가 생길 수도 있다. 웹사이트에서 '높은 가격순'으로 제품을 선보인다고 하면, 사람들은 가장 높은 가격을 기준점으로 삼아 가격을 비교하게 된다. 이러면 (뒤에 보이는 제품이) 사실은 비싼 제품이어도 처음 본 가격보다는 상대적으로 낮으므로 사람들이 해당 제품을 구매할 경향이 높아지는 것이다.

그렇다면 반대로 소비자인 구매자는 기업의 앵커링에 어떻게 대처해야 할까? 이것만 잊지 않으면 된다. 앵커링 효과로 인한 가격의 기준점에 좌우될 수 있으므로 최초의 제안이나 처음에 제시된 가격에 현혹되지 않아야 한다.

| 프레임을 바꾸면 대답이 달라진다, 프레이밍 효과

한 외국계 생명보험사 텔레마케터의 스크립트(대화 대본)를 읽어보다가 의아하게 생각한 적이 있다. 치아보험에 관한 내용이었는데, 고객의 가입 의사가 확인되면 "3개월 이내에 치과 치료를 받으셨다면 보험에 가입하실 수 없습니다"라고 유의사항을 설명하게 되어 있었다. 난 이렇게 수정하라고 조언했다. "치과 치료를 받으셨더라도 3개월만 넘으셨다면 가입하실 수 있습니다." 똑같은 내용이라도 표현 방법에 따라 고객의 선택이 정반대로 바뀔 수 있는 것이다. 심리학에도 이와 비슷한 재미있는 이야기가 있다. 수술을 앞둔 환자가 의사에게 생존 가능성을 질문한다. 그때 의사가 "지금까지 이 수술을 받았던 환자들 100명 중에서 90명이 수술 후 5년을 더 살았습니다"라고 얘기하면 환자는 비교적 안도하면서 기꺼이 수술을 받을 것이다. 그러나 "100명 중에서 10명은 5년 이내에 죽었습니다"라고 얘기하면 수술을 망설일 가능성이 크다. 알고 보면 100명 중 90명이 산다는 것은 10명이 죽는다는 것과 같은 내용이다.

앞의 두 사례처럼 프레임을 바꾸면 질문이 바뀌고 상대방의 대답이 바뀐다. 프레임이 달라짐에 따라 판단이나 선택이 변하는 것을 '프레이밍 효과framing effect'라고 한다. 우리말로 '구성 효과'라고도 한다. 이는 사진작가의 작업을 생각해 보면 이해가 된다. 눈에 보이는 세계는 방대하고 모호한데, 사진작가는 구도(프레임)를 잡아 찍을 대상을 정하고 그것에 초점을 맞춘다. 그것은 그가 가장 적절하다고 믿는 것이다. 우리는 의사결정자로서 문제를 규정하고, 대안들을 살피고, 가능성을 평가할 때 이와 똑같은 행동을 한다.

프레이밍이 생기는 이유는 우리가 언어로 의사소통을 하기 때문이다. 언어를 어떻게 사용하느냐에 따라 다르게 인지하는 것이다. 의사가 친자 검사 결과를 이야기할 때 "당신의 아들이 아닐 확률은 15%입니다"라고 말하는 것과 "당신의 아들일 확률은 85%입니다"라고 말하는 것은 다르게 지각되는 것이다.

앞서 '수술환자 100명 중 90명이 5년을 더 살았습니다'처럼 우리는 확실한 이득을 예상할 때 긍정적 메시지가 효과적이라는 것을 알 수 있다. 그렇다면 실제 웹상에서 이를 어떻게 구현해야 할까? 아래 예시는 스팸을 막아주는 프로그램 판매 이미지다. 좌측 예시의 디자인UX writing은 4%의 스팸만을 막아준다고 쓰여 있다. 다소 내가 손해 보는 듯한 느낌이 든다. 반면, 우측은 스팸으로부터 내 파일의 96%가 안전하다고 쓰여있다. 사실 두 사례는 같은 내용을 담고 있지만, 큰 숫자로 '긍정적 프레이밍'을 해 주는 것이 사용자 반응을 이끌어내는 데 더 효과적인 방법이라고 할 수 있다.

프레임을 효과적으로 활용하는 또 다른 방법으로는 이미 진행된 사항을 과정에 포함하는 것이다. 요즘에는 멤버십 카드, 포인트 적립 등과 같은 '충성도 프로그램loyalty program'들이 수없이 많다. 백화점, 주유소, 커피숍, 항공사 같은 서비스 회사뿐 아니라 자동차나 가전제품 제조회사까지도 이런 프로그램을 이용하고 있다. 가히 멤버십 제도나 충성도 프로그램의 홍수라 할 만하다. 노점에서 커피를 살 때도 쿠폰에 도장을 찍어주고 마트에서도 물건을 사면 포인트를 적립해 준다. 미국 소비자 연구가인 조지프 눈스Joseph Nunes와 사비에르 드레즈Xavier Dreze는 세차장에서 흥미로운 실험을 했다. 그들은 먼저 고객을 두 그룹으로 나눴다. 그리고 규칙을 제시했는데, 스탬프 여덟 개를 찍으면 세차 한 번이 무료라는 것이다. 세차장 고객 300명에게 카드를 나눠주고 세차할 때마다 스탬프를 찍어주어 8칸을 모두 채우면 1회 무료 세차권을 주기로 했다. 카드는 두 종류로, 하나는 빈 칸 8곳을 모두 채워야 하는 카드였고, 다른 하나는 칸이 10개지만 2칸에는 이미 스탬프가 찍혀 있었다. 실험 결과, 8칸짜리 고객은 19%가, 10칸짜리 고객은 34%가 무료 세차권을 얻어갔다. 게다가 한 번 세차 후 다음 세차까지 걸린 시간도 평균 2.9일이나 더 짧았다.

이 실험은 전혀 시작하지 않은 프로그램보다 일단 시작된 상태의 프로그램에서 사람들은 그것을 완성하려는 의욕을 더 많이 느낀다는 사실을 확인시켜 주고 있다.

사실 두 쿠폰 모두 스탬프 8개를 채워야 하는 것은 같다. 하지만 결과는 놀라웠다. 두 번째 그룹의 스탬프 완수 비율이 첫 번째 그룹보다 82% 높게 나온 것이다. 그들은 '이미 어느 정도 진행된 사항에 대해서는 동기부여가 훨씬 잘 된다'라고 이유를 설명했다. 즉, 우리에게 이미 상황이 진행되고 있는 것을 부여해 줌으로써 소비자의 충성심을 높이는 것이다. 이를 심리학에서는 '부여된 진행 효과 Endowed Progress Effect'라고 한다.

아래 그림은 한 웹사이트의 결제 과정 중 한 장면이다. 로그인과 주소 입력은 결제 전에 미리 하는 경우가 많다. 이를 활용해 지불 페이지를 3페이지부터 시작할 수 있다. 사용자는 과정이 이미 많이 진행되었다고 생각한다. 이는 곧 완수에 대한 동기부여로 연결된다.

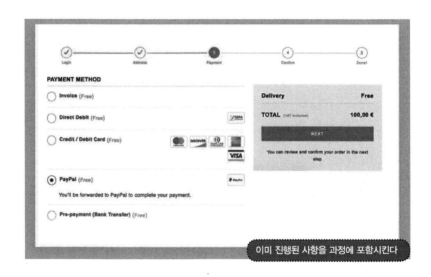

이미 진행된 사항을 과정에 포함시킨다

프레이밍 효과는 심리학 분야에서 알려진 지 매우 오래되었지만, 그 영향력은 여전하다. 오늘도 기업들은 이를 활용하여 고객들의 프레임을 자사의 제품에 맞추는 방법을 고민해야 한다. 단, 소비자에게 선택의 자유를 부여하되 자연스럽게 기업에 이득이 되도록 이끄는 것이 중요하다. 기업 현장에서 일하는 마케터나 디자이너가 다양한 심리학 이론에 관심을 보이는 모습을 본다. 하지만 이는 사람의 마음을 움직이는 경영과 디자인, 마케팅의 본질을 생각하면 전혀 이상한 일은 아니다. 좋은 마케터나 디자이너는 현재 상황에서 문제점을 찾고 이를 극복하는 대안을 찾아다니는데, 행동경제학에서 인사이트를 빌려 오는 것이다. 기업은 디지털 세상에 불어닥친 새로운 변화의 흐름을 인정하고, 이러한 변화에 행동경제학을 현명하게 활용하면 더 효율적으로 소비자들의 충성심을 이끌어낼 수 있다는 사실을 깨달아야 한다.

온라인에도
설득의 심리학이 있다.

| 너무 복잡한 건 싫어요: 힉의 법칙

4박 5일의 제주 강의를 끝내고 제주에서 이틀 동안 여행을 즐겼다. 좋은 날씨와 아름다운 해변이 펼쳐지는 둘레길의 경관에 강의와 코로나로 쌓인 피로가 확 풀리는 듯했다. 그런데 여행 내내 날 거슬리게 하는 것이 있었다.

하나는 막 출고된 자동차에 장착된 첨단 내비게이션이었다. 각종 커넥티드 서비스, 블루링크, 휴대폰 연결 등으로 어려운 안내 멘트와 낯선 조작 방법으로 때로는 목적지조차 검색되지 않았다. 결국 내 스마트폰의 티맵T-map을 사용했다. 세상에 내 차도 아닌 렌터카를 며칠 사용하려고 그렇게 다양한 최첨단 기능을 배울 필요가 있을까? 렌터카 이용 고객에게는 그냥 목적지와 도착 시간 정도면 충분하지 않을까 싶었다. 앞서 핵심기능과 주변기능에서 설명한 바처럼 주변기능을 차별화해서 날 괴롭힌 경우다.

다른 하나는 고급 호텔의 TV 리모컨이다. 기껏 2~3일 묶는 여행지에서 이처럼 복잡한 메뉴의 리모컨 기능을 또 어떻게 배운단 말인가? 자기 집과 달리 여행객들은 밤새 다양한 장르의 프로그램을 시청할 리도 없으므로 역시 공중파 채널 서너 개와 음량 조절, 전원 버튼이면 충분할 것이다.

사용자들은 자기들이 쓰고 있는 제품과 비슷한 방식을 편안해한다. 별 어려움 없이 바로 작동할 수 있기 때문이다. 디지털 환경에서도 이런 점이 아주 중요하지만, 여전히 지켜지고 있지 않다. '선택할 대상이 늘어날수록 선택에 걸리는 시간이 늘어난다'라는 힉-하이먼법칙 Hick-Hyman Law이 있다. 영국의 심리학자 윌리엄 에드먼드 힉 William Edmund Hick의 이름을 따서 만든 법칙으로 선택안의 개수를 늘리면 사용자는 그만큼 결정하는 시간이 늘어나고 선택안을 줄이면 시간도 줄어든다는 게 기본 규칙이다. 웹사이트나 모바일의 사용자 디자인에서 절대 잊어서는 안 되는 규칙이다. 만약 TV 리모컨이라면 누구나 나에게 필요한 기능을 습관적으로 누르고 빨리 채널을 돌리고 싶어 할 것이다.

예를 들어 웹사이트에서 힉의 법칙을 잊어서는 안 되는 구체적인 이유는 이렇다.

- 웹사이트에서 페이지당 1초의 시간이 지체되면 전환율이 7% 감소한다.
- 단지 한 개의 필드만 줄여도 전환율이 50% 상승한다.
- 60%의 온라인 구직자가 웹폼의 길이와 복잡도 때문에 폼 작성을 포기한다.
- 채워야 하는 항목의 개수가 늘면 그만큼 드는 시간도 늘어나고 따라서 전환율도 떨어진다.

그렇다면 수많은 카테고리와 상품의 바다에서 헤매는 우리 고객들에게 더 바람직한 사용자경험을 제공하는 방법은 무엇일까? 답은 간단하다. 선택의 개수를 줄이면 된다.

선택지가 점차 많아지는 디지털 세상이기에, 힉의 법칙이 갖는 중요성은 더욱 커질 것이다. 이 법칙에 의하면 선택의 수를 줄이는 방법은 다음과 같다.

- 제시되는 정보량을 가능한 한 줄인다.
- 선택지들을 카테고리로 나누어 정보를 의미 덩어리로 묶어준다.
- 의미 덩어리로 만들어도 많다면, 정보를 계층으로 구조화시킨다.
- 정보에 우선순위를 두어, 중요한 정보를 더 많이 노출하고 덜 중요한 정보는 사용자 선택에 의해 노출되도록 만든다.

| 마케팅은 연애와 같다: 설득의 6원칙

제조업체는 물론 유통업체에 가서 참 아쉽게 느끼는 한 가지는 기술이나 상품 지식 면에서는 뛰어난 전문가지만 고객 심리에 관해서는 초보적 수준에 머물러 있다는 점이다. 뇌 과학과 인지심리 연구 결과, 소비자 행동의 95%가 무의식적 사고에 의해 결정된다는 사실이 밝혀졌음에도 불구하고 소비자의 무의식을 연구하거나 전문가가 있는 기업은 거의 없는 형편이다. 한 예로 백화점에서 구매력이 높은 젊은 부부를 잡기 위해 여성 고객과 동행한 아동을 맡아주면 구매력이 급증할 거라고 기대하고 너도나도 큰돈을 들여 매장 내 키즈 카페를 만들었는데, 실제로는 아동 케어보다 손을 자유롭게 해 주는 '짐 보관 서비스'가 구매에 더 결정적 영향을 미친다고 한다. 좀 더 효과적인 유통전략을 수립하기 위해서는 고객의 무의식과 무의식적 행동 습관을 관찰하고, 무의식적 행동 변화를 예측하는 통찰력을 가지도록 노력해야 한다. 단 5% 사용될 뿐인 의식에 적중하려고 전력질주하는 것보다 나머지 95%에도 마케팅 노력을 분산 투자하는 것은 너무나도 당연한 이치다.

그런데 95%의 무의식을 꿰뚫어 누군가의 마음을 사로잡는 방법에도 과학처럼 일정한 원칙이 있다면 얼마나 좋을까? 고맙게도 심리학으로 상대의 마음을 얻는 지름길을 알려주는 책이 있다. 바로 심리학 분야의 명저인 로버트 치알디니Robert Cialdini의 '설득의 심리학'이다. 이 법칙은 디지털 고객의 마음을 얻는 온라인에서도 그대로 들어맞는다.

1. 세상에 공짜는 없다_ 상호성의 법칙(reciprocity)

사람들은 받은 만큼 돌려주려는 본성이 있다. 누군가로부터 호의를 받았을 때, 어떤 형태로든 갚아야 한다는 강박관념에 사로잡힌 적이 있을 것이다. 이것은 '상호성의 법칙'이 작용하기 때문이다. 시식 코너에서 뭔가를 먹은 사람은 그 제품을 살 가능성이 크다. 뭔가 마음의 빚을 진 것으로 생각하고 이를 해소하고 싶어 하기 때문이다. 선물이나 호의는 타인의 마음으로 들어가는 열쇠다. 공짜 화장품 샘플을 나눠주면 구매율이 올라간다. 그래서 화장품, 향수와 같은 뷰티 브랜드 매장에서는 잠재고객들에게 샘플과 테스터를 지급한다.

LG전자나 삼성전자가 신제품을 출시할 때 한시적으로 얼리어답터들을 대상으로 굿즈를 주는 이유는 무엇일까? 굿즈는 상대방에게 부채 의식을 만들 것이고, 그 의식은 자신이 구매한 제품을 좋다고 평가하는 데 일조할 것이다. 또한 대부분의 사람은 자신의 선택이 가져온 결과(구매 후 만족감)에 대해 상대적으로 관대한 편이다. 왜 Z세대들은 착한 가게에 돈쭐(돈+혼쭐)을 내는 걸까? 그들은 착한 기업에 반응하고 설사 그 기업의 제품이 최고가 아니라 하더라도 기꺼이 돈쭐을 낼 의향이 있다. 좀 더 바람직한 기업이 될 수 있도록 작은 힘을 보태는 것, 그것이 그들에겐 명예인 것이다.

그렇다면 고객들을 직접 만날 수 없는 온라인 쇼핑몰에서는 어떻게 호혜성을 제공할 수 있을까? 무료 배송 쿠폰, 첫 구매 시 할인 쿠폰을 지급하는 것이 여기에 해당된다. 하지만 이러한 혜택들은 어느 쇼핑몰에서나 찾아볼 수 있는 정책이다. 중요한 것은 무조건적인 혜택을 주기보다 고객들이 가장 적극적으로 반응하도록 적절한 타이밍에 메시지를 전달하는 것이 더 효과적이다. 만약 쇼핑몰에 고객이 질문을 남길 경우 정말 송구스러울 정도로 상세하고 친근하게 답글을 남겨야 한다. 문의 전화가 올 경우 친절은 기본이고, 고객이 알려고 한 것보다 더 많은 정보를 주어야 한다. 사이트 페이지에 콜센터, 교환 주소, 반품 주소 등을 크게 표시하는 것도 도움이 된다. 고객이 비록 구매 전이지만 무언가 안심하게 만드는 효과가 있기 때문이다.

2. 몇 개 남지 않았습니다_ 희소성의 원칙(Scarcity)

"몇 개 남지 않았습니다." 홈쇼핑에서 쇼호스트가 자주 하는 말이다. 희소성의 원칙은 희귀성을 느끼는 재화에 대해 경쟁적으로 원하는 심리를 의미한다. 우리가 스타벅스 다이어리에 열광하는 이유도, 한정 판매에 열광적인 이유도 모두 희소성 때문이다. 흔히들 쇼핑몰에서 '이번 제품은 리미티드 에디션이고, 주문이 많아 이제 단 10점만 남았습니다. 서둘러 주세요! 마지막 기회입니다'라고 멘트하는 장면을 많이 목격했을 것이다. 이런 희소성에 우리가 열광하는 이유는 '일반적으로 쉽게 얻기 힘든 것은 곧 가치 있는 것'이라는 우리 안에 내재한 인식 때문이다.

최근 패션계의 전략으로 새로운 '드롭 컬처' 마케팅이란 말이 등장했다. '드롭Drop'이라는 판매 방식은 리미티드 에디션이나 적은 수량의 컬렉션을 선정된 일부 매장이나 SNS를 통해 기습적으로 투하하는 방식이다. 2018년 4월 LVMH그룹의 '리모와'가 '슈프림'과 컬래버레이션으로 만든 슈트케이스는 16초 만에 완판되는 기록을 세웠다. 이유는 바로 '드롭 컬처' 마케팅 덕분이었다. 출시 날짜를 3일 전에 게시했을 뿐인데, 이런 폭발적인 결과가 나타난 이유도 역시 희소가치와 한정판 전략이다.

사람들은 이익보다 상실에 훨씬 민감한 법이다. 미국 켄터키대학교에서 실시한 한 연구에 따르면 작업에 대한 최종 기한을 설정하면 긴급함이 생기고 행동을 취할 가능성이 커진다고 한다. 리모와와 슈프림의 전략 역시 이 법칙을 이용했고, 즉각적인 반응과 개성을 추구하는 Z세대와 밀레니얼 세대에게 큰 반향을 일으킨 것이다.

온라인 쇼핑몰에서도 타임 세일 이벤트를 기획하거나 상품명 옆에 '주문 폭주', '매진 임박'이라는 문구를 띄우는 것으로 이 법칙을 적극적으로 활용하고 있다. 2016년에 가장 핫했던 앱으로 '야쿠르트 아줌마'가 뽑혔던 이유도 야쿠르트 아줌마를 직접 만나야만 살 수 있는 제품들을 내놨기 때문이다. 끼리kiri 과자와 더치커피인 콜드브루 음료였다. 당시 이 과자와 커피를 사기 위해서 대학생들이 동네 야쿠르트 아줌마 출몰 장소를 찾아내기 시작했고, 나중에는 앱으로까지 출시가 되었다. 야쿠르트 아줌마를 찾았을 때의 기쁨과 구할 수 없다는 희귀성 때문에 젊은이들 사이에서 인기였다.

아마존도 얼마 남지 않은 재고 수량을 상품 페이지에 노출함으로써 고객의 구매 심리를 자극한다. 모든 소셜커머스는 시간이라는 매개체를 이용해 고객이 이 좋은 기회를 누리지 못하는 상황을 강조함으로써 높은 매출을 이끌고 있다. '남은 재고 1개보다는 재고가 한 개밖에 남지 않았어요'가 더 나은 것도 희소성에 의해 마감효과를 높이기 때문이다.

3. 브랜드를 자랑하게 하라_ 일관성의 법칙(Consistency)

사회복지단체들은 행인들을 붙잡고 왜 하트 스티커를 붙이게 하는 것일까? 시작은 가볍지만, 그로 인해 발생하는 일관성의 관성이 만들어 줄 '전환'에 대해 그들은 알아차리고 있기 때문이다. 홈쇼핑에서는 샘플을 써본 후 마음에 들지 않으면 그냥 반품하라고 한다. 하지만 부채 의식과 일관성을 유지하고자 하는 마음 때문에 실제 반품률은 예상외로 낮게 나온다. 이게 홈쇼핑이 시청자를 낚는 원리이다. 바로 '일관성의 법칙' 때문이다. 일관성의 법칙은 선택의 상황에서 어떤 입장을 한번 취하면 그 결정에 대해 일관성을 유지해야 한다는 심리적 압박을 활용한 것이다.

세일즈맨들도 이른바 '문간에 발 들여놓기 전략'으로 뭔가를 부탁할 때는 큰 것부터 하지 말고 먼저 작은 것부터 주문하고 점점 큰 것을 요구하라고 선배들에게 배운다. 사람들은 마음먹기가 어려워서 그렇지 일단 마음을 먹으면 일관성을 유지하려는 성향이 강하다.

이 법칙을 이용하여 온라인 쇼핑몰 등에서 충성고객을 가장 효과적으로 만들 수 있을 것이다. 고객들이 자신들의 SNS에 구매 후기를 올리게 하는 것보다 더 일관성을 유지하는 확실한 방법이 없기 때문이다. 영국의 대표 온라인 쇼핑몰 아소스ASOS도 자사 몰에 '#AsSeenOnMe'라는 온라인 커뮤니티를 만들었는데, 아소스 제품을 입은 사진을 인스타그램 또는 트위터에 게시한 고객들은 해시태그를 사용하여 아소스 웹사이트 제품 페이지에 사진을 공개할 수 있도록 했다. 우리나라의 패션과 뷰티 앱인 스타일쉐어StyleShare가 성공할 수 있었던 요인도 단순히 상품을 판매하는 플랫폼이 아니라 고객들 스스로 자신만의 스타일을 자랑할 수 있는 커뮤니티를 제공했기 때문이다.

4. 때로는 상품보다 중요한 '후기'_ 사회적 증거의 법칙(Social proof)

TV쇼 프로에서 가짜 웃음을 들려주면 그것이 가짜인 줄 알면서도 사람들은 덩달아 웃게 된다고 말한 것을 본 적이 있다. 특히 사람은 불확실성이 높은 때일수록 주변 사람들의 행동을 보고 베낀다. 우리는 행동의 옳고 그름을 판단할 때 얼마나 많은 사람이 같은 행동을 하는지를 살펴본다. 즉, 사람들이 어떠한 결정을 내려야 하는 상황에서 정확한 정보나 확신이 없을 때, 많은 사람이 하는 것을 그대로 따라서 하는 것이다.

사회적 증거의 원칙은 특히 우리가 관찰하는 대상이 우리와 비슷한 사람일 때 가장 강력하게 작용한다. 최근 평범한 사람들을 모델로 기용한 텔레비전 광고가 늘어나는 것도 이와 같은 이유다. 이런 경향을 고려해 다수의 행동으로 설득하는 것을 '사회적 증거의 법칙'이라고 한다. 그래서 판매 1위의 맥도날드는 '수십억 명의 사람이 맥도날드를 먹는다'라고 광고한다. 다들 먹으니 당신도 먹으라는 얘기다.

그래서 광고주들은 자사 제품에 대해 '최다 판매', '20만 고객이 선택한' 과 같은 표현을 자주 사용하는데, 그렇게 하면 품질이 우수하다고 직접 광고할 필요 없이 이미 많은 사람이 그런 생각을 하고 있다는 것 자체가 충분한 증거가 된다. 요즘 광고주들이 사용 후기나 체험단 모집에 더욱 적극적인 것도 이런 이유이다.

온라인 쇼핑몰에서 리뷰, 구매자 수, 평점 등은 사회적 증거로 작용하며 타인의 구매 전환율을 높이는 데 중요한 역할을 한다. 집단 동조 현상을 설명하는 용어로 '3인의 법칙'이 있다. 3명이 비슷한 행동을 하면 주변의 사람들도 그 행동에 동조한다는 법칙이다. 구글 애널리틱스를 통해 리뷰가 있는 상품과 리뷰가 없는 상품의 구매 전환율을 비교한 논문에서도 리뷰가 있는 상품이 구매 전환율이 더 높았다.

온라인 쇼핑몰에서 사회적 증거의 법칙을 가장 쉽게 찾아볼 수 있는 곳은 상품 상세 페이지다. 상품명 바로 옆에 고객들의 별점과 리뷰를 가장 잘 보이는 곳에 배치하는 것이 그 예라고 할 수 있다. 시선인터내셔널이 운영하는 온라인 쇼핑 플랫폼 '인터뷰스토어interviewstore'는 이 법칙을 좀더 똑똑하게 적용하고 있는 쇼핑몰이다. 인터뷰스토어의 내비게이션 아래에는 실시간 구매, 장바구니, 리뷰를 확인할 수 있는 메뉴바가 있는데 해당 메뉴를 클릭하면 실시간으로 고객들이 구매한 상품, 장바구니에 담은 수, 마지막으로 남긴 사람 수와 리뷰 내용을 확인할 수 있다.

이처럼 구매 후기는 쇼핑몰 고객들이 상품을 선택하는 데 있어서 결정적인 역할을 하는데 상품 상세 설명보다는 다른 사람의 다양한 후기를 읽고 구매에 대한 확신을 가질 가능성이 그만큼 커진다. 이런 이유로 쇼핑몰 마케터는 양질의 구매 후기 수를 얼마나 늘리냐가 대단히 중요한 성과지표가 된다.

5. 세계 최고 영업맨의 비결_호감의 법칙(Liking)

"고객은 그들이 좋아하는 영업사원으로부터 차를 산다." 기네스북에 '세계 최고의 자동차 판매왕'으로 올랐던 미국의 영업사원 조 지라드Joe Girard의 말이다. '좋아하면 판단하지 않는다'라는 말이 있다. 누구나 좋아하는 사람의 부탁은 거절하지 못한다. 이 말은 제품의 어떤 요소보다도 영업사원에게 호감을 느낄 때 구매할 확률이 높다는 '호감의 법칙'에 따른 것으로 '설득의 심리학'에서는 상대방에게 호감을 주는 방법으로 외모(외형적 매력), 유사성(동질적 매력), 칭찬(언어적 매력)을 꼽고 있다. 특히 우리는 나와 비슷한 사람에게 호감을 느끼는데(유사성) 외모나 말투, 행동적인 걸 포함해서 같은 고향, 학교, 성씨를 가진 사람에게 끌리는 것이다. 코카콜라는 미국, 영국, 호주에서 그 나라의 가장 흔한 이름 100개를 콜라병 라벨에 프린트해 넣었다. 그 이유 역시 사람들은 자신과 아주 작은 공통점이라도 있는 것에 더 많은 주의를 기울이는 경향이 있다는 걸 마케팅에 활용한 것이다.

　호감의 법칙을 만드는 전략으로 '오찬 기법Luncheon Technique'도 있다. 그레고리 라즈란Gregory Razran은 실험에서 피험자들이 식사하면서 만난 사람이나 겪은 일에 더 호감을 보인다는 사실을 발견하는데, 오찬 기법은 함께 무언가를 먹거나 마시면서 이야기할 때 대화가 더 잘 풀리고 상대방에게 호감을 느끼게 된다는 주장이다. 라즈란은 실험을 통해 정치적 견해를 들려주며 음식을 대접한 그룹(A그룹)과 정치적 견해를 들려주지만, 아무것도 대접하지 않은 그룹(B그룹)을 비교했는데 음식 대접을 받은 A그룹의 학생들이 정치적 견해에 대해 더 긍정적 반응을 보였음을 밝혀냈다.

이는 실제 경제생활에서도 마찬가지로 레스토랑의 서빙 직원이 주문을 받은 후 고객의 말을 그대로 되풀이했더니 평소보다 70% 많은 팁을 받았다고 한다. 또한 작은 약점을 솔직히 드러내는 사람에게 호감을 느낀다는 점에 착안한 전략도 활용할 만하다. 회사가 제품의 작은 단점을 먼저 언급하면 고객은 그 회사가 정직하고 믿을 만하다고 생각하며, 그 후 진짜 장점을 언급하면 훨씬 설득력이 높아진다. 폭스바겐의 비틀 자동차는 못생긴 외모 때문에 고민을 하다가 "외모로만 판단하지 마세요"라는 카피를 만들어 사람들의 마음을 끌었다. '우린 좀 비싸요. 하지만 당신은 소중하잖아요'라는 로레알 광고도 마찬가지다.

그렇다면 온라인 쇼핑몰에서는 어떻게 호감의 법칙을 적용할 수 있을까?

신세계 그룹 SSG닷컴은 'ㅅㅅㄱ 패밀리 초대' 이벤트를 통해 고객들에게 다양한 혜택을 제공한 적이 있다. 'ㅅㅅㄱ 패밀리 초대'는 이름 초성이 ㅅㅅㄱ(예: 송승기, 성시경 등)인 고객들에게 최대 20만 원 상당의 쿠폰을 증정하는 이벤트다. 해당 초성을 가진 고객들이 이벤트 참여 시 100% 쿠폰을 제공했다. SBI저축은행도 이와 유사한 캠페인을 진행했다. 국내 저축은행 업계 1위인 SBI의 기업 인지도는 높지 않다. OK저축은행이 2위 기업이지만 인지도는 더 앞서는 것이다. 그래서 SBI저축은행은 업계 1위의 지명도와 고객들의 친근감을 유도하는 방법으로 초성 이벤트를 개최한 적이 있다. 당첨작은 'SBI가 찾은 Sang Bum Ine(상범이네 도너츠)', 'SBI가 찾은 Shin Byeol-I(신별이)', 'SBI가 찾은 Sik Bbang-I(식빵이)' 등이었다. 모두 초성 이벤트 등을 통해 고객들에게 나와 유사하다는 인식, 친근함으로 다가간 사례라고 할 수 있다. 유사성은 특정 연령대나 성별을 대상으로 한 이벤트나 프로모션에도 적용될 수 있을 것이다.

6. "뭔가 깊은 뜻이 있겠지"_ 권위의 원칙(authority)

시카고 불스의 마이클 조던은 습관처럼 경기 직전에 특정 브랜드의 에너지 바를 세 개씩 먹고 경기에 임했다고 한다. 얼마 지나지 않아 많은 팀 선수들이 조던을 따라 경기 전 그 에너지 바를 먹었다. 하지만 놀라운 것은 팀 내 어떤 후보선수가 오래전부터 늘 즐겨 먹던 것이 바로 그 에너지 바라는 사실이다. 선수들은 후보선수가 먹던 에너지 바에는 그 어떤 관심도 없다가 일류 선수 조던이 먹는 것을 보고 경기력에 도움이 되는 에너지 바로 믿어버렸던 것이다. 이는 구매가 일어나는 온라인 쇼핑몰에서도 그대로 통용된다. 일반인 모델보다 공신력이 있는 모델이 판매를 이끌고 SNS에 뿌려지게 되면서 훨씬 판매효과가 크게 나타난다. 우리는 권위 있는 메신저(상사, 선배, 전문가)의 말을 무비판적으로 신뢰하는 심리가 있다. 말콤 글래드웰이 저서 『아웃라이어』에서 비행기 운항 시 부기장이 기장captain의 권위에 눌려 제 역할을 못 하는 것을 이르는 말로 '캡티니티스Captainitis 현상'을 정의한 바 있는데, 이것도 권위의 법칙에 해당한다.

사람은 보통 두 가지로 판단을 한다. 그 둘은 면밀하게 분석한 후 내리는 판단과 그럴 것 같다는 느낌으로 내리는 판단이다. 두 번째를 '휴리스틱'이 작동했다고 한다. 그런데 휴리스틱은 장단점이 있다. 장점은 결정에 시간과 에너지가 적게 소모되는 것이고, 단점은 잘못된 판단을 내리기 쉽다는 것이다. 앞서 얘기한 캡티니티스 현상은 휴리스틱의 실수 중 대표적인 예이다. 새로 온 부기장이 전설적인 조종사와 비행을 하게 되었다. 부기장은 실수로 기장이 고개를 끄덕이는 것을 랜딩 기어를 올리라는 신호로 받아들였다. 충분히 이륙하지 못한 비행기는 사고가 났다. 부기장은 스스로 생각하지 않고 기장의 말을 곧이곧대로 따랐다. 스스로 세심하게 판단을 내렸다면 추진력이 부족한 비행기의 랜딩 기어를 올리지 않았을 수 있다. 사람들은 저명한 사람들이 하는 말이면 이해되지 않아도 '뭔가 깊은 뜻이 있겠지'라고 생각하기도 한다.

아는 선배가 골라주는 주식 종목보다 경제 전문가가 골라주는 주식 종목에 신뢰가 간다. 똑같이 삼성전자를 사라고 말해 줘도 경제 전문가가 말할 때 더 많이 산다. 우리는 권위자가 제공하는 정보를 지름길 삼아 자신의 행동을 곧장 결정해버리는 성향이 있는데 우리보다 더 많은 정보를 가진 권위자들의 요구에 따르는 것은 합리적일 수도 있지만, 전혀 합리적이지 않은 명령에도 그대로 따르는 사태가 벌어질 수 있다. 따라서 권위자의 원칙에 대응하는 자기방어 전략은 '이 사람이 정말로 전문가인가'에 대한 입증할 만한 증거를 찾아보고, 그의 자격이 당면한 현안과 관련이 있는지 확인하다 보면, 우리는 자동 복종이라는 심각한 위험을 어느 정도 피할 수 있다.

설득의 심리학은 인간의 심리과학적 특성에 기반해 사회심리학이 밝혀낸 영향력의 법칙을 6가지로 압축해 냈다. 사람들은 받은 것을 돌려주려 하고(상호성), 부족하면 더 간절하게 원하게 되며(희소성), 답을 잘 모를 때 전문성과 경험을 가진 사람이나(권위), 유사한 사람들 혹은 다수의 의견(사회적 증거)을 따르게 되며, 자신이 이전에 공개적이거나 자발적으로 밝힌 의견에 맞춰 행동하려 하고(일관성), 자기를 좋아하는 사람의 요청을 잘 거절하지 못하는(호감) 심리적 특성이 있다.

설득의 심리학은 마케팅과 영업 직종에 있는 사람들에게 오랜 기간 바이블처럼 여겨졌다. 그들의 실무에서 설득이 매우 중요한 부분을 차지하기 때문이다. 설득의 심리학은 영업하는 세일즈맨과 조직의 리더가 고객과 직원들에게 어떻게 소통해야 하는지를 잘 보여주고 있다. 예를 들어 리더는 조직을 이끄는 사람이다. 여기에서 '이끈다'라는 말이 디지털 시대에 무엇을 의미하는지 생각해 보자. 직원에게 명령하는 사람일까? 아니면 설득하는 사람일까? 고객이나 직원에게 강매하거나 지시해서 사업이 잘되거나 일이 잘 풀릴 수 있다면 세일즈맨이나 윗사람의 입장에서는 큰 문제가 없을 것이다. 하지만 세일즈맨과 리더는 일방적 지시로는 조직이 돌아가지 않기에 고민을 한다. 그들은 고객과 직원을 설득한 방향으로 이끌어가는 사람이라는 정의에 동의한다면 '설득의 심리학'이 제시하는 영향력의 6가지 법칙은 리더십이나 조직 커뮤니케이션 관점에서 영향력을 만들어가는 과학적인 지침서로 디지털 시대에 더욱 유용하게 활용할 수 있을 것이다.

컨텍스트로 승부하라

| 고맥락 사회 vs 저맥락 사회

인터넷에 보면 남자와 여자의 대화 차이에 관해 재미있게 해석한 글이 많다. 예를 들어 여자친구가 카톡으로 "나 화났으니까 연락하지 마"라고 했다고 곧이곧대로 듣지 말라는 것이다. '나 너무 화났으니까 지금 당장 연락해. 그리고 빨리 풀어줘'라는 의미이기 때문이다. 남자와 여자의 대화뿐 아니라 가정이나 직장에서 '눈치 없이' 상대의 말을 곧이곧대로 받아들이거나 말속에 숨겨진 의미를 제대로 이해하지 못하면 문제가 생길 수 있다. 예를 들어 시골에 계신 시부모님이 "바쁘면 이번 추석에는 안 와도 된다"라고 말씀하셨다고 정말로 시댁에 가지 않는다면 두고두고 미운털이 박힐지도 모른다. 밤늦게 집에 들어갔는데 어머니가 현관에서 "너 이렇게 늦게 들어오려면 아예 들어 오지 마"라고 했다고 해서 아들이 그다음 날부터 집에 들어오지 않는 것은 아니다. 어머니의 진짜 속마음은 '늦게 들어오면 미리 전화를 해서 엄마 걱정하지 않게 해야지'라는 의도로 번역해서 듣는 것이다.

직장에서도 신입사원들이 선배한테서 자주 듣는 말 중 하나가 '제발 눈치껏 해라'라는 말이다. '눈치'를 사전에서 찾아보면 '남의 마음을 그때그때 상황으로 미루어 알아내는 것'이라고 풀이되어 있다. 말이나 글의 행간을 잘 읽고 눈치와 직관을 발휘해 주어진 상황에 적절하게 대처하는 것은 맥락context을 잘 이해하는 것이라고 할 수 있다. 글도 전후좌우의 '문맥'을 살펴서 읽어야 하듯이 맥락을 잘못 파악하면 엉뚱한 일이 벌어진다.

좋아하는 여학생에게 호감을 표현하기 위해 "옷이 예쁘다"라고 말했는데, 그 의미를 이해하지 못하고 "이게 얼마나 비싼 옷인데, 당연하지"라는 대답이 돌아온다면 얼마나 실망스러울까. 남학생이 "연필 좀 빌려주실래요"라고 단순히 부탁했는데, 여학생이 "됐어, 난 너한테 관심 없거든!" 한다면 남학생은 또 얼마나 당황스러울까. 하지만 해결책은 있다. 그 해결책 역시 '맥락'이다. 오가는 대화의 맥락을 통해 진정한 의미를 느낄 수 있도록 훈련하는 것이다.

사전적으로 '맥락context'은 어떤 사건이나 글의 '전후 관계'를 나타낸다. 미국의 문화인류학자 에드워드 홀Edward Hall은 그의 저서 『문화를 넘어서』에서 문화를 고맥락high context 문화와 저맥락low context 문화로 구분했다. 의사소통에서 의미와 정보 전달이 문자나 말에 의존하는 부분이 클수록 저맥락 문화, 적을수록 고맥락 문화로 나눌 수 있다. 고맥락 문화는 '감感의 직관이 앞서는 문화로, 말없이도 서로 아는 높은 공감대와 오랜 역사를 통해 눈치껏 하는 문화'를 지칭한다. 그래서 저맥락 문화는 말과 문서에 표기된 내용이 중요하지만, 고맥락 문화는 언어보다는 그때 상황이 더 중요하다. 고맥락 문화권이냐 저맥락 문화권이냐에 따라 마케팅과 서비스 전략, 소통 방식에도 큰 차이가 발생한다. '직설적 소통'과 '정황적 소통'으로 구분되는 것이다. 고맥락 문화권의 사람들은 대화할 때 상대방이 이미 자신이 이야기하고자 하는 것을 짐작하고 있다고 믿기 때문에 구체적이고 세세하게 말할 필요가 없다고 생각한다. 그래서 말을 듣는 사람도 앞서 엄마나 시부모의 사례처럼 상대방의 말을 꼭 문자 그대로 받아들이지도 않는다. 저맥락 문화권의 사람들은 말이나 문자로 직설적이고 정확하게 의사를 표시하는 것을 좋아한다.

그렇다면 디지털 도구와 인터넷을 통한 소통은 저맥락일까, 고맥락일까? 답은 고맥락이다. 인터넷이나 온라인 소통은 기존의 직선 구조의 글과는 달리 다각적으로 정보에 접근하는 하이퍼텍스트hypertext 링크들로, 컨텍스트를 풍부하게 해주는 고맥락 커뮤니케이션으로 볼 수 있다. 우선 웹의 하이퍼텍스트는 단편적인 정보들을 하이퍼 링크라는 연결고리를 이용하여 엮음으로써 컨텍스트와 유연성을 제공하기 때문이다. 그리고 사용자와 독자가 풍부한 정보를 부가적으로 얻게 해준다. 인터넷의 멀티미디어 콘텐츠인 사진, 동영상, 다수의 링크 글 그리고 애플리케이션까지 컨텍스트를 풍부하게 해주고 있다. 디지털 커뮤니케이션에서는 이러한 컨텍스트를 풍부하게 만드는 커뮤니케이션 활동이 대단히 중요하다. 다시 말해 콘텐츠가 아니라 컨텍스트를 만드는 것이다.

여기서 궁금해지는 것이 하나 있다. 인간과 같은 수준으로 컨텍스트를 이해하는 인공지능이 출현할 수 있을까? 스마트센서가 진화하면서 센서 기술이 인간의 감각을 모방할 정도로 발전할 것으로 예측하는 전문가도 있다. 맥락 인식context awareness, 즉 사람이 말하지 않아도 기계가 눈치껏 대응하는 '디지털 육감'이 언젠가 가능해질 것이라는 이야기다. 사람의 마음을 읽어내고, 주변 환경을 적절하게 파악하여 고급 정보나 서비스를 제공하는 '친절한 기계'가 우리 생활 가까이 등장할 것이라는 전망인 셈이다. 반면에 어떤 전문가들은 그런 날이 절대 오지 않을 것이라고 주장한다. 결론적으로는 인공지능이 인간의 육감을 따라 하기가 쉽지 않다는 것만은 분명하다.

이렇게 보면 오늘날 인공지능이 넘어야 할 가장 큰 허들은 바로 '컨텍스트'라는 사실이다. 텍스트, 즉 단어 하나하나, 문장 하나하나를 받아들이는 것은 사람이 인공지능을 능가할 수 없다. 그러나 단어와 단어의 맥락, 문장과 문장의 문맥을 이해하는 일, 즉 눈치를 살피고 앞뒤 상황과 맥락을 읽어내는 컨텍스트는 아직 사람을 이길 수 없다. 인간은 부분을 부분으로만 보지 않고 전체 중 일부로 바라보는 탁월한 능력을 갖춘 존재다.

| 고객경험은 컨텍스트에서 나온다

1980년대 말, P&G는 농축세제인 '아리엘 울트라Ariel Ultra'라는 신제품을 출시한 적이 있다. 적게 써도 세정력이 높고 무엇보다 거품발생도 적어서 물 사용을 줄여주는 혁신적인 제품이었다. 하지만 몇 개월 만에 상점에서 철수하고 말았다. 많은 양을 써서 거품이 많이 나야 세탁이 잘 된다고 믿는 잘못된 믿음 때문이었다. 이렇듯, 소비에 대한 사람들의 관념, 인식, 관행, 기준 등을 포함하는 소비맥락은 소비자 판단과 구매, 평가에 알게 모르게 지대한 영향을 미치게 된다. 관찰을 통해 이러한 소비맥락을 이해해야 한다.

캐나다의 경영학자 헨리 민츠버그Henry Mintzberg는 '사무실에 가만히 앉아 전략을 멋대로 예측하거나, 실제의 상품과 고객을 접촉하지 않고 전략을 결정하는 것은 매우 위험한 일이다'라고 경고한 바 있다. 미국 뉴욕대 클레이 셔키Clay Shirky 교수는 앞서 소개한 맥도날드 관찰 사례에서 경험한 일화를 '밀크셰이크 오류'라는 말로 정리했다. '밀크셰이크 오류'는 상황과 맥락을 보지 않은 채 제품이라는 대상 자체에만 관점을 기울여 문제를 해결하려는 오류를 말한다. 이러한 밀크셰이크 오류를 범하지 않으려면, 고객의 구매 행태를 세심한 관찰자의 눈으로 관찰해야 한다. 사자가 사냥하는 법을 보려면 동물원이 아닌 '정글로 가야 한다'라는 말은 P&G를 혁신 기업으로 변모시킨 래플리A.G.Lafley 회장이 한 말로, '소비자 관찰'의 중요성을 강조한 것이다.

관찰의 목적은 '완전히 새로운 것'을 찾기보다 '이미 존재했지만 간과해 왔던 현상을 과거와 다른 관점에서 재검토해 그 속에서부터 새로운 가치를 끄집어내는 것'이다. 소비자에게 관심을 두고 다양한 각도에서 입체적으로 바라볼 때 생각지도 못했던 구매 맥락과 고객경험의 실마리를 찾을 수 있을 것이다. 만약 롯데리아에서도 매출을 늘리기 위해 고객 조사를 해 보고 더 신선한 재료를 쓰고, 커피의 양을 더 늘리고 맛있는 향료를 추가함으로써 품질 좋은 커피를 제공한다면 '밀크셰이크의 오류'를 저지르는 셈이다. 고객은 제품을 한 가지 용도로만 사용하지 않는다. 고객의 삶 속에 우리 제품이 어떻게 녹아 들어갈 수 있는지를 고민해야 한다. 고객이 처한 특정 환경에서 더 나은 '경험'을 할 수 있게 하여 주는 일이 커피나 밀크셰이크를 선택하는 주된 이유이기 때문이다. 이렇게 보면 고객이 구매하는 이유는 제품 자체가 아니라 맥락이다.

기술적인 면에서 컨텍스트적인 접근은 오프라인 기업보다는 온라인 기업에 더 적합하다. 초개인화가 가장 적극적으로 이루어지는 분야는 온라인 마케팅이다. 그래서 이를 '컨텍스트 마케팅context marketing'이라 한다. 컨텍스트 마케팅은 인공지능을 비롯한 디지털 혁신 기술이 소비자의 상황을 고려해 니즈를 즉시 충족시키고 실제 구매로 이어져 구매 전환율을 높이는 마케팅 기법이라 할 수 있다. 고객이 디지털 미디어상에 남겨놓은 텍스트, 이미지, 소셜 미디어 흔적 등의 맥락을 모두 고려해 그들의 니즈를 찾아낼 수 있다.

가장 기본적인 형태의 검색 광고부터 최근에는 사용자의 관심사를 추적하는 '리타게팅 광고'까지 초개인화는 온라인 분야에서 빠르게 대중화되고 있다. 고객의 과거 구매 데이터와 쇼핑 습관, 최근 생활 패턴, 브랜드 선호도 등을 파악해 웹 페이지나 앱에 고객이 방문할 때마다 다른 제품을 추천하는 방식이 대표적 사례다. 고객의 취향과 상황에 맞추어 구매 맥락을 고려함으로써 초개인화된 서비스가 이루어지고 있다.

초개인화 서비스에서 꼭 기억해야 할 것은 바로 고객의 사용 맥락을 고려한 '서비스의 목적'을 잘 찾아내야 한다는 점이다. 이른바 'TPO 마케팅'이라 부를 수 있다. TPO 마케팅이란 커뮤니케이션의 TPO인 시간Time, 장소Place, 상황Occasion에 맞는 제품이나 서비스를 제공한다는 의미로 널리 사용되어 왔다. 이 개념은 디지털 트랜스포메이션 시대를 맞이하면서 더욱 활성화되고 있다. 사람들이 페이스북, 블로그, 유튜브 등에 남겨놓은 흔적에서 인사이트를 찾아내고, 이를 정교한 마케팅으로 녹여낼 수 있게 된 것이다. 연결된 세상에서는 멋진 플랫폼만 설계한다고 해서 저절로 네트워크가 만들어지지는 않는다. 반대로 사소하고 지루한 연결 하나하나가 쌓여 네트워크를 만든다. 이 사소한 연결을 만드는 것이 바로 컨텍스트다.

대표적인 TPO 마케팅이 바로 검색 광고다. 같은 상품에 관심이 있어 정보를 검색하더라도 검색 시 사용하는 '키워드'에 따라 다른 광고 문구를 보여주는 방법이다. 검색 광고의 경우 예전에는 키워드에 상관없이 같은 단어를 검색하면 같은 광고 상품이 노출되었다. 이제는 같은 상품이더라도 사용하는 검색 키워드에 따라 다른 광고가 노출되는 사례가 점점 늘어나고 있다. 대표적인 예로 구글은 똑같은 검색어를 입력하더라도 사용자가 언제, 어디서, 어떤 기기로 접속했는지 상황을 분석해 검색 의도를 정확히 알아차림으로써 가장 적합한 검색 결과를 제공하고 있다. 예를 들어 똑같이 식당이라는 단어를 입력해도 집에서 오전 9시에 PC로 접속했다면 검색 결과로 주말에 들를 만한 고급 식당 정보를 상세하게 제공하고, 오후 6시에 도심에서 이동 중에 모바일로 검색한다면 검색 결과로 당장 끼니를 해결할 만한 인접 식당 정보를 간결하게 제공한다. 고객이 처한 상황에 기민하게 대응하는 것이다.

KB다이렉트 손해 보험의 경우 '자동차보험'이라는 키워드를 사용한 검색자에게는 "5월 보험료 결제 이벤트 …"라는 문구를 이용했으나 '싼 자동차보험'으로 검색하면 "결제 시 3만 원 할인…" 하는 식으로 가격 할인을 앞세운 문구를 사용, 같은 상품이라도 개인별로 다른 문구를 이용하고 있다.

4차 산업혁명의 인공지능, 로봇, 사물인터넷, 빅데이터 등은 컨텍스트를 파악하고 적용하는 데 유용하게 사용될 수 있다. 예를 들어 패션산업이라면 어떤 전문가는 '엄마기계'의 시대가 올 것이라고 비유하기도 한다.

즉, 옷을 '엄마기계'가 만들어준다. 여기서 엄마기계란 엄마의 특성과 기능을 수행하는 기계, 시스템, 장치, 소프트웨어, 플랫폼 등을 총칭한다. 엄마의 특성과 기능은 수작업 시대에 엄마가 하던 일들과 유사하다. 엄마가 수요자인 자녀들의 상황, 맥락, 선호, 의도 등을 반영해서 소재를 선정하고, 디자인하고, 손수 재봉틀로 만들어주는 것이다. 그냥 막연히 보편적으로 대중을 의한 좋은 옷을 만드는 것이 아니라 특정 대상에게 가장 좋은 옷을 만들어준다. 이때 엄마가 고려하는 것을 한마디로 '컨텍스트'라고 할 수 있다. 즉, 컨텍스트를 반영한 '전문가 기계'의 등장이 바로 제4차 산업혁명의 핵심이다. "콘텐츠가 왕이라면 컨텍스트는 신이다"라는 말이 있다. 일반적으로 좋은 옷을 만들어내는 능력은 중요하다. 그러나 수요자가 원하는, 몸에 딱 맞는 옷을 만들어내는 능력은 훨씬 더 중요하다. 패션산업에서 보듯 모든 영역에서 컨텍스트를 반영하는 전문가 기계가 등장하는 것이 바로 제4차 산업혁명의 핵심이다.

결국 수많은 상품과 서비스 중 하나를 고객의 상황context을 분석해서 추천해 주는 것이 '큐레이션'이다. 디지털 기술을 먼저 습득하고 활용하는 플랫폼 기업들의 큐레이션이 남다를 수밖에 없는 이유이다. 소비자의 맥락과 상황까지 고려하여 개인별 특정 욕구에 맞춘 '초개인화 큐레이션'이 소비자의 지갑을 열게 하는 마케팅 화두가 되고 있다. 소비자의 구매 욕구는 상황과 맥락에 따라 시시각각 변화한다. 따라서 소비자의 상황과 맥락을 파악하여 고객의 니즈를 예측하는 초개인화 큐레이션이 중요해지고 있다. 우리 주변에서 가장 흔하게 큐레이션 서비스를 접하는 분야는 쇼핑이다.

큐레이션 서비스의 정확성을 보여주는 유명한 사례 중 하나로 앞에서 언급한 미국의 대형할인점 타깃이 한 여고생에게 임산부에게 필요한 유아용품 할인 쿠폰을 우편으로 발송한 것을 들 수 있다. 타깃의 시스템은 고객이 임산부에게 필요한 영양제와 무향 로션을 구입했다는 사실을 분석하고 임신 중이라는 사실을 알아냈고, 예상 출산 시기에 맞춰 유아용품을 추천했던 것이다. 가족에게조차 숨겼던 고등학생 딸의 임신 소식을 영양제와 무향 로션이라는 컨텍스트를 통해 큐레이션 서비스는 이미 인지하고 있었던 사례다.

하지만 오프라인 기업에서도 컨텍스트에 대한 이해를 바탕으로 해법을 찾아가는 노력이 필요하다. 고객들은 이제 콘텐츠가 필요해서 오프라인 매장으로 나오지 않는다. 은행의 '복합점포'가 이러한 추세를 적절히 반영한 것이다. 은행 영업점에 편의점, 서점, 공연장이 함께 들어가 고객들은 다양한 편의를 위해 은행을 찾는다. 국내 대다수 은행은 인터넷뱅킹과 모바일 뱅킹이 활성화되면서 일반 영업점을 방문하는 고객 수가 줄자 공간 활용성과 고객 접근성을 높이기 위해 복합점포를 선택했다. 이종 업종 간 복합점포를 열어 고객에게 다양한 편의를 제공하면 이미지 개선에도 도움이 되고 고객을 끌어당길 영업 기회도 만들어진다. 새로운 컨텍스트 제공의 의의가 크다. 컨텍스트는 온·오프라인의 기업 모두에게 떨어진 화두다. 타깃 고객을 분석하고 그에 맞는 컨텍스트를 정확하게 제공하면 혁신의 길을 제안할 수 있다.

| 전체로 승부하라

오늘날 기업의 마케팅 활동에서 가장 흔하게 저지르는 실수는 전체적인 흐름, 즉 맥락을 유지하지 않는 것이라고 할 수 있다. 이슈화되고 있는 이야기나 실시간 검색어 등이 '바이럴 마케팅'이라는 이름으로 소비자의 시선을 잡아끌려고만 하고 있다. 그러나 이는 소비자의 구매나 브랜드 충성도로 바로 연결되지 않기 때문에 진정한 바이럴 마케팅이라고 할 수 없다. 진정한 의미의 바이럴 마케팅은 단순히 재미와 흥미를 끄는 콘텐츠가 아니라 전체적인 흐름을 고려한 컨텍스트를 요구하기 때문이다. 고객들은 우리 기업의 제품과 서비스, 단지 그것들에만 집중하지 않고 더 큰 전체로, 전체의 부분으로 그것들을 보고 있다는 사실을 기억할 필요가 있다. 이러한 전체적인 맥락을 고려한 마케팅이 PPL 광고다.

PPL은 Product Placement(제품 간접광고)의 줄임말로, '임베디드 마케팅 embedded marketing' 혹은 '끼워 넣기 마케팅'으로 부를 수 있다. 간접광고의 대표적인 형태로서 영화나 방송 프로그램 속에 소품으로 등장하는 상품을 말한다. 하지만 넓은 의미에서의 PPL은 브랜드명이 보이는 상품뿐만 아니라, 협찬 업체의 이미지나 명칭, 특정 장소 등을 드러내 무의식중에 관객들에게 홍보하는 포괄적인 개념이다. TV 채널을 돌려버리면 그만인 상업 광고에 비해 영화나 드라마 속의 PPL은 시청자들에게 큰 저항감 없이 무의식적으로 제품 이미지를 심어줄 수 있다. 시청자는 영화의 감흥이나 드라마의 재미에 연결되는 전체의 맥락에서 그 상품을 기억한다.

그러나 드라마나 영화에서 화면에 제품을 잠깐 비추는 단순 노출은 콘텐츠의 맥락이나 상황과 연계되지 않는 경우가 대부분이다. 이처럼 단순히 노출 빈도의 증가만을 위해 PPL 기법을 활용하는 경우는 큰 효과를 얻지 못한다. 예를 들어 고뇌하는 주인공의 얼굴 대신 뜬금없이 손에 쥔 커피 캔을 오래도록 비춰주는 식인데 이것은 콘텐츠의 전체적인 흐름을 방해하는 요소로 작용함으로써 이는 해당 브랜드에 대한 기억이 긍정보다는 부정적인 방향으로 흐를 수 있기 때문이다. 더 효과적인 PPL 광고를 위해 중요한 것은 무조건적인 노출이 아니라 극의 흐름에 딱 맞아떨어지는 '맥락 짓기'다. 한때 인기리에 방영되었던 드라마 '최고의 사랑'은 차승원 씨가 연기한 유아독존 톱스타 '독고진'이라는 캐릭터로도 유명하지만, PPL 광고가 유독 많이 등장하는 드라마로도 화제가 되었다. '최고의 사랑'에서 주인공의 얼굴이 그려진 음료수병은 제품 자체가 스토리 안에 녹아서 남녀의 감정 변화를 드러내는 역할을 한다. 처음엔 자기 얼굴이 새겨진 쪽으로 마시지도 말라며 여주인공(공효진)을 구박하던 톱스타가 그녀와 사랑에 빠진 뒤에는 자기 얼굴이 있는 쪽으로만 마셔야 한다고 말하는 식이다. 거만하지만 미워할 수 없는 캐릭터 자체가 '자기 얼굴이 새겨진 음료수를 즐겨 마시는' 설정 안에 고스란히 녹아 있다. 제품이라는 부분을 부분으로 보여주지 않고, 영화나 드라마 속에서 전체 중 일부로 보여주어 구매를 자극하는 방법은 전체에서 주는 이미지와 전체와 어우러지는 컨텍스트를 강조하여, 소비자들이 제품을 훨씬 더 친숙하게, 또 다양하게 활용하도록 한다.

이렇게 스토리의 맥락 안에 있는 브랜드는 단순 노출과 다르게 거부감을 주지 않으면서도 긍정적인 인상을 남긴다. 심리학에서는 이를 '맥락 효과 Context Effect'라 한다. 즉, 좋은 영화나 방송 프로그램을 보았을 때의 긍정적 감정이 그 안에 녹아 있는 브랜드를 향한 호의적 인지를 형성할 수 있다는 얘기다. 이를 '맥락 마케팅'이라 한다. 맥락 마케팅은 빠르게 변화해 가는 디지털 기술 및 시장 속에서 소비자들에게 자연스럽게 접근할 방법으로 컨텍스트에 집중하라는 의미이다. 맥락 마케팅은 소비자의 TPO를 염두에 두고 실행전략을 수립할 수 있다.

오늘날 제품은 제품 자체로 끝나지 않는다. 점심을 먹으면서도, 영화를 보면서도, 책을 읽으면서도 사람들은 자신의 이야기를 끊임없이 SNS에 공유하고 있다. 전체적인 소비자의 경험이 기업의 제품 자체보다 더 중요해진 시대가 된 것이다. 시장의 주인공이 기업의 제품에서 소비자의 경험으로 바뀌었다고 표현할 수 있다. 제품과 서비스에 대한 소비자들의 기대치와 경험은 상황마다 다르고 매우 주관적이다. 이런 순간순간의 상황과 맥락을 고려하지 않은 기업의 마케팅 활동은 실패할 수밖에 없다. '구매 맥락'을 먼저, 그리고 충분히 만들어준 뒤 맘에 드는 상품을 소비자가 자발적으로 찾을 수 있도록 보여준 기업으로 '오늘의 집'이 있다. '오늘의 집'은 정보 탐색부터 제품 구매까지 인테리어의 모든 과정을 한 플랫폼에서 제공하는 서비스다.

'오늘의 집' 앱에서 여기저기 집구경을 하다가 소파에 앉아 노트북을 올려놓고 일하기에 딱 알맞은 '원목 사이드 테이블'을 발견한 적이 있다. 가구점에서 저런 탁자를 발견했다면 분명 그냥 지나쳤을 텐데, 사진 속에서 보이는 남의 집 '풍경'에 이끌려 우리 집에 딱 어울리는 것으로 생각해 구매했다. '오늘의 집'에서 연출된 인테리어 사진에는 인테리어를 구성하는 상품과 그것의 가격이 먼저 튀어나와 있지 않다. 상품 자체보다 전체 컨텍스트가 먼저 보이는 화면을 강조했다. 전체를 먼저 보여준 것이다. 상품과 가격이 가장 먼저 눈길을 끌게 만드는 일반적인 커머스 서비스와는 다르게 소비자가 올린 자신의 인테리어 콘텐츠가 먼저 눈길을 끄는 구조를 설계했다. 대신, 상품과 가격 정보는 철저하게 콘텐츠 이면으로 숨겼다. 글과 사진을 통해 인테리어 결과를 먼저 보여주고 맘에 드는 아이템을 눌러야 그제야 상세정보를 볼 수 있도록 했다. 그리고 그 아이템의 구매를 원하는 사용자는 즉시 결제를 해서 주문까지 완료할 수 있도록 했다. 즉, 전체를 통해 '나도 이렇게 집을 꾸며보고 싶다'라는 생각을 먼저 들게 한 뒤 '이런 집을 꾸미려면 이런 아이템이 필요하겠지'라는 부분인 제품 태그로 연결되면서 구매가 일어나도록 한 것이다.

우리가 이미 배운 마이크로 모멘트라는 개념도 따지고 보면 고객의 상황을 염두에 둔 효과적인 맥락 마케팅이다. 마이크로 모멘트는 앞서 설명했듯이 고객이 일상의 욕구를 해소하기 위해 모바일에 접속하는 순간을 의미한다. 마이크로 모멘트 공략의 핵심은 타깃 고객이 어떤 상황에 맞닥뜨린 순간에 무엇을 원하는지를 포착해 순간적으로 최적의 대안을 제시하고, 신속하고 매끄럽게 구매로 연결하는 것이다.

모든 마케팅 활동과 그에 대한 고객의 반응 활동이 앱 중심의 모바일 플랫폼과 빅데이터 기술로 온·오프라인의 데이터 수집을 통해 분석이 가능해졌다. 실제 구매 전환의 성과 측정과 마케팅 활동 개선이 지속적으로 이루어지고 있다. 실시간 초개인화 커뮤니케이션의 핵심은 고객에게 '꼭 필요한 시점'에 '꼭 필요한 커뮤니케이션'만 진행하는 것이다. 이메일을 통한 커뮤니케이션은 실시간 소통이 어렵고 고객에게 전달되는 광고성 메일이 너무 많아 스팸화되고 있다. 고객 커뮤니케이션에서 양의 많고 적음은 상대적으로 중요하지 않다. 커뮤니케이션의 타이밍과 내용이 더 중요하다. 꼭 필요한 시점에 고객이 필요로 하는 위치에서 적절한 정보를 제공하는 것이 중요하다. 그런 측면에서 가장 중요한 고객 커뮤니케이션 경험은 적합한 고객right customer에게, 적합한 시간right time에, 적합한 곳right place에 있을 때 필요한 오퍼right offer를 전달하는 것이라고 할 수 있다. 각 고객이 필요로 하는 정보를 필요한 시점에 보내주는 것, 그것이 맥락에 맞는 고객경험의 핵심이다.

이제 첨단 과학은 예전과는 반대의 방향에서 혁신의 길을 찾고 있다. 그중의 하나가 부분보다는 전체라는 것이다. 혹시 여러분은 여러분의 제품과 서비스에만, 바로 그 부분에만 집중하여 그것을 둘러싼 컨텍스트, 즉 맥락, 이미지와 분위기를 놓치고 있지는 않은지를 점검해야 한다. 우리의 고객은 전체를 보고 있다. 이제 텍스트보다는 컨텍스트, 제품보다는 경험, 부분보다는 전체로 승부하는 것이 새로운 뉴노멀이 되었음을 기억하길 바란다.

시니어를 위한 디지털은 없다

| 디지털 원시인 vs 디지털 이주민 vs 디지털 원주민

2년 전쯤, 대학 동창 9명이 송년회를 겸해 사당역 근처에 있는 식당에서 만나기로 했다. 나만 빼고 모두 학교에서 정년퇴직을 앞둔 친구들이었다. 그런데 식당을 예약한 친구만 제시간에 나타났다. 다른 친구들은 후미진 뒷골목에 있는 모임 장소를 찾지 못해 식당에 전화를 걸어서 묻고 찾아오느라 헤맨 탓이다. 구글맵이나 네이버 길찾기 앱을 아직 활용해 본 적이 없었던 것이다. 함께 점심을 하다가 은행 ATM 창구로 급히 뛰어가는 사람도 있다. 더러는 'OTP'나 보안 카드를 갖고 나오지 않았다고 은행을 찾아가기도 한다. 계좌번호를 몰라서 축의금을 보내지 못했다고 미안해하는 친구도 있다. 계좌번호를 몰라도 송금할 수 있는 은행 앱을 깔거나 인터넷 은행 계좌를 개설하지 않아서 생긴 일이다. 디지털의 편리함을 누리지 못하고 살아가는, 말 그대로 디지털 원시인digital primitive이다.

언제부턴가 디지털 문해력digital literacy이라는 단어가 등장했다. 디지털 플랫폼의 다양한 미디어를 통해 정보를 찾고, 평가하고, 조합하는 능력을 뜻한다. 디지털 기술을 활용할 줄 아는 역량인 디지털 문해력이 부족한 사람이 디지털 문맹이다. 은행 앱을 활용한 계좌이체나 배달음식 주문, 장보기 등이 일상이 된 지 오래지만 이를 제대로 활용하지 못한다. 기차역이나 고속버스 터미널에 가면 승차권을 사기 위해 매표창구 앞에 줄을 서야 한다. 앱으로 미리 발권하거나 무인발권 시스템을 이용하기가 쉽지 않아서다. 행여 뒷사람이 기다리면 눈총을 받기에 십상이다.

우리 사회에는 현재 3대가 함께 살아가고 있다. 앞서 말한 디지털 원시인, 디지털 이주민 그리고 MZ세대인 디지털 원주민이다. 이들 MZ세대야말로 뼛속까지 디지털족이다. 그들이 태어났을 때 세상은 이미 인터넷과 컴퓨터로 연결돼 있었기 때문에 그들의 사회적 경험은 모두 인터넷 기반으로 형성되어 있다. 이들이 성인이 되면서 스마트폰이 탄생해 이를 신체 일부처럼 사용하는 인류라는 뜻으로 '포노사피엔스Phono sapiens'라는 용어까지 등장했다. 그래서 이들을 '디지털 네이티브digital native', 즉 '디지털 원주민'이라 부른다.

'디지털 원주민'이란 미국의 교육학자 마크 프렌스키Marc Prensky가 처음 사용한 말로, 디지털 언어와 장비를 마치 특정 언어의 원어민처럼 자유자재로 구사한다는 의미를 담고 있다.

그렇다면 '디지털 원주민'들은 왜 디지털에 능숙하며 사고방식과 언어표현이 이전 세대와 다를까? 그 이유는 우리의 뇌 발달과 깊은 연관이 있다. 뇌는 수천 개의 다른 신경세포들과 '시냅스'라는 연결고리를 가지고 있는

1,000억 개의 신경세포로 구성되어 있다. 지능·감성·기억 등 모든 것은 이 100조 개의 시냅스로 결정된다. 그런데 이 많은 시냅스의 위치와 구조는 부모로부터 유전적으로 물려받기도 하지만 뇌가 발달하는 시기의 주변 환경이 결정적인 영향을 미치게 된다.

주변 환경이 우리 인간의 뇌 발달에 영향을 주는 '결정적 시기'는 태어나서부터 10년 정도이다(참고로 오리는 태어난 지 몇 시간, 고양이는 4주에서 8주, 원숭이는 1년 정도이다). 어렸을 때 약 10년 정도 경험한 환경을 통해서, 우리 뇌는 덜 완성된 상태로 태어나 마치 젖은 찰흙처럼 주변 환경을 통해 주물러지고, 모양이 바뀌면서 완성되는 셈이다. 그 시기가 지나고 나면 찰흙은 굳어지고 유연성을 잃게 된다. 그래서 더 이상 유연하지 않은 시냅스로 가득 찬 어른의 뇌로 외국어를 배워 원어민처럼 하기란 정말 힘든 것이다. 고향에 가면 편하고 즐거운 이유는 어릴 적에 우리 뇌를 완성시킨 바로 그 환경을 다시 만났기 때문이다.

디지털 기술의 속도가 빨라지면서 기성세대는 자기가 자랐던 세상이 아닌, 타향에서 살게 되었다. 따라서 딱딱해진 시냅스로 고생고생하면서 디지털을 따라 배우기는 하지만 매우 불편하고 이질감을 느끼게 된다. 이들이 디지털 이주민digital immigrants이다. 말 그대로 아날로그 세대를 거쳐서 후천적으로 디지털 기술에 어렵게 적응해 가는 기성세대를 일컫는다. 코로나19라는 초유의 사태를 맞이하여 디지털 이주민은 오프라이너offliner라고도 부른다. 이들 오프라이너들, 즉 원래는 오프라인으로만 구매할 수밖에 없었던 중장년층들이 코로나19를 계기로 반강제적으로 온라인 구매로 넘어왔다. 처음에는 서투르고 두려워했지만 '온라인으로 해 보니 별거 아니네' '생각보다 쉽고 편리하네'라고 생각하게 되었다. 그동안 결정적 계기가 없었는데 코로나가 그 계기를 마련해 준 셈이다.

그렇다면 이들은 코로나가 종식된 후에 다시 오프라인 구매로 되돌아갈까? 온라인 쇼핑의 편리함에 눈을 뜬 중장년층이 다시 예전처럼 오프라인으로 돌아가지는 않을 것이다. 온라인 쇼핑을 처음 경험한 5060의 오프라이너들은 향후 70·80대가 된 이후에도 온라인의 주요 고객으로 머물며 온라인 시장을 확장시킬 게 분명하다. 오프라인 충성고객이던 이들이 온라인의 편리성을 새롭게 체험하며 록인lock-in 효과가 발생함으로써 코로나 이후 유통시장의 주도권은 온라인으로 더욱 빠르게 확산될 것이다. 하루가 멀다고 쏟아지는 디지털 신기술에 대한 디지털 원주민과 이주민의 반응은 크게 다를 수밖에 없다. 디지털 원주민에게는 공기와도 같이 자연스럽게 받아들여지는 일인 데 반해 이미 '결정적 시기'가 지나서 찰흙처럼 굳어진 디지털 이주민에게는 매번 스트레스를 받으며 학습해야 하는 상황이기 때문이다.

| 시니어의 삶 vs 디지털 디바이드

'디지털 전환'이란 디지털 기술을 통한 사회 전반의 변화를 의미한다. 이러한 개념은 디지털 기술을 활용해 제품이나 서비스를 생산하거나 판매하는 기업에만 적용되는 것이 아니라 소비자 생활 패턴 변화까지를 포함한다. 그야말로 코로나 이전에는 상상하기 어려웠던 새로운 세상이 열리고 있다. 우리는 이를 뉴노멀이라고 부른다. 대면 위주의 생활 방식과 거래는 비대면 방식으로 크게 대체되고 있다. 이러한 방식에 따라 재택근무, 화상회의, 인터넷 주문과 전자거래의 활성화, 클라우드 활용 등 세상은 너무나 편리하게 변화해 가고 있다. 집에서 클릭만 하면, 인공지능 스피커에 대고 말만 하면, 마치 알라딘의 요술램프처럼 뚝딱 소원이 이루어지는 격이다. 그렇다면 디지털 전환으로 편리해진 동전의 뒷면에 있는 그늘진 측면은 무엇일까? 디지털 기술이 교육, 소비, 금융 등 생활 곳곳에 깊숙이 파고들면서 여기에 제대로 적응하지 못하는 소외계층이 생겨나고 있으며 이는 하나의 사회 문제로까지 대두되고 있다

'코로나19'와 그로 인한 4차 산업혁명의 가속화를 통해 발생할 수 있는 사회 문제 중 하나는 정보 격차, 즉 디지털 디바이드digital divide가 더욱 심화되어 간다는 점이다. '디지털 디바이드digital divide 정보 격차와 갈등'는 우리말로 디지털 불평등, 디지털 양극화 등으로 번역된다. 이는 과학과 기술은 물론 자본의 소유와 활용마저 정보를 얼마나 활용할 수 있는가에 따라 좌우된다는 것을 의미한다. 우리 사회와 산업 속에 정보격차가 심해지면서 양극화가 더 크게 심화되어 결국 또 다른 의미의 잔인한 승자독식으로 치닫게 된다는 것이다. 자유시장경제에서 빅데이터와 사물인터넷, 인공지능 등 정보산업 지식과 디지털 기술을 활용할 수 있는 계층이나 기업에 생산성 향상으로 인한 이익이 더욱 집중되기 때문이다.

디지털 격차가 경제적 양극화를 유발하는 요인이라는 사실은 연구 결과로도 입증되고 있다. 미국의 한 연구기관Pew Research Center의 조사에 따르면, 소득 수준에 따라 정보통신기술ICT 활용도에서 현격한 차이가 나타났다. 소득 수준이 높을수록 다양한 ICT 기기를 적극적으로 활용하여 효율적으로 정보를 획득하고, 이는 결국 부의 차이로 이어지게 된다.

물론 과거에도 디지털 디바이드는 사회문제가 되어왔다. 칸 영화제에서

황금종려상을 받은 바 있는 59세의 목수 켄 로치 감독의 영화 '나, 다니엘 블레이크'는 다니엘 브레이크가 직장에서 심장마비로 쓰러지면서 일을 쉬어야 하는 상황에서 영화가 시작된다. 직장을 잃은 다니엘은 실직수당을 받으러 간다. 담당자는 '구직활동을 해야만 수당을 줄 수 있다'라고 한다. 구직활동은 오직 온라인으로만 가능한 상황이다. 다니엘은 컴퓨터는 만져본 적도 없다고 항의했지만, 상담사는 '온라인 구직활동을 하지 못하는 소수 때문에 다른 국민들이 불편해진다'라고 대답한다. 그저 성실하게 목수로만 살아온 디지털 문맹 다니엘은 정부의 보호가 필요한 시민이 아니라 담당 공무원으로부터 인터넷을 사용하지 못한다는 이유로 멸시당한다.

영화뿐만 아니라 현실 세계에서도 이런 일은 비일비재하게 일어나고 있다. 원주민과 이주민들은 모바일 앱을 이용해 기차나 공연 표를 예매할 수 있지만, 노년층은 직접 판매창구에 가서 구매할 수밖에 없다. 명절 때마다 예매를 하지 못하는 노년층이 기차에서 서서 가는 상황까지 발생하고 있다. 한술 더 떠서 항공사나 레스토랑 등에서는 이들 노년층을 대상으로 짭짤하게 더 큰 수익을 챙기는 '호갱(호구 노릇을 하는 고객)'으로 삼기도 한다.

두 달 전쯤 제주에 미팅이 있어서 A 항공사에 전화했다. 화요일 아침에 출발하는 비행기를 예약하려는데 정상운임이 9만 3천 원이었다. "코로나로 비행깃값이 많이 내려갔다는 말을 들었다"라고 했더니 "그렇다면 스마트폰이나 인터넷으로 직접 예약해야 합니다"라는 대답이 돌아왔다. ID와 패스워드를 기억해 내지 못해서 "이왕 전화 연결된 김에 할인가로 그냥 예약해 줄 수 없나요?" 했더니 "그렇다면 정상가를 내야 한다"라고 했다. 결국 복잡한 단계를 거쳐 항공사 ID와 패스워드를 찾아서 인터넷에 접속해 3만 원으로 표를 살 수 있었다.

은행을 이용하는 노년층의 디지털 금융 소외현상은 더 뚜렷하게 나타나고 있다. 그들은 젊은 층에 비해 디지털 지식과 금융정보를 익히고 넓힐 기회가 적기 때문에 '모바일 금리우대' 등 비대면 채널을 중심으로 한 각종 혜택에서 소외될 수밖에 없다. 몇 년 전 카카오뱅크가 특별 판매한 금리 5% 정기예금 가입자 중에서 60대 이상은 고작 0.1%에 불과했다. 온라인으로 상품 마케팅을 하다 보니 디지털과 비대면 환경에 익숙한 20~40대가 주 고객층인 것이다. 한국은행 조사에서도 60대 이상 노년층이 간편결제와 간편송금을 이용하는 비율은 각각 4.1%, 1.3%밖에 되지 않는다. '간편'이라는 단어가 무색할 정도로 이용률이 낮은 것이다.

앞으로 디지털화와 비대면 현상이 확산할수록 디지털 디바이드 현상은 더욱 심화하는 경향을 보일 것이다.

| 유식한 고객 vs 무식한 기술자

L 패스트푸드점에서 커피를 주문하지 못하고 헤맨 적이 있다. 아메리카노를 천 원에 판다고 붙여놨기에 메뉴를 아무리 뒤져도 없었다. 결국 다른 비싼 커피를 선택했는데, 나중에 알고 보니 맨 끝에 있는 행사상품 코너에 숨겨놨던 것이다. 이 정도면 기술자의 무식이 아니라 기업의 고의성이 의심될 정도다. L 매장뿐만 아니라 기술자들의 전문성(?)으로 사실 무인 키오스크 조작 방법 자체가 어렵고 불편하기 짝이 없다. 'POS에서 직원들이 쓰던 인터페이스를 그냥 고객용 키오스크로 옮겨온 거 아닌가'라고 의심할 정도다. 그들은 고객도 직원들처럼 키오스크를 잘 조작 하는 줄 알고 있다.

무인 키오스크를 운영해서 회사가 얻는 장점은 분명하다. 일단 인건비 절약되고 대면 주문 과정에서 생기는 트러블이 훨씬 줄어들 것이다. 거의 완벽하게, 회사의 이익과 편의를 위한 시스템으로 그 대신 한 달에 한두 번 갈까 말까 한 고객은 헤매면서 그들이 해야 할 노동을 대신하고 있다.

나는 경영자나 관리자가 해당 분야의 전문가여야 할 필요는 없다고 생각한다. 아니 전문가가 아니면 더 좋겠다고 생각한다. 국내 K 은행에서 지점장으로 근무하다가 콜센터장으로 부임했을 때 난 직원들에게 이렇게 말했던 적이 있다. "제가 서비스 전문가이지만 콜센터 전문가나 IT 기술자가 아니어서 다행입니다. 평범한 보통 고객들이 우리 콜센터에서 어떤 경험을 하는지를 겪어보면서 콜센터를 재설계하고 싶습니다." 나중에 나의 콜센터 운영 경험과 생각을 세상에 알리고 싶어서 『고객의 경험을 디자인하라』라는 책으로 출간했다.

"나는 천재를 이끌었던 바보였다."라는 말을 남기고 2019년 창업 20주년을 맞아 회장직에서 물러난 알리바바의 창업자인 마윈은 이렇게 이야기했다. "난 마케팅도, 기술도, 심지어 재무도 모른다. 내가 기업인으로서 갖춘 유일한 능력은 과거 선생님이었다는 사실이다. 선생님은 학생을 선택하고, 훈련하고, 육성한다. 지난 19년간 내가 가장 많은 시간을 쏟은 부분이 인재의 발견, 육성, 훈련이다. 또한, 나는 코딩도 할 줄 모르고 심지어 컴퓨터도 잘 못 다룬다. 이메일 정도만 쓸 줄 안다. 그러나 나는 전문가들이 어떤 서비스를 만들면 사용자 테스트는 꼭 해 보았다. 컴맹인 내가 쓸 수 있을 만한 쉬운 정도가 돼야 출시할 수 있게 했다. 이것이 내가 알리바바에 기여한 가장 큰 공헌이었다." 그는 국내 한 초청 강연에서도 "기술을 잘 몰랐기에 더 나은 엔지니어를 수소문했고, 그들의 말을 경청했다. 전

세계 80% 사람은 나처럼 기술을 잘 모를 테니 최대한 사용하기 쉽고 단순한 기술을 개발해 달라고 요청했다."라고 말했다.

난 패스트푸드점을 경영한 바도 IT 기술자도 아닌 완전 문외한이다, 그렇지만 고객들이 불편해하는 바에 따라 맥도날드나 롯데리아 등 패스트푸드의 서비스를 고객 입장에서, 특히 노년층 관점에서 재설계하라면 이렇게 하겠다.

- "키오스크를 사용하는 게 너무 낯설고 어렵다. 고객은 기껏 한 달에 한두 번 정도 온다."

  ···› 노년층 고객을 위한 유인창구를 별도로 만들고, 말로도 주문 가능한 인공지능을 서둘러 도입하겠다.

- "햄버거 주문 이후 음식이 나오기까지를 기다리는 건 너무 힘들어요. 가버릴 수도 없고…"

  ···› 바쁜 점심시간에 잘 팔리는 제품을 미리 만들어 놓고, 키오스크에서 '가장 빨리 먹을 수 있는 메뉴'로 별도 표시해 두겠다. 바쁜 사람들은 틀림없이 그 메뉴를 주문할 것이다

- "아이스크림 같은 간단한 디저트를 주문했는데 30분 넘게 걸린다는 게 말이 되나요."

  ···› 고객은 어떤 메뉴를 주문하는지에 따라 기다림의 인내tolerance가 다르다. 디저트 전용라인을 별도로 만들겠다.

| 디지털 수용의지 vs 디지털 포용정책

디지털 원주민의 사고방식과 디지털 문명에 대한 기성세대의 반감도 풀어야 할 과제다. 현재 우리 사회를 지배하고 있는 40~60대 기성세대들에게 디지털은 불편한 문명이다. 그렇다고 디지털 원주민들이 생득적으로 취득한 디지털 습성과 사고방식을 비난해서는 안 된다. 그들의 방식을 깔끔하게 받아들이고 그에 따른 변화를 기꺼이 수용해야 공존이 가능하다. 예를 들어 기성세대들은 팀원 여러 명이 공동으로 문서 작업을 할 때 메일이나 USB를 주고받았다. 요즘은 클라우드를 통한 동시 작업으로 훨씬 빠르고 효율적으로 변했다. 회식이나 미팅 일정을 잡기 위해 일일이 참석자들에게 묻는 일은 디지털 원주민의 입장에서는 어처구니없는 일이다. 같은 사람이라도 일정 변경이 생긴다면 또다시 같은 과정을 되풀이해야 한다. 구글 캘린더와 카카오톡 기능과 같은 간단한 툴을 이용해 사람들의 일정이 공유되면 회의 준비는 단 1분 만에 끝날 수 있다. 디지털 원주민에게는 이런 일이 너무나 자연스럽고 당연한 일이다.

기성세대가 "나는 SNS는 안 해요"라고 말하는 것도 자랑할 만한 일은 아니다. 페이스북은 인간관계의 변화에 개입하는 모든 SNS를 대표한다. 오직 만나서만 인간관계를 맺어온 인류에게 이제 SNS를 통한 만남은 일상이 되었다. 카톡으로 대화하고 페이스북으로 안부를 전하며 인스타그램과 트위터로 많은 이들과 동시에 소통한다. 모르면 원주민들에게 묻고 배우고 익히면 되는데, 이유 없이 두려워하고 세상 탓만 하는 것도 바람직스러운 자세가 아니다. 각종 지자체의 정보화 교육장에는 스마트폰 활용법, 동영상 편집, 인터넷 활용 '도전 키오스크' 같은 강좌가 널려 있다. 그 어려웠던 지난날 온갖 고초를 겪으며 가난을 극복했던 불굴의 정신으로 시도하면 돌파하지 못할 이유가 없다. 이제 새삼스럽게 무엇을 또 해야 하는 것이 아니라 반드시 배우고 익혀야 할 과제임을 인식해야 한다. 디지털이 표준이 된 세상에서 이를 등지고는 행복한 노후설계나 편리한 여가생활을 즐길 수가 없다.

최근 '디지털 포용-digital inclusion'이라는 개념도 등장했다. 디지털 포용이란 모든 국민들이 디지털 기술을 쉽고 적극적으로 활용할 수 있도록 디지털 환경 전반을 정비하는 것을 뜻한다. 설령 노년층이 디지털에 익숙하지 않더라도 일상생활의 불편함이나 소외감 없이 평안한 노년을 보낼 수 있는 시스템을 갖춰줘야 진짜 포용이다. '디지털 포용'을 위해서는 분야별로 제도적 장치도 필요하다. 예를 들어 금융적 포용-financial inclusion이라면 고령층이나 저소득층 등 사회적 약자에게도 정상적인 금융서비스의 기회를 제공하는 것으로, 모든 경제주체가 저축, 결제, 신용, 보험 등 다양한 금융서비스에 효과적으로 접근하도록 제도권 금융시스템에 포함하는 과정을 지칭한다. 현재 디지털 포용정책은 주로 정부 주도로 추진되고 있지만, 노년층의 고객경험과 서비스 관점에서 기업의 역할도 대단히 중요하다.

첫째, 노년층을 위한 상품과 신서비스 개발이 필요하다.

일례로 노년층이 디지털의 혜택을 볼 수 있도록 일본의 미쓰비시 UFJ 신탁은행에서는 고령자의 자금 관리를 지원하는 신탁상품인 '대리인출이 가능한 신탁' 상품을 내놨다. 영수증 등을 전용 스마트폰 앱으로 찍어 보내기만 하면 대리인이 계약자 자산에 대한 인출을 요청할 수 있으며 고령층 계약자는 체력과 판단 능력이 떨어져도 대리인을 통해 자신의 돈을 사용할 수 있게 한 것이다. 또한 인출 청구 내용 및 입출금 명세를 다른 가족들에게 전달해 부정을 방지한다.

둘째, 기업은 노년층 고객에 맞춤화된 특별히 설계된 서비스를 제공해야 한다.

스마트폰의 글자 크기는 확대하도록 되어있지만 은행의 약관이나 보험 관련 청약서는 내용이 복잡하고 글자가 너무 작아 세부 내용을 알아보기 힘들다는 지적이 많다. 고령자를 위해 글자 크기나 각종 용어의 설명을 더 알기 쉽게 바꿔야 한다. 꼭 알아야 하는 핵심 내용은 빨간색으로 선명하게 구분하는 등 디자인도 개선해야 한다.

그 예로 삼성생명은 금융서비스에 취약한 65세 고객을 대상으로 '고객사랑 시니어 서비스'를 하고 있다. 65세 이상 고객이 콜센터에 전화를 걸면 전담 상담사에게 바로 연결된다. 고객 본인 확인은 사전 등록한 휴대폰으로 진행한다. 보험 관련 서류도 고령자의 눈높이에 맞도록 각종 서류를 알아보기 쉽게 바꿨다. 고령자에게 보내는 안내장, 청구서 등 각종 서류의 글자 크기를 20% 이상 키웠고, 꼭 알아야 하는 핵심 내용은 색깔로 구분하는 등 디자인을 전면 개선했다. 또한 연금보험에 가입했지만, 연금 개시 시점이 지나도록 지급 신청을 하지 않는 고객에게 직접 전화로 안내하고 있다.

셋째, 문자와 텍스트 위주에서 그림과 색깔 등으로 커뮤니케이션 전달 시스템을 개선해야 한다.

예를 들어 처음으로 병원을 방문한 환자와 보호자에게는 병원 건물의 내부 구조가 복잡해서 특정 장소를 찾아가기가 쉽지 않다. 물론 이정표나 표지판과 같은 안내표시가 있지만 노화로 인해 시력이 많이 떨어진 고령 환자에게는 이마저도 쉽지 않다. 안내판의 글자도 크지 않아 안내판을 한참 들여다봐야 하는 경우도 빈번하게 발생한다. 일본의 갓타 시민종합병원은 허리를 펴기 어렵고 시력이 좋지 않은 고령 환자들이 쉽게 알아볼 수 있도록 바닥에 직접 안내를 제공하는 방식을 선택했다. 그리고 전체적으로 화이트 톤의 환경에 사이니지를 빨간색으로 표기하고 화살표와 글자를 큼직하게 함으로써 색이 눈에 확 띄게 했다.

마지막으로 기업은 신세대와 기성세대가 참여하는 '디지털 역逆멘토링' 같은 제도를 검토해 볼 만하다. 글로벌 미디어 기업인 타임워너Time Warner는 '디지털 역逆멘토링 프로그램'이라는 신세대와 기성세대가 참여하는 멘토 프로그램을 개발했다. 디지털에 능통한 신세대가 선배나 경영진에게 디지털 트렌드와 기술을 가르치는 것으로, 기성세대들은 신세대들에게 디지털 기기로 인한 일상생활의 변화를 배울 수 있을 뿐 아니라, 그들의 가치관과 소비행동, 의사소통 방식 등을 이해하는 계기가 되었다고 한다.

디지털 이주민이나 원시인들은 디지털 문명과 MZ세대에 얼마나 눈높이를 같이하고 있는지, SNS와 디지털에 기반한 새로운 학습과 비즈니스 모델에 대해 얼마나 긍정적인 생각을 하고 있는지를 되돌아볼 필요가 있다. 기업은 디지털 원주민들의 특성을 단순한 세대 차가 아닌 경영환경 변화로 인식해야 한다. 디지털 환경을 즐기는 신세대를 기업의 업무에 다양한 방법으로 활용함으로써 이들 원주민이 자신들의 장점을 이해하는 조직 안에서 자신감을 갖고 최고의 성과를 내도록 북돋아줘야 한다. 또한 모든 소비자 경험CX의 중심에 디지털 소외계층에 대한 이해를 바탕으로 사용자 친화적인 상품과 고객서비스를 개발하는데도 심혈을 기울여야 할 것이다.

언택트 시대의
서비스 커뮤니케이션

| 언택트의 시대

포스트 코로나 시대는 우리네 일상의 삶을 송두리째 바꾸어 놓고 있다. 어느 누구도 예기하지 못한 언택트Untact 환경에서 살고 있다. 직장 생활도 재택근무가 빠르게 확산하고 있고, 화상회의, 전자 결재, 전자 메일, 유튜브 등 언택트, 비대면이 이어지고 있다. 앞으로는 더욱더 비대면 소통의 확대와 일상화가 예상된다. 달라진 소통 환경은 나와 상대방 간에 이전과는 전혀 다른 소통 방식을 요구하고 있다.

"'거리 개념이 사라질 것입니다.' 이 말은 인터넷이 급속도로 보급되던 1990년대 영국의 경제학자이며 언론인인 프랜시스 케언크로스Frances Cairncross가 사회학자 및 미디어 분야 전문가들과 함께 한 말이다. 이들이 예측한 것은 공간과 공간 사이의 거리가 사라진 미래로 지구상의 모든 공간이 서로 동시에 연결된다면 '공간'이라는 개념은 사실상 사라진다는 주장이었다." 그러나 현대의 기술은 전 세계에서 동시적인 커뮤니케이션을 가능케 했음에도 불구하고 이러한 예측은 현실이 되지 않았고, 역사는 전혀 다르게 흘러갔다.

코로나19라는 전대미문의 팬데믹으로 케언 크로스의 주장은 오늘날 드디어 우리 앞에 닥친 현실이 되어 있다. 설령 팬데믹이 종료되더라도 우리는 다시 코로나 이전으로 돌아갈 수 없을 것이다. 코로나는 미래 5년이나 10년 뒤에 당연히 일어나야 할 일을 앞당겼을 뿐이다. 이제 일하는 방식, 필수역량, 성과 관리, 리더십, 커뮤니케이션 등 조직의 모든 부분이 코로나 시대에 걸맞게 바뀌어야 한다. 예를 들어 팬데믹 이후에도 고객들이 영업사원들과 대면하기 꺼리면서 세일즈 조직은 비대면 영업으로 집중해야 한다. 세일즈맨들은 화상회의 툴을 자유자재로 쓰는 디지털 커뮤니케이션 역량과 고객 데이터를 관리하고 분석하는 새로운 역량을 갖춰야 한다. 고객의 정확한 이해를 돕는 콘텐츠 제작 역량도 필수다. 인재상도 바뀌어야 한다. 앞으로는 어떤 은행원들이 필요할까? 디지털 플랫폼을 구축하고 이를 기반으로 새로운 서비스를 기획 및 개발하는 인재가 필요할 것이다. 지점에서 근무하는 인재상과 디지털 플랫폼에서 업무를 처리하는 인재상은 크게 다를 수밖에 없다. 디지털 플랫폼에서 어떻게 업무가 처리되는지, 거래는 어떻게 이루어지는지, 고객은 어떤 서비스에 매료되는지, 심지어 친절하다는 건 어떻게 정의되는 것인지 은행 업무에 대한 모든 것이 새롭게 정의되어야 한다.

| 던바의 수(Dunbar's number)

코로나19는 BC Before Corona와 AC After Corona라는 말이 나올 정도로 우리의 가치관과 사회적 규범을 완전히 바꾸고 있다. 많은 전문가는 백신이 개발되어 코로나19 팬데믹에서 벗어나더라도 우리 생활은 이전과 같지 않을 것이라고 예측하고 있다. 산업의 지형이 전통 제조업과 대면 서비스업은 지고 디지털을 기반으로 한 '언택트 산업' 중심으로 재편될 것이다. 재택근무와 온라인 수업이 일상이 되고, 언택트 마케팅과 온라인 프로모션도 지금보다 훨씬 더 활발해질 것이다. 제4차 산업혁명의 도구인 모바일과 온라인, 인공지능 기반의 디지털 전환을 통해 빅데이터와 사물인터넷을 이용한 기술들이 마케팅과 서비스에 경쟁적으로 응용될 것이다.

커뮤니케이션도 언택트가 이미 새로운 기준, 즉 뉴노멀 New normal이 되었다. 원래 사람을 직접 만나 이야기를 하는 것이 인간의 주된 의사소통 방식이었고 이메일과 전화 등은 보조적인 수단이었다. 하지만 지금은 접촉하지 않고 의사소통하는 것이 새로운 표준으로 자리 잡았다. 그러나 코로나19가 터지기 이전에도 사람들의 비대면에 대한 욕구는 강하게 불어오고 있었다. 젊은 여성들은 길거리에서 직접 택시를 잡기보다는 모바일 앱으로 부르는 것을 선호했다. 언택트는 불편한 대인관계를 피하기 위한 수단으로 그간 소수 연령층에 머물러 있었다. 하지만 코로나19의 장기화로 이제 모든 연령층에서 선호도의 문제가 아니라 필수적인 생존 방식이 되었다.

그런데 인류는 정말로 많은 사람과 관계를 맺는 집단생활에 익숙한 존재일까? 인류는 오랫동안 흩어져 살다가 함께 사냥하고 물고기를 잡으면서 혼자로선 불가능한 일을 여러 사람의 협업을 통해 효율적으로 해낼 수 있다는 걸 깨달았다. 사람과 사람이 접촉하여 협력하는 것이 생존에 유리한 방식임을 깨닫게 된 것이다. 이런 방식의 효율성이 증명되자 인류는 함께 모여 관계를 맺으며 살게 되었다. 그렇다고 지금처럼 SNS 친구를 포함한 수백 명 또는 수천 명 정도는 아니었다. 평범한 개인이 사회적 관계를 맺기에 적절한 수는 150명 정도였다. 이것이 유명한 '던바의 수Dunbar's number'다.

1970년대 아프리카에서 여러 해 동안 야생 원숭이들의 집단생활을 관찰해 온 영국 옥스퍼드대학의 진화생물학자 로빈 던바Robin Dunbar는 『우리에게는 얼마나 많은 친구가 필요한가?How Many Friends Does One Person Need?』라는 책에서 인간을 포함한 영장류의 뇌 용량에는 한계가 있어서 친밀한 관계를 맺는 대상이 150명을 넘지 않는다고 주장했다. 던바 교수팀이 영국 시민들을 대상으로 연말 크리스마스카드를 몇 명에게 보내는지 조사한 결과 1인 평균 68곳이고 그 가정의 구성원을 포함하면 약 150명이었다. 로마 시대 로마군의 기본 전투 단위인 보병 중대는 약 130명이었고 현대 군대의 중대 단위도 세 개 소대와 지원 병력을 합쳐서 대개 130~150명이다. 기능성 섬유인 고어텍스의 제조사인 고어Gore는 위계질서에 따른 조직이 아니라 수평적 조직을 지향하면서 공장의 조직 단위를 150명으로 운영한다. 던바는 한 사람이 사귀면서 믿고 호감을 느끼는 진짜 친구의 수는 최대 150명이라고 주장한다.

인류는 지금처럼 큰 집단을 이루며 몇백 명과 관계를 맺고 사는 데 익숙했던 건 아니다. 뇌의 용량을 초과하여 너무 많은 사람과 관계를 맺으며 얼굴을 맞대는 것은 정서적으로 많은 에너지를 쏟게 만들며 감정 소모로

피로감을 느끼게 된다. 따라서 면대면 접촉에서 오는 불필요한 갈등과 감정 소모를 거부하면서 자발적으로 단절을 추구하는 성향이 자연스럽게 언택트 욕구로 나타난 것이었다.

| '샤덴프로이데'

요즘 코로나로 사무실에만 박혀 있거나 집콕을 하면서 페북이나 인스타그램 등 SNS를 들여다보는 시간도 많아졌다. 강의나 컨설팅도 거의 취소되었고 사람들과 만나는 기회가 줄어서 삶의 활력도 뚝 떨어졌다. 그런데 SNS에는 '오늘은 코로나에도 불구하고 강의를 했고', '큰 사업을 수주했으며', '가족들과 여행을 왔고', ' 맛있는 음식을 먹고 있다'라는 글과 그림이 자주 눈에 띈다. 문제는 순간적이더라도 이런 글과 사진을 보게 되면 내가 상대적으로 내가 초라해져 보인다는 점이다. 물론 이런 사람들의 일상이 날마다 그렇게 행복할 리가 없을 것이다. '스노비즘snobbism'이다. 지적 허세를 부리는 눈꼴 사나운 사람들을 한 단어로 일컫는 영어 단어다. 은근히 잘난 체하면서 상대보다 우월하다는 것을 보여주고 싶어 하는 속물적이란 의미의 스노브snob가 그 어원이다. 짐작하겠지만 인스타그램이나 페이스북 같은 SNS에서 이러한 스노비즘이 두드러지게 나타난다.

대부분 멋진 레스토랑에서 식사하거나 명품 가방이나 시계를 드러내고 활짝 웃으며 '나 이렇게 행복해' 하고 남이 부러워할 모습의 사진만 올린다. 그래서 '인스타그래머블'이란 말이 생길 정도다. SNS에 화려한 이야기나 사진이 많은 사람일수록 영혼은 가난한 사람일 확률이 높다는 연구 결과도 있다. 자신이 보여주고 싶은 이미지만을 과장해서 표출할 수 있는 유일한 공간이 바로 SNS의 특성이기 때문이다. 정작 행복감으로 충만한 사람은 '나 이만큼 잘났고, 잘 살고 있다'라고 굳이 떠벌릴 필요가 없다.

내가 이처럼 '곱지 않은 시선'으로 표현한 이유는 그분들에게 알려주고 싶은 점이 있어서이다. 한 조사 결과(알바천국 '20대의 자존감을 말하다', 2017)에 의하면 "가장 자존감이 낮아지는 순간은 '행복해 보이는 지인들의 SNS를 볼 때'라고 한다(우리나라 청년들의 40.6%가 자존감이 낮다고 대답했다). 그런데 자존감이 낮을수록 '남의 불행에 느끼는 행복도'가 더 높아진 것을 그분들이 알았으면 한다. 독일어에 '샤덴프로이데Schadenfreude'라는 말이 있다. 샤덴Schaden, 손해과 프로이데Freude, 기쁨의 합성어로 '타인의 불행에서 느끼는 기쁨'을 표현한 단어인데 우리말로 '쌤통 심리' 정도로 번역할 수 있으며, 주변에서 흔히 쓰는 말로 '꼴 좋다'와 비슷한 뜻이다.

그렇다면 왜 이런 감정이 생길까? 네덜란드 라이덴대학 연구진의 연구 결과, 자존감이 낮은 학생일수록 잘나가는 학생에게 더 강한 '샤덴프로이데'를 느끼는 것으로 나타났다. 사람들은 자존감이 낮을 때 어떻게든 기분이 나아지기 위해 애쓰는데, 이때 남의 불행을 보면 샤덴프로이데를 느낀다는 게 연구진의 설명이다. 그렇다고 '샤덴프로이데'의 감정이 본능적이라고 해서 그러한 감정을 즐기는 것이 바람직하다고 할 수는 없다. 다른 사람의 불행에 대해 공감하지 못하고 기쁨을 느끼는 것은 자신조차도 죄책감을 느낄 뿐만 아니라 평소에는 열등감과 콤플렉스 등으로 고통받고 있었을 가능성이 있기 때문이다. 결국 자신감을 높이고 질투와 시기의 감정에서 자유로워지는 것이 가장 현명한 선택이다.

|"먼저 전화로 얘기하자"

코로나 사태 중에 몇 군데 회사나 공공기관에 서비스 품질인증 심사를 다녀왔다. 나는 그 회사의 서비스 품질을 진단하는 가장 빠른 방법으로 고객 불만이나 민원내용 등 고객의 소리VOC와 회사의 답변 내용을 꼭 살펴본다. 회사는 답변 문구를 다듬고 법률팀의 꼼꼼한 리뷰를 거쳐 대부분 정해진 날짜 안에 이메일로 회신하고 있다. 내가 '회신한 내용을 고객에게 전화로도 따로 설명해 드렸느냐'고 VOC 담당자에게 물어보면 그들은 내 질문을 의아스럽게 생각한다. 지금은 코로나 시국인 만큼 가능한 한 문자가 좋고 메일이나 카톡으로 온 문의는 메일이나 카톡으로 회신하는 것이 적절하다는 것이다. 맞는 대답이다. 그러나 나는 이메일로 접수한 고객의 소리VOC라도 '먼저 전화를 걸어 자세히 설명드리고 더 궁금한 점이 없느냐고 묻고, (보조적으로 또는 증거용으로) 이메일로도 발송해 드리는 것이 더 좋은 방법'이라고 강조하고 있다.

이메일이나 문자는 비언어적인 커뮤니케이션으로 오해와 오류 가능성을 크게 줄일 수 있는 다른 단서가 없다. 복잡한 내용이거나 심각한 민원은 문자나 이메일로 명확하게 쓰려고 노력하기보다 먼저 목소리를 통해 감정이나 마음을 전달할 수 있도록 수화기를 드는 것이 훨씬 효과적이다. 목소리는 문자나 이메일보다 사람의 감정이 잘 전달되는 특징을 가지고 있다. 또한 시각적으로 상대방의 표정이 보이지 않기 때문에 더 집중해서 상대방의 목소리와 그 안에 담긴 정서나 말투 등에 집중하게 된다. 즉, 목소리는 현재 상대방이 따뜻한지, 차가운지, 우호적인지, 적대적인지, 내 전화를 귀찮아하는지, 내 전화를 반가워하는지 등 다양한 언어의 온도가 직접적으로 전달된다.

목소리가 우리의 감정과 정서를 전달하는 강력한 커뮤니케이션 도구인 것은 진화심리학에서도 검증되고 있다. 진화심리학은 인간을 포함한 동물 등 유기체의 심리를 진화생물학적, 그리고 생태학적인 관점에서 연구하는 학문이다. 진화심리학은 인류가 생존에 적합하도록 진화해 온 배경에 관해 설명하고 있는데 과거부터 소리는 특히 인류에게 위험을 빠르게 알아차리게 하는 수단이었다. 아기 울음소리에 사람들은 아기가 보살핌을 필요로 한다는 것을 본능적으로 느끼고 아프거나 배가 고픈 아기의 감정을 빠르게 알아챈다. 또한 TV나 동영상 등 다양한 시각적 매체나 이메일 등 문자 기반의 매체에 비해 목소리 기반의 소통은 소리를 매개로 화자의 발언과 청자의 듣기 행위가 동시에 이루어지기 때문에 현존감을 상대적으로 잘 느낄 수 있다. 특히 공통의 경험은 실시간일 때 더 파급력이 크다. 공간적 제약을 뛰어넘어 목소리를 통해 서로 연결돼 있음을 강하게 느끼는 것이다. 이러한 감정과 정서의 공유, 현존성에 대한 사람들의 욕구는 예전에도 늘 있었지만, 코로나19 사태로 2년 넘게 사회적 고립감을 경험하면서 더 중요해진 소통의 방법이 되고 있다. 즉 인간의 본능인 사회적 욕구가 목소리를 통한 소통을 더 갈망하고 있는 것이다.

그럼에도 불구하고 회사의 마케팅이나 서비스 담당자는 글만으로도 충분히 의사소통할 수 있다고 착각하는 경향이 있다. 글이 말로 소통하는 것보다 더 분명해 보이기 때문이다. 과연 그럴까? 미국 뉴욕대학교 저스틴 크루거Justin Kruger 교수는 학생들에게 몇 가지 주제를 주고 주제별로 빈정거림, 슬픔, 화 그리고 진지함이 전달될 수 있는 메시지를 만들도록 했다. 그리고 이 메시지를 다른 사람에게 전달하도록 하면서 전달 방법으로는 얼굴을 직접 보고 말하는 것, 목소리만 녹음해서 들려주는 것, 그리고 이메일을 보내는 것을 이용했다. 메시지를 전달하기 전에 학생들에게 자신이 얼마나 정확하게 자신의 정서를 상대방에게 전달할 수 있을지 예상해보도록 했다. 학생들은 자신이 어떤 수단을 사용하느냐와는 무관하게 정확하게 자신의 정서를 상대방에게 전달할 수 있다고 예상했다. 하지만 메시지 수신자들이 실제로 경험한 것은 크게 달랐다. 수신자들이 전달자가 전달하고자 했던 정서를 발견하는 확률은 메시지 전달 수단과는 무관하게 전달자가 예상한 것보다 훨씬 떨어지는 것으로 나타났다.

앞서 사무실이 당장 없어질 것이라는 프랜시스 케언 크로스 등의 예측이 바로 실현되지 않았던 이유는 무엇이었을까? 그것은 업무 환경이 사무실과는 상관없이 언제 어디서든 우리가 일할 수 있는 구조로 변한다고 하더라도 그것이 반드시 우리가 원하는 방향은 아니라는 것이다. 우리는 늘 지식을 공유하고 아이디어를 떠올리며 각자의 능력과 관점을 한데 모으는 데 온갖 노력을 기울인다. 함께 회의실에 모여 얼굴을 맞대며 마음의 상호 작용이 업무의 아주 중요한 부분이 된다. 집에 있는 10명의 창의적인 사람들보다는 회의실에 함께 모여있는 10명의 창의적인 사람들이 가치 있는 정보와 지식을 더 많이 창출한다. 바로 이 점이 비대면 커뮤니케이션을 해야 하는 재택근무의 한계다. 더구나 첨단산업 분야의 고급 정보는 정형화되지도 않고 분명치도 않은 '애매한 정보ambiguous information' 투성이라서 정보통신망을 통해 쉽게 전달할 수 없다. 애매한 정보는 토론과 질문, 표정 등 다양한 상호작용과 의견 수렴이 필요한 정보로 난상토론 등을 통해 조금씩 선명하게 정리되어 가는 형태를 지니고 있다. 극단적인 경우 면대면face to face 접촉을 통해 사람들의 미묘한 표정 변화나 순간적인 영감 등이 정보 형성에 결정적인 역할을 하기도 한다.

문자나 이메일 등 비대면 의사소통 수단은 면대면 대화와 같은 전통적인 의사소통 수단의 시간적, 공간적 한계를 뛰어넘을 수 있게 해 준다는 분명한 장점이 있다. 하지만 비언어적인 단서가 존재하지 않기 때문에 메시지 전달자가 의도했던 바가 제대로 전달되지 않고, 심지어 메시지 수신자가 완전히 다른 방식으로 메시지의 의미를 해석할 가능성도 그만큼 커진다. 그러므로 오해의 소지가 있는 주제는 직접 만나서 이야기하면 좋겠지만 먼저 목소리를 기반으로 하는 전화를 하는 것이 면대면 커뮤니케이션을 보완하는 차선책임을 유념해야 한다.

| "내 눈을 보고 말해!"

최근 과학 관련 유튜브를 보다가 동물의 눈 색상과 사람의 눈 색상이 다른 이유에 대해 흥미롭게 설명한 영상을 보았다. 사람의 눈은 다른 동물에 비해 흰자위가 매우 넓다는 내용이었다. 그런데 다른 동물들과 달리 왜 사람만이 넓은 흰자위를 갖게 되었을까?

진화생물학에서는 사람의 흰자위가 큰 이유가 사회성 때문이라고 해석하고 있다. 다른 모든 동물들이 흰자위를 넓히지 않는 이유는 싸울 때 유리하기 때문이었다. 서로 먹고 먹히는 자연의 생태계에서 다른 동물들은 싸울 때 자기 패를 들키지 않도록 대부분의 신체기관을 진화시켜 왔다. 자기 의도나 공격 방향을 상대에게 미리 들키면 상대가 도망가 버리거나 먼저 공격해 올 것이기 때문이다. 반면 무리를 이루고 서로 협력하는 것이

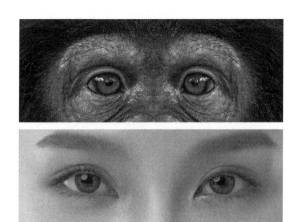

침팬지의 눈(위)과 인간의 눈(아래)

생존에 더 유리했던 인간은 다른 사람의 눈동자 움직임을 쉽게 알아차리기 위해서 공막이 하얗고 넓어지는 쪽으로 진화했다. 넓은 흰자위 덕분에 눈동자가 더 잘 드러나서 소리나 동작 없이도 상대방의 시선과 감정을 더 잘 예측할 수 있게 되었다는 것이다. 따라서 인간의 집단생활에서는 자연적으로 흰자위가 넓은 개체들만이 선택되어 살아남은 것이다. 결국 인간은 내 의도를 상대에게 잘 들키게 만들어서 협동하기 쉬운 메커니즘을 계속 발달시킬 수밖에 없었다는 것이다.

'눈을 보고 말해요'라는 노래가 있다. 가사 내용에 '눈을 보고 내게 말해요 내가 싫어졌다 말해요. 왜 자꾸만 나를 못 봐요. 거짓말이죠'라는 대목이 있다. 사람들이 못 믿을 만한 말을 하거나 부부싸움을 할 때면 '내 눈을 똑바로 쳐다보고 말해 봐!'라고 말하기도 한다. 상대의 눈동자를 통해 상대의 진실성을 바로 알아챌 수 있기 때문이다. 결국 인간의 흰자위가 커진 이유는 커뮤니케이션을 더욱 집중적으로 하기 위해서다.

커뮤니케이션에서 빼놓을 수 없는 이론으로 메라비언의 법칙The Law of Mehrabian이 있다. 이 법칙은 효과적인 의사소통에 있어서 말투나 표정, 눈빛과 제스처 같은 비언어적 요소가 차지하는 비율이 무려 93%의 높은 영향력을 가지고 있다는 점을 강조하고 있다. 면대면 회의를 할 때 표정과 몸짓, 자세 등 비언어적 요소를 관찰할 수 있다. 하지만 디지털 소통으로 변화하면서 비언어적 신호를 읽는 것이 어려워졌다. 사람들의 소통 방식이 '눈'을 쳐다보고 했던 면대면 방식에서 영상이나 전화, 문자로 전환된 것이다. 설령 대면 회의를 하더라도 코로나바이러스 확산을 막기 위해 의무적으로 마스크를 착용하고 있는 형편이다. 마스크 착용이 일상화되면서 사람들과 면대면 커뮤니케이션에서조차 웃는 모습을 제대로 보여줄 수 없게 되었다.

| "손으로 말해요"

이제는 과거와 다른 소통 방식과 커뮤니케이션 스킬이 필요하다. 그중 하나가 얼굴에서 노출된 부위인 눈으로 웃는 '스마이즈smize'가 대안으로 떠오르고 있다. 스마이즈는 미소smile와 응시gaze를 합성한 신조어다. 그간 서비스 업계가 기존에 훈련시켰던 '사회적 미소'의 정석은 다른 얼굴 부위를 힘을 빼고 입꼬리만 한껏 올리는 것이었다. 그러나 마스크로 입을 가리게 된 지금은 이마와 눈 주위 근육을 눈동자 쪽으로 집중시키고, 광대뼈를 마스크 위로 돌출되도록 끌어올려 눈웃음을 만드는 훈련으로 바뀐 것이다. 그런데 스마이즈는 오랜 연습이 필요하다. 직원들에게 눈웃음 짓는 방법이 쉽지 않다면 말투를 개선하고 손을 흔드는 식으로 마스크로 보여줄 수 없는 친절을 보완하는 방법도 생각해 볼 만하다.

하나 더 부연하자면 언택트untact는 노택트notact가 아니라는 점에 유의해야 한다. 언택트라는 상황에 대해 '사람이 만나지 않고 어떻게 교감이 생길 수 있겠는가'라고 반문한다. 물론 만나지 않고 진정한 교감을 나눌 수 없다. 그런데 '만나지 않는다'라는 전제가 틀렸다. 언택트는 비대면일 뿐 실제로는 온라인에서의 만남, 엄밀히 말하면 온라인 콘택트, 즉 '온택트ontact'를 의미한다. 온택트는 비대면을 뜻하는 언택트untact에 '온라인을 통한 외부와 연결' On을 더한 개념으로 포스트 코로나 시대에 주목받고 있는 소통 방식이다. 주로 화상 소통 방식이 가장 많이 쓰이고 있다.

그런데 화상회의나 줌 강의에서도 손을 쓰는 방법이 효과적임이 연구 결과로 입증되고 있다. 코로나 대유행으로 회사나 학교에서 줌과 같은 화상회의 프로그램을 이용하는 횟수가 크게 늘었지만 아무래도 면대면 회의나 강의실 수업만큼 집중도가 높지는 않다. 그런데 영국 과학자들이 '줌 회의의 집중도를 높이려면 손을 써라'라는 해결책을 찾았다. 가만히 앉아서 모니터를 바라보는 것보다 다른 사람의 말을 들으면서 간단한 손동작으로 자기 생각을 전달하면 훨씬 효율이 높아진다는 것이다. 영국 유니버시티 칼리지 런던UCL 심리학과의 대니얼 리처드슨Daniel Richardson 교수는 '간단한 수신호手信號로 화상회의 참가자들의 만족도를 높일 수 있다'라는 연구 결과를 발표했다. 간단한 손동작으로 자신의 의견을 전달하면 회의 참가자들이 더 가깝게 느껴지고 학습이나 의사소통이 더 잘 된다는 것이다.

실험은 온라인 강의에 참석하는 심리학과 학생 100명을 대상으로 2주간 진행되었다. 연구진은 10명씩 그룹을 나눠 이 중 절반은 수신호를 사용하게 하고, 나머지는 평소처럼 카메라만 켜고 강의에 참여하게 했다. 참가자들이 실험에서 사용한 손동작은 25가지였다. 오른손을 들어 이마에 붙이면 '할 말이 있다', 엄지손가락 두 개를 올리면 '동의한다', 가슴에 손을 대고 원을 그리면 '미안하다' 등 주로 감정을 전달하거나 의사 표현을 하는 신호였다. 실험 결과 신체언어를 사용한 그룹은 강의 참여 만족도가 더 높은 것으로 드러났다. 수업이 끝나고 진행된 설문조사에서 '강의가 즐거웠다'라고 응답한 학생의 비율은 수신호를 사용한 그룹이 그렇지 않은 그룹보다 16% 높았다. 그룹 소속감도 올라갔다. '그룹에 대해 알고 있는 느낌이다'라는 응답과 '구성원과 교류가 쉽다'라는 응답 모두 수신호를 사용한 그룹이 각 19%, 22% 높았다. 연구진은 '같은 신체언어를 공유하면서 서로 유대감이 생기기 때문'이라고 분석했다.

실제 많은 회사나 학교에서 수업이나 회의를 한다고 하면 당연하게 화상회의를 떠올려서 줌Zoom 링크를 주고받곤 한다. 하지만 꼭 얼굴을 보면서 진행해야 하는 회의가 아니라면 화상회의를 대체하는 오디오 기반의 회의를 사용할 수도 있을 것이다. 회의에서 가장 중요한 것은 전달하고자 하는 핵심적인 알맹이를 잘 전달하는 데에 있다. 그렇다면 회의 성격에 따라 시각적인 매체를 쓰지 않는 것도 생각해 볼 수 있겠다. 이는 아마존, 애플, 페이스북 같은 글로벌 IT 기업들이 시각적인 자료를 만드느라 시간을 낭비한다는 이유로 제로 ppt Zero ppt정책을 고수하는 현상과도 맥을 같이 한다. 실제 화상회의의 피로도를 줄이는 방법을 연구한 자료들을 살펴보면 일정 시간마다 회의 방식을 오디오 전용으로 바꿔서 인지적 피로를 낮추는 것을 추천하고 있다. 카메라를 끈 채 진행하는 보이스 기반의 회의 방식은 직원들이 이동 중이거나 몸을 움직이면서도 회의를 할 수 있도록 도와줘 인지능력을 활성화한다. 또한 다른 사람의 시선을 신경 쓰지 않고 관련 발표 자료를 편안하게 찾아보고 참고하면서 회의를 진행할 수 있어 업무 효과를 높일 수 있다. 특히 코로나로 회의가 주로 온라인상에서 줌으로 이루어지는 사례가 증가하고 있는 요즘, 화상회의에서 오는 지루함과 피곤함을 줄이기 위해서라도 다양한 채널과 매체를 통해 회의를 진행해 볼 필요가 있다.

디지털 고객은 무엇에 열광하는가

초판 1쇄 발행 | 2021년 11월 25일

지은이 | 장정빈
펴낸이 | 이성수
주간 | 김미성
편집장 | 황영선
편집 | 이경은, 이홍우, 이효주
디자인 | 여혜영
마케팅 | 김현관
펴낸곳 | 올림
주소 | 07983 서울시 양천구 목동서로 77 현대월드타워 1719호
등록 | 2000년 3월 30일 제2001-000037호(구:제20-183호)
전화 | 02-720-3131 | 팩스 | 02-6499-0898
이메일 | pom4u@naver.com
홈페이지 | http://cafe.naver.com/ollimbooks

ISBN 979-11-6262-050-2 03320